沈德咏 主编

解读最高人民法院司法解释、指导案例

综合卷

人民法院出版社

Understanding The Judicial Interpretations and Guiding Cases of The Supreme People's Court

图书在版编目（CIP）数据

解读最高人民法院司法解释、指导案例（综合卷）/
沈德咏主编. —北京：人民法院出版社，2014.1
ISBN 978-7-5109-0846-0

Ⅰ.①解… Ⅱ.①沈… Ⅲ.①法律解释—汇编—中国
②诉讼法—法律解释—汇编—中国 Ⅳ.D920.5

中国版本图书馆 CIP 数据核字（2013）第 279650 号

解读最高人民法院司法解释、指导案例（综合卷）
沈德咏 主编

责任编辑 张 珺
出版发行 人民法院出版社
地 址 北京市东城区东交民巷 27 号（100745）
电 话 （010）67550607（责任编辑） 67550558（发行部查询）
65223677（读者服务部）
网 址 http://www.courtpress.com.cn
E-mail courtpress@sohu.com
印 刷 三河市国英印务有限公司
经 销 新华书店

开 本 787×1092 毫米 1/16
字 数 499 千字
印 张 22.25
版 次 2014 年 1 月第 1 版 2014 年12月第 2 次印刷
书 号 ISBN 978-7-5109-0846-0
定 价 50.00 元

目　录

第一编　司法为民　公正司法

第二编　审判、执行工作

第三编　废止文件

第一编

司法为民　公正司法

最高人民法院
关于切实践行司法为民大力加强公正司法不断提高司法公信力的若干意见

2013 年 9 月 6 日　　　　　　法发〔2013〕9 号

为深入贯彻落实党的十八大关于加快建设社会主义法治国家的重大部署和习近平总书记关于法治建设的重要论述，积极回应人民群众对于新时期人民法院工作的新要求和新期待，切实践行司法为民，大力加强公正司法，不断提高司法公信力，充分发挥人民法院的职能作用，现提出如下意见。

一、提高思想认识，始终把司法为民、公正司法作为人民法院工作的主线

1. 深刻认识司法为民、公正司法的重大现实意义。各级人民法院要认真学习党的十八大报告和习近平总书记关于法治建设的重要论述，充分领会“努力让人民群众在每一个司法案件中都感受到公平正义”的深刻涵义，全面认识践行司法为民，加强公正司法，提高司法公信力对于树立人民法院良好形象，维护司法权威，保障宪法法律有效实施，推进依法治国，建设法治中国的重大现实意义。

2. 牢牢把握人民法院发展的有利条件和历史机遇。党中央高度重视法治建设，十分重视司法工作，支持审判机关依法独立公正行使审判权，为人民法院开展工作提供了强有力的政治保障；人民群众对法治进步和公正司法的热切期盼，为人民法院开展工作提供了不竭的动力；几代法院工作人员在建设中国特色社会主义司法制度的长期过程中积累的丰富经验，为人民法院科学发展打下了坚实的基础。各级法院要倍加珍惜并充分利用这些有利条件，牢牢把握这一历史机遇，以公正、高效、为民、廉洁司法的卓越实践，全面开创人民法院工作的新局面，谱写人民法院发展的新篇章。

3. 切实解决法院工作面临的突出问题。当前，人民法院工作面临的形势十分复杂，任务十分艰巨，人民群众对司法工作的要求越来越高。全体法官和法院其他工作人员都要增强责任意识和忧患意识，正视人民法院工作与党中央要求、人民群众期待之间的差距，认真排查并切实解决人民群众反映强烈的突出问题，立足自身查找原因，总结经验教训，改进工作，努力将司法为民、公正司法和司法公信力提高到新的水平。

二、坚持依法独立审判，忠实履行宪法法律赋予的职责

4. 严格依法办案。全体法官要进一步强化崇尚法治、忠于法律、严格执法的信念，不断提高熟练掌握法律、准确理解法律、正确适用法律的能力，始终坚持“以事实为根据，以法律为准绳”的原则，不得以任何理由突破法律底线，杜绝任何超越法律、歪曲法律以及其他违法枉法裁判现象的发生。审理每一起案件，都要贯彻认定事实清楚、适用法律正确、处理结果公正、审判程序合法、法律文书规范的基本要求，确保裁判经得起法律和历史的检验。

5. 坚持依法独立行使审判权。坚决贯彻人民法院依法独立行使审判权的宪法原则，坚决抵制各种形式的地方和部门保护主义，坚决排除权力、金钱、人情、关系等一切法外因素的干扰，不断健全保障人民法院依法独立公正行使审判权的制度机制，坚决维护宪法法律的尊严和权威。全体法官都要养成敢于坚持原则、敢于坚持真理、敢于依法办案、敢于担当责任的职业品格。各级法院的院长、副院长、审判委员会委员、庭长和副庭长，要坚决支持合议庭和独任庭依法公正审理案件，上级法院要坚决支持下级法院依法独立公正行使审判权。

6. 坚持正确实施法律。进一步加强和完善审判监督指导，努力提高司法政策、司法解释的针对性、科学性、合理性和实效性，充分发挥指导性案例和参考案例的重要作用。建立健全适用法律的规则体系，规范自由裁量权，统一司法尺度，严格裁判标准，继续推进量刑规范化。规范案件改判、发回重审及提起再审的标准。上级法院既要尊重下级法院的自由裁量权，又要依法纠正下级法院的错误裁判。

7. 发挥司法裁判的导向作用。要在准确把握法律精神、全面体察社情民意的基础上，依法公正裁判，充分发挥司法裁判对彰显法治精神、强化规则意识、引领社会风尚、维护公共秩序的重要作用，坚决维护法律的严肃性，体现正确的价值导向。要把涉诉信访纳入法治化的解决轨道，既要畅通依法信访的渠道，又要依法处置无理缠诉闹访行为，坚决维护司法裁判的既判力和权威性。

三、坚持服务大局，努力实现法律效果与社会效果的统一

8. 立足国情正确把握人民法院创新与发展的思路。针对我国经济社会发展不平衡的实际，各级法院既要不断提升正规化、专业化、职业化水平，又要不断创新符合审判规律、简单易行、便民利民的审判方式方法，满足有效化解各类矛盾纠纷的要求。要在维护法制统一的前提下，妥善处理因发展不平衡和利益格局调整而产生的法律适用难题，注重司法政策、司法解释对不同地区不同情况的包容性，注重司法规则对不同阶层社会成员适用的公平性。

9. 围绕司法职能积极服务大局。坚持能动司法，发挥司法职能，恪守司法本职，用好司法手段，努力服务大局。正确处理能动司法、服务大局与依法履行审判职能的关系，不断增强大局意识，自觉把人民法院工作置于党和国家的工作大局之中。通过制定和实施司法政策、司法解释，努力实现审判工作与大局工作的有机结合；通过个案裁判，审慎、妥善处理因经济社会发展失衡、社会建设滞后、社会管理缺失引发的各种纠纷，全面考量案件涉及的各种因素和裁判对各方面的影响，防止因个案处理失当激化社会矛盾，影响社会稳定。严禁法院工作人员参与地方招商、联合执法，严禁提前介入土地征收、房屋拆迁等具体行政管理活动。

10. 注重司法审判工作与社会生活的融合。准确把握人民群众对法院工作的需求与期待，高度重视人民群众对法院工作的关切和评价，切实尊重人民群众对司法公正的普遍认知和共同感受。不断加强对社会生活的调查研究，认真了解各类社会关系和社会交往的主要方式与规则习惯，善于总结和运用人民群众公认的常识与经验，努力使司法过程和处理结果在法律规定的范围内贴近人民群众的公平正义观念。大力推进司法诚信和社会诚信建设，利用诉讼活动和司法裁判，加大对诚信行为的保护力度和对失信行为的惩罚力度，提高诚信效益，增大失信成本，严格防范并依法制裁当事人利用诉讼手段逃避责任或谋取不正当利益。

四、狠抓执法办案，全面提升审判工作的质量与效率

11. 强化审判质量。深刻认识实现审判工作的高质量、高效率、好效果，是践行司法为民、加强公正司法、提高司法公信力的坚实基础。坚持把执法办案作为第一要务，把保证审判质量作为第一责任，把推动当事人息诉止争及自动和解作为重点环节，切实提高庭审质量和裁判文书制作质量。根据提升审判质量的要求，科学设置内设机构，合理配置职权职责，优化配置审判资源，配齐配强审判力量，切实做到将优质审判资源配置到司法办案第一线。建立健全并认真落实保证审判质量的各项制度机制，不断总结并及时推广有利于提升审判质量的各种经验和做法。

12. 建立健全审判质量控制体系。根据审判工作的特殊性，构建“点、线、面”多角度、全方位的案件质量控制体系。“点”上集中把握好重点岗位、重点案件和重点判项；“线”上重点把握好审判活动的重要流程和重要环节；“面”上重点把握好审判工作的基本态势和发展趋势。建立健全审判质效分析制度、二审案件发回重审或改判及再审案件分析研判制度、常规案件类型化处理制度、典型案件通报制度、审判经验交流制度、庭审观摩评议制度以及裁判文书评查和抽查制度等有助于保证和提升审判质量的制度。

13. 提高审判执行效率。加强立案、审判、执行的沟通、协调与配合，形

成审判部门与执行部门的工作合力；进一步规范审判流程，合理确定各审判节点的时限，消除审判流程中的瓶颈和阻滞；进一步规范送达方式，尽量缩短有效送达的时间；有效实行案件的繁简分流，依法适用督促程序、简易程序和小额诉讼程序。在保证案件质量的前提下，努力缩短诉讼周期，使当事人的合法权益能够尽快实现。同时，注重均衡结案，不得因提高结案率而不收案或忽视质量而突击结案。

14. 完善审判质量评估体系。进一步完善审判质量评估体系，合理设定各种评估指标及其权重，不断提升审判质量评估体系的科学化水平。坚持正确的司法绩效观，正确认识、综合运用好案件质量评估体系，坚决反对在司法统计和审判质量评估中弄虚作假，避免片面、孤立地追求某些单项评价指标，充分发挥评估体系在反映审判工作的真实水平，引导审判活动公正高效运行，提高法院及法官工作积极性方面的作用。

15. 健全和完善错案评价标准和问责机制。根据审判工作实际，建立科学公正的错案评价体系，明确错案的认定标准；健全错案的分析和问责机制，完善错案分析和问责的相关程序，分清错案的不同情形及不同执法过错的相应责任。通过全面建立健全防范错案的工作机制，最大限度地避免冤假错案，在司法审判环节坚决守住防范冤假错案的底线。

16. 正确运用调解与判决方式。正确处理调解与判决的关系，充分发挥两种方式的作用和优势。积极推进和规范诉前调解。对双方当事人均有调解意愿且有调解可能的纠纷、家庭与邻里纠纷、法律规定不够明确以及简单按照法律处理可能失之公平的纠纷，应当在充分尊重双方当事人意愿的情况下，优先用调解方式处理。在调解中，坚持贯彻合法自愿原则。对当事人不愿调解或者有必要为社会提供规则指引的案件纠纷，应当在尊重当事人处分权的前提下，注重采用判决的方式。

五、完善制度机制，深化司法公开与司法民主

17. 深入推进审判公开的制度化建设。坚持以公开促公正，认真总结审判公开的成功经验，进一步深化司法公开的各项举措。从有利于强化社会对审判工作的监督，有利于提高审判工作的社会公信力出发，对审判公开的范围、内容、对象、时间、程序、方式等作出明确规定，稳妥有序地推进司法公开，坚持不懈地提高司法透明度，逐步完善司法公开的制度机制。

18. 建立健全司法与社会沟通的平台。各级法院都要开通 12368 电话热线，及时接受和处理群众咨询、投诉、举报，听取意见和建议。加快建设审判流程公开、裁判文书公开、执行信息公开三大平台，适时公布审判活动信息。完善法院领导干部接待日制度和新闻发言人制度，增进社会与法院之间的相互了解、理解与信任。积极开展法院主题开放日活动，主动邀请和组织社会各界

代表到法院旁听审判或参观考察，了解法院的审判流程，了解审判工作的特点，了解审判人员的工作状况。

19. 充分发挥现代信息技术的作用。重视运用网络、微博、微信等现代信息技术和方式，扩大司法公开的影响力，丰富司法民主的形式和内容。对社会广泛关注的案件和普遍关心的纠纷，要主动、及时、全面、客观地公开相关情况，有针对性地回应社会公众的关切和疑惑。要研究和把握自媒体时代舆情与司法审判相互影响的规律与特征，加强对网络舆情的分析研判，正确对待来自社会各方面的意见与建议，勇于纠正工作中的缺点，及时弥补工作中的不足，敢于抵制非理性、非法的诉求以及恶意的舆论炒作，善于正面引导社会舆论，逐步形成司法审判与社会舆论常态化的良性互动。

20. 自觉接受各方面监督。自觉主动接受人大监督、政协民主监督和检察机关的诉讼监督。依法主动向人大报告工作，积极配合人大开展执法检查。做好人大代表议案建议、政协委员提案的办理工作。落实人大代表、政协委员视察、巡视及旁听庭审等工作。认真对待检察建议，依法审理抗诉案件。广泛听取社会各界对法院工作的意见和建议，自觉接受人民群众、新闻媒体对法院工作的监督。

21. 充分发挥人民陪审员作用。优化人民陪审员的选任、退出机制，完善人民陪审员的选任条件，扩大人民陪审员的选任范围，提高基层群众比例，增选适应审判工作需要的专家型陪审员。根据审判工作的要求逐步扩大人民陪审员规模，实施两年内实现人民陪审员数量翻一番的“倍增计划”。依法拓展人民陪审员陪审案件的范围，明确人民陪审员的权利和义务，加强人民陪审员的培训工作，提高人民陪审员的能力水平，强化人民陪审员的责任意识，保障人民陪审员充分行使陪审权利。

22. 切实保障当事人行使诉讼权利。贯彻尊重和保障人权原则要求，切实保证当事人依法自由表达诉求，充分陈述理由，适时了解审判进程，批评、控告侵犯诉权行为等权利。尊重当事人的程序选择权，对依法可以由当事人自主或协商决定的程序事项，应当尽量让当事人自主或协商决定。加强对法律适用的解释、程序问题的释明和裁判活动的说理，裁判文书要认真对待、全面回应当事人提出的主张和意见，具体说明法院采纳或不采纳的理由及依据。在诉讼过程中，对当事人提出的申请或质疑，应及时给予回应并说明理由。

23. 高度重视律师作用的发挥。理解并尊重律师的职业立场和关切重点，切实保障律师在审判过程中依法履行职责，保障律师依法行使阅卷、举证、质证、辩护等诉讼权利，认真对待并全面回应律师对案件处理的主张和意见。进一步规范法官与律师的关系，在诉讼活动中各司其职、彼此尊重、互相监督。完善律师对法官违法行为的投诉及反馈机制。依法处理律师违反法庭纪律，恶意投诉，诋毁法官、法院声誉等不当行为。

24. 深入开展与法学理论界的交流互动。建立人民法院与教学科研单位之间的信息、业务及人员的经常性交流互动机制。鼓励法官与专家学者共同承担法学理论或司法调研课题，共同研究司法理论与实践问题。在总结审判经验、制定司法解释和司法政策过程中，要注意听取并认真对待专家学者提出的意见和建议，及时吸纳法学理论研究成果，推动法学理论研究与人民法院司法审判工作的相互促进和共同提高。

六、创新和落实便民利民措施，增强司法为民的实际效果

25. 加强诉讼服务窗口建设。建设好、管理好、运用好诉讼服务中心、立案大厅以及涉诉信访接待窗口，完善各类窗口的实际功能，严格执行统一的工作流程、司法礼仪和服务规范。切实改进工作作风，善于用人民群众听得懂、易接受的语言和方式进行沟通交流，坚决克服对诉讼参与人冷硬横推的现象，坚决消除门难进、脸难看、话难听、事难办等不良作风，坚决杜绝任何刁难诉讼参与人或应当作为而不作为的现象，努力为人民群众参与各项诉讼活动提供热情、合法、高效的服务。

26. 提高便民利民措施实效。根据人民群众的需求和审判工作的实际需要，因地制宜地开展好节假日预约办案、巡回办案、网上立案、网上办案等便民利民举措。进一步细化和完善立案、审判、执行和信访等环节的便民利民措施，提高便民利民实效。注重发挥人民法庭接近基层、了解民情的特殊优势，强化人民法庭在解决基层民间纠纷中的作用，赋予人民法庭作为法院诉讼服务点的职能，方便基层群众起诉、应诉及参与其他诉讼活动。

27. 加强对当事人的诉讼指导与帮助。从现阶段当事人参与诉讼的能力和条件差异较大的实际出发，在保证程序公正和平等对待的前提下，注意为当事人特别是没有委托律师辩护、代理的当事人参与诉讼提供必要的程序性指导与帮助。强化诉讼权利义务、举证责任、诉讼风险等事项告知工作。当事人提出调取证据申请，符合法律规定的，或者法庭认为有必要调查、核实的证据，应当依职权调取、核实。要确保诉讼程序及诉讼活动专业化、规范化的不断提升，始终与人民群众诉讼能力的不断提高相适应。要让有理无钱的当事人打得起官司，让有理有据的当事人打得赢官司，让打赢官司的当事人及时实现权益。

28. 降低当事人的诉讼成本。在保证审判质量的前提下，依法选择并适用更为经济的诉讼程序和程序性措施，积极引导当事人理性选择诉讼成本低、负面作用小的诉讼程序，尽可能避免诉讼过程对当事人正常生产生活造成不应有的消极影响，杜绝滥用强制措施损害当事人合法权益的现象。推动司法救助纳入社会救助制度体系，拓宽司法救助资金筹集渠道，完善诉讼费缓减免制度，不断扩大司法救助的受惠范围。

七、深化司法工作机制改革，构建科学合理的审判运行机制

29. 正确把握司法改革的总体要求。紧紧抓住中央推进新一轮司法改革的有利时机，努力通过深化司法体制与机制改革，切实解决影响司法公正和制约司法能力的深层次问题。注重改革的整体设计和通盘考虑，兼顾近期目标与长远目标，统筹内部改革与外部改革，加强改革措施之间的协调配合。改革方案的设计与实施，应尊重司法规律，因地制宜，循序渐进。对事关重大的改革举措，必须充分论证，先行试点，总结经验后再全面推广。坚持自上而下有序推进改革，在不违反法律和司法改革总体要求的前提下，鼓励地方法院就具体改革举措先行探索，积累改革经验，但对事关全局的重大改革，必须在中央统一部署下稳步推进。

30. 逐步完善四级法院职能定位。根据宪法和人民法院组织法等法律的规定，按照解决案件纠纷的实际需要，遵循司法规律，进一步明确各级人民法院的职能分工和工作重点。在注重案件审判的专门化、类型化分工的同时，逐步完善各级人民法院的司法职能定位。

31. 深化案件管辖制度改革。在依法保障当事人诉讼权利、方便人民群众诉讼的基础上，逐步改变主要以诉讼标的额确定案件级别管辖以及主要以行政区划确定案件地域管辖的做法。进一步完善指定管辖、提级管辖和集中管辖制度，使依法独立审判可能受到非法干扰的案件、法律适用有疑难的案件和新类型案件，能够由其他法院或上级法院审理，消除当事人对案件管辖可能导致审判不公的质疑，并为下级法院裁判类似案件提供示范，统一裁判尺度。

32. 深化审判权内部运行机制改革。进一步落实合议制，深化合议庭改革，完善合议庭的议事方式及合议庭成员的职权与责任，切实解决合而不议、简单附议等问题。建立健全合议庭绩效考评制度，在充分发挥合议庭整体职能的同时，探索推进主审法官负责制，提高合议庭审判绩效。深化审判委员会制度改革，充分发挥审判委员会对于统一法律适用和监督、指导审判工作的独特作用。完善审判委员会的构成，明确审判委员会专职委员的职责，改进和完善审判委员会工作规则和议事规程，落实民主集中制审议原则，建立审判委员会决议督办机制。深化院长、庭长审判管理职责改革，院长、庭长的审判管理职责，应集中在对相关程序事项的审核批准、对综合性审判工作的宏观指导、对审判质效进行全面监督管理以及排除不良因素对审判活动的干扰等方面。建立院长、庭长行使审判管理权全程留痕的制度，加强对院长、庭长行使审判管理权的约束和监督，防止审判管理权的滥用。

33. 深化执行制度机制改革。建立统一管理、统一协调、分权制约的执行模式，完善执行联动机制。创新执行工作方式，完善被执行人财产调查制度，强化落实被执行人财产申报制度，用足用好强制执行措施，有效运用各种手段

制裁抗拒执行或规避执行的行为。加快执行信息化建设，推动执行案件信息共享，实施失信被执行人名单公开制度，并将该名单与社会征信体系对接。加强执行规范化建设，进一步规范执行程序和执行行为，促进处理执行异议、复议和涉执行审判工作的专业化。进一步完善执行考评机制，加大对消极执行、违法执行行为的责任追究力度。

34. 深化人民法庭改革。合理调整人民法庭的区域布局，强化人民法庭基本职能，加强人民法庭人员配置，适度扩大人民法庭案件管辖范围。在综合考虑案件情况、人口数量、区域特点和其他相关因素的基础上，按照就地解决纠纷和工作重心下移的思路，统筹考虑、合理布设人民法庭。

八、坚持从严治院方针，努力建设一支过硬法院队伍

35. 切实加强思想政治建设。继续深化对法官和法院其他工作人员的社会主义法治理念与司法核心价值观教育，不断加强司法良知和司法职业伦理操守教育，努力塑造刚正不阿、执法如山的司法品质。大力弘扬法治精神和中国特色社会主义法治文化与法院文化，进一步坚定法官及法院其他工作人员的理想信念，不断增强法官及法院其他工作人员对中国特色社会主义的道路自信、理论自信和制度自信。

36. 扎实推进公正司法能力建设。高度重视对法官及法院其他工作人员的司法综合能力培养，不断强化法学理论与法律知识的教育与培训，拓展其他相关领域的知识教育。各级法院要全面提升做好新形势下群众工作能力、维护社会公平正义能力、新媒体时代社会沟通能力、信息化技术应用能力。全体法官要着力提高驾驭庭审、认定事实、适用法律、化解矛盾的能力。完善法官培训制度，健全法官培训机构，保障法官培训经费。严格保证预备法官的培训时间，建立健全专业审判岗位任职资格和岗前培训制度，适度延长法官任职及晋级的脱产培训时间。改进培训方式，丰富培训内容，充分运用网络培训、在职培养、续职培养、联合培养、交流挂职和定期轮训、专题培训等形式，积极拓宽法官成才平台。加强对青年法官的培养，不断壮大专家型法官队伍。

37. 全面加强司法廉洁建设。认真落实党风廉政建设责任制，深入推进人民法院惩治和预防腐败体系建设。加强司法廉洁教育和廉政文化建设，教育全体法官和法院其他工作人员保持高尚品格和廉洁操守，守住公正司法的职业道德底线。针对容易滋生腐败的体制弊端和管理漏洞，改革创新体制机制，进一步完善抵御金钱诱惑、人情关系干扰以及避免利益冲突的廉政制度，并以更加有力的措施确保廉政制度的刚性运行。以审判权运行为核心，继续构建符合审判规律的廉政风险防控机制，强化司法巡查、审务督察以及在审判执行部门设立廉政监察员等内部监督措施，切实加强审判权运行的制约和监督，确保公正司法、廉洁司法。继续狠抓“五个严禁”等纪律规定的贯彻执行，坚决查处贪

赃枉法、腐化堕落、滥用职权等腐败、违法行为。

38. 进一步加强司法作风建设。始终把一切为了群众，一切依靠群众，从群众中来、到群众中去作为人民法院工作的出发点和落脚点，找准人民法院工作与坚持群众路线的结合点。始终站稳群众立场，坚持群众观点，增强群众感情，维护同人民群众的血肉联系，努力赢得群众信赖，把司法为民的理念内化于心，外化于行。发扬理论联系实际，一切从实际出发，坚持求真务实的工作作风，鼓励和培养广大法官及法院其他工作人员树立吃苦耐劳、不畏艰辛、淡泊名利、敢于担当、勇于奉献的职业精神，用优良操守和人格魅力赢得社会尊重。

39. 稳步推进人民法院队伍分类管理的制度建设。切实遵循审判工作规律和干部管理规律，按照"正规化、职业化、专业化"的标准，逐步建立起分类科学、结构合理、职责明晰、管理规范的制度体系。按照中央司法改革的总体要求，坚持从我国国情和审判工作实际出发，进一步明确法官、审判辅助人员和司法行政人员责权关系，结合工作要求和岗位职责等因素，科学设置各类人员职级比例和职数编制。进一步完善法官单独职务序列制度及配套措施，推进书记员、司法警察的职务序列管理，健全审判辅助人员、司法行政人员管理措施。

40. 逐步推进法官选任制度改革。通过推动相关立法的完善，进一步严格法官任职条件。完善并落实法官逐级遴选机制，逐步实行上级法院法官从下级法院法官中选拔。进一步扩大法官遴选范围，注重从律师群体及其他法律实务部门且具有基层工作经历的人员中选拔法官，吸引社会上的优秀法律人才加入法官队伍。优化法官选任程序和方式，切实保证选准选好法官人才。

41. 完善法官业绩考评机制。建立以信息技术为支撑、符合审判工作规律、科学合理的审判业绩考评机制，在晋职晋级、评先评优等方面充分体现考评结果的作用。建立完善常态化表彰奖励机制，有效激发法官立足岗位建功立业的荣誉感和责任心。通过开展创先争优、评选业务标兵等活动，培养和推出精通业务的专家型法官，充分发挥专家型法官的示范引领作用。推动建立法官任职退出机制，对不适合从事审判工作的法官，适时调离审判岗位并免去法官职务。

九、进一步加强司法保障，为司法为民、公正司法提供有力支持

42. 建立健全法官职业保障机制。贯彻落实法官法，加强法官职业保障，建立健全法官职务身份保障机制、依法履职履责保障机制、人身安全保护机制等，切实保障法官依法履行司法职责。逐步改善法官的工作生活条件，不断增强法官职业的责任感和尊荣感。

43. 继续加强司法经费保障。巩固和深化法院经费保障体制改革成果，建

立健全法院办案办公经费有序增长机制，推动中央财政加大向中西部地区中级、基层法院办案经费的转移支付力度。

44. 加快推进法院信息化建设。按照科技强院的要求，以“天平工程”建设为载体，推动全国四级法院信息化基础设施一体建设、全面覆盖和协调应用。建设全国法院有效衔接、统一管理的案件信息管理系统、案件信息查询系统、裁判文书网络发布系统和人民法院官方网站等信息载体或平台。坚持基础建设、升级提高与深度应用紧密结合，发挥信息网络在司法统计、网上办案、网上办公、司法公开、审判监督、审判管理、法官培训、法院宣传、司法调研和理论研究等方面的作用。

45. 进一步夯实基层基础。始终坚持面向基层、服务基层、建设基层的方针，继续加强基层法院和人民法庭的规范化、信息化和基础设施建设，着力改善基层法院和人民法庭办案条件。坚持把对基层法院和人民法庭的专项补贴落实到位，积极协调解决基层基础建设欠债等问题。加大对基层法院法官的遴选、补充和培训力度。积极改善基层法官的工作和生活环境，推动相关部门提高基层法官职级比例和生活待遇，切实解决基层人才流失、法官断层等现实问题，努力营造优秀人才乐于留在基层、安心干在基层的制度机制。加大对基层法院工作的指导力度，建立健全上级法院法官到基层交流任职制度，帮助基层法院和人民法庭不断提高司法能力和水平，推动全国法院基层工作协调平衡发展。

切实践行司法为民，大力加强公正司法，不断提高司法公信力，既是人民法院肩负的光荣历史责任，也是十分复杂的系统工程。各级人民法院必须始终坚持党的领导，自觉接受各级人民代表大会及其常委会的监督、政协民主监督，依靠政府支持和其他执法机关的配合，不断取得人民群众的信任、理解与支持。要充分调动和发挥全体法官及法院其他工作人员的积极性和创造性，把工作重心和注意力集中到司法办案的各项工作之中，精心审理每一起案件，扎实做好每一项工作，既要有效解决当前存在的突出问题，让社会各界感受到人民法院工作的新风貌、新成效，更要着眼于制度和机制建设，从根本上保证司法为民、公正司法的长期效果，保证司法公信力持续稳定提高。

【解 读】

解读《关于切实践行司法为民大力加强公正司法不断提高司法公信力的若干意见》

一、问题的提出

最高人民法院出台《关于切实践行司法为民大力加强公正司法不断提高司法公信力的若干意见》(以下简称《意见》),宣示了新时期人民法院的工作主线,突出了三个方面的内容:一是“切实践行司法为民”宗旨,这是人民法院对优良司法传统的继承,也是新的时代背景下人民司法如何保持本色的根本性的目标追求;二是“大力加强公正司法”,这是我们全面推进依法治国基本方略,加快建设社会主义法治国家所孜孜追求的核心目标;三是“不断提高司法公信力”,这是人民司法所面临的重大的现实问题。《意见》突出强调要实现三个方面的任务和目标:

一是贯彻落实党中央对人民法院工作提出的新要求。党的十八大明确提出全面推进依法治国,加快建设社会主义法治国家。要推进科学立法、严格执法、公正司法、全民守法,保证有法必依、执法必严、违法必究。习近平总书记就法治建设做了一系列重要论述,强调“要努力让人民群众在每一个司法案件中都感受到公平正义”。这些都为人民法院在司法工作目标、司法工作宗旨、司法体制改革、提升司法公信力等方面指明了方向,提出了更高要求。最高人民法院出台这个《意见》,是学习贯彻党的十八大精神的重大举措,是学习贯彻习近平总书记关于法治建设重要论述精神的重大举措,是深入开展党的群众路线教育实践活动的重大举措。

二是更好地满足人民群众对司法工作的新要求、新期待。近年来人民群众的司法需求不断增长,人民法院每年受理的案件量不断攀升,2008 年以来,人民法院每年受理案件都在 1000 万件以上,案件不仅量大,而且新类型案件、复杂案件越来越多,调处难度越来越大。更重要的是,新时期人民群众对司法工作的新要求、新期待,使人民司法工作面临更大的压力和挑战,主要表现为:人民群众更加渴望司法公正,要求法院排除干扰,严格依法独立办案;更加渴望司法高效,要求法院严格按照法律规定的审限办案,尽可能减少他们的诉讼成本;更加渴望司法权威,要求法院及时“兑现”裁判,使他们的胜诉权益尽快实现;更加渴望司法公开,要求法院办理案件的过程公开透明,杜绝任何“暗箱操作”；更加渴望尊严，要求法院尊重他们的各项权利，平等对待各方当事人，等等。《意见》强调要高度重视这一问题。

三是要着力解决人民法院在司法为民公正司法和司法公信力方面存在的突出问题。多年来，人民法院司法为民公正司法取得了一定成绩，但也存在不少困难和问题：办案数量不断增加，保持审判工作良性循环的压力更加突出，一些案件质效不高、裁判不公等问题仍然存在；一些制约人民法院工作发展的体制机制障碍尚未破除，许多领域的改革还需要继续探索；部分法院案多人少、人才流失、法官断层等问题仍然比较严重，一些法院的法官持续超负荷工作，身心健康堪忧；少数干警作风不正，有的法院和法官发生腐败问题，造成恶劣影响等等。

二、《意见》的创新和亮点

《意见》是在认真总结提炼最高人民法院历届党组工作经验的基础上，结合当前形势、任务的新要求，经过充分调查研究形成的，主要体现了以下四个特点：

一是旗帜鲜明地提出人民法院工作的主线。《意见》要求各级人民法院广大法官及其他工作人员的所有工作都要始终坚持“司法为民公正司法”这条主线不动摇。《意见》体系完整，内容全面，目标明确，要求具体，非常务实，要求各级法院各项工作都要根据这条主线来谋划，围绕这条主线来展开，按照这条主线来衡量。

二是强化依法办案理念。《意见》不喊空洞口号，用实实在在的举措，针对当前部分法官不依法办案、不敢依法办案的现象“亮剑”，要求法官严格依法办案，敢于依法办案，敢于担当责任，不能以任何理由突破法律底线，坚决排除权力、金钱、人情、关系等一切法外因素的干扰。《意见》要求各级法院打好“组合拳”，既要加强监督指导，提高司法政策、司法解释的科学性、实效性，又要建立健全适用法律的规则体系，统一司法尺度，严格裁判标准，确保法律得到统一、正确实施。

三是强化依法服务大局。《意见》在总结过去经验的基础上，提出了司法服务大局的三个着力点：一是通过制定司法政策、司法解释，实现审判工作与大局工作的有机结合；二是通过个案裁判，审慎、妥善化解矛盾，维护社会和谐稳定；三是充分发挥司法裁判的导向作用，彰显法治精神，强化规则意识，引领社会风尚，维护公共秩序。

四是明确提出司法改革的总体要求。《意见》在前三个“五年改革纲要”的基础上，根据中央关于司法改革的总体思路和当前实际，提出了下一步加强改革的方向和目标。要求注重改革的整体设计和通盘考虑，兼顾近期目标与长远目标，统筹内部改革与外部改革，加强改革措施之间的协调配合。坚持自上而下有序推进改革，在不违反法律和司法改革总体要求的前提下，鼓励地方法院就具体改革举措先行探索，积累改革经验，但对事关全局的重大改革，必须在中央统一部署下稳步推进。

三、在践行司法为民方面，《意见》提出的思路

在总结过去工作经验的基础上，《意见》提出了六个方面的新思路：

一是注重司法审判工作与社会生活的融合。《意见》提出，各级法院和广大法官必须注重司法审判与社会生活的融合，准确把握人民群众对法院工作的需求和期待，切实尊重人民群众对司法公正的普遍认知和共同感受，努力使司法过程和处理结果在法律规定的范围内贴近人民群众的公平正义观念。这就要求广大法官要不断加强对社会生活的调查研究，认真了解各类社会关系和社会交往的主要方式与规则习惯，善于总结和运用人民群众公认的常识与经验。

二是切实保障当事人行使诉讼权利。《意见》用列举的方式说明了哪些权利应切实保障，包括依法自由表达诉求、充分陈述理由等，一方面提示人民群众注意维护这些权利，另一方面也警示法官不要侵犯这些权利。《意见》高度关注保障人民群众的参与，要求法官充分尊重当事人的程序选择权，对依法可以由当事人自主或协商决定的程序事项，尽量由其自主或协商确定。规定裁判文书要认真对待、全面回应当事人提出的主张和意见，具体说明采纳或不采纳的理由和依据，让当事人打一场明明白白的官司。

三是加强诉讼服务窗口建设。《意见》在强调继续抓好窗口建设，完善窗口功能，统一工作流程、司法礼仪、服务规范的基础上，重点强调了窗口建设中的司法作风问题，一个笑脸、一句问候、一杯热水，往往会起到意想不到的效果，司法为民更多还是要在点点滴滴的细节中体现出来。

四是提高便民利民措施实效。《意见》在司法便民利民方面突出强调了“实效”二字。对于已经被实践证明行之有效的便民利民措施，如节假日预约办案、巡回办案、网上立案等，要求继续坚持好、利用好、推广好。对于人民群众的新要求，则要求在立案、审判、执行、信访等环节细化、完善，注重取得实效。《意见》还从方便基层群众诉讼的角度出发，提出发挥人民法庭的特殊优势，强化其作用，赋予其作为法院诉讼服务点的职能。这里的诉讼服务点，可以看成是基层法院诉讼服务中心（或窗口）的延伸，可以为偏远乡镇和农村群众提供标准统一的规范化服务，较好实现诉讼事项就近办理，目前，诉讼服务点的做法在实践中受到了群众的认可，应该大力推广。

五是强化对当事人的诉讼指导与帮助。《意见》在肯定有关措施的前提下，重点就两个问题作出规定：一是从当前诉讼当事人参与诉讼的能力差异较大的现实出发，为保证程序公正和平等对待，注意为当事人特别是没有委托律师辩护、代理的当事人参与诉讼提供必要的程序性指导和帮助。二是提出确保诉讼

程序和诉讼活动的专业化、规范化的不断提升，始终与人民群众诉讼能力的不断提高相适应，防止诉讼专业化、规范化脱离国情，超越实际。

六是降低当事人的诉讼成本。《意见》在坚持我国诉讼费制度改革的基础上，提出了进一步降低当事人诉讼成本的两个路径：一是在诉讼程序上做好功课，依法选择并适用更为经济的诉讼程序和程序性措施，积极引导当事人理性选择诉讼成本低、负面作用小的诉讼程序，杜绝滥用强制措施等损害当事人合法权益的现象。二是在司法救助上找出路，千方百计推动司法救助纳入社会救助制度体系，拓宽司法救助资金筹集渠道，完善诉讼费缓、减、免制度，扩大受惠范围，努力让有理无钱的当事人打得起官司。

四、在公正司法方面，《意见》提出的举措

《意见》主要有四个方面的新措施：

第一，强化庭审质量。庭审是查明案件事实的重要场所、彰显司法公正的重要阵地和展现法官职业风采的重要舞台。《意见》非常关注强化庭审质量，并从两个方面提出了思路：一是将提高开庭质量作为保证审判质量的重点环节，真正做到事实调查在法庭、证据展示在法庭、控诉辩护在法庭、裁判说理在法庭，切实突出庭审的中心地位。二是配齐配强合议庭等审判组织的力量。根据提升审判质量的要求，切实做到将优质审判资源配置到司法办案第一线。

第二，强化案件质量管理。《意见》首次明确提出构建人民法院“点、线、面”多角度、全方位的案件质量控制体系，围绕重点岗位、重点案件和重点判项，抓住重要流程和重要环节，把握基本态势和发展趋势，实现全程管理。《意见》还高度重视提高审判执行效率问题，力图通过立审执的沟通、规范审判流程、规范送达方式、实行繁简分流等方式努力缩短诉讼周期，使当事人的合法权益能够尽快实现。同时，注重均衡结案，不得因提高结案率而不收案或忽视质量而突击结案。

第三，完善案件质量评估体系。《意见》要求进一步完善审判质量评估体系，合理设定各种评估指标及其权重，不断提升审判质量评估体系的科学化水平。坚持正确的司法绩效观，正确认识、综合运用好案件质量评估体系，坚决反对在司法统计和审判质量评估中弄虚作假，避免片面、孤立地追求某些单项评价指标，充分发挥评估体系在反映审判工作的真实水平方面的作用。

第四，健全和完善错案评价标准和问责机制。冤假错案是司法公信的大敌。《意见》根据审判工作实际，要求探索建立科学公正的错案评价体系，明确错案的认定标准；要求健全错案的分析和问责机制，完善错案分析和问责的相关程序，力图通过全面建立健全防范错案的工作机制，最大限度地避免冤假错案。2013 年 7 月份，中央政法委出台了首个防止冤假错案的指导意见后，最高人民法院为了落实好指导意见的有关规定，已组织专人起草了关于防范刑

事冤假错案工作机制的意见，目前正在修改论证阶段，近期即将发布，相信这一意见的出台，将会对防范冤错案件起到积极作用。

五、在进一步提高司法公信力方面，《意见》提出的新举措

从司法统计数据和案件质量评估情况看，人民法院审判工作的质效近年来显著提高，但司法公信力不高仍是客观存在的问题，《意见》从四个方面采取了积极措施：

一是以司法公正促公信。具体措施在上个问题中已经谈到，这里不再赘述。

二是以司法公开促公信。《意见》在司法公开方面提出一系列新的措施。最核心的，一个是深入推进审判公开的制度化建设。《意见》要求对审判公开的范围、内容、对象、时间、程序、方式等作出明确规定，稳妥有序地推进司法公开，坚持不懈地提高司法透明度，逐步完善司法公开的制度机制。另一个是建立健全司法与社会沟通的平台。在坚持继续推动12368电话热线，审判流程公开、裁判文书公开、执行信息公开三大平台，领导干部接待日，法院主题开放日等措施的同时，强调高度重视网络、微博、微信等现代信息技术和方式，主动、及时、全面、客观公开相关情况，有针对性地回应社会公众的关切和疑惑。

三是以司法民主促公信。除进一步做好自觉接受监督和加强与理论界交流外，《意见》重点从发挥人民陪审员和律师的作用两个方面加强司法民主：一是充分发挥人民陪审员作用。根据审判工作的要求逐步扩大人民陪审员规模，实施两至三年内实现人民陪审员数量翻一番的“倍增计划”。二是高度重视律师作用的发挥。理解并尊重律师的职业立场和关切重点，切实保障律师在审判过程中依法履行职责，保障律师依法行使阅卷、举证、质证、辩护等诉讼权利，认真对待并全面回应律师对案件处理的主张和意见。进一步规范法官与律师的关系，在诉讼活动中各司其职、彼此尊重、互相监督。

四是以加强队伍建设促公信。《意见》以“四个建设”和“三项改革”全面推进队伍建设：通过深化社会主义法治理念和司法核心价值观教育，加强思想政治建设；全面推进法官培训制度改革，加强公正司法能力建设；坚持惩防并重，加强司法廉洁建设；坚持群众路线，加强司法作风建设。稳步推进人民法院队伍分类管理制度改革，科学设置各类人员职级比例和职数编制。逐步推进法官选任制度改革，完善并落实法官逐级遴选机制，进一步扩大法官遴选范围，注重从律师群体及其他法律实务部门且具有基层工作经历的人员中选拔法官。完善法官业绩考评机制改革，关心基层法院人才培养成长，建立完善常态化表彰奖励机制，推动建立法官任职退出机制，对不适合从事审判工作的法官，适时调离审判岗位并免去法官职务。

六、在改革创新方面，《意见》的新思路

《意见》就司法改革提出了六个方面的新思路：

一是高度重视完善四级法院职能定位。《意见》要求进一步明确各级人民法院的职能分工和工作重点，在注重案件审判的专门化、类型化分工的同时，逐步完善各级人民法院的司法职能定位。

二是要求深化案件管辖制度改革。《意见》要求逐步改变主要以诉讼标的额确定案件级别管辖以及主要以行政区划确定案件地域管辖的做法，进一步完善指定管辖、提级管辖和集中管辖制度。

三是继续深化审判权内部运行机制改革。《意见》提出，要深化合议庭改革，建立健全合议庭绩效考评制度；要深化审判委员会制度改革，完善审判委员会的构成，明确审判委员会专职委员的职责，改进和完善审判委员会工作规则和议事规程，建立审判委员会决议督办机制；要深化院、庭长审判管理职责改革，建立院、庭长行使审判管理权全程留痕的制度，加强对院、庭长行使审判管理权的约束和监督，防止审判管理权的滥用。

四是深入推进执行制度机制改革。《意见》指出，要大力创新执行新模式和工作机制，完善执行联动机制、被执行人财产调查制度，落实被执行人财产申报制度，用足用好强制执行措施，有效运用各种手段制裁抗拒执行或规避执行的行为。要加快执行信息化建设，加强执行规范化建设，进一步完善执行考评机制。

五是进一步深化人民法庭改革。《意见》要求合理调整人民法庭的区域布局，强化人民法庭基本职能，加强人民法庭人员配置，适度扩大人民法庭案件管辖范围。

六是巩固深化经费保障体制改革。《意见》提出，要积极争取不断加大中央财政转移支付的规模，逐步通过中央专项转移支付将审判业务经费基本全覆盖推进。要推动中央实行区域差异化对待，优先对中西部落后地区的人民法院审判业务经费进行高比例乃至全额保障。要建立基层法院经费保障基础数据库，完善对基层法院的绩效考评工作，保证中央和省级转移支付资金及时足额到位、专款专用，提高各项经费管理效率。

最高人民法院
关于严格执行公开审判制度的若干规定

1999 年 3 月 8 日　　　　　　　　法发〔1999〕3 号

各省、自治区、直辖市高级人民法院，解放军军事法院，新疆维吾尔自治区高级人民法院生产建设兵团分院：

为了严格执行公开审判制度，根据我国宪法和有关法律，特作如下规定：

一、人民法院进行审判活动，必须坚持依法公开审判制度，做到公开开庭，公开举证、质证，公开宣判。

二、人民法院对于第一审案件，除下列案件外，应当依法一律公开审理：

（一）涉及国家秘密的案件；

（二）涉及个人隐私的案件；

（三）十四岁以上不满十六岁未成年人犯罪的案件；经人民法院决定不公开审理的十六岁以上不满十八岁未成年人犯罪的案件；

（四）经当事人申请，人民法院决定不公开审理的涉及商业秘密的案件；

（五）经当事人申请，人民法院决定不公开审理的离婚案件；

（六）法律另有规定的其他不公开审理的案件。

对于不公开审理的案件，应当当庭宣布不公开审理的理由。

三、下列第二审案件应当公开审理：

（一）当事人对不服公开审理的第一审案件的判决、裁定提起上诉的，但因违反法定程序发回重审的和事实清楚依法径行判决、裁定的除外。

（二）人民检察院对公开审理的案件的判决、裁定提起抗诉的，但需发回重审的除外。

四、依法公开审理案件应当在开庭三日以前公告。公告应当包括案由、当事人姓名或者名称、开庭时间和地点。

五、依法公开审理案件，案件事实未经法庭公开调查不能认定。

证明案件事实的证据未在法庭公开举证、质证，不能进行认证，但无需举证的事实除外。缺席审理的案件，法庭可以结合其他事实和证据进行认证。

法庭能够当庭认证的，应当当庭认证。

六、人民法院审理的所有案件应当一律公开宣告判决。

宣告判决，应当对案件事实和证据进行认定，并在此基础上正确适用法律。

七、凡应当依法公开审理的案件没有公开审理的，应当按下列规定处理：

（一）当事人提起上诉或者人民检察院对刑事案件的判决、裁定提起抗诉的，第二审人民法院应当裁定撤销原判决，发回重审；

（二）当事人申请再审的，人民法院可以决定再审；人民检察院按照审判监督程序提起抗诉的，人民法院应当决定再审。

上述发回重审或者决定再审的案件应当依法公开审理。

八、人民法院公开审理案件，庭审活动应当在审判法庭进行。需要巡回依法公开审理的，应当选择适当的场所进行。

九、审判法庭和其他公开进行案件审理活动的场所，应当按照最高人民法院关于法庭布置的要求悬挂国徽，设置审判席和其他相应的席位。

十、依法公开审理案件，公民可以旁听，但精神病人、醉酒的人和未经人民法院批准的未成年人除外。

根据法庭场所和参加旁听人数等情况，旁听人需要持旁听证进入法庭的，旁听证由人民法院制发。

外国人和无国籍人持有效证件要求旁听的，参照中国公民旁听的规定办理。

旁听人员必须遵守《中华人民共和国人民法院法庭规则》的规定，并应当接受安全检查。

十一、依法公开审理案件，经人民法院许可，新闻记者可以记录、录音、录相、摄影、转播庭审实况。

外国记者的旁听按照我国有关外事管理规定办理。

最高人民法院　司法部
关于印发《关于规范法官和律师相互关系维护司法公正的若干规定》的通知

2004 年 3 月 19 日　　　　　　　　法发〔2004〕9 号

各省、自治区、直辖市高级人民法院、司法厅（局），解放军军事法院、解放军总政治部司法局，新疆维吾尔自治区高级人民法院生产建设兵团分院、新疆维吾尔自治区生产建设兵团司法局：

现将《最高人民法院、司法部关于规范法官和律师相互关系维护司法公正的若干规定》印发给你们，请认真组织学习、贯彻执行。执行中如遇有问题，请及时报告最高人民法院、司法部。

附：

关于规范法官和律师相互关系维护司法公正的若干规定

为了加强对法官和律师在诉讼活动中的职业纪律约束，规范法官和律师的相互关系，维护司法公正，根据《中华人民共和国法官法》、《中华人民共和国律师法》等有关法律、法规，制定本规定。

第一条　法官和律师在诉讼活动中应当忠实于宪法和法律，依法履行职责，共同维护法律尊严和司法权威。

第二条　法官应当严格依法办案，不受当事人及其委托的律师利用各种关系、以不正当方式对案件审判进行的干涉或者施加的影响。

律师在代理案件之前及其代理过程中，不得向当事人宣称自己与受理案件法院的法官具有亲朋、同学、师生、曾经同事等关系，并不得利用这种关系或者以法律禁止的其他形式干涉或者影响案件的审判。

第三条　法官不得私自单方面会见当事人及其委托的律师。

律师不得违反规定单方面会见法官。

第四条　法官应当严格执行回避制度，如果与本案当事人委托的律师有亲朋、同学、师生、曾经同事等关系，可能影响案件公正处理的，应当自行申请回避，是否回避由本院院长或者审判委员会决定。

律师因法定事由或者根据相关规定不得担任诉讼代理人或者辩护人的，应当谢绝当事人的委托，或者解除委托代理合同。

第五条 法官应当严格执行公开审判制度，依法告知当事人及其委托的律师本案审判的相关情况，但是不得泄露审判秘密。

律师不得以各种非法手段打听案情，不得违法误导当事人的诉讼行为。

第六条 法官不得为当事人推荐、介绍律师作为其代理人、辩护人，或者暗示更换承办律师，或者为律师介绍代理、辩护等法律服务业务，并且不得违反规定向当事人及其委托的律师提供咨询意见或者法律意见。

律师不得明示或者暗示法官为其介绍代理、辩护等法律服务业务。

第七条 法官不得向当事人及其委托律师索取或者收取礼品、金钱、有价证券等；不得借婚丧喜庆事宜向律师索取或者收取礼品、礼金；不得接受当事人及其委托律师的宴请；不得要求或者接受当事人及其委托律师出资装修住宅、购买商品或者进行各种娱乐、旅游活动；不得要求当事人及其委托的律师报销任何费用；不得向当事人及其委托的律师借用交通工具、通讯工具或者其他物品。

当事人委托的律师不得借法官或者其近亲属婚丧喜庆事宜馈赠礼品、金钱、有价证券等；不得向法官请客送礼、行贿或者指使、诱导当事人送礼、行贿；不得为法官装修住宅、购买商品或者出资邀请法官进行娱乐、旅游活动；不得为法官报销任何费用；不得向法官出借交通工具、通讯工具或者其他物品。

第八条 法官不得要求或者暗示律师向当事人索取财物或者其他利益。

当事人委托的律师不得假借法官的名义或者以联络、酬谢法官为由，向当事人索取财物或者其他利益。

第九条 法官应当严格遵守法律规定的审理期限，合理安排审判事务，遵守开庭时间。

律师应当严格遵守法律规定的提交诉讼文书的期限及其他相关程序性规定，遵守开庭时间。

法官和律师均不得借故延迟开庭。法官确有正当理由不能按期开庭，或者律师确有正当理由不能按期出庭的，人民法院应当在不影响案件审理期限的情况下，另行安排开庭时间，并及时通知当事人及其委托的律师。

第十条 法官在庭审过程中，应当严格按照法律规定的诉讼程序进行审判活动，尊重律师的执业权利，认真听取诉讼双方的意见。

律师应当自觉遵守法庭规则，尊重法官权威，依法履行辩护、代理职责。

第十一条 法官和律师在诉讼活动中应当严格遵守司法礼仪，保持良好的仪表，举止文明。

第十二条 律师对于法官有违反本规定行为的，可以自行或者通过司法行政部门、律师协会向有关人民法院反映情况，或者署名举报，提出追究违纪法官党纪、政纪或者法律责任的意见。

法官对于律师有违反本规定行为的，可以直接或者通过人民法院向有关司法行政部门、律师协会反映情况，或者提出给予行业处分、行政处罚直至追究法律责任的司法建议。

第十三条 当事人、案外人发现法官或者律师有违反本规定行为的，可以向有关人民法院、司法行政部门、纪检监察部门、律师协会反映情况或者署名举报。

第十四条 人民法院、司法行政部门、律师协会对于法官、律师违反本规定的，应当视其情节，按照有关法律、法规或者规定给予处理；构成犯罪的，依法追究刑事责任。

第十五条 对法官和律师在案件执行过程中的纪律约束，按照本规定执行。

对人民法院其他工作人员和律师辅助人员的纪律约束，参照本规定的有关内容执行。

第十六条 本规定由最高人民法院、司法部负责解释。

第十七条 本规定自公布之日起实施。

最高人民法院
印发《关于加强人民法院审判公开工作的若干意见》的通知

2007 年 6 月 4 日　　　　法发〔2007〕20 号

各省、自治区、直辖市高级人民法院，解放军军事法院，新疆维吾尔自治区高级人民法院生产建设兵团分院：

现将《最高人民法院关于加强人民法院审判公开工作的若干意见》印发给你们，请结合审判工作实际执行。

附：

关于加强人民法院审判公开工作的若干意见

为进一步落实宪法规定的公开审判原则，深入贯彻党的十六届六中全会提出的健全公开审判制度的要求，充分发挥人民法院在构建社会主义和谐社会中的职能作用，现就加强人民法院审判公开工作提出以下意见。

一、充分认识加强人民法院审判公开工作的重大意义

1. 加强审判公开工作是构建社会主义和谐社会的内在要求。审判公开是以公开审理案件为核心内容的、人民法院审判工作各重要环节的依法公开，是对宪法规定的公开审判原则的具体落实，是我国人民民主专政本质的重要体现，是在全社会实现公平和正义的重要保障。各级人民法院要充分认识到广大人民群众和全社会对不断增强审判工作公开性的高度关注和迫切需要，从发展社会主义民主政治、落实依法治国方略、构建社会主义和谐社会的高度，在各项审判和执行工作中依法充分落实审判公开。

2. 加强审判公开工作是建设公正、高效、权威的社会主义司法制度的迫切需要。深入贯彻落实《中共中央关于构建社会主义和谐社会若干重大问题的决定》，建设公正、高效、权威的社会主义司法制度，是当前和今后一个时期人民法院工作的重要目标。实现这一目标，必须加强审判公开。司法公正应当是“看得见的公正”，司法高效应当是“能感受的高效”，司法权威应当是“被

认同的权威”。各级人民法院要通过深化审判公开，充分保障当事人诉讼权利，积极接受当事人监督，主动接受人大及其常委会的工作监督，正确面对新闻媒体的舆论监督，建设公正、高效、权威的社会主义司法制度。

二、准确把握人民法院审判公开工作的基本原则

3. 依法公开。要严格履行法律规定的公开审判职责，切实保障当事人依法参与审判活动、知悉审判工作信息的权利。要严格执行法律规定的公开范围，在审判工作中严守国家秘密和审判工作秘密，依法保护当事人隐私和商业秘密。

4. 及时公开。法律规定了公开时限的，要严格遵守法律规定的时限，在法定时限内快速、完整地依法公开审判工作信息。法律没有规定公开时限的，要在合理时间内快速、完整地依法公开审判工作信息。

5. 全面公开。要按照法律规定，在案件审理过程中做到公开开庭，公开举证、质证，公开宣判；根据审判工作需要，公开与保护当事人权利有关的人民法院审判工作各重要环节的有效信息。

三、切实加强人民法院审判公开工作的基本要求

6. 人民法院应当以设置宣传栏或者公告牌、建立网站等方便查阅的形式，公布本院管辖的各类案件的立案条件、由当事人提交的法律文书的样式、诉讼费用的收费标准及缓、减、免交诉讼费的基本条件和程序、案件审理与执行工作流程等事项。

7. 对当事人起诉材料、手续不全的，要尽量做到一次性全面告知当事人应当提交的材料和手续，有条件的人民法院应当采用书面形式告知。能够当场补齐的，立案工作人员应当指导当事人当场补齐。

8. 对决定受理适用普通程序的案件，应当在案件受理通知书和应诉通知书中，告知当事人所适用的审判程序及有关的诉讼权利和义务。决定由适用简易程序转为适用普通程序的，应当在作出决定后及时将决定的内容及事实和法律根据告知当事人。

9. 当事人及其诉讼代理人请求人民法院调查取证的，应当提出书面申请。人民法院决定调查收集证据的，应当及时告知申请人及其他当事人。决定不调查收集证据的，应当制作书面通知，说明不调查收集证据的理由，并及时送达申请人。

10. 人民法院裁定采取财产保全措施或者先予执行的，应当在裁定书中写明采取财产保全措施或者先予执行所依据的事实和法律根据，及申请人提供担保的种类、金额或者免予担保的事实和法律根据。人民法院决定不采取财产保全措施或者先予执行的，应当作出书面裁定，并在裁定书中写明有关事实和法

律根据。

11. 人民法院必须严格执行《中华人民共和国刑事诉讼法》、《中华人民共和国民事诉讼法》、《中华人民共和国行政诉讼法》及相关司法解释关于公开审理的案件范围的规定，应当公开审理的，必须公开审理。当事人提出案件涉及个人隐私或者商业秘密的，人民法院应当综合当事人意见、社会一般理性认识等因素，必要时征询专家意见，在合理判断基础上作出决定。

12. 审理刑事二审案件，应当积极创造条件，逐步实现开庭审理；被告人一审被判处死刑的上诉案件和检察机关提出抗诉的案件，应当开庭审理。要逐步加大民事、行政二审案件开庭审理的力度。

13. 刑事二审案件不开庭审理的，人民法院应当在全面审查案卷材料和证据基础上讯问被告人，听取辩护人、代理人的意见，核实证据，查清事实；民事、行政二审案件不开庭审理的，人民法院应当全面审查案卷，充分听取当事人意见，核实证据，查清事实。

14. 要逐步提高当庭宣判比率，规范定期宣判、委托宣判。人民法院审理案件，能够当庭宣判的，应当当庭宣判。定期宣判、委托宣判的，应当在裁判文书签发或者收到委托函后及时进行，宣判前应当通知当事人和其他诉讼参与人。宣判时允许旁听，宣判后应当立即送达法律文书。

15. 依法公开审理的案件，我国公民可以持有效证件旁听，人民法院应当妥善安排好旁听工作。因审判场所、安全保卫等客观因素所限发放旁听证的，应当作出必要的说明和解释。

16. 对群众广泛关注、有较大社会影响或者有利于社会主义法治宣传教育的案件，可以有计划地通过相关组织安排群众旁听，邀请人大代表、政协委员旁听，增进广大群众、人大代表、政协委员了解法院审判工作，方便对审判工作的监督。

17. 申请执行人向人民法院提供被执行人财产线索的，人民法院应当在收到有关线索后尽快决定是否调查，决定不予调查的，应当告知申请执行人具体理由。人民法院根据申请执行人提供的线索或依职权调查被执行人财产状况的，应当在调查结束后及时将调查结果告知申请执行人。被执行人向人民法院申报财产的，人民法院应当在收到申报后及时将被执行人申报的财产状况告知申请执行人。

18. 人民法院应当公告选择评估、拍卖等中介机构的条件和程序，公开进行选定，并及时公告选定的中介机构名单。人民法院应当向当事人、利害关系人公开评估、拍卖、变卖的过程和结果；不能及时拍卖、变卖的，应当向当事人、利害关系人说明原因。

19. 对办案过程中涉及当事人或案外人重大权益的事项，法律没有规定办理程序的，各级人民法院应当根据实际情况，建立灵活、方便的听证机制，举行听证。对当事人、利害关系人提出的执行异议、变更或追加被执行人的请求、经调卷复查认为符合再审条件的申诉申请再审案件，人民法院应当举行听证。

20. 人民法院应当建立和公布案件办理情况查询机制，方便当事人及其委托代理人及时了解与当事人诉讼权利、义务相关的审判和执行信息。

21. 有条件的人民法院对于庭审活动和相关重要审判活动可以录音、录像，建立审判工作的声像档案，当事人可以按规定查阅和复制。

22. 各高级人民法院应当根据本辖区内的情况制定通过出版物、局域网、互联网等方式公布生效裁判文书的具体办法，逐步加大生效裁判文书公开的力度。

23. 通过电视、互联网等媒体对人民法院公开审理案件进行直播、转播的，由高级人民法院批准后进行。

四、规范审判公开工作，维护法律权威和司法形象

24. 人民法院公开审理案件，庭审活动应当在审判法庭进行。巡回审理案件，有固定审判场所的，庭审活动应当在该固定审判场所进行；尚无固定审判场所的，可根据实际条件选择适当的场所。

25. 人民法院裁判文书是人民法院公开审判活动、裁判理由、裁判依据和裁判结果的重要载体。裁判文书的制作应当符合最高人民法院颁布的裁判文书样式要求，包含裁判文书的必备要素，并按照繁简得当、易于理解的要求，清楚地反映裁判过程、事实、理由和裁判依据。

26. 人民法院工作人员实施公务活动，应当依据有关规定着装，并主动出示工作证。

27. 人民法院应当向社会公开审判、执行工作纪律规范，公开违法审判、违法执行的投诉办法，便于当事人及社会监督。

最高人民法院办公厅
印发《关于司法公开的六项规定》和《关于人民法院接受新闻媒体舆论监督的若干规定》的通知

2009年12月8日　　法发〔2009〕58号

全国地方各级人民法院、各级军事法院、各铁路运输中级法院和基层法院、各海事法院，新疆生产建设兵团各级法院：

最高人民法院《关于司法公开的六项规定》和最高人民法院《关于人民法院接受新闻媒体舆论监督的若干规定》已经中央批准，现印发给你们，请认真贯彻执行。贯彻执行中的重大事项，请及时报告我院。

附一：

关于司法公开的六项规定

为进一步落实公开审判的宪法原则，扩大司法公开范围，拓宽司法公开渠道，保障人民群众对人民法院工作的知情权、参与权、表达权和监督权，维护当事人的合法权益，提高司法民主水平，规范司法行为，促进司法公正，根据有关诉讼法的规定和人民法院的工作实际，按照依法公开、及时公开、全面公开的原则，制定本规定。

一、立案公开

立案阶段的相关信息应当通过便捷、有效的方式向当事人公开。各类案件的立案条件、立案流程、法律文书样式、诉讼费用标准、缓减免交诉讼费程序、当事人重要权利义务、诉讼和执行风险提示以及可选择的诉讼外纠纷解决方式等内容，应当通过适当的形式向社会和当事人公开。人民法院应当及时将案件受理情况通知当事人。对于不予受理的，应当将不予受理裁定书、不予受理再审申请通知书、驳回再审申请裁定书等相关法律文件依法及时送达当事人，并说明理由，告知当事人诉讼权利。

二、庭审公开

建立健全有序开放、有效管理的旁听和报道庭审的规则，消除公众和媒体知情监督的障碍。依法公开审理的案件，旁听人员应当经过安全检查进入法庭旁听。因审判场所等客观因素所限，人民法院可以发放旁听证或者通过庭审视频、直播录播等方式满足公众和媒体了解庭审实况的需要。所有证据应当在法庭上公开，能够当庭认证的，应当当庭认证。除法律、司法解释规定可以不出庭的情形外，人民法院应当通知证人、鉴定人出庭作证。独任审判员、合议庭成员、审判委员会委员的基本情况应当公开，当事人依法有权申请回避。案件延长审限的情况应当告知当事人。人民法院对公开审理或者不公开审理的案件，一律在法庭内或者通过其他公开的方式公开宣告判决。

三、执行公开

执行的依据、标准、规范、程序以及执行全过程应当向社会和当事人公开，但涉及国家秘密、商业秘密、个人隐私等法律禁止公开的信息除外。进一步健全和完善执行信息查询系统，扩大查询范围，为当事人查询执行案件信息提供方便。人民法院采取查封、扣押、冻结、划拨等执行措施后应及时告知双方当事人。人民法院选择鉴定、评估、拍卖等机构的过程和结果向当事人公开。执行款项的收取发放、执行标的物的保管、评估、拍卖、变卖的程序和结果等重点环节和重点事项应当及时告知当事人。执行中的重大进展应当通知当事人和利害关系人。

四、听证公开

人民法院对开庭审理程序之外的涉及当事人或者案外人重大权益的案件实行听证的，应当公开进行。人民法院对申请再审案件、涉法涉诉信访疑难案件、司法赔偿案件、执行异议案件以及对职务犯罪案件和有重大影响案件被告人的减刑、假释案件等，按照有关规定实行公开听证的，应当向社会发布听证公告。听证公开的范围、方式、程序等参照庭审公开的有关规定。

五、文书公开

裁判文书应当充分表述当事人的诉辩意见、证据的采信理由、事实的认定、适用法律的推理与解释过程，做到说理公开。人民法院可以根据法制宣传、法学研究、案例指导、统一裁判标准的需要，集中编印、刊登各类裁判文书。除涉及国家秘密、未成年人犯罪、个人隐私以及其他不适宜公开的案件和调解结案的案件外，人民法院的裁判文书可以在互联网上公开发布。当事人对于在互联网上公开裁判文书提出异议并有正当理由的，人民法院可以决定不在互联网上发布。为保护裁判文书所涉及到的公民、法人和其他组织的正当权利，可以对拟公开发布的裁判文书中的相关信息进行必要的技术处理。人民法院应当注意收集社会各界对裁判文书的意见和建议，作为改进工作的参考。

六、审务公开

人民法院的审判管理工作以及与审判工作有关的其他管理活动应当向社会公开。各级人民法院应当逐步建立和完善互联网站和其他信息公开平台。探索建立各类案件运转流程的网络查询系统，方便当事人及时查询案件进展情况。通过便捷、有效的方式及时向社会公开关于法院工作的方针政策、各种规范性文件和审判指导意见以及非涉密司法统计数据及分析报告，公开重大案件的审判情况、重要研究成果、活动部署等。建立健全过问案件登记、说情干扰警示、监督情况通报等制度，向社会和当事人公开违反规定程序过问案件的情况和人民法院接受监督的情况，切实保护公众的知情监督权和当事人的诉讼权利。

全国各级人民法院要切实解放思想，更新观念，大胆创新，把积极主动地采取公开透明的措施与不折不扣地实现当事人的诉讼权利结合起来，把司法公开的实现程度当作衡量司法民主水平、评价法院工作的重要指标。最高人民法院将进一步研究制定司法公开制度落实情况的考评标准，并将其纳入人民法院工作考评体系，完善司法公开的考核评价机制。上级人民法院要加强对下级人民法院司法公开工作的指导，定期组织专项检查，通报检查结果，完善司法公开的督促检查机制。各级人民法院要加大对司法公开工作在资金、设施、人力、技术方面的投入，建立司法公开的物质保障机制。要疏通渠道，设立平台，认真收集、听取和处理群众关于司法公开制度落实情况的举报投诉或意见建议，建立健全司法公开的情况反馈机制。要细化和分解落实司法公开的职责，明确责任，对于在诉讼过程中违反审判公开原则或者在法院其他工作中违反司法公开相关规定的，要追究相应责任，同时要注意树立先进典型，表彰先进个人和单位，推广先进经验，建立健全司法公开的问责表彰机制。

本规定自公布之日起实施。本院以前发布的相关规定与本规定不一致的，以本规定为准。

附二：

关于人民法院接受新闻媒体舆论监督的若干规定

为进一步落实公开审判的宪法原则，规范人民法院接受新闻媒体舆论监督工作，妥善处理法院与媒体的关系，保障公众的知情权、参与权、表达权和监督权，提高司法公信，制定本规定。

第一条 人民法院应当主动接受新闻媒体的舆论监督。对新闻媒体旁听案件庭审、采访报道法院工作、要求提供相关材料的，人民法院应当根据具体情况提供便利。

第二条 对于社会关注的案件和法院工作的重大举措以及按照有关规定应当向社会公开的其他信息，人民法院应当通过新闻发布会、记者招待会、新闻通稿、法院公报、互联网站等形式向新闻媒体及时发布相关信息。

第三条 对于公开审判的案件，新闻媒体记者和公众可以旁听。审判场所座席不足的，应当优先保证媒体和当事人近亲属的需要。有条件的审判法庭根据需要可以在旁听席中设立媒体席。记者旁听庭审应当遵守法庭纪律，未经批准不得录音、录像和摄影。

第四条 对于正在审理的案件，人民法院的审判人员及其他工作人员不得擅自接受新闻媒体的采访。对于已经审结的案件，人民法院可以通过新闻宣传部门协调决定由有关人员接受采访。对于不适宜接受采访的，人民法院可以决定不接受采访并说明理由。

第五条 新闻媒体因报道案件审理情况或者法院其他工作需要申请人民法院提供相关资料的，人民法院可以提供裁判文书复印件、庭审笔录、庭审录音录像、规范性文件、指导意见等。如有必要，也可以为媒体提供其他可以公开的背景资料和情况说明。

第六条 人民法院接受新闻媒体舆论监督的协调工作由各级人民法院的新闻宣传主管部门统一归口管理。新闻宣传主管部门应当为新闻媒体提供新闻报道素材，保证新闻媒体真实、客观地报道人民法院的工作。对于新闻媒体报道人民法院的工作失实时，新闻宣传主管部门负责及时澄清事实，进行回应。

第七条 人民法院应当建立与新闻媒体及其主管部门固定的沟通联络机制，定期或不定期地举办座谈会或研讨会，交流意见，沟通信息。人民法院与新闻媒体可以研究制定共同遵守的行为自律准则。对于新闻媒体反映的人民法院接受舆论监督方面的意见和建议，有关法院应当及时研究处理，改进工作。

第八条 对于新闻媒体报道中反映的人民法院审判工作和其他各项工作中

存在的问题，以及反映审判人员和其他工作人员违法违纪行为，人民法院应当及时调查、核实。查证属实的，应当依法采取有效措施进行处理，并及时反馈处理结果。

第九条 人民法院发现新闻媒体在采访报道法院工作时有下列情形之一的，可以向新闻主管部门、新闻记者自律组织或者新闻单位等通报情况并提出建议。违反法律规定的，依法追究相应责任。

（一）损害国家安全和社会公共利益的，泄露国家秘密、商业秘密的；

（二）对正在审理的案件报道严重失实或者恶意进行倾向性报道，损害司法权威、影响公正审判的；

（三）以侮辱、诽谤等方式损害法官名誉，或者损害当事人名誉权等人格权，侵犯诉讼参与人的隐私和安全的；

（四）接受一方当事人请托，歪曲事实，恶意炒作，干扰人民法院审判、执行活动，造成严重不良影响的；

（五）其他严重损害司法权威、影响司法公正的。

第十条 本规定自公布之日起实施。

最高人民法院 最高人民检察院
印发《关于人民检察院检察长列席人民法院审判委员会会议的实施意见》的通知

2010年1月12日 法发〔2010〕4号

全国地方各级人民法院、人民检察院，各级军事法院、检察院，各铁路运输中级法院和基层法院、检察院，各海事法院、检察院，新疆生产建设兵团各级法院、检察院：

落实并完善人民检察院检察长、受检察长委托的副检察长列席人民法院审判委员会会议的规定，是中办〔2008〕28号文件规定的改革任务之一。最高人民法院、最高人民检察院在深入调研的基础上，制定了《最高人民法院、最高人民检察院关于人民检察院检察长列席人民法院审判委员会会议的实施意见》，已于2009年10月12日由最高人民法院审判委员会第1475次会议、2009年8月11日由最高人民检察院第十一届检察委员会第17次会议讨论通过。现予以印发，自2010年4月1日起施行。请结合本地实际贯彻执行，在实施过程中如有问题，请分别向最高人民法院、最高人民检察院报告。

附：

关于人民检察院检察长列席人民法院审判委员会会议的实施意见

为进一步落实和规范人民检察院检察长列席人民法院审判委员会会议制度，根据《中华人民共和国人民法院组织法》等法律的有关规定，提出如下意见：

一、人民检察院检察长可以列席同级人民法院审判委员会会议。

检察长不能列席时，可以委托副检察长列席同级人民法院审判委员会会议。

二、人民检察院检察长列席人民法院审判委员会会议的任务是，对于审判委员会讨论的案件和其他有关议题发表意见，依法履行法律监督职责。

三、人民法院审判委员会讨论下列案件或者议题，同级人民检察院检察长可以列席：

（一）可能判处被告人无罪的公诉案件；

（二）可能判处被告人死刑的案件；

（三）人民检察院提出抗诉的案件；

（四）与检察工作有关的其他议题。

四、人民法院院长决定将本意见第三条所列案件或者议题提交审判委员会讨论的，人民法院应当通过适当方式告知同级人民检察院。人民检察院检察长决定列席审判委员会会议的，人民法院应当将会议议程、会议时间通知人民检察院。

对于人民法院审判委员会讨论的议题，人民检察院认为有必要的，可以向人民法院提出列席审判委员会会议；人民法院认为有必要的，可以邀请人民检察院检察长列席审判委员会会议。

五、人民检察院检察长列席审判委员会会议的，人民法院应当将会议材料在送审判委员会委员的同时送人民检察院检察长。

六、人民检察院检察长列席审判委员会会议，应当在会前进行充分准备，必要时可就有关问题召开检察委员会会议进行讨论。

七、检察长或者受检察长委托的副检察长列席审判委员会讨论案件的会议，可以在人民法院承办人汇报完毕后、审判委员会委员表决前发表意见。

审判委员会会议讨论与检察工作有关的其他议题，检察长或者受检察长委托的副检察长的发言程序适用前款规定。

检察长或者受检察长委托的副检察长在审判委员会会议上发表的意见，应当记录在卷。

八、人民检察院检察长列席审判委员会会议讨论的案件，人民法院应当将裁判文书及时送达或者抄送人民检察院。

人民检察院检察长列席的审判委员会会议讨论的其他议题，人民法院应当将讨论通过的决定文本及时送给人民检察院。

九、出席、列席审判委员会会议的所有人员，对审判委员会讨论内容应当保密。

十、人民检察院检察长列席审判委员会会议的具体事宜由审判委员会办事机构和检察委员会办事机构负责办理。

最高人民法院

印发《中华人民共和国法官职业道德基本准则》的通知

2010年12月6日　　法发〔2010〕53号

各省、自治区、直辖市高级人民法院，解放军军事法院，新疆维吾尔自治区高级人民法院生产建设兵团分院：

现将修订后的《中华人民共和国法官职业道德基本准则》重新印发，请认真贯彻执行。

附：

中华人民共和国法官职业道德基本准则

（2001年10月18日发布
2010年12月6日修订）

第一章　总　　则

第一条　为加强法官职业道德建设，保证法官正确履行法律赋予的职责，根据《中华人民共和国法官法》和其他相关规定，制定本准则。

第二条　法官职业道德的核心是公正、廉洁、为民。基本要求是忠诚司法事业、保证司法公正、确保司法廉洁、坚持司法为民、维护司法形象。

第三条　法官应当自觉遵守法官职业道德，在本职工作和业外活动中严格要求自己，维护人民法院形象和司法公信力。

第二章　忠诚司法事业

第四条　牢固树立社会主义法治理念，忠于党、忠于国家、忠于人民、忠于法律，做中国特色社会主义事业建设者和捍卫者。

第五条　坚持和维护中国特色社会主义司法制度，认真贯彻落实依法治国基本方略，尊崇和信仰法律，模范遵守法律，严格执行法律，自觉维护法律的权威和尊严。

第六条 热爱司法事业，珍惜法官荣誉，坚持职业操守，恪守法官良知，牢固树立司法核心价值观，以维护社会公平正义为己任，认真履行法官职责。

第七条 维护国家利益，遵守政治纪律，保守国家秘密和审判工作秘密，不从事或参与有损国家利益和司法权威的活动，不发表有损国家利益和司法权威的言论。

第三章 保证司法公正

第八条 坚持和维护人民法院依法独立行使审判权的原则，客观公正审理案件，在审判活动中独立思考、自主判断，敢于坚持原则，不受任何行政机关、社会团体和个人的干涉，不受权势、人情等因素的影响。

第九条 坚持以事实为根据，以法律为准绳，努力查明案件事实，准确把握法律精神，正确适用法律，合理行使裁量权，避免主观臆断、超越职权、滥用职权，确保案件裁判结果公平公正。

第十条 牢固树立程序意识，坚持实体公正与程序公正并重，严格按照法定程序执法办案，充分保障当事人和其他诉讼参与人的诉讼权利，避免执法办案中的随意行为。

第十一条 严格遵守法定办案时限，提高审判执行效率，及时化解纠纷，注重节约司法资源，杜绝玩忽职守、拖延办案等行为。

第十二条 认真贯彻司法公开原则，尊重人民群众的知情权，自觉接受法律监督和社会监督，同时避免司法审判受到外界的不当影响。

第十三条 自觉遵守司法回避制度，审理案件保持中立公正的立场，平等对待当事人和其他诉讼参与人，不偏袒或歧视任何一方当事人，不私自单独会见当事人及其代理人、辩护人。

第十四条 尊重其他法官对审判职权的依法行使，除履行工作职责或者通过正当程序外，不过问、不干预、不评论其他法官正在审理的案件。

第四章 确保司法廉洁

第十五条 树立正确的权力观、地位观、利益观，坚持自重、自省、自警、自励，坚守廉洁底线，依法正确行使审判权、执行权，杜绝以权谋私、贪赃枉法行为。

第十六条 严格遵守廉洁司法规定，不接受案件当事人及相关人员的请客送礼，不利用职务便利或者法官身份谋取不正当利益，不违反规定与当事人或者其他诉讼参与人进行不正当交往，不在执法办案中徇私舞弊。

第十七条 不从事或者参与营利性的经营活动，不在企业及其他营利性组织中兼任法律顾问等职务，不就未决案件或者再审案件给当事人及其他诉讼参与人提供咨询意见。

第十八条 妥善处理个人和家庭事务，不利用法官身份寻求特殊利益。按规定如实报告个人有关事项，教育督促家庭成员不利用法官的职权、地位谋取不正当利益。

第五章 坚持司法为民

第十九条 牢固树立以人为本、司法为民的理念，强化群众观念，重视群众诉求，关注群众感受，自觉维护人民群众的合法权益。

第二十条 注重发挥司法的能动作用，积极寻求有利于案结事了的纠纷解决办法，努力实现法律效果与社会效果的统一。

第二十一条 认真执行司法便民规定，努力为当事人和其他诉讼参与人提供必要的诉讼便利，尽可能降低其诉讼成本。

第二十二条 尊重当事人和其他诉讼参与人的人格尊严，避免盛气凌人、“冷硬横推”等不良作风；尊重律师，依法保障律师参与诉讼活动的权利。

第六章 维护司法形象

第二十三条 坚持学习，精研业务，忠于职守，秉公办案，惩恶扬善，弘扬正义，保持昂扬的精神状态和良好的职业操守。

第二十四条 坚持文明司法，遵守司法礼仪，在履行职责过程中行为规范、着装得体、语言文明、态度平和，保持良好的职业修养和司法作风。

第二十五条 加强自身修养，培育高尚道德操守和健康生活情趣，杜绝与法官职业形象不相称、与法官职业道德相违背的不良嗜好和行为，遵守社会公德和家庭美德，维护良好的个人声誉。

第二十六条 法官退休后应当遵守国家相关规定，不利用自己的原有身份和便利条件过问、干预执法办案，避免因个人不当言行对法官职业形象造成不良影响。

第七章 附 则

第二十七条 人民陪审员依法履行审判职责期间，应当遵守本准则。人民法院其他工作人员参照执行本准则。

第二十八条 各级人民法院负责督促实施本准则，对于违反本准则的行为，视情节后果予以诫勉谈话、批评通报；情节严重构成违纪违法的，依照相关纪律和法律规定予以严肃处理。

第二十九条 本准则由最高人民法院负责解释。

第三十条 本准则自发布之日起施行。最高人民法院 2001 年 10月 18 日发布的《中华人民共和国法官职业道德基本准则》同时废止。

最高人民法院
印发《法官行为规范》的通知

2010 年 12 月 6 日　　　　　　　　法发〔2010〕54 号

各省、自治区、直辖市高级人民法院，解放军军事法院，新疆维吾尔自治区高级人民法院生产建设兵团分院：

现将《法官行为规范》印发给你们，请认真贯彻执行。最高人民法院2005 年 11 月 4 日发布的《法官行为规范（试行）》同时废止。

附：

法官行为规范

（2005 年 11 月 4 日发布试行
2010 年 12 月 6 日修订）

为大力弘扬“公正、廉洁、为民”的司法核心价值观，规范法官基本行为，树立良好的司法职业形象，根据《中华人民共和国法官法》和《中华人民共和国公务员法》等法律，制定本规范。

一、一般规定

第一条　忠诚坚定。坚持党的事业至上、人民利益至上、宪法法律至上，在思想上和行动上与党中央保持一致，不得有违背党和国家基本政策以及社会主义司法制度的言行。

第二条　公正司法。坚持以事实为根据、以法律为准绳，平等对待各方当事人，确保实体公正、程序公正和形象公正，努力实现办案法律效果和社会效果的有机统一，不得滥用职权、枉法裁判。

第三条　高效办案。树立效率意识，科学合理安排工作，在法定期限内及时履行职责，努力提高办案效率，不得无故拖延、贻误工作、浪费司法资源。

第四条　清正廉洁。遵守各项廉政规定，不得利用法官职务和身份谋取不正当利益，不得为当事人介绍代理人、辩护人以及中介机构，不得为律师、其他人员介绍案源或者给予其他不当协助。

第五条 一心为民。落实司法为民的各项规定和要求，做到听民声、察民情、知民意，坚持能动司法，树立服务意识，做好诉讼指导、风险提示、法律释明等便民服务，避免“冷硬横推”等不良作风。

第六条 严守纪律。遵守各项纪律规定，不得泄露在审判工作中获取的国家秘密、商业秘密、个人隐私等，不得过问、干预和影响他人正在审理的案件，不得随意发表有损生效裁判严肃性和权威性的言论。

第七条 敬业奉献。热爱人民司法事业，增强职业使命感和荣誉感，加强业务学习，提高司法能力，恪尽职守，任劳任怨，无私奉献，不得麻痹懈怠、玩忽职守。

第八条 加强修养。坚持学习，不断提高自身素质；遵守司法礼仪，执行着装规定，言语文明，举止得体，不得浓妆艳抹，不得佩带与法官身份不相称的饰物，不得参加有损司法职业形象的活动。

二、立 案

第九条 基本要求

（一）保障当事人依法行使诉权，特别关注妇女、儿童、老年人、残疾人等群体的诉讼需求；

（二）便利人民群众诉讼，减少当事人诉累；

（三）确保立案质量，提高立案效率。

第十条 当事人来法院起诉

（一）加强诉讼引导，提供诉讼指导材料；

（二）符合起诉条件的，在法定时间内及时立案；

（三）不符合起诉条件的，不予受理并告知理由，当事人坚持起诉的，裁定不予受理；

（四）已经立案的，不得强迫当事人撤诉；

（五）当事人自愿放弃起诉的，除法律另有规定外，应当准许。

第十一条 当事人口头起诉

（一）告知应当递交书面诉状；

（二）当事人不能书写诉状且委托他人代写有困难的，要求其明确诉讼请求、如实提供案件情况和联络方式，记入笔录并向其宣读，确认无误后交其签名或者捺印。

第十二条 当事人要求上门立案或者远程立案

（一）当事人因肢体残疾行动不便或者身患重病卧床不起等原因，确实无法到法院起诉且没有能力委托代理人的，可以根据实际情况上门接收起诉材料；

（二）当事人所在地离受案法院距离远且案件事实清楚、法律关系明确、争议不大的，可以通过网络或者邮寄的方式接收起诉材料；

（三）对不符合上述条件的当事人，应当告知其到法院起诉。

第十三条 当事人到人民法庭起诉

人民法庭有权受理的，应当接受起诉材料，不得要求当事人到所在基层人民法院立案庭起诉。

第十四条 案件不属于法院主管或者本院管辖

（一）告知当事人不属于法院主管或者本院没有管辖权的理由；

（二）根据案件实际情况，指明主管机关或者有管辖权的法院；

（三）当事人坚持起诉的，裁定不予受理，不得违反管辖规定受理案件。

第十五条 依法应当公诉的案件提起自诉

（一）应当在接受后移送主管机关处理，并且通知当事人；

（二）情况紧急的，应当先采取紧急措施，然后移送主管机关并告知当事人。

第十六条 诉状内容和形式不符合规定

（一）告知按照有关规定进行更正，做到一次讲清要求；

（二）不得因法定起诉要件以外的瑕疵拒绝立案。

第十七条 起诉材料中证据不足

原则上不能以支持诉讼请求的证据不充分为由拒绝立案。

第十八条 遇到疑难复杂情况，不能当场决定是否立案

（一）收下材料并出具收据，告知等待审查结果；

（二）及时审查并在法定期限内将结果通知当事人。

第十九条 发现涉及群体的、矛盾易激化的纠纷

及时向领导汇报并和有关部门联系，积极做好疏导工作，防止矛盾激化。

第二十条 当事人在立案后询问证据是否有效、能否胜诉等实体问题

（一）不得向其提供倾向性意见；

（二）告知此类问题只有经过审理才能确定，要相信法院会公正裁判。

第二十一条 当事人在立案后询问案件处理流程或时间

告知案件处理流程和法定期限，不得以与立案工作无关为由拒绝回答。

第二十二条 当事人预交诉讼费

（一）严格按规定确定数额，不得额外收取或者随意降低；

（二）需要到指定银行交费的，及时告知账号及地点；

（三）确需人民法庭自行收取的，应当按规定出具收据。

第二十三条 当事人未及时交纳诉讼费

（一）符合司法救助条件的，告知可以申请缓交或者减免诉讼费；

（二）不符合司法救助条件的，可以书面形式通知其在规定期限内交费，并告知无正当理由逾期不交诉讼费的，将按撤诉处理。

第二十四条 当事人申请诉前财产保全、证据保全等措施

（一）严格审查申请的条件和理由，及时依法作出裁定；

（二）裁定采取保全等措施的，及时依法执行；不符合申请条件的，耐心解释原因；

（三）不得滥用诉前财产保全、证据保全等措施。

第二十五条 当事人自行委托或者申请法院委托司法鉴定

（一）当事人协商一致自行委托的，应当认真审查鉴定情况，对程序合法、结论公正的鉴定意见应当采信；对不符合要求的鉴定意见可以要求重新鉴定，并说明理由；

（二）当事人申请法院委托的，应当及时作出是否准许的决定，并答复当事人；准许进行司法鉴定的，应当按照规定委托鉴定机构及时进行鉴定。

三、庭　　审

第二十六条 基本要求

（一）规范庭审言行，树立良好形象；

（二）增强庭审驾驭能力，确保审判质量；

（三）严格遵循庭审程序，平等保护当事人诉讼权利；

（四）维护庭审秩序，保障审判活动顺利进行。

第二十七条 开庭前的准备

（一）在法定期限内及时通知诉讼各方开庭时间和地点；

（二）公开审理的，应当在法定期限内及时公告；

（三）当事人申请不公开审理的，应当及时审查，符合法定条件的，应当准许；不符合法定条件的，应当公开审理并解释理由；

（四）需要进行庭前证据交换的，应当及时提醒，并主动告知举证时限；

（五）当事人申请法院调取证据的，如确属当事人无法收集的证据，应当及时调查收集，不得拖延；证据调取不到的，应当主动告知原因；如属于当事人可以自行收集的证据，应当告知其自行收集；

（六）自觉遵守关于回避的法律规定和相关制度，对当事人提出的申请回避请求不予同意的，应当向当事人说明理由；

（七）审理当事人情绪激烈、矛盾容易激化的案件，应当在庭前做好工作预案，防止发生恶性事件。

第二十八条 原定开庭时间需要更改

（一）不得无故更改开庭时间；

（二）因特殊情况确需延期的，应当立即通知当事人及其他诉讼参加人；

（三）无法通知的，应当安排人员在原定庭审时间和地点向当事人及其他诉讼参加人解释。

第二十九条 出庭时注意事项

（一）准时出庭，不迟到，不早退，不缺席；

（二）在进入法庭前必须更换好法官服或者法袍，并保持整洁和庄重，严禁着便装出庭；合议庭成员出庭的着装应当保持统一；

（三）设立法官通道的，应当走法官通道；

（四）一般在当事人、代理人、辩护人、公诉人等入庭后进入法庭，但前述人员迟到、拒不到庭的除外；

（五）不得与诉讼各方随意打招呼，不得与一方有特别亲密的言行；

（六）严禁酒后出庭。

第三十条 庭审中的言行

（一）坐姿端正，杜绝各种不雅动作；

（二）集中精力，专注庭审，不做与庭审活动无关的事；

（三）不得在审判席上吸烟、闲聊或者打瞌睡，不得接打电话，不得随意离开审判席；

（四）平等对待与庭审活动有关的人员，不与诉讼中的任何一方有亲近的表示；

（五）礼貌示意当事人及其他诉讼参加人发言；

（六）不得用带有倾向性的语言进行提问，不得与当事人及其他诉讼参加人争吵；

（七）严格按照规定使用法槌，敲击法槌的轻重应当以旁听区能够听见为宜。

第三十一条 对诉讼各方陈述、辩论时间的分配与控制

（一）根据案情和审理需要，公平、合理地分配诉讼各方在庭审中的陈述及辩论时间；

（二）不得随意打断当事人、代理人、辩护人等的陈述；

（三）当事人、代理人、辩护人发表意见重复或与案件无关的，要适当提醒制止，不得以生硬言辞进行指责。

第三十二条 当事人使用方言或者少数民族语言

（一）诉讼一方只能讲方言的，应当准许；他方表示不通晓的，可以由懂方言的人用普通话进行复述，复述应当准确无误；

（二）使用少数民族语言陈述，他方表示不通晓的，应当为其配备翻译。

第三十三条 当事人情绪激动，在法庭上喊冤或者鸣不平

（一）重申当事人必须遵守法庭纪律，法庭将会依法给其陈述时间；

（二）当事人不听劝阻的，应当及时制止；

（三）制止无效的，依照有关规定作出适当处置。

第三十四条 诉讼各方发生争执或者进行人身攻击

（一）及时制止，并对各方进行批评教育，不得偏袒一方；

（二）告诫各方必须围绕案件依序陈述；

（三）对不听劝阻的，依照有关规定作出适当处置。

第三十五条 当事人在庭审笔录上签字

（一）应当告知当事人庭审笔录的法律效力，将庭审笔录交其阅读；无阅读能力的，应当向其宣读，确认无误后再签字、捺印；

（二）当事人指出记录有遗漏或者差错的，经核实后要当场补正并要求当事人在补正处签字、捺印；无遗漏或者差错不应当补正的，应当将其申请记录在案；

（三）未经当事人阅读核对，不得要求其签字、捺印；

（四）当事人放弃阅读核对的，应当要求其签字、捺印；当事人不阅读又不签字、捺印的，应当将情况记录在案。

第三十六条 宣判时注意事项

（一）宣告判决，一律公开进行；

（二）宣判时，合议庭成员或者独任法官应当起立，宣读裁判文书声音要洪亮、清晰、准确无误；

（三）当庭宣判的，应当宣告裁判事项，简要说明裁判理由并告知裁判文书送达的法定期限；

（四）定期宣判的，应当在宣判后立即送达裁判文书；

（五）宣判后，对诉讼各方不能赞赏或者指责，对诉讼各方提出的质疑，应当耐心做好解释工作。

第三十七条 案件不能在审限内结案

（一）需要延长审限的，按照规定履行审批手续；

（二）应当在审限届满或者转换程序前的合理时间内，及时将不能审结的原因告知当事人及其他诉讼参加人。

第三十八条 人民检察院提起抗诉

（一）依法立案并按照有关规定进行审理；

（二）应当为检察人员和辩护人、诉讼代理人查阅案卷、复印卷宗材料等提供必要的条件和方便。

四、诉讼调解

第三十九条 基本要求

（一）树立调解理念，增强调解意识，坚持“调解优先、调判结合”，充分发挥调解在解决纠纷中的作用；

（二）切实遵循合法、自愿原则，防止不当调解、片面追求调解率；

（三）讲究方式方法，提高调解能力，努力实现案结事了。

第四十条 在调解过程中与当事人接触

（一）应当征询各方当事人的调解意愿；

（二）根据案件的具体情况，可以分别与各方当事人做调解工作；

（三）在与一方当事人接触时，应当保持公平，避免他方当事人对法官的中立性产生合理怀疑。

第四十一条 只有当事人的代理人参加调解

（一）认真审查代理人是否有特别授权，有特别授权的，可以由其直接参加调解；

（二）未经特别授权的，可以参与调解，达成调解协议的，应当由当事人签字或者盖章，也可以由当事人补办特别授权追认手续，必要时，可以要求当事人亲自参加调解。

第四十二条 一方当事人表示不愿意调解

（一）有调解可能的，应当采用多种方式，积极引导调解；

（二）当事人坚持不愿调解的，不得强迫调解。

第四十三条 调解协议损害他人利益

（一）告知参与调解的当事人应当对涉及他人权利、义务的约定进行修正；

（二）发现调解协议有损他人利益的，不得确认该调解协议内容的效力。

第四十四条 调解过程中当事人要求对责任问题表态

应当根据案件事实、法律规定以及调解的实际需要进行表态，注意方式方法，努力促成当事人达成调解协议。

第四十五条 当事人对调解方案有分歧

（一）继续做好协调工作，尽量缩小当事人之间的分歧，以便当事人重新选择，争取调解结案；

（二）分歧较大且确实难以调解的，应当及时依法裁判。

五、文书制作

第四十六条 基本要求

（一）严格遵守格式和规范，提高裁判文书制作能力，确保裁判文书质量，维护裁判文书的严肃性和权威性；

（二）普通程序案件的裁判文书应当内容全面、说理透彻、逻辑严密、用语规范、文字精炼；

（三）简易程序案件的裁判文书应当简练、准确、规范；

（四）组成合议庭审理的案件的裁判文书要反映多数人的意见。

第四十七条 裁判文书质量责任的承担

（一）案件承办法官或者独任法官对裁判文书质量负主要责任，其他合议庭成员对裁判文书负有次要责任；

（二）对裁判文书负责审核、签发的法官，应当做到严格审查、认真把关。

第四十八条 对审判程序及审判全过程的叙述

（一）准确叙述当事人的名称、案由、立案时间、开庭审理时间、诉讼参加人到庭等情况；

（二）简易程序转为普通程序的，应当写明转换程序的时间和理由；

（三）追加、变更当事人的，应当写明追加、变更的时间、理由等情况；

（四）应当如实叙述审理管辖异议、委托司法鉴定、评估、审计、延期审理等环节的流程等一些重要事项。

第四十九条 对诉讼各方诉状、答辩状的归纳

（一）简要、准确归纳诉讼各方的诉、辩主张；

（二）应当公平、合理分配篇幅。

第五十条 对当事人质证过程和争议焦点的叙述

（一）简述开庭前证据交换和庭审质证阶段各方当事人质证过程；

（二）准确概括各方当事人争议的焦点；

（三）案件事实、法律关系较复杂的，应当在准确归纳争议焦点的基础上分段、分节叙述。

第五十一条 普通程序案件的裁判文书对事实认定部分的叙述

（一）表述客观，逻辑严密，用词准确，避免使用明显的褒贬词汇；

（二）准确分析说明各方当事人提交证据采信与否的理由以及被采信的证据能够证明的事实；

（三）对证明责任、证据的证明力以及证明标准等问题应当进行合理解释。

第五十二条 对普通程序案件定性及审理结果的分析论证

（一）应当进行准确、客观、简练的说理，对答辩意见、辩护意见、代理意见等是否采纳要阐述理由；

（二）审理刑事案件，应当根据法律、司法解释的有关规定并结合案件具体事实作出有罪或者无罪的判决，确定有罪的，对法定、酌定的从重、从轻、减轻、免除处罚情节等进行分析认定；

（三）审理民事案件，应当根据法律、法规、司法解释的有关规定，结合个案具体情况，理清案件法律关系，对当事人之间的权利义务关系、责任承担及责任大小等进行详细的归纳评判；

（四）审理行政案件，应当根据法律、法规、司法解释的有关规定，结合案件事实，就行政机关及其工作人员所作的具体行政行为是否合法，原告的合法权益是否被侵害，与被诉具体行政行为之间是否存在因果关系等进行分析论证。

第五十三条 法律条文的引用

（一）在裁判理由部分应当引用法律条款原文，必须引用到法律的条、

款、项；

（二）说理中涉及多个争议问题的，应当一论一引；

（三）在判决主文理由部分最终援引法律依据时，只引用法律条款序号。

第五十四条 裁判文书宣告或者送达后发现文字差错

（一）对一般文字差错或者病句，应当及时向当事人说明情况并收回裁判文书，以校对章补正或者重新制作裁判文书；

（二）对重要文字差错或者病句，能立即收回的，当场及时收回并重新制作；无法立即收回的，应当制作裁定予以补正。

六、执　　行

第五十五条 基本要求

（一）依法及时有效执行，确保生效法律文书的严肃性和权威性，维护当事人的合法权益；

（二）坚持文明执行，严格依法采取执行措施，坚决避免不作为和乱作为；

（三）讲求方式方法，注重执行的法律效果和社会效果。

第五十六条 被执行人以特别授权为由要求执行人员找其代理人协商执行事宜

（一）应当从有利于执行考虑，决定是否与被执行人的代理人联系；

（二）确有必要与被执行人本人联系的，应当告知被执行人有义务配合法院执行工作，不得推托。

第五十七条 申请执行人来电或者来访查询案件执行情况

（一）认真做好记录，及时说明执行进展情况；

（二）申请执行人要求查阅有关案卷材料的，应当准许，但法律规定应予保密的除外。

第五十八条 有关当事人要求退还材料原件

应当在核对当事人提交的副本后将原件退还，并由该当事人签字或者盖章后归档备查。

第五十九条 被执行财产的查找

（一）申请执行人向法院提供被执行财产线索的，应当及时进行调查，依法采取相应的执行措施，并将有关情况告知申请执行人；

（二）应当积极依职权查找被执行人财产，并及时依法采取相应执行措施。

第六十条 执行当事人请求和解

（一）及时将和解请求向对方当事人转达，并以适当方式客观说明执行的难度和风险，促成执行当事人达成和解；

（二）当事人拒绝和解的，应当继续依法执行；

（三）申请执行人和被执行人达成和解的，应当制作书面和解协议并归档，或者将口头达成的和解协议内容记入笔录，并由双方当事人签字或者盖章。

第六十一条 执行中的暂缓、中止、终结

（一）严格依照法定条件和程序采取暂缓、中止、终结执行措施；

（二）告知申请执行人暂缓、中止、终结执行所依据的事实和相关法律规定，并耐心做好解释工作；

（三）告知申请执行人暂缓、中止执行后恢复执行的条件和程序；

（四）暂缓、中止、终结执行确有错误的，应当及时依法纠正。

第六十二条 被执行人对受委托法院执行管辖提出异议

（一）审查案件是否符合委托执行条件，不符合条件的，及时向领导汇报，采取适当方式纠正；

（二）符合委托执行条件的，告知被执行人受委托法院受理执行的依据并依法执行。

第六十三条 案外人对执行提出异议

（一）要求案外人提供有关异议的证据材料，并及时进行审查；

（二）根据具体情况，可以对执行财产采取限制性措施，暂不处分；

（三）异议成立的，采取适当方式纠正；异议不成立的，依法予以驳回。

第六十四条 对被执行人财产采取查封、扣押、冻结、拍卖、变卖等措施

（一）严格依照规定办理手续，不得超标的、超金额查封、扣押、冻结被执行人财产；

（二）对采取措施的财产要认真制作清单，记录好种类、数量，并由当事人签字或者盖章予以确认；

（三）严格按照拍卖、变卖的有关规定，依法委托评估、拍卖机构，不得损害当事人合法利益。

第六十五条 执行款的收取

（一）执行款应当直接划入执行款专用账户；

（二）被执行人即时交付现金或者票据的，应当会同被执行人将现金或者票据交法院财务部门，并及时向被执行人出具收据；

（三）异地执行、搜查扣押、小额标的执行或者因情况紧急确需执行人员直接代收现金或者票据的，应当即时向交款人出具收据，并及时移交法院财务部门；

（四）严禁违规向申请执行人和被执行人收取费用。

第六十六条 执行款的划付

（一）应当在规定期限内办理执行费用和执行款的结算手续，并及时通知申请执行人办理取款手续；

（二）需要延期划付的，应当在期限届满前书面说明原因，并报有关领导审查批准；

（三）申请执行人委托或者指定他人代为收款的，应当审查其委托手续是否齐全、有效，并要求收款人出具合法有效的收款凭证。

第六十七条 被执行人以生效法律文书在实体或者程序上存在错误而不履行

（一）生效法律文书确有错误的，告知当事人可以依法按照审判监督程序申请再审或者申请有关法院补正，并及时向领导报告；

（二）生效法律文书没有错误的，要及时做好解释工作并继续执行。

第六十八条 有关部门和人员不协助执行

（一）应当告知其相关法律规定，做好说服教育工作；

（二）仍拒不协助的，依法采取有关强制措施。

七、涉诉信访处理

第六十九条 基本要求

（一）高度重视并认真做好涉诉信访工作，切实保护信访人合法权益；

（二）及时处理信访事项，努力做到来访有接待、来信有着落、申诉有回复；

（三）依法文明接待，维护人民法院良好形象。

第七十条 对来信的处理

（一）及时审阅并按规定登记，不得私自扣押或者拖延不办；

（二）需要回复和退回有关材料的，应当及时回复、退回；

（三）需要向有关部门和下级法院转办的，应当及时转办。

第七十一条 对来访的接待

（一）及时接待，耐心听取来访人的意见并做好记录；

（二）能当场解答的，应当立即给予答复，不能当场解答的，收取材料并告知按约定期限等待处理结果。

第七十二条 来访人系老弱病残孕者

（一）优先接待；

（二）来访人申请救助的，可以根据情况帮助联系社会救助站；

（三）在接待时来访人出现意外情况的，应当立即采取适当救护措施。

第七十三条 集体来访

（一）向领导报告，及时安排接待并联系有关部门共同处理；

（二）视情况告知选派1至5名代表说明来访目的和理由；

（三）稳定来访人情绪，并做好劝导工作。

第七十四条 信访事项不属于法院职权范围

告知法院无权处理并解释原因，根据信访事项内容指明有权处理机关。

第七十五条 信访事项涉及国家秘密、商业秘密或者个人隐私

（一）妥善保管涉及秘密和个人隐私的材料；

（二）自觉遵守有关规定，不披露、不使用在信访工作中获得的国家秘密、商业秘密或者个人隐私。

第七十六条 信访人反映辖区法院裁判不公、执行不力、审判作风等问题

（一）认真记录信访人所反映的情况；

（二）对法院裁判不服的，告知其可以依法上诉、申诉或者申请再审；

（三）反映其他问题的，及时将材料转交法院有关部门处理。

第七十七条 信访人反复来信来访催促办理结果

（一）告知规定的办理期限，劝其耐心等待处理结果；

（二）情况紧急的，及时告知承办人或者承办部门；

（三）超过办理期限的，应当告知超期的理由。

第七十八条 信访人对处理结果不满，要求重新处理

（一）处理确实不当的，及时报告领导，按规定进行纠正；

（二）处理结果正确的，应当做好相关解释工作，详细说明处理程序和依据。

第七十九条 来访人表示不解决问题就要滞留法院或者采取其他极端方式

（一）及时进行规劝和教育，避免使用不当言行刺激来访人；

（二）立即向领导报告，积极采取适当措施，防止意外发生。

八、业外活动

第八十条 基本要求

（一）遵守社会公德，遵纪守法；

（二）加强修养，严格自律；

（三）约束业外言行，杜绝与法官形象不相称的、可能影响公正履行职责的不良嗜好和行为，自觉维护法官形象。

第八十一条 受邀请参加座谈、研讨活动

（一）对与案件有利害关系的机关、企事业单位、律师事务所、中介机构等的邀请应当谢绝；

（二）对与案件无利害关系的党、政、军机关、学术团体、群众组织的邀请，经向单位请示获准后方可参加。

第八十二条 受邀请参加各类社团组织或者联谊活动

（一）确需参加在各级民政部门登记注册的社团组织的，及时报告并由所在法院按照法官管理权限审批；

（二）不参加营利性社团组织；

（三）不接受有违清正廉洁要求的吃请、礼品和礼金。

第八十三条 从事写作、授课等活动

（一）在不影响审判工作的前提下，可以利用业余时间从事写作、授课等活动；

（二）在写作、授课过程中，应当避免对具体案件和有关当事人进行评论，不披露或者使用在工作中获得的国家秘密、商业秘密、个人隐私及其他非公开信息；

（三）对于参加司法职务外活动获得的合法报酬，应当依法纳税。

第八十四条　接受新闻媒体与法院工作有关的采访

（一）接受新闻媒体采访必须经组织安排或者批准；

（二）在接受采访时，不发表有损司法公正的言论，不对正在审理中的案件和有关当事人进行评论，不披露在工作中获得的国家秘密、商业秘密、个人隐私及其他非公开信息。

第八十五条　本人或者亲友与他人发生矛盾

（一）保持冷静、克制，通过正当、合法途径解决；

（二）不得利用法官身份寻求特殊照顾，不得妨碍有关部门对问题的解决。

第八十六条　本人及家庭成员遇到纠纷需通过诉讼方式解决

（一）对本人的案件或者以直系亲属代理人身份参加的案件，应当依照有关法律规定，平等地参与诉讼；

（二）在诉讼过程中不以法官身份获取特殊照顾，不利用职权收集所需证据；

（三）对非直系亲属的其他家庭成员的诉讼案件，一般应当让其自行委托诉讼代理人，法官本人不宜作为诉讼代理人参与诉讼。

第八十七条　出入社交场所注意事项

（一）参加社交活动要自觉维护法官形象；

（二）严禁乘警车、穿制服出入营业性娱乐场所。

第八十八条　家人或者朋友约请参与封建迷信活动

（一）不得参加邪教组织或者参与封建迷信活动；

（二）向家人和朋友宣传科学，引导他们相信科学、反对封建迷信；

（三）对利用封建迷信活动违法犯罪的，应当立即向有关组织和公安部门反映。

第八十九条　因私出国（境）探亲、旅游

（一）如实向组织申报所去的国家、地区及返回的时间，经组织同意后方可出行；

（二）准时返回工作岗位；

（三）遵守当地法律，尊重当地民风民俗和宗教习惯；

（四）注意个人形象，维护国家尊严。

九、监督和惩戒

第九十条　各级人民法院要严格要求并督促本院法官遵守本规范，具体由

各级法院的政治部门和纪检监察部门负责。

第九十一条 上级人民法院指导、监督下级人民法院对本规范的贯彻执行，最高人民法院指导和监督地方各级人民法院对本规范的贯彻执行。

第九十二条 地方各级人民法院应当结合本院实际，研究制定具体的实施细则或实施办法，切实加强本规范的培训与考核。

第九十三条 各级人民法院广大法官要自觉遵守和执行本规范，对违反本规范的人员，情节较轻且没有危害后果的，进行诫勉谈话和批评教育；构成违纪的，根据人民法院有关纪律处分的规定进行处理；构成违法的，根据法律规定严肃处理。

十、附 则

第九十四条 人民陪审员以及人民法院其他工作人员参照本规范执行，法官退休后应当参照本规范有关要求约束言行。

第九十五条 本规范由最高人民法院负责解释。

第九十六条 本规范自发布之日起施行，最高人民法院 2005 年 11 月 4 日发布的《法官行为规范（试行）》同时废止。

最高人民法院
印发《关于大力推广巡回审判方便人民群众诉讼的意见》的通知

2010 年 12 月 22 日　　　　法发〔2010〕59 号

各省、自治区、直辖市高级人民法院，解放军军事法院，新疆维吾尔自治区高级人民法院生产建设兵团分院：

现将《关于大力推广巡回审判方便人民群众诉讼的意见》印发给你们。请结合实际认真贯彻施行。

附：

关于大力推广巡回审判方便人民群众诉讼的意见

巡回审判是人民法院基层基础工作的重要组成部分，是立足现有司法资源充分发挥审判职能作用的重要途径。为全面提高巡回审判工作质效，现就大力推广巡回审判，方便人民群众诉讼有关问题，提出以下意见。

一、充分认识大力推广巡回审判方便人民群众诉讼的重要意义

1. 推广巡回审判是深入推进三项重点工作的重要举措。在大力推广巡回审判方便人民群众诉讼过程中，最大限度快捷有效处理当事人的矛盾纠纷，最大限度发现和解决社会管理中存在的问题，最大限度将人民法院特别是基层人民法院、人民法庭各项工作置于人民群众监督之下，对于深入推进社会矛盾化解、社会管理创新以及公正廉洁执法具有重要意义。

2. 推广巡回审判是坚持为大局服务的具体实践。服务党和国家工作大局，是人民法院的历史责任和实现自身发展的必然要求。大力推广巡回审判，无论是对于着力提高服务大局的针对性，切实解决经济社会发展过程中的突出问题，还是对于增强审判工作辐射效应，争取人民法院工作取得最佳的法律效果和社会效果，都将产生积极作用。

3. 推广巡回审判是深入开展“人民法官为人民”主题实践活动的重要切

入点。以大力推广巡回审判方便人民群众诉讼为抓手，深入开展“人民法官为人民”主题实践活动，强化落实各项便民利民措施，可以最大程度上彰显人民司法的人文关怀，让广大人民群众切实感受到人民法院深入开展“人民法官为人民”主题实践活动的成果，同时也是新时期继承和发扬“马锡五审判方式”所蕴含的深入群众、方便群众和服务群众精神的具体体现。

二、立足本地实际，切实增强大力推广巡回审判方便人民群众诉讼的针对性

4. 西部边远地区、少数民族地区以及其他群众诉讼不便地区的基层人民法院，特别是人民法庭，应当逐步确立以巡回审判为主的工作机制。通过大力推广巡回审判，全面提高巡回审判工作质效，切实解决当前在一定程度上存在的司法权不能切实覆盖、人民群众日益增长的司法需求难以得到有效满足的问题。

5. 经济发达和较为发达地区的基层人民法院和人民法庭，要以着力化解经济社会发展中的矛盾纠纷，着力解决影响社会稳定的突出问题，着力提供更加便捷有效的司法服务为出发点开展巡回审判工作。通过大力推广巡回审判，力争做到审判工作优质高效开展与服务当地经济社会又好又快发展两不误、两促进。

三、明确原则目标，坚持制度化、规范化，努力追求巡回审判的高质量和高效率

6. 巡回审判要遵循“面向农村、面向基层、面向群众”和“方便人民群众诉讼，方便人民法院依法独立、公正、高效行使审判权”原则，弘扬公正、廉洁、为民的司法核心价值观，以最大限度满足人民群众日益增长的司法服务需求和化解矛盾、定纷止争为目的，实现法律效果和社会效果的有机统一。注重发挥以案施教、法制宣传的社会功能，凸显司法为民、司法效益的价值追求。

7. 注意发挥人民法庭在大力推广巡回审判工作中的重要作用，确有必要的，基层人民法院也可根据需要组织专门力量开展巡回审判工作。继续贯彻《最高人民法院关于全面加强人民法庭工作的决定》有关人民法庭可以直接立案的规定精神，切实解决人民群众“告状难”问题。按照有利于消除当事人对抗心理和充分实现巡回审判功能要求选择巡回审判地点，针对可能引发的突发事件，还应做好应急预案，维护巡回审判的顺利进行。

8. 建立基层人民法院特别是人民法庭与人民调解组织、村民自治组织、基层司法所等的联系网络，切实增强巡回审判的针对性，防止有限司法资源的浪费。进一步切实贯彻“调解优先、调判结合”司法原则，最大限度地实现诉

讼与非诉讼纠纷解决方式的衔接。

9. 加大巡回审判点的建设力度，切实解决巡回审判场所不足的问题。根据当地具体情况，加强与公安、司法行政部门的沟通和联系，在派出人民法庭覆盖不到的地方，充分利用派出所、司法所等现有资源建立相对固定、规范的巡回审判点。

10. 科学合理地确定人员编制，争取编制管理部门的支持，利用新增政法专项编制，倾斜、充实基层一线，合理配置人力资源，为大力推广巡回审判新机制提供编制组织保障。在西部边远、少数民族地区，要立足当地，积极培养和录取精通双语的少数民族法官和工作人员，为适应西部边远、少数民族地区巡回审判工作打下坚实基础。

11. 尽快解决人民法庭恢复或新建、物质装备和经费保障问题。做好边远地区、少数民族地区及其他群众诉讼不便地区人民法庭恢复或新建工作，解决巡回半径过大的实际问题。根据辖区或者覆盖区域的人口分布、交通条件等情况，配备能够满足巡回审判工作的特种车辆、活动板房（帐篷）、移动办公设备和通讯工具，构建信息共享的网络系统以及必要的网络终端工具，扩大电子签章的使用等，并将维修、养护、油料、巡回审判补助等费用以及折旧、报废等问题纳入法院预算经费范围，确保巡回审判工作的顺利开展。

四、加强监督指导和调查研究

12. 切实加强对本地区巡回审判工作的指导力度。各地要根据本意见要求尽快制定符合本地实际情况的具体指导意见和专门的庭审程序规范，着力做好有利于大力推广巡回审判工作的制度建设。

13. 尽快完善巡回审判工作量的统计工作，采取科学方法，客观反映大力推广巡回审判方便人民群众诉讼的实际情况。强化监督检查工作，避免脱离实际片面追求巡回审判案件数量的错误做法。

14. 对贯彻落实本意见过程中出现的新情况、新问题，要注意认真研究分析成因和对策。积极主动寻求当地党委的领导和人大的支持，加强与政府及相关部门的沟通联系，对本地区难以解决的问题和困难，要及时向上级人民法院报告，必要时应层报我院。

最高人民法院
印发《关于人民法院加强法律实施工作的意见》的通知

2011年8月1日　　　　　　　　　　法发〔2011〕11号

各省、自治区、直辖市高级人民法院，解放军军事法院，新疆维吾尔自治区高级人民法院生产建设兵团分院：

现将最高人民法院《关于人民法院加强法律实施工作的意见》印发给你们，请结合工作实际，认真贯彻实施。

附：

关于人民法院加强法律实施工作的意见

2010年底，中国特色社会主义法律体系如期形成。为适应中国特色社会主义法律体系形成后人民法院面临的新形势、新任务和新要求，正确履行宪法法律赋予的神圣职责，切实维护宪法法律尊严，现就人民法院加强法律实施工作提出以下意见。

一、深刻认识加强法律实施工作的重大意义

中国特色社会主义法律体系形成，是新中国成立60多年来，特别是改革开放30多年来我国社会主义民主法制建设取得的历史性成就，是中国共产党领导全国各族人民，立足中国实际，开创性地推进中国特色社会主义宏伟事业的伟大成果，也是全面落实依法治国基本方略的重要标志，对于建设富强民主文明和谐的社会主义现代化国家、实现国家长治久安和中华民族伟大复兴，具有重大的现实意义和深远的历史意义。

中国特色社会主义法律体系的形成，为人民司法事业的发展奠定了坚实的法律基础，为建设公正高效权威的社会主义司法制度提供了有力的法律保障，为人民法院公正、高效地审判各类案件提供了明确的法律依据。中国特色社会主义法律体系形成后，总体上解决了有法可依的问题，而坚持有法必依、执法必严、违法必究，进一步强化法律实施的要求将更加突出和紧迫，人民法院依法履行职责，保障经济社会发展，维护人民群众合法权益，维护法制统一，捍卫法律尊严的任务将更加繁重，责任将更加重大。

二、正确把握加强法律实施工作的总体要求和基本原则

（一）加强法律实施工作，必须高举中国特色社会主义伟大旗帜。坚持以邓小平理论和“三个代表”重要思想为指导，深入贯彻落实科学发展观，坚持“党的事业至上、人民利益至上、宪法法律至上”的工作指导思想和“为大局服务，为人民司法”的工作主题，牢固树立社会主义法治理念和审判理念，按照全面落实依法治国基本方略、加快建设社会主义法治国家的要求，强化法律意识，提高司法能力，狠抓执法办案第一要务，加强队伍建设，推进司法改革，充分发挥审判执行职能作用，切实维护社会公平正义，为促进经济平稳较快发展和社会和谐稳定，夺取全面建设小康社会新胜利提供坚强有力的司法保障。

（二）加强法律实施工作，必须正确认识我国现阶段基本国情和中国特色社会主义法治建设的本质规律。坚持党的领导、人民当家作主、依法治国的有机统一，全面、准确地领会中国特色社会主义法律体系的精神实质，深刻理解中国特色社会主义法律体系的政治性、人民性、科学性和开放性，始终保持人民法院工作的正确方向，切实维护广大人民群众合法权益，切实保障法律的实施，推动中国特色社会主义法律体系的完善，推动建设公正高效权威的社会主义司法制度。

（三）人民法院加强法律实施工作，必须坚持以下基本原则：

——坚持公正司法，维护宪法法律权威。忠于宪法法律，带头遵守宪法法律，维护国家法制统一和尊严；坚持以事实为根据，以法律为准绳，严把案件事实关、证据关、程序关和法律适用关，做到实体公正与程序公正并重；统一执法尺度，确保法律统一适用，不允许有任何超越法律之上的特权，依法平等保护当事人合法权益，实现法律面前人人平等。

——坚持廉洁司法，维护司法形象和公信力。按照“从严治院”的要求，积极培育司法廉洁文化，严格执行“五个严禁”、司法巡查和廉政监察员制度等纪律和措施，加强反腐倡廉建设，切实做到警示教育到位和监督管理到位，不断增强反腐倡廉意识，提高拒腐防变的能力，维护司法廉洁。

——坚持为民司法，维护人民群众合法权益。坚持以人为本，尊重和保障人权，始终高度关注人民群众的司法需求；坚持群众观点、群众立场、群众方法与依法审判相结合，善于用群众认同的态度倾听诉求，用群众认可的方式查明事实，用群众接受的语言诠释法理，用群众信服的方式化解纠纷，努力实现好、维护好、发展好最广大人民群众的根本利益。

——坚持能动司法，服务党和国家工作大局。立足审判执行工作，切实贯彻落实党和国家的重大战略部署，围绕科学发展主题和加快转变经济发展方式主线，配合国家经济结构战略性调整，深入落实“三项重点工作”，深入践行

服务型、能动型、高效型司法，为经济社会发展提供有力的司法保障

三、切实履行宪法法律赋予的审判执行工作职责

（四）规范立案工作，切实解决诉讼难。严格依法立案，保障当事人诉权的实现；规范诉讼管辖秩序，推动完善提级管辖和指定管辖制度；加强立案调解工作，推行远程立案，减轻当事人诉累；畅通申诉、申请再审渠道，依法保护当事人申诉、申请再审权利；强化群众观念，坚持源头治理，建立长效机制，坚持工作重心下移，建立健全信访风险评估、信访通报、多元化解、接访办理、信访终结等涉诉信访工作机制，提高依法处访能力；建立充实涉法涉诉救助资金，完善救助制度，促进息诉罢访。

（五）加强刑事审判工作，正确实施刑事法律。深入贯彻宽严相济刑事政策，做到既有力打击和震慑犯罪，维护法制的严肃性，又尽可能减少社会对抗，化消极因素为积极因素；做好死刑案件审判和核准工作，严格控制和慎重适用死刑；严格执行刑事证据规则，确保无罪的人不受法律追究；全面推进量刑规范化改革，统一法律适用，实现量刑均衡；强化刑事自诉案件和刑事附带民事诉讼案件的调解工作，推进刑事和解工作；落实刑事被害人救助工作，有效化解社会矛盾；改革完善减刑假释工作，确保刑罚目的有效实现；加强未成年人犯罪审判工作，充分体现国家对未成年人的特殊司法保护；积极参与社区矫正工作，确保非监禁刑功能充分发挥；积极参与社会治安综合治理，支持和配合有关部门开展社会治安防控体系建设和平安创建活动，促进公共安全体系的健全完善，预防和减少犯罪，维护社会秩序。

（六）加强民商事审判工作，正确实施民商事法律。准确把握国家经济形势和政策，依法妥善处理民商事案件，促进经济平稳较快发展；平等保护当事人合法权益，依法制裁违约、侵权行为，维护社会诚信和市场秩序；加大调解力度，有效化解社会纠纷，促进家庭和睦、社会和谐；依法规范法官自由裁量权，确保办案法律效果和社会效果有机统一；依法简化诉讼环节，积极探索小额速裁机制；完善诉讼服务，加大司法救助，方便当事人诉讼，提高诉讼效率。

（七）加强行政审判工作，保障行政法律正确实施。切实加强行政诉权保护，依法受理行政诉讼案件，畅通行政诉讼救济渠道；认真落实合法性审查原则，支持和监督行政机关依法行政，保障行政相对人合法权益；加大行政诉讼案件和非诉行政执行案件的协调力度；规范行政行为司法审查标准和程序，加强行政审判形势分析和信息反馈，促进法治政府的建立；加强行政审判司法建议工作，促进公共政策的完善。

（八）加强国家赔偿工作，正确实施国家赔偿法。坚持实事求是、依法纠错、依法赔偿，切实落实国家赔偿责任，保障赔偿请求人合法权益；规范国家

赔偿案件的审理程序，完善国家赔偿法律救助制度，推进协商和解；完善追偿追责机制，促进公正廉洁执法。

（九）加强执行工作，切实维护法律尊严。坚持依法执行、文明执行；深化执行改革，依靠政治优势和体制优势，充分发挥执行联动机制作用，构建综合治理执行难格局；规范执行行为，加强分权制约，推进执行公开，完善案外人异议、执行异议和复议审查等制度，推动完善民事强制执行立法，为解决执行难提供法律保障；推进执行工作信息化建设，完善执行案件信息管理系统，不断提高执行工作水平。

（十）加强审判监督工作，坚持依法纠错。加强对刑事案件的审判监督，及时纠正冤假错案；加强对民商事案件和行政案件的审判监督，依法保护当事人申请再审权；加大再审案件的调解力度，积极探索依法纠错的不同方式，努力做到以纠促防、以纠促管、以纠促廉，充分发挥审判监督工作在化解矛盾和促进社会和谐方面的重要作用；完善民事、行政案件申请再审审查和再审审理工作机制，依法规范人民法院内部和上下级法院之间的监督制约与业务指导关系，确保法律的正确实施。

（十一）加强调解工作，切实贯彻“调解优先、调判结合”工作原则。坚持调解自愿、合法原则，正确处理调解和裁判的关系，确保调解工作效果；坚持全面、全员、全程调解，依法扩大调解案件范围，不断创新调解方法，加大调解工作力度；完善调解制度，规范调解活动，增强调解能力，提高调解工作水平；依法做好人民调解协议司法确认工作，完善诉调对接机制，积极推动“大调解”体系建设．充分利用社会资源，合力化解社会矛盾，全力促进社会和谐。

（十二）加强司法解释，统一法律适用。适应审判工作需要，适时制定司法解释；准确把握法律精神，依法审慎行使司法解释权；严格执行司法解释向全国人大常委会备案制度，认真做好司法解释立项、起草、审核、征求意见和讨论发布等制定环节的工作，适时清理、编纂司法解释，保持司法解释的协调性和时效性，加强司法解释制定的科学化和规范化管理，不断提高司法解释工作水平。

（十三）加强案例指导，统一裁判尺度。充分发挥指导性案例在指导审判、宣传法制、预防纠纷中的重要作用，促进公正、统一司法，努力提升司法公信力和权威性；创新和完善审判业务指导方式，深入研究和及时总结先进的司法理念、公正的裁判规则、科学的裁判方法，统一司法理念和裁判尺度，提高法官运用案例的司法能力，实现审理案件法律效果和社会效果的有机统一。

四、不断完善加强法律实施的工作机制

（十四）推进司法民主，保障人民参与司法。健全民意沟通表达机制，完

善与人大代表、政协委员的联络机制，构建人民法院与人民群众、律师、专家学者等群体的对话平台，进一步完善人民陪审员制度，加强人民法院特邀咨询员制度建设，切实保障当事人和社会各界对法律实施活动的知情权、参与权、表达权和监督权。

（十五）推进司法公开，实行“阳光司法”。进一步落实审判公开原则，建立健全有序开放、有效管理的旁听和报导庭审规则，进一步推动裁判文书上网发布，完善诉讼档案查阅方式，逐步实现电子化阅卷，建立完善互联网站和其他信息公开平台，推广审判工作白皮书和人民法院工作年度报告制度，不断扩大司法公开的广度和深度，不断完善司法公开的制度机制。

（十六）完善便民诉讼机制，方便群众诉讼。通过建立立案接待大厅、诉讼服务中心、推广网上立案、远程立案经验等拓展诉讼服务功能，探索建立信息化法庭，实行预约庭审、开展巡回审判、做好诉讼引导等措施，不断满足人民群众方便快捷地参与诉讼活动、享受优质高效法律服务的需求；依法扩大简易程序的适用范围，不断加大适用简易程序审理案件的力度，进一步规范简易程序的适用，实现案件的繁简分流，真正发挥民事简易程序及时、简便、快捷的制度功能，提高审判效率，降低当事人的诉讼成本，使当事人尽决从诉讼中解脱出来，减轻群众的诉讼负担。

（十七）完善审判管理体系，提高审判质量效率。遵循审判权运行规律，依法加强审判管理，确保审判活动严格依照法定程序公开、公正、高效、有序运行；建立健全审判质量管理、审判效率管理、审判流程管理、审判绩效考核等制度. 实现审判管理规范化；充分发挥案件质量评估指标体系的“指挥棒”作用，实现审判管理的科学化、精细化水平。

（十八）加强法院政务管理，完善司法保障工作机制。进一步落实“从严治院、公信立院、科技强院”的法院建设方针，加强法院各项管理工作，不断提高法院管理和司法决策水平；加强人民法院政务管理，不断增强综合协调能力，进一步提高行政管理质量和效率；加快人民法院物质装备管理和信息化建设，实现审判法庭、人民法庭基础设施和物质装备建设的标准化、信息化；不断提高司法经费的保障和管理水平，为人民法院履行法律实施职能奠定坚实基础。

（十九）加强司法能力建设，不断提高队伍素质。高度重视人民法院党的建设和思想政治建设，认真落实“抓党建带队建促审判”总体工作思路，积极践行“公正廉洁为民”司法核心价值观，坚定理想信念，明确价值追求；加强法官队伍科学化、规范化管理，探索建立既符合司法工作特点又符合人事管理规律的法院人员管理制度；加强法官培训，提高司法能力，着力提高法官正确适用法律、做群众工作的能力和水平；推进司法作风和司法廉政建设，传承人民司法优良传统，严格遵守法官职业道德和行为规范，建立健全反腐倡廉长效机制，不断提高人民法院队伍的司法形象和公信力；推进法院文化建设，加强审判和办公场所的法院文化形象塑造，营造健康向上、特色鲜明的法院文化氛围；推进法官职业保障，落实法官职业待遇，提升法官职业尊荣感；重视基层法官队伍建设，坚持重心下移方针，在工作指导、人员编制、司法保障等方面尽可能向基层、西部地区、民族地区倾斜．切实帮助解决法官断层、经费不足等实际困难和问题。

（二十）推进司法改革，建立健全机制。坚持“把握方向、立足国清、依法推进、确保公正”的司法改革原则，注重发扬人民司法优良传统，科学借鉴国外司法经验，积极探索实现司法公正高效权威的新思路、新举措、新机制；认真贯彻落实中央关于推进司法体制和工作机制改革的意见，健全机制，加强引导，重点解决社会主义法律体系形成后，影响法律正确实施的体制性机制性障碍；全面完成改革各项任务，抓好已发布改革方案的贯彻落实；深入开展司法改革理论研究和实证调研，认真总结和适时推广各级法院推进司法改革的经验做法，及时发现改革实践中存在的问题，提出深化改革的建议。

（二十一）自觉接受监督，争取支持配合。自觉接受各级人民代表大会及其常委会的工作监督、政协民主监督、检察机关法律监督和社会各界监督，争取政府及其他相关部门的支持与保障，加强与其他司法机关的沟通、协调与配合，紧紧依靠广大人民群众，努力营造全社会关心司法、支持司法、尊重司法、信任司法的良好氛围。

（二十二）健全司法建议工作机制，加强和创新社会管理。对于在审判、执行、信访等工作中发现的社会管理方面的问题，要及时向政府或相关部门提出司法建议，并注意收集整理反馈意见，将其转化为人民法院制定司法政策和司法解释的重要依据；大力加强基层基础工作，通过与各类基层组织建立和谐共建关系，建立健全矛盾纠纷预防机制、矛盾纠纷化解机制和群众工作机制，促进基层社会管理的完善和社会矛盾纠纷的有效解决。

（二十三）加强法治宣传，弘扬法治精神。通过公正、高效、廉洁的审判执行工作，及时、有效化解社会矛盾，充分发挥法治宣传教育职能，培育人民群众的法律意识和法治素养，教育广大公民和社会组织依法表达诉求、解决矛盾纠纷，习惯运用法律手段维护自身合法权益，促进法治成为时代的精神和全民的信仰，自觉守法成为全体公民的行为方式。

（二十四）加强学习和调研，不断提高实施法律的能力。适应中国特色社会主义法律体系形成对法官司法能力的新要求和高标准，全面、系统地加强对法学理论、宪法和法律法规的学习培训，大力推进学习型法院和学习型法官建设，更加注重对法律精神和核心价值的把握，更加注重审判理论创新，注重理论与实践的结合，更加注重总结法律适用经验，创新法律适用方法，用好用活司法统计数据；努力探索并遵循司法工作规律，促进立法适时完善，更加有力地服务经济社会科学发展，实现人民法院自身科学发展。

最高人民法院
关于人民法院在互联网公布裁判文书的规定

法释〔2013〕26号

（2013年11月13日最高人民法院审判委员会
第1595次会议通过 2013年11月21日最高人民
法院公告公布 自2014年1月1日起施行）

为贯彻落实审判公开原则，规范人民法院在互联网公布裁判文书工作，促进司法公正，提升司法公信力，根据《中华人民共和国刑事诉讼法》《中华人民共和国民事诉讼法》《中华人民共和国行政诉讼法》等相关规定，结合人民法院工作实际，制定本规定。

第一条 人民法院在互联网公布裁判文书，应当遵循依法、及时、规范、真实的原则。

第二条 最高人民法院在互联网设立中国裁判文书网，统一公布各级人民法院的生效裁判文书。

各级人民法院对其在中国裁判文书网公布的裁判文书质量负责。

第三条 各级人民法院应当指定专门机构负责互联网公布裁判文书的管理工作。该机构履行以下职责：

（一）组织、上传裁判文书；

（二）发现公布的裁判文书存在笔误或者技术处理不当等问题的，协调有关部门及时处理；

（三）其他相关的指导、监督和考评工作。

第四条 人民法院的生效裁判文书应当在互联网公布，但有下列情形之一的除外：

（一）涉及国家秘密、个人隐私的；

（二）涉及未成年人违法犯罪的；

（三）以调解方式结案的；

（四）其他不宜在互联网公布的。

第五条 人民法院应当在受理案件通知书、应诉通知书中告知当事人在互联网公布裁判文书的范围，并通过政务网站、电子触摸屏、诉讼指南等多种方式，向公众告知人民法院在互联网公布裁判文书的相关规定。

第六条 人民法院在互联网公布裁判文书时，应当保留当事人的姓名或者名称等真实信息，但必须采取符号替代方式对下列当事人及诉讼参与人的姓名进行匿名处理：

（一）婚姻家庭、继承纠纷案件中的当事人及其法定代理人；

（二）刑事案件中被害人及其法定代理人、证人、鉴定人；

（三）被判处三年有期徒刑以下刑罚以及免予刑事处罚，且不属于累犯或者惯犯的被告人。

第七条 人民法院在互联网公布裁判文书时，应当删除下列信息：

（一）自然人的家庭住址、通讯方式、身份证号码、银行账号、健康状况等个人信息；

（二）未成年人的相关信息；

（三）法人以及其他组织的银行账号；

（四）商业秘密；

（五）其他不宜公开的内容。

第八条 承办法官或者人民法院指定的专门人员应当在裁判文书生效后七日内按照本规定第六条、第七条的要求完成技术处理，并提交本院负责互联网公布裁判文书的专门机构在中国裁判文书网公布。

第九条 独任法官或者合议庭认为裁判文书具有本规定第四条第四项不宜在互联网公布情形的，应当提出书面意见及理由，由部门负责人审查后报主管副院长审定。

第十条 在互联网公布的裁判文书，除依照本规定的要求进行技术处理的以外，应当与送达当事人的裁判文书一致。

人民法院对送达当事人的裁判文书进行补正的，应当及时在互联网公布补正裁定。

第十一条 人民法院在互联网公布的裁判文书，除因网络传输故障导致与送达当事人的裁判文书不一致的以外，不得修改或者更换；确因法定理由或者其他特殊原因需要撤回的，应当由高级人民法院以上负责互联网公布裁判文书的专门机构审查决定，并在中国裁判文书网办理撤回及登记备案手续。

第十二条 中国裁判文书网应当提供操作便捷的检索、查阅系统，方便公众检索、查阅裁判文书。

第十三条 最高人民法院负责监督和指导地方各级人民法院在互联网公布裁判文书的工作。

高级人民法院负责组织、指导、监督和检查辖区内各级人民法院在互联网公布裁判文书的工作。

第十四条 各高级人民法院在实施本规定的过程中，可以结合工作实际制定实施细则。中西部地区基层人民法院在互联网公布裁判文书的时间进度由高级人民法院决定，并报最高人民法院备案。

第十五条 本规定自 2014 年 1 月 1 日起实施。最高人民法院 2010 年 11 月 8 日制定的《关于人民法院在互联网公布裁判文书的规定》（法发〔2010〕48 号）同时废止。最高人民法院以前发布的司法解释和规范性文件与本规定不一致的，以本规定为准。

最高人民法院
印发《关于推进司法公开三大平台建设的若干意见》的通知

2013年11月21日　　　　法发〔2013〕13号

全国地方各级人民法院，各级军事法院，新疆生产建设兵团各级法院：

现将《最高人民法院关于推进司法公开三大平台建设的若干意见》予以印发，请认真贯彻执行。

附：

最高人民法院关于推进司法公开三大平台建设的若干意见

为贯彻党的十八届三中全会精神，进一步深化司法公开，依托现代信息技术，打造阳光司法工程，全面推进审判流程公开、裁判文书公开、执行信息公开三大平台建设，增进公众对司法的了解、信赖和监督，现结合人民法院工作实际，提出如下意见。

一、推进司法公开三大平台建设的意义、目标和要求

1. 充分认识推进司法公开三大平台建设的重大意义。建设司法公开三大平台，是人民法院适应信息化时代新要求，满足人民群众对司法公开新期待的重要战略举措。人民法院应当以促进社会公平正义、增加人民福祉为出发点和落脚点，全面推进司法公开三大平台建设。

2. 努力实现推进司法公开三大平台建设的基本目标。人民法院应当通过建设与公众相互沟通、彼此互动的信息化平台，全面实现审判流程、裁判文书、执行信息的公开透明，使司法公开三大平台成为展示现代法治文明的重要窗口、保障当事人诉讼权利的重要手段、履行人民法院社会责任的重要途径。通过全面推进司法公开三大平台建设，切实让人民群众在每一个司法案件中都感受到公平正义。

3. 准确把握推进司法公开三大平台建设的总体要求。人民法院应当提高

认识，转变观念，严格按照以下要求推进司法公开三大平台建设：

（1）统一规划，有序推进。人民法院应当在最高人民法院的统一指导下，在各高级人民法院的统筹规划下，立足实际，循序渐进，有计划、分批次地推进司法公开三大平台建设。司法公开示范法院和信息化建设有一定基础的法院，应当率先完成建设任务。

（2）科技助推，便捷高效。人民法院应当依托现代信息技术，不断创新公开方式，拓宽公开渠道，通过建立网上办案系统与司法公开平台的安全输送、有效对接机制，实现各类信息一次录入、多种用途、资源共享，既方便公众和当事人查询，又避免重复劳动，最大限度地减少审判人员的工作负担。

（3）立足服务，逐步拓展。人民法院应当充分发挥司法公开三大平台在资讯提供、意见搜集和信息反馈方面的作用，逐步开发其在远程预约立案、公告、送达、庭审、听证、查控方面的辅助功能，提升互动服务效能。公众通过平台提出的意见和建议，应当成为人民法院审判管理、审判监督、纪检监察和改进工作的重要依据。

二、推进审判流程公开平台建设

4. 人民法院应当加强诉讼服务中心（立案大厅）的科技化与规范化建设，利用政务网站、12368电话语音系统、手机短信平台、电子公告屏和触摸屏等现代信息技术，为公众提供全方位、多元化、高效率的审判流程公开服务。

5. 人民法院应当通过审判流程公开平台，向公众公开以下信息：（1）法院地址、交通图示、联系方式、管辖范围、下辖法院、内设部门及其职能、投诉渠道等机构信息；（2）审判委员会组成人员、审判人员的姓名、职务、法官等级等人员信息；（3）审判流程、裁判文书和执行信息的公开范围和查询方法等司法公开指南信息；（4）立案条件、申请再审、申诉条件及要求、诉讼流程、诉讼文书样式、诉讼费用标准、缓减免交诉讼费用的程序和条件、诉讼风险提示、可供选择的非诉讼纠纷解决方式等诉讼指南信息；（5）审判业务文件、指导性案例、参考性案例等审判指导文件信息；（6）开庭公告、听证公告等庭审信息；（7）人民陪审员名册、特邀调解组织和特邀调解员名册、评估、拍卖及其他社会中介入选机构名册等名册信息。

6. 人民法院应当整合各类审判流程信息，方便当事人自案件受理之日起，凭密码从审判流程公开平台获取以下信息：（1）案件名称、案号、案由、立案日期等立案信息；（2）合议庭组成人员的姓名、承办法官与书记员的姓名、办公电话；（3）送达、管辖权处理、财产保全和先予执行情况；（4）庭审时间、审理期限、审限变更、诉讼程序变更等审判流程节点信息。

7. 人民法院应当积极推进诉讼档案电子化工程，完善转化流程、传送机制和备份方式，充分发挥电子卷宗在提高效率、节约成本、便民利民方面的功能。

8. 人民法院应当积极创新庭审公开的方式，以视频、音频、图文、微博等方式适时公开庭审过程。人民法院的开庭公告、听证公告，至迟应当于开庭、听证三日前在审判流程公开平台公布。

9. 人民法院应当加强科技法庭建设，对庭审活动全程进行同步录音录像，做到“每庭必录”，并以数据形式集中存储、定期备份、长期保存。当事人申请查阅庭审音像记录的，人民法院可以提供查阅场所。

三、推进裁判文书公开平台建设

10. 最高人民法院建立中国裁判文书网，作为全国法院统一的裁判文书公开平台。地方各级人民法院应当在政务网站的醒目位置设置中国裁判文书网的网址链接，并严格按照《最高人民法院关于人民法院在互联网公布裁判文书的规定》，在裁判文书生效后七日内将其传送至中国裁判文书网公布。人民法院可以通过政务微博，以提供链接或长微博等形式，发布社会关注度高、具有法制教育、示范和指导意义的案件的裁判文书。

11. 在互联网公布裁判文书应当以公开为原则，不公开为例外，不得在法律和司法解释规定之外对这项工作设置任何障碍。各级人民法院对其上传至中国裁判文书网的裁判文书的质量负责。

12. 人民法院应当严格把握保障公众知情权与维护公民隐私权和个人信息安全之间的关系，结合案件类别，对不宜公开的个人信息进行技术处理。对于因网络传输故障或技术处理失误导致当事人信息被不当公开的，人民法院应当依照程序及时修改或者更换。

13. 中国裁判文书网应当提供便捷有效的查询检索系统，方便公众按照关键词对在该网公布的裁判文书进行检索，确保裁判文书的有效获取。

14. 最高人民法院率先推动本院裁判文书在互联网公布，并监督指导地方各级人民法院在互联网公布裁判文书的工作。各高级人民法院监督指导辖区内法院在互联网公布裁判文书的工作。各级人民法院应当指定专门机构，负责在互联网公布裁判文书的组织、管理、指导和监督工作，并完善工作流程，明确工作职责。

四、推进执行信息公开平台建设

15. 人民法院应当规范执行信息的收集、交换和使用行为，在确保信息安全的前提下，实现上下级法院之间、异地法院之间、同一法院的立案、审判与执行部门之间的执行信息共享。

16. 人民法院应当整合各类执行信息，方便当事人凭密码从执行信息公开平台获取以下信息：（1）执行立案信息；（2）执行人员信息；（3）执行程序变更信息；（4）执行措施信息；（5）执行财产处置信息；（6）执行裁决信息；（7）执行结案信息；（8）执行款项分配信息；（9）暂缓执行、中止执行、终结执行信息等。

17. 人民法院应当通过执行信息公开平台，向公众公开以下信息：（1）执行案件的立案标准、启动程序、执行收费标准和根据、执行费缓减免的条件和程序；（2）执行风险提示；（3）悬赏公告、拍卖公告等。

18. 人民法院应当对重大执行案件的听证、实施过程进行同步录音录像，并允许当事人依申请查阅。有条件的人民法院应当为执行工作人员配备与执行指挥中心系统对接的信息系统，将执行现场的视频、音频通过无线网络实时传输回执行指挥中心，并及时存档，实现执行案件的全程公开。

19. 人民法院应当充分发挥执行信息公开平台对失信被执行人的信用惩戒功能，向公众公开以下信息，并方便公众根据被执行人的姓名或名称、身份证号或组织机构代码进行查询：（1）未结执行实施案件的被执行人信息；（2）失信被执行人名单信息；（3）限制出境被执行人名单信息；（4）限制招投标被执行人名单信息；（5）限制高消费被执行人名单信息等。

20. 人民法院应当为各类征信系统提供科学、准确、全面的信息，实现执行信息公开平台与各类征信平台的有效对接。

五、工作机制

21. 加强组织领导，强化工作保障。最高人民法院统一指导全国法院的司法公开三大平台建设工作，制定推进规划，开发配套软件，确定评估标准，定期督促检查。各高级人民法院具体统筹辖区内法院的司法公开三大平台建设工作，完善实施细则，协调解决问题，总结推广经验。各级人民法院主要领导要把司法公开三大平台建设作为“一把手”工程，列入重要议事日程，积极主动争取党委、人大和政府的支持。要切实采取有效措施，不断完善硬件设施和技术条件，为司法公开三大平台建设提供强有力的物质保障。

22. 做好统筹协调，完善配套机制。各级人民法院要明确管理机构，专门负责推进司法公开三大平台建设工作。要建立有效的协调机制，加强司法公开管理部门与业务部门的沟通配合，提升一线人员在司法公开工作上的责任心、积极性。要加强上级法院对下级法院深化司法公开工作的指导责任，及时总结经验、纠正偏差。

23. 加强督促检查，狠抓工作落实。对司法公开三大平台建设工作的检查评估，要采取督查、抽查和自查相结合的方式，注重三大平台运行的系统性、顺畅性和有效性，不能只追求排名和指标，更不能搞形式主义。要扎实做好司法公开三大平台的宣传工作，确保人民法院深化司法公开的举措为公众知悉，受公众检验，被公众认可。

第二编

审判、执行工作

最高人民法院
关于严格执行案件审理期限制度的若干规定

法释〔2000〕29 号

（2000 年 9 月 14 日最高人民法院审判委员会
第 1130 次会议通过　2000 年 9 月 22 日最高人民
法院公告公布　自 2000 年 9 月 28 日起施行）

为提高诉讼效率，确保司法公正，根据刑事诉讼法、民事诉讼法、行政诉讼法和海事诉讼特别程序法的有关规定，现就人民法院执行案件审理期限制度的有关问题规定如下：

一、各类案件的审理、执行期限

第一条　适用普通程序审理的第一审刑事公诉案件、被告人被羁押的第一审刑事自诉案件和第二审刑事公诉、刑事自诉案件的期限为一个月，至迟不得超过一个半月；附带民事诉讼案件的审理期限，经本院院长批准，可以延长两个月。有刑事诉讼法第一百二十六条规定情形之一的，经省、自治区、直辖市高级人民法院批准或者决定，审理期限可以再延长一个月；最高人民法院受理的刑事上诉、刑事抗诉案件，经最高人民法院决定，审理期限可以再延长一个月。

适用普通程序审理的被告人未被羁押的第一审刑事自诉案件，期限为六个月；有特殊情况需要延长的，经本院院长批准，可以延长三个月。

适用简易程序审理的刑事案件，审理期限为二十日。

第二条　适用普通程序审理的第一审民事案件，期限为六个月；有特殊情况需要延长的，经本院院长批准，可以延长六个月，还需延长的，报请上一级人民法院批准，可以再延长三个月。

适用简易程序审理的民事案件，期限为三个月。

适用特别程序审理的民事案件，期限为三十日；有特殊情况需要延长的，经本院院长批准，可以延长三十日，但审理选民资格案件必须在选举日前审结。

审理第一审船舶碰撞、共同海损案件的期限为 1 年；有特殊情况需要延长的，经本院院长批准，可以延长六个月。

审理对民事判决的上诉案件，审理期限为三个月；有特殊情况需要延长的，经本院院长批准，可以延长三个月。

审理对民事裁定的上诉案件，审理期限为三十日。

对罚款、拘留民事决定不服申请复议的，审理期限为五日。

审理涉外民事案件，根据民事诉讼法第二百四十八条的规定，不受上述案件审理期限的限制。

审理涉港、澳、台的民事案件的期限，参照审理涉外民事案件的规定办理。

第三条 审理第一审行政案件的期限为三个月；有特殊情况需要延长的，经高级人民法院批准可以延长三个月。高级人民法院审理第一审案件需要延长期限的，由最高人民法院批准，可以延长三个月。

审理行政上诉案件的期限为两个月；有特殊情况需要延长的，由高级人民法院批准，可以延长两个月。高级人民法院审理的第二审案件需要延长期限的，由最高人民法院批准，可以延长两个月。

第四条 按照审判监督程序重新审理的刑事案件的期限为三个月；需要延长期限的，经本院院长批准，可以延长三个月。

裁定再审的民事、行政案件，根据再审适用的不同程序，分别执行第一审或第二审审理期限的规定。

第五条 执行案件应当在立案之日起六个月内执结，非诉执行案件应当在立案之日起三个月内执结；有特殊情况需要延长的，经本院院长批准，可以延长三个月，还需延长的，层报高级人民法院备案。

委托执行的案件，委托的人民法院应当在立案后一个月内办理完委托执行手续，受委托的人民法院应当在收到委托函件后三十日内执行完毕。未执行完毕，应当在期限届满后十五日内将执行情况函告委托人民法院。

刑事案件没收财产刑应当即时执行。

刑事案件罚金刑，应当在判决、裁定发生法律效力后三个月内执行完毕，至迟不超过六个月。

二、立案、结案时间及审理期限的计算

第六条 第一审人民法院收到起诉书（状）或者执行申请书后，经审查认为符合受理条件的应当在七日内立案；收到自诉人自诉状或者口头告诉的，经审查认为符合自诉案件受理条件的应当在十五日内立案。

改变管辖的刑事、民事、行政案件，应当在收到案卷材料后的三日内立案。

第二审人民法院应当在收到第一审人民法院移送的上（抗）诉材料及案卷材料后的五日内立案。

发回重审或指令再审的案件，应当在收到发回重审或指令再审裁定及案卷

材料后的次日内立案。

按照审判监督程序重新审判的案件，应当在作出提审、再审裁定（决定）的次日立案。

第七条 立案机构应当在决定立案的三日内将案卷材料移送审判庭。

第八条 案件的审理期限从立案次日起计算。

由简易程序转为普通程序审理的第一审刑事案件的期限，从决定转为普通程序次日起计算；由简易程序转为普通程序审理的第一审民事案件的期限，从立案次日起连续计算。

第九条 下列期间不计入审理、执行期限：

（一）刑事案件对被告人作精神病鉴定的期间；

（二）刑事案件因另行委托、指定辩护人，法院决定延期审理的，自案件宣布延期审理之日起至第十日止准备辩护的时间；

（三）公诉人发现案件需要补充侦查，提出延期审理建议后，合议庭同意延期审理的期间；

（四）刑事案件二审期间，检察院查阅案卷超过七日后的时间；

（五）因当事人、诉讼代理人、辩护人申请通知新的证人到庭、调取新的证据、申请重新鉴定或者勘验，法院决定延期审理一个月之内的期间；

（六）民事、行政案件公告、鉴定的期间；

（七）审理当事人提出的管辖权异议和处理法院之间的管辖争议的期间；

（八）民事、行政、执行案件由有关专业机构进行审计、评估、资产清理的期间；

（九）中止诉讼（审理）或执行至恢复诉讼（审理）或执行的期间；

（十）当事人达成执行和解或者提供执行担保后，执行法院决定暂缓执行的期间；

（十一）上级人民法院通知暂缓执行的期间；

（十二）执行中拍卖、变卖被查封、扣押财产的期间。

第十条 人民法院判决书宣判、裁定书宣告或者调解书送达最后一名当事人的日期为结案时间。如需委托宣判、送达的，委托宣判、送达的人民法院应当在审限届满前将判决书、裁定书、调解书送达受托人民法院。受托人民法院应当在收到委托书后七日内送达。

人民法院判决书宣判、裁定书宣告或者调解书送达有下列情形之一的，结案时间遵守以下规定：

（一）留置送达的，以裁判文书留在受送达人的住所日为结案时间；

（二）公告送达的，以公告刊登之日为结案时间；

（三）邮寄送达的，以交邮日期为结案时间；

（四）通过有关单位转交送达的，以送达回证上当事人签收的日期为结案时间。

三、案件延长审理期限的报批

第十一条 刑事公诉案件、被告人被羁押的自诉案件，需要延长审理期限的，应当在审理期限届满7日以前，向高级人民法院提出申请；被告人未被羁押的刑事自诉案件，需要延长审理期限的，应当在审理期限届满十日前向本院院长提出申请。

第十二条 民事案件应当在审理期限届满十日前向本院院长提出申请；还需延长的，应当在审理期限届满十日前向上一级人民法院提出申请。

第十三条 行政案件应当在审理期限届满十日前向高级人民法院或者最高人民法院提出申请。

第十四条 对于下级人民法院申请延长办案期限的报告，上级人民法院应当在审理期限届满三日前作出决定，并通知提出申请延长审理期限的人民法院。

需要本院院长批准延长办案期限的，院长应当在审限届满前批准或者决定。

四、上诉、抗诉二审案件的移送期限

第十五条 被告人、自诉人、附带民事诉讼的原告人和被告人通过第一审人民法院提出上诉的刑事案件，第一审人民法院应当在上诉期限届满后三日内将上诉状连同案卷、证据移送第二审人民法院。被告人、自诉人、附带民事诉讼的原告人和被告人直接向上级人民法院提出上诉的刑事案件，第一审人民法院应当在接到第二审人民法院移交的上诉状后三日内将案卷、证据移送上一级人民法院。

第十六条 人民检察院抗诉的刑事二审案件，第一审人民法院应当在上诉、抗诉期届满后三日内将抗诉书连同案卷、证据移送第二审人民法院。

第十七条 当事人提出上诉的二审民事、行政案件，第一审人民法院收到上诉状，应当在五日内将上诉状副本送达对方当事人。人民法院收到答辩状，应当在五日内将副本送达上诉人。

人民法院受理人民检察院抗诉的民事、行政案件的移送期限，比照前款规定办理。

第十八条 第二审人民法院立案时发现上诉案件材料不齐全的，应当在两日内通知第一审人民法院。第一审人民法院应当在接到第二审人民法院的通知后五日内补齐。

第十九条 下级人民法院接到上级人民法院调卷通知后，应当在五日内将全部案卷和证据移送，至迟不超过十日。

五、对案件审理期限的监督、检查

第二十条 各级人民法院应当将审理案件期限情况作为审判管理的重要内容，加强对案件审理期限的管理、监督和检查。

第二十一条 各级人民法院应当建立审理期限届满前的催办制度。

第二十二条 各级人民法院应当建立案件审理期限定期通报制度。对违反诉讼法规定，超过审理期限或者违反本规定的情况进行通报。

第二十三条 审判人员故意拖延办案，或者因过失延误办案，造成严重后果的，依照《人民法院审判纪律处分办法（试行）》第五十九条的规定予以处分。

审判人员故意拖延移送案件材料，或者接受委托送达后，故意拖延不予送达的，参照《人民法院审判纪律处分办法（试行）》第五十九条的规定予以处分。

第二十四条 本规定发布前有关审理期限规定与本规定不一致的，以本规定为准。

【解 读】

解读《关于严格执行案件审理期限制度的若干规定》

一、问题的提出

为了彻底解决人民群众反映强烈的案件超审限，久拖不决、久拖不执问题，实现最高人民法院的重大工作部署，全面维护司法公正，最高人民法院于2000年9月22日发布了《关于严格执行案件审理期限制度的若干规定》（以下简称本规定）。

二、理解与适用

（一）本规定的出台是在制度上解决案件超审限，防止久施不决、久拖不执，提高审判效率，全面维护司法公正的一项重大举措

本规定是在充分调查研究的基础上，针对法院在执行审限制度上存在的突出问题，依照《刑事诉讼法》、《民事诉讼法》和《行政诉讼法》的有关规定制定的。既是对法律有关审限规定的重申，也是针对审判实践中存在问题的规范

和要求。

人民法院办理各类案件，都必须做到实体公正与诉讼效率的辩证统一，才能全面维护司法的公正。公正与效率可以相互促进。如果诉讼过程和结果是公正的，就必然减少上诉、抗诉、申诉，也就降低了因重复诉讼而对司法资源的浪费和当事人的诉累。但是，没有效率也就没有公正。实体判决虽然正确，但由于故意长期拖延审限，造成了严重的不公正，甚至对一方当事人造成致命的损害。这种迟来的正义、不能实现的正义是司法不公的一个重要表现，其危害往往不亚于实体上办错案。因此，在保证案件质量的前提下，严格执行审限制度，努力提高办案效率，尽快实现当事人的合法权益，恢复正常社会秩序，是司法公正的必然要求。

严格执行本规定，提高审判效率，是人民法院适应市场经济规律要求，充分发挥审判职能作用，为国家经济发展提供司法保障和法律服务的重要体现。在当今世界金融、贸易市场瞬息万变的情形下，经济主体之间相互交往频率加快，对效率问题越来越重视。人民法院在办理案件过程中，为了保护当事人的利益，维护正常的诉讼秩序，对某些财产采取了扣押、冻结、保全。这些依法采取的强制措施在法律规定的审理期限内，无疑是合理、合法的，也是必要的。但是，如果案件超过审限甚至久拖不决、久拖不执，每增加一天，就会加大当事人的风险，使其利益遭受不必要的损失。不仅增加了当事人的诉累，也在某种程度上阻碍了经济的发展。人民法院必须顺应时代的发展变化，努力提高审判工作效率，使涉诉双方当事人在明晰责任的基础上，尽快实现各自的利益。这不仅能减少办案本身的投入，而且能使因纠纷而影响流转使用的资金、物资尽快正常周转利用，受牵扯的人力尽快得以解脱，更有效地发挥审判工作为经济发展服务的职能。

严格执行本规定，在办案过程中遵守审限制度，是维护司法权威，建设社会主义法治国家的必然要求。审限是我国重要诉讼制度，是法律规定的法院审理案件必须遵守的期限。人民法院作为国家司法机关，理应带头遵守法律规定，严格依照法律规定审判各类案件，这是人民法院在实施依法治国、建设社会主义法治国家进程中所必须遵循的基本原则。

（二）本规定在结构的安排和总体内容上突出体现了严格、依法的精神

本规定在整体结构上共分为五个部分。

本规定在具体内容上有几个特点：一是对法律和司法解释有关规定进行了归纳和重申。诉讼法和有关司法解释对案件审理期限，立案的时间，上诉、抗诉二审案件的移送期限等，有比较明确、具体的规定。在起草本规定过程中，为了做好与现行法律规定的衔接，本规定对这部分内容进行了归纳和梳理，力求使其更加系统化和便于掌握。例如：针对一些法院没有按照诉讼法规定对扣除审限事由从严掌握，造成了隐性超审限案件的情况。本规定对法律和司法解

释有明确规定的确实应当不计入审理、执行期限的情形进行了归纳，并将有明文规定的十二种情形，以列举的方式规定在一个条文。二是对法律虽有规定但弹性较大的地方，根据提高诉讼效率，充分保护当事人合法权益的精神，在不违背法律规定的前提下，本规定对原有的条文作出了更加具体化的解释或界定。如《民事诉讼法》第一百三十五条只规定了“还需要延长的，报请上级人民法院批准”，但并没有规定具体再延长审理期限的时间。本规定在第二条中明确了审理期限可以再延长三个月。三是根据审判工作需要，对法律没有规定的期限加以重申。例如：《民事诉讼法》第二百五十条规定：“人民法院审理涉外民事案件的期间，不受本法第一百三十五条、第一百五十九条规定的限制。”审理涉港、澳、台的民事案件，是参照审理涉外民事案件的审限执行。本规定加以明确。又如：法律没有对附带民事诉讼的审理期限作出规定，考虑到附带民事诉讼是将刑事和民事两个诉讼合并审理，立法目的是防止两个有关系的诉讼过分迟延，根据审判实践，本规定明确审理附带民事诉讼案件，经本院院长批准，可以在刑事诉讼的审限的基础上，再延长两个月。四是对司法解释和司法解释性文件中有关审限的规定与法律明文规定相冲突的地方作出了修改。如《最高人民法院关于加强和改进委托执行工作若干规定》第四条与《民事诉讼法》第二百一十条的规定不一致，本规定对此作出了相应调整。

（三）本规定在具体内容上具有很强的针对性和可操作性

1. 本规定系统地归纳了诉讼法对各类案件审理期限的规定。在关于各类案件的审理期限这一部分，本规定重点解决了以下问题：第一，对各类案件依照《刑事诉讼法》、《民事诉讼法》和《行政诉讼法》中规定的有特殊情况需要延长审限的情形明确了延长的期限，解决了延长审限不封底的问题。如《民事诉讼法》第一百三十五条规定了“还需要延长的，报请上级人民法院批准，”但并没有规定具体再延长审理期限的时间。这次本规定第二条中明确了审理期限可以再延长三个月。《民事诉讼法》第一百六十三条规定了“有特殊情况需要延长的，由本院院长批准”，但是审理期限可以延长多久没有明确规定。这次本规定明确可以延长三十日。还有《民事诉讼法》第一百五十九条规定“有特殊情况需要延长的，由本院院长批准”也是存在没有明确延长多长时间的问题，本规定也加以明确，可以延长三个月。《海事诉讼特别程序法》第八十七条规定，海事法院审理船舶碰撞案件，应当在立案后一年内审结，有特殊情况需要延长的，由本院院长批准。第九十二条规定，海事法院审理共同海损案件，应当在立案后一年内审结。有特殊情况需要延长的，由本院院长批准。上述法律条文中没有规定院长批准延长的时间。本规定则明确了经本院院长批准，可以延长六个月。《行政诉讼法》第五十七条规定，人民法院应当在立案之日起三个月内作出第一审判决。有特殊情况需要延长的，由高级人民法院批准，高级人民法院审理第一审案件需要延长的，由最高人民法院批准。本规定

第三条第一款明确规定有特殊情况需要延长的，由高级人民法院批准可以延长三个月，高级人民法院审理第一审案件需要延长的，由最高人民法院批准，可以延长三个月。《行政诉讼法》第六十条规定，人民法院审理上诉案件，应当在收到上诉状之日起两个月内作出终审判决。有特殊情况需要延长的，由高级人民法院批准，高级人民法院审理上诉案件需要延长的，由最高人民法院批准。本规定第三条第二款明确规定有特殊情况需要延长的，由高级人民法院批准可以延长两个月。高级人民法院审理上诉案件需要延长的，由最高人民法院批准可以延长两个月。第二，对执行案件延长执行期限作出了明确的限制性规定。本规定第五条作出了明确规定，并规定了刑事案件罚金刑、没收财产刑的执行期限。

2. 本规定针对案件执行审理期限中的薄弱环节，明确了立案、结案时间及审理期限的计算标准。针对目前审限计算标准不统一，造成执行审限制度不力，司法统计数据失真的状况，本规定在这部分对审限的起止时间，特别是对问题突出的结案时间的标准，根据法律的有关规定，从保护当事人合法权利的角度出发作出了较为明确的界定。明确规定案件的结案时间以判决书宣判或裁定书宣告、调解书送达最后一方当事人的时间为准。并对实践中比较薄弱的委托宣判、送达环节，本规定第十条作出了具体规定。本规定还对四种特殊的送达方式如何计算结案时间作出了规定：(1) 留置送达的，以裁判文书留在受送达人的住所日为结案时间；(2) 公告送达的，以公告期限届满日为结案时间；(3) 邮寄送达的，以交邮日期为结案时间；(4) 通过有关单位转交送达的，以送达回证上当事人签收的日期为结案时间。

3. 本规定从严格执行审限制度提高审判效率的目的出发，完善了法律的规定。诉讼法对延长审限的报批都作出了原则性规定，但是案件承办人员何时提出延长审限的申请，有批准延长审限权的法院和人员何时作出延长审限的决定，则没有具体规定，造成实践中拖延滞后。为解决这一问题，本规定在这一部分对各类案件延长审限的申请时间和批准时间作出了规定。本规定明确刑事公诉案件、被告人被羁押的自诉案件，需要延长审理期限的，应当在审理期限届满七日以前，向高级人民法院提出申请；其他的案件应当在审理期限届满十日以前提出申请。同时，本规定第十四条还作出了规定。

4. 本规定针对实践中久拖不决、久拖不执的主要原因，进一步明确了有关办案环节应当遵守的期限。一审结案至二审立案这段时间，一直是审限计算上的盲点，也是造成案件久拖不决的重要原因。针对一审结案后由于不能及时向二审法院移送原审案卷材料，造成二审迟迟不能立案，案件在较长时间内不能作出生效裁判的问题，本规定依照法律的有关规定，以第十五条、十六条、十七条第一款严格了上诉、抗诉二审案件的移送期限。《民事诉讼法》第一百五十条第二款规定："原审人民法院收到上诉状、答辩状，应当在五日内连同全部案卷和证据，报送第二审人民法院。”根据以上规定，民事、行政案件，一审人民法院应当至迟在收到上诉状后的25日内将案件材料移送上一级人民法院。

审查申诉案件和再审案件立案后上级法院调卷，原审法院移送案件材料迟缓的问题也比较严重，延误了承办法院对申诉和再审的及时审理。为解决这一问题，本规定作出了“下级人民法院接到上级人民法院调卷通知后，应当在五日内将全部案卷和证据移送，至迟不超过十日”的规定。

5. 本规定对监督、检查执行案件审理期限的工作作出了专门的规定，为建立现代审判管理运行机制提供了制度上的保障。为使有关审限的规定落到实处，本规定在最后一部分对执行案件审理期限的监督、检查作出了规定。明确提出各级人民法院应建立审限届满前的催办和执行审限通报制度，并在第二十三条对审判人员故意违反规定，拖延办案，或者因过失延误办案造成严重后果的，或故意拖延移送有关材料以及接受委托送达后故意拖延不予送达的问题，要求按照《人民法院审判纪律处分办法（试行）》的规定予以处分。

（撰稿人：王立文　王艳彬

审稿人：熊选国）

【注　解】

根据《最高人民法院关于调整司法解释等文件中引用〈中华人民共和国民事诉讼法〉条文序号的决定》，对本规定第二条第八款涉及《民事诉讼法》相关条文的序号予以调整。

【链　接】

最高人民法院
关于执行《最高人民法院关于严格执行案件审理期限制度的若干规定》中有关问题的复函

2001年8月20日　　　　　　法函〔2001〕46号

江苏省高级人民法院：

你院苏立函字第10号《关于执行〈最高人民法院关于严格执行案件审理期限制度的若干规定〉中有关问题的请示》收悉。经研究，答复如下：

立案庭承担有关法律文书送达、对管辖权异议的审查、诉讼保全、庭前证据交换等庭前程序性工作的，向审判庭移送案卷材料的期限可不受《最高人民法院关于严格执行案件审理期限制度的若干规定》（以下简称《若干规定》）第七条“立案机构应当在决定立案的3日内将案卷材料移送审判庭”规定的限制，但第一审案件移送案卷材料的期限最长不得超过20日，第二审案件最长不得超过15日。

立案庭未承担上述程序性工作的，仍应执行《若干规定》第七条的规定。

最高人民法院
关于人民法院合议庭工作的若干规定

法释〔2002〕25号

（2002年7月30日最高人民法院审判委员会第1234次会议通过 2002年8月12日最高人民法院公告公布 自2002年8月17日起施行）

为了进一步规范合议庭的工作程序，充分发挥合议庭的职能作用，根据《中华人民共和国人民法院组织法》、《中华人民共和国刑事诉讼法》、《中华人民共和国民事诉讼法》、《中华人民共和国行政诉讼法》等法律的有关规定，结合人民法院审判工作实际，制定本规定。

第一条 人民法院实行合议制审判第一审案件，由法官或者由法官和人民陪审员组成合议庭进行；人民法院实行合议制审判第二审案件和其他应当组成合议庭审判的案件，由法官组成合议庭进行。

人民陪审员在人民法院执行职务期间，除不能担任审判长外，同法官有同等的权利义务。

第二条 合议庭的审判长由符合审判长任职条件的法官担任。

院长或者庭长参加合议庭审判案件的时候，自己担任审判长。

第三条 合议庭组成人员确定后，除因回避或者其他特殊情况，不能继续参加案件审理的之外，不得在案件审理过程中更换。更换合议庭成员，应当报请院长或者庭长决定。合议庭成员的更换情况应当及时通知诉讼当事人。

第四条 合议庭的审判活动由审判长主持，全体成员平等参与案件的审理、评议、裁判，共同对案件认定事实和适用法律负责。

第五条 合议庭承担下列职责：

（一）根据当事人的申请或者案件的具体情况，可以作出财产保全、证据保全、先予执行等裁定；

（二）确定案件委托评估、委托鉴定等事项；

（三）依法开庭审理第一审、第二审和再审案件；

（四）评议案件；

（五）提请院长决定将案件提交审判委员会讨论决定；

（六）按照权限对案件及其有关程序性事项作出裁判或者提出裁判意见；

（七）制作裁判文书；

（八）执行审判委员会决定；

（九）办理有关审判的其他事项。

第六条 审判长履行下列职责：

（一）指导和安排审判辅助人员做好庭前调解、庭前准备及其他审判业务辅助性工作；

（二）确定案件审理方案、庭审提纲、协调合议庭成员的庭审分工以及做好其他必要的庭审准备工作；

（三）主持庭审活动；

（四）主持合议庭对案件进行评议；

（五）依照有关规定，提请院长决定将案件提交审判委员会讨论决定；

（六）制作裁判文书，审核合议庭其他成员制作的裁判文书；

（七）依照规定权限签发法律文书；

（八）根据院长或者庭长的建议主持合议庭对案件复议；

（九）对合议庭遵守案件审理期限制度的情况负责；

（十）办理有关审判的其他事项。

第七条 合议庭接受案件后，应当根据有关规定确定案件承办法官，或者由审判长指定案件承办法官。

第八条 在案件开庭审理过程中，合议庭成员必须认真履行法定职责，遵守《中华人民共和国法官职业道德基本准则》中有关司法礼仪的要求。

第九条 合议庭评议案件应当在庭审结束后五个工作日内进行。

第十条 合议庭评议案件时，先由承办法官对认定案件事实、证据是否确实、充分以及适用法律等发表意见，审判长最后发表意见；审判长作为承办法官的，由审判长最后发表意见。对案件的裁判结果进行评议时，由审判长最后发表意见。审判长应当根据评议情况总结合议庭评议的结论性意见。

合议庭成员进行评议的时候，应当认真负责，充分陈述意见，独立行使表决权，不得拒绝陈述意见或者仅作同意与否的简单表态。同意他人意见的，也应当提出事实根据和法律依据，进行分析论证。

合议庭成员对评议结果的表决，以口头表决的形式进行。

第十一条 合议庭进行评议的时候，如果意见分歧，应当按多数人的意见作出决定，但是少数人的意见应当写入笔录。

评议笔录由书记员制作，由合议庭的组成人员签名。

第十二条 合议庭应当依照规定的权限，及时对评议意见一致或者形成多数意见的案件直接作出判决或者裁定。但是对于下列案件，合议庭应当提请院长决定提交审判委员会讨论决定：

（一）拟判处死刑的；

（二）疑难、复杂、重大或者新类型的案件，合议庭认为有必要提交审判委员会讨论决定的；

（三）合议庭在适用法律方面有重大意见分歧的；

（四）合议庭认为需要提请审判委员会讨论决定的其他案件，或者本院审判委员会确定的应当由审判委员会讨论决定的案件。

第十三条 合议庭对审判委员会的决定有异议，可以提请院长决定提交审判委员会复议一次。

第十四条 合议庭一般应当在作出评议结论或者审判委员会作出决定后的五个工作日内制作出裁判文书。

第十五条 裁判文书一般由审判长或者承办法官制作。但是审判长或者承办法官的评议意见与合议庭评议结论或者审判委员会的决定有明显分歧的，也可以由其他合议庭成员制作裁判文书。

对制作的裁判文书，合议庭成员应当共同审核，确认无误后签名。

第十六条 院长、庭长可以对合议庭的评议意见和制作的裁判文书进行审核，但是不得改变合议庭的评议结论。

第十七条 院长、庭长在审核合议庭的评议意见和裁判文书过程中，对评议结论有异议的，可以建议合议庭复议，同时应当对要求复议的问题及理由提出书面意见。

合议庭复议后，庭长仍有异议的，可以将案件提请院长审核，院长可以提交审判委员会讨论决定。

第十八条 合议庭应当严格执行案件审理期限的有关规定。遇有特殊情况需要延长审理期限的，应当在审限届满前按规定的时限报请审批。

【解　读】

解读《关于人民法院合议庭工作的若干规定》

一、问题的提出

2002年8月12日，最高人民法院发布了《关于人民法院合议庭工作的若干规定》（以下简称本规定），这是人民法院实施《人民法院五年改革纲要》确定的改革目标，进一步规范人民法院合议庭工作程序，强化、完善合议庭工作职责，充分发挥合议庭职能作用的重要规范性文件。

合议庭是人民法院基本的审判组织形式，但人民法院组织法、诉讼法及相关司法解释对合议庭的组成、合议庭的工作要求等规定过于原则，而且分散不系统，使合议庭工作长期以来既不规范，基本上也无程序性可言。合议庭成员之间职责不明确；庭长、院长和审判委员会在管理和监督合议庭审判工作方面大多采取行政管理的模式，造成合议庭工作随意性较大，工作管理行政化倾向较为严重，影响了合议庭审判职能发挥。为了改变这种状况，最高人民法院在《人民法院五年改革纲要》中提出了强化合议庭和法官职责的改革措施。许多法院纷纷出台各种制度和规定，对合议庭工作进行规范，合议庭的职责得到了强化。但是，由于对合议庭的审判工作缺乏统一的规范，各地法院在这方面发展并不平衡，各个法院之间就合议庭工作所制定的制度、规则不甚统一，甚至出现了某种程度的混乱。在调研中我们发现，有些地方法院在实施强化合议庭职责，扩大合议庭和审判长职权的改革后，对合议庭审判工作管理弱化。而有些法院则反映，强化合议庭职责消除行政化管理模式问题没有得到解决。因此，改革和完善合议庭工作制度，制定全国法院统一适用的合议庭工作规范就显得非常必要了。

二、理解与适用

（一）关于合议庭的组成

本规定第一条、第二条和第三条就合议庭的组成情况作出了具体规定。

本规定第一条第一款内容与《人民法院组织法》第十条第二款、第三款，以及《刑事诉讼法》第一百四十七条，《民事诉讼法》第四十条、第四十一条，《行政诉讼法》第四十六条关于人民法院合议庭的组成方面的规定，在原则上是一致的，但在具体表述和内容上有两点差别：

1. 本规定明确规定人民法院合议庭由法官或者由法官和人民陪审员组成，而不是像上述法律所称“审判员”。这里还涉及一个问题，就是助理审判员能否当然成为合议庭的组成人员。实践中，许多法院在组成合议庭审理案件时，不仅将助理审判员作为当然的合议庭组成人员，有的还指定助理审判员担任审判长主持庭审和合议庭的评议工作。客观而言，这种习惯做法在某种程度上缓解了案件数量多、办案压力大与审判人员相对不足的矛盾。但是，却不符合相关法律的规定。《法官法》第二条规定：“法官是依法行使国家审判权的审判人员，包括最高人民法院、地方各级人民法院和军事法院等专门人民法院的院长、副院长、审判委员会委员、庭长、副庭长、审判员和助理审判员。”该条规定首先对法官的概念进行了界定，即法官是依法行使国家审判权的审判人员。同时，明确了法官的范围，确立了助理审判员的法官地位。那么助理审判员是否可以按照本规定第一条第一款规定当然参加合议庭行使审判权呢？从《人民法院组织法》第三十七条第二款的规定看，助理审判员行使审判权，包括作为合议庭成员参加合议庭审理案件，显然是有限制的。这种限制主要体现在两个方面：第一，助理审判员行使审判权应当经过授权。即必须由本院院长提出，经审判委员会通过，助理审判员方可代行审判员职务，行使审判权。第二，这种授权决定具有临时性的特征。既可以就审理某一具体案件临时授权助理审判员代行审判员职务审理案件，也可以根据审判工作需要，在一个时期内授权助理审判员代行审判员职务参加案件的审理工作。因此，各级人民法院需要助理审判员作为合议庭的组成人员参加合议庭审理案件的，应当按照《人民法院组织法》第三十七条第二款的规定，由本院院长提出，经审判委员会通过，取得授权后，方可进行。

2. 本规定第一条第一款的规定进一步完善了《人民法院组织法》和诉讼法等法律规定的合议庭组成形式。《人民法院组织法》和《刑事诉讼法》、《民事诉讼法》仅仅规定了人民法院实行合议制审理第一审案件和第二审案件的合议庭的组成形式，并没有对实行合议制审理的其他案件作出明确规定。而《行政诉讼法》第四十六条的规定更加原则，即审理行政案件，由审判员组成合议庭，或者由审判员、陪审员组成合议庭。本规定则明确规定了除第一审案件外第二审案件和其他应当组成合议庭审判的案件，由法官组成合议庭进行。在这里，“其他案件”的范围是指在法定刑以下判处刑罚和适用特殊情况假释的核准案件，死刑（死刑缓期二年执行）复核案件，减刑、假释案件，选民资格案件或者其他适用特别程序审理的重大、疑难案件，对具体行政行为的合法性进行审查的案件，组成合议庭对申诉或申请再审进行审查的案件以及应当组成合议庭进行审理的其他案件。再审案件不属于本规定所列“其他案件”的范畴。审理再审案件的合议庭组成形式，应当按照其具体适用的程序，适用第一审程序审理再审案件，由法官或者由法官和人民陪审员组成合议庭进行；适用第二审程序审理再审案件，由法官组成合议庭进行。

本规定第一条第二款与《人民法院组织法》第三十八条第二款的规定有所不同。《人民法院组织法》第三十八条第二款规定：“人民陪审员在人民法院执行职务期间，是他所参加的审判庭的组成人员，同审判员有同等权利。”人民陪审员在人民法院执行职务期间，同审判员有同等的权利，是正确的，这是保障人民陪审员全面履行陪审职责的必要条件和保障。但是，只有权利而没有与之相对应的义务显然不全面。例如，保守审判秘密、遵守合议庭工作原则、遵守职业道德和司法礼仪，等等，都是审判人员应尽的义务，当然也是人民陪审员在人民法院执行职务期间必须承担的义务。因此，本规定第一条第二款参照《民事诉讼法》第四十条第三款的规定，增加了“义务”二字。

针对审判实践中，少数案件的合议庭组成人员更换随意性较大的问题，本规定第三条作出了规定。体现了审判权行使过程中应当遵循直接原则和不间断原则的特性。也就是说，要求作为合议庭组成人员的法官在案件审理过程中，必须始终直接参与。要亲自参与案件的审理、评议和裁判的全过程，直接接触距离原始事实最近的证据材料，直接听取诉讼双方以口头方式进行的举证、质证和辩论，等等。在某种意义上，这种审判权行使方式的特征又被称之为“法官的亲历性”。只有在此基础上，结合法律的规定，法官才能对案件裁判结果形成一种正确判断，保证“法官心证”过程正确。如果在案件审理过程中，违反直接原则，随意更换合议庭组成人员，就会使后来参与审判活动的法官可能无法“亲历”先前已经进行完毕的证据调查和法庭辩论活动，从而无法使其对案件裁判作出完整、准确的判断。与直接原则密切相关的审判权行使的另一原则是“不间断原则”，又称“审判活动的集中性”。审判活动“不间断原则”要求在审理案件过程中，作为合议庭的组成人员不得更换，裁判过程要持续进行、不得间断。如果合议庭成员在一个案件尚未形成裁判结论之前中途更换，则已经进行完毕的裁判活动无效。为此，不少国家建立了候补法官制度，对于那些审判过程可能持续较长时间的案件，预先设置若干名法官、陪审员在场旁听，一旦出现办理案件的法官或参审的职审员因生理或心理等原因，无法承担案件的审理工作时，及时加以替补。因此，应坚决杜绝随意更换合议庭组成人员的现象。确因出现合议庭的审判人员需要回避或者确实无法继续履行职责的重大疾病等特殊情况，需要更换合议庭组成人员时，更换的人选要报请院长或者庭长决定，并应当及时通知诉讼当事人。

（二）关于合议庭及其审判长的职责

建立符合审判工作规律的审判组织形式，是人民法院改革的重要内容。《人民法院五年改革纲要》提出了“强化了合议庭和法官职责，推行审判长和独任审判员选任制度，充分发挥审判长和独任审判员在庭审过程中的指挥、协调作用”的改革要求。然而，各级人民法院在如何准确、科学界定合议庭及其组成人员职责的问题上认识并不一致，甚至出现了各行其是，职责不清的状况，影响了审判工作顺利进行。为此，本规定第四条、第五条和第六条对合议庭及其审判长的职责作出了规定。在本规定的起草过程中，曾有同志建议对合议庭、审判长和其他合议庭成员的职责分别作出规定。在征求意见和调研时，多数意见认为，既然合议庭的审判工作由审判长主持，只要对合议庭和审判长的职责作出明确规定，合议庭其他成员的职责也就清楚了。经研究，认为可行。这样规定后，不仅不会产生职责相互混淆的问题，而且避免了条文的重复，使内容更加简洁、明了。

本规定有关合议庭和审判长职责方面的内容有以下几个特点：

1. 强调了合议庭集体负责。本规定第四条表明，作为人民法院基本审判组织形式的合议庭，在审理案件过程中必须坚持集体负责，这是确保审判质量的重要前提，也是合议庭履行审判职权的一项基本原则。这一基本原则要求合议庭审理案件过程中各个合议庭的成员地位平等，全体参与，共同负责。地位平等，是指合议庭在审理案件、进行评议、作出裁判的过程中，无论是审判长，还是其他合议庭成员，均有平等行使审判权的权利。即使院长、庭长作为审判长参加合议庭审理案件，其审判权行使也应与其他合议庭成员平等，而不能因职务、级别和资历上的不同，或是否承办案件而有任何差别。全体参与，是指合议庭的各个成员必须遵循审判权行使的直接原则和不间断原则，亲自参与案件审理的全过程，不能缺席案件审理的任何环节。要使合议庭真正成为一个整体来行使审判权，逐渐改变“合而不议”的状况。共同负责，是指合议庭的各个成员在坚持司法公正的原则下，根据自己“亲历”的全部审判活动，对案件事实的认定和适用法律，依法作出判断的过程。

2. 强化了审判长在案件审理过程中的职能作用。本规定第六条用列举的方式确定了审判长在合议庭审理案件过程中应当履行的十项职责。这是在总结多年来合议庭审判工作经验和实施《人民法院五年改革纲要》以来各地法院改革的成功做法的基础上提出的。首先，其对审判长应当履行的职责作出了科学的定位，明确审判长不是一级行政管理职务，没有对合议庭进行行政管理的权限，不具备履行行政管理方面的职责。审判长的职责范围仅限于主持合议庭有关案件审理方面的工作。其次，进一步规范了审判长履行职责的范围，明确规定审判长在庭前准备，开庭审理，合议庭评议，裁判文书制作等审判工作各个环节应当承担的主要职责，明确了审判长在审判活动中所处的地位和作用。审判长的主要职责包括：指导和安排做好庭前调解、庭前准备等项审判辅助工作；协调合议庭成员的庭审分工；主持庭审活动；主持合议庭对案件进行评议；提请院长决定将案件提交审判委员会讨论决定；制作裁判文书，审核合议庭其他成员制作的裁判文书；依权限签发法律文书等事项。上述规定，明晰了审判长与合议庭其他成员在合议庭审理案件过程中的不同分工，必将有利于充分发挥审判长在合议庭审理案件过程中的职能作用。

3. 原则性与灵活性相结合，适应了四级法院的需要。本规定出台后各级人民法院都要遵照执行，但是不同审级人民法院的合议庭承担的审判工作任务差别很大，这就要求本规定在确定合议庭以及审判长的职责范围时，既要有可操作性，便于在执行过程中能够得到很好的应用，又必须具有广泛的适用性，符合不同审级法院合议庭开展审判工作的实际需要。为此，本规定在第五条和第六条的规定中体现了原则性与灵活性相结合的特点。例如，第五条第（六）项，第六条第（五）项、第（七）项，都有“按照权限”或“依照有关规定”的前置性要求。本规定有关条文这样的表述，就是为了使不同审级的法院，不同地区的法院，根据自身不同的特点和审判工作的实际需要，进一步界定合议庭的审判长的职责。

4. 注意了与已经出台的相关规定和即将实施的改革措施衔接、配套。2000 年 7 月最高人民法院发布实施了《人民法院审判长选任办法》（试行），并在文件中对审判长职责作出了规定。因此，在起草本规定有关审判长的职责的规定时，对《人民法院审判长选任办法》（试行）有关审判长的职责的规定，进行了反复的研究和比照。同时，结合近年来审判工作的发展，以及各地法院在强化审判长职责方面成功经验，确定了审判长合议庭审理案件过程中应当履行的职责。既避免了相互冲突，又有了新的发展。为了配合正在准备实施的配备法官助理的试点工作和实行书记员单独序列管理等项改革措施，本规定在确定审判长职责时，将“指导和安排审判辅助人员做好庭前调解、庭前准备及其他审判业务辅助性工作”纳入了审判长的职责范围。

（三）关于合议庭工作要求

本规定根据“公正与效率”这一世纪工作主题，按照合议庭审理案件的工作流程，在第七条至第十五条和第十八条对合议庭有关工作要求作出了规定。这部分规定的内容，主要从六个方面对合议庭的工作提出要求：

1. 合法原则

作为人民法院审判组织形式的合议庭，其在审理案件过程中的各个环节，都必须依据相关的法律规定开展，这是对合议庭工作最基本、最起码的要求。“合法原则”可以说是贯彻了本规定的始终，突出表现在对合议庭工作的要求方面。例如，在第八条，要求合议庭成员在案件开庭审理时，必须认真履行法定职责；在第十条，要求合议庭成员进行评议、陈述意见的时候，要依据事实根据和法律依据，进行分析论证；在第十八条，要求合议庭严格执行案件审理期限的有关规定，等等。上述规定都体现了合议庭在审理案件中，必须坚持合法原则。

2. 审判独立原则

坚持独立原则，是合议庭及其成员在审判案件过程中，必须遵循的一项重要的工作原则。它要求合议庭及其成员在证据的采信、事实的认定、依据适用法律等方面保持独立自主，不受来自法院外部或内部的任何压力或影响，从而作出公正的裁决。例如,本规定第十条第一款，对合议庭评议案件时，合议庭成员发表意见顺序作出了规定，这是最高人民法院第一次在规范性文件中对审判组织提出这种要求。其目的就是避免合议庭成员在评议案件、作出裁判的过程中受到干扰，防止个人专断，同时使合议庭的评议过程更加规范化。该款规定将合议庭评议案件的过程分为案件基本情况和处理结果两个阶段。第一阶段主要是合议庭成员对案件的基本情况，包括：认定案件事实、证据是否确实、充分以及适用法律等发言；第二阶段是对案件的裁判结果进行评议，发表各自的意见。

法官在合议庭评议过程中，充分、独立地发表意见，不仅是法官履行审判职责，行使国家赋予的审判权的重要表现，也是衡量和考察一个法官运用唯物辩证法对客观事物进行分析、认识和判断的水平，以及对法律、法规理解、掌握和适用能力的重要标志。但是，长期以来“合而不议”一直是困扰合议庭工作，影响审判质量的严重问题。案件承办人或审判长主导审理案件的全过程，几乎包办了案件审理的所有事务，合议庭的其他成员参与案件审理成了一种表面符合法律规定的形式；合议庭其他成员也将参与审理的案件视为别人的案件，认为与自己没有多大关系；在评议时，主要是案件承办人或审判长发表评议意见，而合议庭其他成员处于附议地位。合议庭的审判工作在此种形式下运转，合议庭成员共同参与、集体负责、独立审判，成了承办人或审判长个人负责、专办、专断，合议制变成了独任制。这种状况不仅严重背离了审判独立原则的精神实质，而且违背了审判权行使的客观规律，加剧了审判权的行政化趋势。为了解决这一问题，本规定在第十条第二款明确提出，要求合议庭成员认真负责，充分陈述意见，独立行使表决权，不得拒绝陈述意见或者仅作同意与否的简单表态。同时，规定即使同意他人意见的，应当提出事实根据和法律依据，进行分析论证。本规定的这一要求，不仅体现了合议庭审理案件中集体参与、共同负责的要求，也较好地贯彻了审判独立的原则。

在合议庭应当提请院长决定提交审判委员会讨论决定的案件范围上，本规定的相关内容也体现了强化合议庭职责，增强合议庭审判独立性的要求。现行法律，对合议庭应当提请院长决定提交审判委员会讨论决定的案件并没有非常明确、具体的规定。《刑事诉讼法》第一百四十九条仅仅规定，对于疑难、复杂、重大的案件，合议庭认为难以作出决定的，由合议庭提请院长决定提交审判委员会讨论决定。《人民法院组织法》第十一条第一款也只中是则规定，审判委员会的任务是总结审判经验，讨论重大的或者疑难的案件和其他有关审判工作的问题。《民事诉讼法》和《行政诉讼法》均没有这方面的规定。这就造成一些合议庭在审理案件时，遇到审理难度较大，难以决断或者矛盾突出的案件，动辄就提请院长决定提交审判委员会讨论决定。长此以往，不仅使审判委员会不堪重负，影响了案件及时审结，而且使合议庭成员责任意识逐渐弱化，产生了依赖思想，无法形成审判独立的观念。因此，本规定第十二条对合议庭审理的，应当提请院长决定提交审判委员会讨论决定的案件的范围予以明确界定。并在该条第（二）项和第（四）项中，着意作出“合议庭认为有必要”、“合议庭认为需要”的规定，其目的就是突出合议庭的责任，强化合议庭的独立意识。“合议庭认为”，既不是承办法官认为，也不是审判长认为，而是应当在合议庭进行认真、慎重研究、讨论后作出的一种决定。在具体执行中，务必要从严掌握，切不可滥用。

3. 公正原则

本规定对合议庭在审理案件过程中坚持公正原则的要求，主要体现在裁判文书的制作中。司法公正是人民法院审判工作的生命和灵魂，人民法院制作的裁判文书是司法公正的最终载体。裁判文书的功能不仅记录了审判权作用的结果，更重要的是表明了审判权这种权力运作的公正。而过去相当长的时间，人民法院在裁判文书的制作上存在叙述事实不证明是非曲直和裁判结果不说理或者说理不够充分的问题，严重影响了裁判文书的质量，影响了人民法院司法公正的形象，必须进行改革。强化裁判文书的说理性正是《人民法院五年改革纲要》针对上述问题，提出的一项具体的改革内容。但是，审判实践中，由承办人制作裁判文书似乎已经成了一条不成文的规定。如果承办人在合议庭评议时，提出的评议意见是合议庭最终的裁判意见，或者与审判委员会讨论后的决定意见基本一致，由承办人起草裁判文书，并充分论证裁判理由是没有问题的。但是，如果承办人的评议意见与合议庭评议结论或者审判委员会的决定有明显分歧，仍然由其承担裁判文书的起草工作，并要求在裁判文书中充分论述裁判理由，显然是勉为其难，效果一般不会太好。为此，本规定在第十五条第一款作出了规定。可以说，这一规定为提高人民法院裁判文书质量，维护司法公正确立了一种机制，是推进裁判文书改革的重大制度性措施。正确执行该项规定应当把握好两点：一是对“明显分歧”的理解。在审判实践中，“明显分歧”一般是指审判长或承办法官在合议庭进行评议时，对认定案件事实、证据以及适用法律，或者对案件的裁判结果所发表的意见，经口头表决后属于少数，而合议庭其他人员所形成的多数意见是最终的裁判结果的；或者审判长或承办法官在合议庭评议时所发表的意见，经口头表决后属于多数意见，但经审判委员会讨论决定后被推翻，而少数人的意见被审判委员会采纳的；或者合议庭评议后不能形成多数意见，经审判委员会讨论决定后，合议庭其他成员的意见被采纳的，等等。如果合议庭进行评议后形成一致意见，但经审判委员会讨论决定后被推翻的，则裁判文书的制作仍应由审判长或者承办法官承担。二是要采取合理方式确定裁判文书制作人。可以由审判长指定。当审判长作为非承办法官，其评议意见与合议庭的评议意见或者审判委员会的决定没有“明显分歧”的，则审判长可以决定由自己承担制作裁判文书的工作，或指定持多数意见的合议庭其他成员制作裁判文书，或由合议庭讨论确定。当审判长的评议意见与合议庭的结论性意见或者审判委员会的决定有“明显分歧”时，则可经合议庭讨论后，从与合议庭结论性意见或者审判委员会的决定持一致观点的合议庭成员中确定一名法官承担制作裁判文书。当然，当案件被提交审判委员讨论决定后，合议庭的多数意见被推翻，而只有合议庭其他成员一人的评议意见被采纳的，则该法官可以承担裁判文书的制作工作。

4. 公开原则

在本规定有关合议庭工作要求的规定中，也体现了贯彻“公开原则”。审判公开是人民法院审判工作中应当遵循的重要原则。合议庭在审判工作中贯彻“公开原则”包括两个层面的要求：一是外部层面，“公开原则”不仅要求合议庭的组成情况公开，案件开庭审理依法公开进行，而且裁判结果要向社会公开。二是内部层面，要求合议庭在内部工作机制上也要贯彻“公开原则”，即：在合议庭评议案件过程中，讨论审判工作具体事项上，在合议庭所有组成人员的范围内公开进行。对此，本规定第十条第三款和第十五条第二款作出了相关规定。第十一条第三款首次对合议庭进行评议时的表决形式提出要求，明确规定："合议庭成员对评议结果的表决，以口头表决的形式进行。"这款规定有两个方面的实质意义：其一，是要求合议庭案件评议工作必须在合议庭全体成员合同参加下，在合议庭的范围内公开进行，杜绝私下沟通的不正当行为；其二，是要求合议庭成员评议时，要在合议庭范围内公开表明自己对案件处理结果的意见和态度，防止合而不议和个人专断。第十条第二款规定要求合议庭全体成员，对裁判文书"共同审核"，并在确认无误后签名。其实质也是要求合议庭相关工作程序，要在内部范围内公开进行。上述规定既有利于增强法官的责任意识，也有利于合议庭成员之间相互监督，共同促进审判质量的提高。

5. 及时原则

本规定在第九条、第十四条和第十八条，分别对合议庭坚持及时原则提出了多方面的要求。合议庭在审判工作中坚持及时原则，是审判工作客观规律所体现的"不间断性"的集中表现，是司法公正的重要表现形式。合议庭在法庭审理工作结束后，要及时对当事人之间的诉争形成裁决结论，而不能随意中断裁判形成的过程。否则，法庭审理过程与裁判结论的形成之间存在的间隔过长，就有可能影响审判质量。例如，实践中由于合议庭的法官都可能作为承办人同时审理多个案件，经常会出现甲法官承办的某个案件开庭审理完毕后，没有立即进行评议，合议庭旋即转入了乙法官承办的案件的庭审前准备或者开庭审理工作。当经过一段时间后，合议庭安排评议甲法官承办的案件时，合议庭的其他成员可能已经对这个案件的一些基本情况，包括开庭审理过程中出现的情况，失去了清晰的记忆和感性认识。这时合议庭的评议工作极易走向两个极端：一个是为了确保评议质量，需要承办法官用大量的时间对案件的基本情况进行重述。包括为了唤起合议庭其他成员的记忆，而对庭审情况进行再描述。但是，此时的此种状况已经与审判工作的直接原则有了相当距离，甚至会使合议庭的其他成员受到承办法官的误导。另一个合议庭成员仅凭残缺的记忆对案件进行评议，而评议过程走过场也就无法避免了。上述两种情形，都可能使先前已经进行完毕的庭前准备和开庭审理工作对正确作出裁判的价值大大降低。有鉴于此，本规定在第九条、第十四条，对庭审结束后进行评议的时间和评议结束或者审判委员会作出决定后制作裁判文书的时间，分别提出了非常明确、具体的时限要求。其基本含义就是要求合议庭在审判工作中，必须坚决贯彻及时原则，提高审判效率。上述规定中对时限的要求，是结合不同审级法院审判工作不同特点提出的一种"底线"标准。各级人民法院在执行时应当严格掌握，力求缩短相关时限。

6. 司法文明原则

司法文明是司法公正的本质要求和外在表现，弘扬司法文明，促进社会主义精神文明建设是人民法院和法官的基本职责之一。为此，本规定第八条提出："在案件开庭审理过程中，合议庭成员必须认真履行法定职责，遵守《中华人民共和国法官职业道德基本准则》中有关司法礼仪的要求。"遵守司法礼仪，首先，要求合议庭成员在案件开庭审理过程中，保持良好仪表和文明举止，维护人民法院的尊严和法官的良好形象。其次，要求合议庭成员应当尊重当事人和其他诉讼参与人的人格尊严。要做到认真、耐心听取当事人和其他诉讼参与人发表意见，除非因维护法庭秩序和庭审的需要，开庭时不得随意打断或者制止当事人和其他诉讼参与人的发言；使用规范、准确、文明的语言，不得对当事人或其他诉讼参与人有任何不公的训诫和不恰当的言辞。第三，要求合议庭成员在开庭时遵守法庭规则，监督法庭内所有人员遵守法庭规则，保持法庭的庄严。要按照有关规定穿着法官袍或者法官制服、佩戴徽章，并保持整洁；准时出庭，不缺席、迟到、早退，不随意走动；集中精力，专注庭审，不做与审判活动无关的事情。

上述六个方面，是本规定对合议庭工作要求的基本内容。另外，需要说明的一点是，本规定第七条规定了关于合议庭接受案件后，根据有关规定确定案件承办法官的问题。第七条作出这样的规定，主要是考虑到目前许多法院在确定案件的承办法官的问题上，形式多样，有些做法作为改革措施，已经实行多年，而且效果不错。例如，有些法院在案件立案后，由立案部门直接确定案件承办法官；有的法院由立案部门以随机选择方式确定案件承办法官，等等。上述做法各有特色，因此没有必要采取"一刀切"的做法，对此，本规定本着实事求是的原则，作出了较为灵活的规定。

（四）关于院长、庭长对合议庭审判工作的管理

在强化合议庭和审判长职责的同时，规范和完善对合议庭审判工作进行管理机制是非常必要的。《人民法院五年改革纲要》实施以来，各地法院采取多种措施，建章立制，力图实现对合议庭审判工作的科学化管理。但是，一些法院在推行建立符合审判工作规律的审判组织形式的改革中遇到了困难。有些法院实行强化合议庭职责的改革，对合议庭放权后，由于缺乏必要的管理机制，出现了案件质量下降和适用法律不平衡、不统一等诸多问题。而有些法院的审判人员则抱怨庭长或者院长对合议庭的审判工作管理过死，受到的约束太多。对上述存在的问题进行分析后，得出一个共同的结论是：由于没有对合议庭、庭长、院长这三者在审判工作管理中相互关系作出准确、科学的定位，因而很难形成科学的审判工作管理机制。为了解决这个问题，本规定第十六条、第十七条，就庭长、院长对合议庭审判工作进行管理的内容、形式和要求等作出了专门规定。也就是说，院长、庭长和合议庭成员要遵循审判工作客观规律，按照各自的职责和分工，处理审判工作相关事务，以保证案件审判工作顺利完成。

本规定就庭长、院长对合议庭审判工作进行管理的职务行为作出了限制性的要求。一是明确规定院长、庭长对合议庭的评议意见和制作的裁判文书进行审核的过程中不得改变合议庭的评议结论。二是要求院长、庭长在建议合议庭复议的同时，应当对要求复议的问题及理由提出书面意见。这是对院长、庭长行使建议复议这种职务行为时的硬性要求。必须在实际工作中遵照执行。依照对本规定的理解，院长、庭长在建议合议庭复议时，如果没有对要求复议的问题及理由提出书面意见，或者仅仅是口头意见，则合议庭可以要求院长、庭长提出书面意见。如果院长、庭长仍不能提出书面意见，则合议庭可以拒绝复议。

（撰稿人：王立文
审稿人：邵文虹）

最高人民法院
关于新疆生产建设兵团人民法院案件管辖权问题的若干规定

法释〔2005〕4号

（2005年1月13日最高人民法院审判委员会第1340次会议通过　2005年5月24日最高人民法院公告公布　自2005年6月6日起施行）

根据《全国人民代表大会常务委员会关于新疆维吾尔自治区生产建设兵团设置人民法院和人民检察院的决定》第三条的规定，对新疆生产建设兵团各级人民法院案件管辖权问题规定如下：

第一条　新疆生产建设兵团基层人民法院和中级人民法院分别行使地方基层人民法院和中级人民法院的案件管辖权，管辖兵团范围内的各类案件。

新疆维吾尔自治区高级人民法院生产建设兵团分院管辖原应当由高级人民法院管辖的兵团范围内的第一审案件、上诉案件和其他案件，其判决和裁定是新疆维吾尔自治区高级人民法院的判决和裁定。但兵团各中级人民法院判处死刑（含死缓）的案件的上诉案件以及死刑复核案件由新疆维吾尔自治区高级人民法院管辖。

第二条　兵团人民检察院提起公诉的第一审刑事案件，由兵团人民法院管辖。

兵团人民法院对第一审刑事自诉案件、第二审刑事案件以及再审刑事案件的管辖，适用刑事诉讼法的有关规定。

第三条　兵团人民法院管辖以下民事案件：

（一）垦区范围内发生的案件；

（二）城区内发生的双方当事人均为兵团范围内的公民、法人或者其他组织的案件；

（三）城区内发生的双方当事人一方为兵团范围内的公民、法人或者其他组织，且被告住所地在兵团工作区、生活区或者管理区内的案件。

对符合协议管辖和专属管辖条件的案件，依照民事诉讼法的有关规定确定管辖权。

第四条　以兵团的行政机关作为被告的行政案件由该行政机关所在地的兵

团人民法院管辖，其管辖权限依照行政诉讼法的规定办理。

第五条 兵团人民法院管辖兵团范围内发生的涉外案件。新疆维吾尔自治区高级人民法院生产建设兵团分院根据最高人民法院的有关规定确定管辖涉外案件的兵团法院。

第六条 兵团各级人民法院与新疆维吾尔自治区地方各级人民法院之间因管辖权发生争议的，由争议双方协商解决；协商不成的，报请新疆维吾尔自治区高级人民法院决定管辖。

第七条 新疆维吾尔自治区高级人民法院生产建设兵团分院所管辖第一审案件的上诉法院是最高人民法院。

第八条 对于新疆维吾尔自治区高级人民法院生产建设兵团分院审理再审案件所作出的判决、裁定，新疆维吾尔自治区高级人民法院不再进行再审。

第九条 本规定自发布之日起实施。人民法院关于兵团人民法院案件管辖的其他规定与本规定不一致的，以本规定为准。

【解　读】

解读《关于新疆生产建设兵团人民法院案件管辖权问题的若干规定》

一、问题的提出

1998年12月29日，第九届全国人民代表大会常务委员会第六次会议通过了《关于新疆维吾尔自治区生产建设兵团设置人民法院和人民检察院的决定》（以下简称《决定》）。

为落实《决定》，最高人民法院于1999年1月22日下发了《关于执行〈全国人民代表大会常务委员会关于新疆维吾尔自治区生产建设兵团设置人民法院和人民检察院的决定〉的通知》（法〔1999〕9号，以下简称“9号通知”）。为贯彻“9号通知”，新疆维吾尔自治区高级人民法院于1999年9月2日发布了《关于执行最高人民法院〈关于执行全国人民代表大会常务委员会关于新疆维吾尔自治区生产建设兵团设置人民法院和人民检察院的决定的通知〉的通知》（新高法〔1999〕146号），对兵团法院案件管辖的一些具体问题作出了细化。

近年来，随着新疆地区和兵团领域审判工作的发展，随着国家对新疆生产建设兵团地位的重视和加强，现有关于兵团法院案件管辖的规定越来越不适应新的要求，一些案件管辖问题迫切需要加以明确。2005年1月13日，最高人民法院审判委员会讨论通过了《关于新疆生产建设兵团人民法院案件管辖权问题的若干规定》（以下简称本规定），经过文字修改后于5月24日正式发布，自6月6日起实施。

二、理解与适用

（一）起草原则

本规定的起草严格遵循了以下基本原则：

一是依法解释原则。全国人大常委会的《决定》授权最高人民法院对兵团法院案件管辖问题“依照法律予以规定”，这一方面体现了我国法律统一的原则，另一方面承认了兵团法院案件管辖与普通地方人民法院案件管辖的不同之处。如果两者完全相同，则无需授权最高人民法院另行作出规定，而可以直接依据有关诉讼法的条款确定兵团法院的管辖。因此，从全国人大常委会的《决定》精神来看，全国人大常委会实际上是允许最高人民法院在法律的原则之下，根据兵团法院的特点确定兵团法院的管辖范围等问题。

二是充分考虑新疆生产建设兵团的政治地位。新疆生产建设兵团是一个党政军企合一的特殊组织，自行管理内部的司法、行政事务。从新疆生产建设兵团的建立、撤销、恢复、发展历程可以看出，它在确保新疆稳定、维护国家统一、促进民族团结、发展边疆经济等方面，发挥着不可替代的作用。全国人大常委会的《决定》确立了新疆生产建设兵团法院和检察院的法律地位，就是体现兵团重要政治地位的一个重要措施。因此，在确定兵团法院的案件管辖问题时，这一点是不可忽视的。

三是从新疆生产建设兵团实际情况出发。新疆生产建设兵团是建立在新疆维吾尔自治区地域范围内的一个特殊组织，没有自己独立的行政区划，而只有兵团开发、使用的垦区、生活区、管理区、工作区等。兵团有其独立的组织体系，相应的管理制度也比较成熟。同时，兵团的法院体制比较特别，法官任免有其特别之处，案件数量不多，但法官队伍力量较强，法律素质和综合素质也比较高。这些因素都是在确定兵团法院管辖时的重要参考。

（二）确定兵团法院案件管辖权的基本标准

兵团法院案件管辖权的确定是诉讼法上的问题，但同时涉及法院组织的内容。本规定在确定管辖权时把握了以下基本标准：

一是兵团法院与地方法院在案件管辖权方面的“同等待遇”。根据全国人大常委会的《决定》，兵团中级法院和基层法院的地位视同为地方的中级法院和基层法院。这种认同并不仅仅是审级方面的认同，而且是法律地位、管辖权限、法律适用等多方面的认同。按照这一标准，本规定第一条第一款明确规定：“兵团基层人民法院和中级人民法院分别行使地方基层人民法院和中级人民法院的案件管辖权。”这一规定从另一方面来说，也印证了全国人大常委会的《决定》中将兵团法院作为地方法院而不是专门法院、“部门法院”的地位。

二是兵团法院管辖“兵团范围内的”案件。最高人民法院的“9号通知”中曾使用了“兵团范围内”这一标准。这一标准虽然有含混之处，但考虑到各界已经对这一标准基本认同，只是其中的某些个别内容需要明确，所以本规定仍然使用了这一基本标准。在本规定之前，就民事案件而言，对于“兵团范围内”的理解一般只包括双方当事人均为兵团单位或个人的案件，而一方是兵团单位或个人的情况未包含在内。本规定在此基础上有所发展，在对后一种情况加以条件限制之后，也纳入“兵团范围内”的概念之内。

三是以法院组织中的分院制度为基础确定兵团分院的管辖。新疆维吾尔自治区高级人民法院生产建设兵团分院是新疆高院的组成部分，属于分院与本院之间的关系。两者之间并非相互独立，而是一体化的。也就是说，在新疆只有一个高级人民法院，即新疆维吾尔自治区高级人民法院，而兵团分院是该高院的组成部分。根据这种基本关系，兵团分院的案件管辖则有一定特殊性。在本规定中，无论是管辖争议的解决，死刑案件的管辖，还是兵团分院一审案件的上诉，兵团分院再审案件的再审，都体现了这一标准。特别是在表述兵团分院的管辖范围时，本规定使用了“原应当由高级人民法院管辖的兵团范围内的第一审案件、上诉案件和其他案件，其判决和裁定是新疆维吾尔高级人民法院的判决和裁定”的表述，使两者关系更为明确。

（三）兵团法院对刑事案件的管辖权

兵团法院的刑事管辖权在过去的实践中曾发生过一些争议，主要是属于兵团的单位或个人不在兵团范围内而是在兵团范围外犯罪由地方法院管辖还是由兵团法院管辖问题。我国《刑事诉讼法》确立了“犯罪地”作为确定法院管辖的基本标准，但由于兵团法院并不存在诉讼法中所说的“地域管辖”范围，这就给确定兵团法院对刑事案件的管辖增加了一定困难。

本规定并没有完全按照地域管辖的思路确定兵团法院的刑事管辖权，而是采取了一种比较技术化的划分方法，即兵团法院管辖“兵团人民检察院提起公诉的第一审刑事案件”。由于兵团人民检察院在确定自己的管辖权范围时依法应当根据《刑事诉讼法》的有关规定对刑事案件是否归自己管辖先行作出判断和筛选，人民法院作为刑事案件的“最后一道工序”只负责案件的审判。这样既简化了问题，又保证了管辖的正确性。当然，人民法院在案件审理过程中发现该公诉案件确实不属于兵团法院管辖时，也可以通过《刑事诉讼法》规定的程序来解决。对于地方人民检察院起诉到兵团法院的案件，兵团法院不应受理，但新疆高院指定管辖的案件除外。

另外，本规定对于兵团分院对死刑案件管辖作出了一些限制。这种限制与“9号通知”基本保持一致，规定兵团各中级人民法院判处死刑（含死缓）的案件的上诉案件以及死刑复核案件，由新疆维吾尔自治区高级人民法院管辖。兵团分院对此类案件没有管辖权。这主要是考虑到，死刑属于最为严厉的刑罚，在本地区内特别需要统一行使，以便确保法律适用标准的统一。需要特别说明的是，虽然最高人民法院即将收回目前授权由高级人民法院行使的死刑核准权，但由于收回的时间尚未最终确定，所以本规定仍按照由高级人民法院根据最高人民法院授权行使死刑核准权的制度来确定案件管辖权。待死刑核准程序改革方案最终确定并实施后，本规定的有关内容将作相应修改。对于判处死刑宣告缓期两年执行的死刑案件的复核权由谁行使的问题，也需要待最终决策作出后再根据需要修改本规定。

（四）兵团法院对民事案件的管辖

对于兵团范围内的民事案件，本规定遵循了以身份为主、以区域为辅的原则来确定管辖，这就是俗称的“属人原则”与“属地原则”的结合。这种结合主要目的在于方便人民法院管辖和审理，方便当事人诉讼，合理分配和利用司法资源。兵团法院对民事案件的管辖具体包括以下三方面内容：

一是垦区范围内民事案件的管辖。长期以来，垦区范围内的民事案件均由兵团法院管辖，而且几乎没有争议。曾有一种意见认为，垦区内发生的非兵团个人或单位之间的案件应当由地方法院管辖。但实践证明，这种观点尽管在理论上没有什么错误，在司法实践中却非常不方便法院管辖，也不方便当事人诉讼。因此，此类案件一直由设在垦区的兵团法院管辖，本规定未作变动。

二是城区内发生的双方当事人均为兵团范围内的公民、法人或者其他组织的民事案件的管辖。兵团法院对这类案件的管辖权主要以当事人的“身份”为划分标准，而且这一标准一直是兵团法院和地方法院共同遵循的管辖原则。需要提及的是，这种管辖标准只适用于在城区已经设立了兵团法院的情况。如果垦区人民法院没有搬迁到城区，这类案件则由设在城区的地方人民法院管辖更为方便。

三是城区内发生的一方当事人为兵团单位或个人的案件的管辖。司法实践中对这部分的争议比较大。对于这个问题，本规定采取了以当事人身份为主的原则，同时兼顾了兵团区域的特殊性。由于生产建设兵团是设在新疆行政区划内的特殊组织，没有行政区划意义上的地域管辖范围。但是，从各个城区的实际情况来看，兵团单位在城区所处地域是基本确定的，而且比较容易划分，这主要是兵团的工作区、生活区、管理区。本规定并没有承认这就是兵团法院的“地域管辖”范围，但在确定管辖范围时还是借鉴了“地域管辖”原则的长处，按照通常的原告就被告的管辖原则，规定了被告住所地在兵团工作区、生活区或者管理区的案件，由兵团法院管辖。

（五）关于行政案件的管辖

由于新疆生产建设兵团是一个集党政军企于一身的复合型特殊组织，所以兵团也行使一定的行政管理权。而且从兵团建设现状来看，行政权在兵团的运转中仍居于十分重要的地位。依照《行政诉讼法》的规定，兵团行政机关行使行政职权的具体行政行为应当接受人民法院的合法性审查。兵团法院作为行使地方人民法院职权的法院，也应当对行政案件有管辖权。

兵团与地方之间在行政事务方面的分工，主要是依据国家的有关文件和地方组织法来划分的。本规定没有详细、全面划分兵团与地方的行政职权，而是按照“形式主义”的划分原则，规定凡是兵团行政机关的具体行政行为引发的行政诉讼，即兵团行政机关作为被告的行政案件，均由兵团法院管辖。而凡因地方行政机关的具体行政行为引发的行政诉讼，则不属兵团法院管辖。

应当注意的是，兵团法院对于行政案件的审理有一些特殊之处。这是因为，兵团行政机关的职权并没有在法律中明确规定，而主要见诸各种文件的安排。这些文件有中央的、有自治区的、也有生产建设兵团的。其中有些文件直接表明职权的内容，有的则援引地方同级行政机关的职权。这些都为兵团法院按照行政诉讼法判断行政行为的合法性增加了一定难度，需要在审理行政案件过程中逐步作系统、全面的归纳。

（六）关于涉外案件的管辖

本规定对兵团法院管辖权的另一项重大调整，就是赋予了兵团法院对涉外案件的管辖权。之所以作此规定，主要是因为兵团法院作为与地方人民法院同等地位的法院而非专门法院，应当拥有完整的司法管辖权。同时，近些年来，兵团法院加强队伍建设有了很大发展，法官素质有了进一步提高，审理涉外案件的能力也加强了。因此，兵团法院管辖涉外案件的条件已经具备。

根据最高人民法院《关于涉外民商事案件诉讼管辖若干问题的规定》的要求，对涉外合同和侵权纠纷案件、信用证纠纷案件、申请撤销、承认与强制执行国际仲裁裁决的案件、审查有关涉外民商事仲裁条款效力的案件等涉外民商事案件实行相对集中管辖。兵团法院也应当按照最高人民法院的有关规定执行。因此，兵团法院可以指定特定的兵团中级人民法院集中管辖应当由兵团法院管辖的涉外案件。

（七）管辖争议的处理

由于在新疆维吾尔自治区范围内同时存在地方法院和兵团法院，两者之间的案件管辖争议也在所难免。根据有关诉讼法的精神，本规定要求，地方法院与兵团法院之间因案件管辖问题发生争议的，应当由争议双方协商解决；协商不成的，报请其共同的上级人民法院决定管辖。在新疆维吾尔自治区，所有人民法院的共同上级法院是新疆维吾尔自治区高级人民法院。因此，在新疆范围内，管辖争议最终应当由新疆高院解决。

（八）关于新疆高院兵团分院一审案件的上诉管辖

新疆维吾尔自治区高级人民法院生产建设兵团分院是高级人民法院的组成

部分，行使的是高级人民法院的职权。兵团分院所作的判决、裁定就是新疆高院的判决、裁定。因此，对兵团分院审理一审案件作出的判决、裁定不服的，当事人可以向最高人民法院提起上诉，检察机关可以向最高人民法院提出抗诉。

有一种观点认为，兵团分院虽然属于新疆高院的组成部分，但实际上兵团分院是低一级的法院，故对其裁判不服的，可以上诉到新疆高院。这种观点显然误解了兵团分院与新疆高院之间的关系，把分院与本院当成了两级法院，而不是采取“分院与本院一体化”的理解。虽然兵团分院不是高级人民法院，但它行使的是新疆高院的职权。它的行为就是新疆高院的行为。根据诉讼法的原则，兵团分院的一审裁判只能上诉到最高人民法院。

（九）兵团分院审理再审案件的判决裁定能否由新疆高院再审

与前述理由相同，既然兵团分院是新疆高院的一部分，兵团分院的再审裁判就是新疆高院的再审裁判。根据最高人民法院《关于人民法院对民事案件发回重审和指令再审有关问题的规定》，同一法院对同一再审案件只能再审一次。因此，新疆高院不再对兵团分院再审过的案件进行再审。

（十）关于本规定与其他文件的关系

对于兵团法院的管辖问题，最高人民法院在1999年的“9号通知”中作过一些规范。由于本规定是关于兵团法院管辖问题的比较系统、全面的规定，所以本规定实施后，“9号通知”中关于兵团法院案件管辖问题的规定自行失效。新疆高院的146号文件属于对“9号通知”的细化，因此也随着“9号通知”相关内容的失效而不再有效。对于高级人民法院可否根据本规定制定实施意见的问题，根据最高人民法院法办〔2001〕29号文件的要求，各高级人民法院制定实施意见，或者制定具有司法解释内容的法律指导性文件时，应当报请最高人民法院批准。

（撰稿人：蒋惠岭）

最高人民法院
关于裁判文书引用法律、法规等规范性法律文件的规定

法释〔2009〕14号

（2009年7月13日最高人民法院审判委员会第1470次会议通过 2009年10月26日最高人民法院公告公布 自2009年11月4日起施行）

为进一步规范裁判文书引用法律、法规等规范性法律文件的工作，提高裁判质量，确保司法统一，维护法律权威，根据《中华人民共和国立法法》等法律规定，制定本规定。

第一条 人民法院的裁判文书应当依法引用相关法律、法规等规范性法律文件作为裁判依据。引用时应当准确完整写明规范性法律文件的名称、条款序号，需要引用具体条文的，应当整条（款、项）引用。

第二条 并列引用多个规范性法律文件的，引用顺序如下：法律及法律解释、行政法规、地方性法规、自治条例或者单行条例、司法解释。同时引用两部以上法律的，应当先引用基本法律，后引用其他法律。引用包括实体法和程序法的，先引用实体法，后引用程序法。

第三条 刑事裁判文书应当引用法律、法律解释或者司法解释。刑事附带民事诉讼裁判文书引用规范性法律文件，同时适用本规定第四条规定。

第四条 民事裁判文书应当引用法律、法律解释或者司法解释。对于应当适用的行政法规、地方性法规或者自治条例和单行条例，可以直接引用。

第五条 行政裁判文书应当引用法律、法律解释、行政法规或者司法解释。对于应当适用的地方性法规、自治条例和单行条例、国务院或者国务院授权的部门公布的行政法规解释或者行政规章，可以直接引用。

第六条 对于本规定第三条、第四条、第五条规定之外的规范性文件，根据审理案件的需要，经审查认定为合法有效的，可以作为裁判说理的依据。

第七条 人民法院制作裁判文书确需引用的规范性法律文件之间存在冲突，根据立法法等有关法律规定无法选择适用的，应当依法提请有决定权的机关作出裁决，不得自行在裁判文书中认定相关规范性法律文件的效力。

第八条 本院以前发布的司法解释与本规定不一致的，以本规定为准。

【解　　读】

解读《关于裁判文书引用法律、法规等规范性法律文件的规定》

一、问题的提出

人民法院的裁判文书必须有正当的裁判依据，才能保证裁判结果的正当性和权威性，但如何引用作为裁判依据的规范性法律文件，一直欠缺全面、明确的详细规定。近年来，随着中国特色社会主义法律体系的不断完善，有关经济社会生活各主要方面的法律逐步颁布实施，特别是《刑事诉讼法》、《民事诉讼法》和《行政诉讼法》实施后，人民法院的裁判工作有了较为完备的法律依据。《立法法》、《各级人民代表大会常务委员会监督法》出台后，我国立法分工和各机关的权限更加明确，对不同立法文件的效力和适用也予以确定。因此，人民法院的裁判文书引用规范性法律文件工作必须进一步规范化和制度化，而建立统一的引用规范性法律文件的规则，才能确保裁判文书正确引用相关规范性法律文件，避免引用不当导致错判误判，确保裁判的效力。

目前，法律和司法解释关于人民法院裁判文书如何引用规范性法律文件的规定很少，散见于《行政诉讼法》及其司法解释和最高人民法院1986年《关于人民法院制作裁判文书如何引用规范性法律文件的批复》（以下简称《批复》）、2007年《关于司法解释工作的规定》等。这些规定不够详细明确，实践中仍然存在较多问题，有必要统一进行规范。最高人民法院《关于裁判文书引用法律、法规等规范性法律文件的规定》（以下简称本规定）已于2009年10月26日正式公布。本规定是最高人民法院第一次系统、全面地对民事、刑事和行政裁判文书引用规范性法律文件问题作出明确规定，对于进一步规范人民法院裁判文书引用法律、法规等规范性法律文件工作，提高裁判质量，确保司法统一，维护法律权威，将具有积极的意义。

二、理解与适用

1. 本规定只解决法律引用的问题，不解决法律适用问题。本规定解决的是人民法院制作裁判文书时如何引用法律依据的问题，即可以引用的规范性法律文件的范围、顺序和规范等，不解决如何适用法律的问题。法律适用要解决的是法律选择、法律效力判断等问题，应当由各实体法和程序法的司法解释解决，避免使问题复杂化。如第四条规定，对于应当适用行政法规、地方性法规或者自治条例和单行条例的，可以直接引用。“应当适用”即隐含了法官适用法律的审查和判断，但如何适用法律，人民法院应当结合案件情况，并根据有关法律规定进行。

2. 关于裁判文书的范围。按照现行三大诉讼法，人民法院在诉讼过程中制作的文书统称为法律文书，但包括的类型很多：判决、裁定、调解书、决定、通知、公告等。法律文书也包括非法院制作的有法律效力的文书，如行政决定书、仲裁裁决书、具有强制执行力的公证书，等等。在起草中有两种意见：一是使用法律文书的称谓，以与法律规定一致，也避免遗漏。如诉讼中的拘留、罚款等要用决定形式，也要引用相应的规范性法律文件作为依据。二是使用裁判文书的称谓，可以缩小规范，避免产生所有法律文书都要引用规范性法律文件的问题，而且目前看主要问题集中在裁判文书上。本规定采纳了第二种意见。裁判文书是指判决书、裁定书、调解书三类，至于人民法院制作的其他法律文书中需要引用规范性法律文件的，可以参考本规定执行。

3. 关于规范性法律文件的理解。对于法律、行政法规、地方性法规、自治条例、单行条例、司法解释等文件如何统称，从现有法律规定来看，《立法法》中没有规定。《各级人民代表大会常务委员会监督法》第五章规定了规范性文件备案制度，但规范性文件包括行政法规、地方性法规、自治条例和单行条例、规章，县级以上人大及其常委会的决议和决定、人民政府发布的决定和命令，司法解释，可见其范围比人民法院裁判依据的范围要广，且不包括法律。《批复》使用的是“法律规范性文件”。经查，在现有能够检索到的正式规范性文件中仅此一例，且在法理上也基本没有此用法。从现有的有关文件的使用情况和法理学的概念界定来看，多使用“规范性法律文件”一词。规范性法律文件是指具有普遍约束力的一般抽象性的规范性文件，其范围包括：法律、行政法规、地方性法规、自治条例和单行条例、行政规章、司法解释。因此，本规定使用了“规范性法律文件”一词。

4. 规范性法律文件引用的基本规则。引用规范性法律文件要以正确选择适用法律为基本前提，而能够作为案件裁判依据的规范性法律文件数量众多，层次复杂，如何适用规范性法律文件是一项困难和复杂的工作，本规定未作规定。本规定只对确定了适用的规范性法律文件以后如何在裁判文书中引用加以规定。规范性法律文件引用时应当注意：第一，引用法律规则的基本要求是准确、有效、适当，而最关键的是确保所引规范性法律文件的有效性和可适用性。第二，规范性法律文件引用的顺序问题。裁判文书中引用法律规范性文书，应当按照文书各部分的具体情况分别引用适当的规范性法律文件，但如果在裁判文书的同一部分并列引用多个规范性法律文件时，则产生引用的顺序问题。在作出裁判时，人民法院会把所引用的全部实体法和程序法都列上，特别是实体法有多个时，就要确定按何顺序援引。原则上应当按照效力顺序来引用。一般来说，法律效力最高，然后是行政法规，行政法规的效力又高于地方性法规。故先引法律，后引行政法规，再引地方性法规、自治条例和单行条例，最后是司法解释。但自治条例、单行条例和经济特区的地方性法规对法律的变通规定在其当地具有特别的优先适用的效力，引用顺序上有例外。

引用的法律包括基本法律和其他法律的，应当先引基本法律，后引其他法律。《立法法》第七条规定："全国人民代表大会制定和修改刑事、民事、国家机构和其他的基本法律。全国人民代表大会常务委员会制定和修改除应当由全国人民代表大会制定的法律以外的其他法律。"所以，基本法律是指全国人大制定或者修改的刑事、民事、国家机构等法律。其他法律是指基本法律之外的，由全国人大常委会制定的法律。虽然基本法律和其他法律之间《立法法》没有规定效力关系，但两者的区别还是有的。基本法律涉及国家的基本民事、刑事和机构设置等制度，该种法律地位更为重要，所以要由全国人大而不是人大常委会制定。其他法律虽然也很重要，但与基本法律相比，地位还是要低一些。所以，在引用基本法律和其他法律时，应当先引基本法律，再引其他法律。

如果既需要引用实体法也要引用程序法时，应当先实体后程序。从审判实践来看，人民法院在裁判文书中并列引用实体法和程序法主要是在作出裁判时，在本院认为之后依据相应的规范性法律文件作出裁定、判决。此时，实体法是裁判内容的依据，对当事人争议的法律关系的处理必须依据实体法作出决定。一般情况下，有实体内容的裁判中，主要由实体法决定裁判内容；程序法则是人民法院在裁判形式上进行选择的依据，是人民法院决定裁判结论是采用裁定还是判决形式的直接依据，也是表明裁判的法律效力，如是一审判决还是二审判决的依据。在诉讼法上，人民法院是作出判决还是裁定，有明确的分工，在一审中裁定主要针对程序事项，而判决一般会有实体法上的判断。在二审程序中裁定或者判决的选择更为复杂，涉及对原审判决实体内容的改变时用判决，仅作程序上处理，如维持或者发回重审用裁定。从实体法和程序法对于裁判的意义而言，实体法上的判断是人民法院作出裁判的前提，程序法与作出裁判之间联系更为直接，所以，从引用顺序上而言，应当先引实体法后引程序法。

5. 关于引用《宪法》规定的问题。在此要特别对援引《宪法》规定的问题作一说明。对于人民法院在裁判文书中能否引用《宪法》规定作为说理或者裁判的依据，尽管最高人民法院历来的司法解释都持否定态度，但随着改革开放和经济的发展，民众的权利意识不断增强，法律观念不断提升，加之立法相对滞后，实践中出现了按照《宪法》规定起诉以保护权利的所谓"宪法诉讼"案件，有些地方法院亦予受理；同时，理论界关于宪法司法化的讨论也日益热烈，要求确保《宪法》的实施和执行，并通过司法途径予以保障。特别是经有关媒体宣传报道后，引起了社会的争议。《宪法》是国家的根本大法，其解释和监督实施机关为全国人大及其常委会，人民法院不受理宪法诉讼案件，也不以《宪法》作为裁判依据。为此，最高人民法院下发文件要求“各级人民法院不得受理所谓的‘宪法诉讼’案件，不得将宪法引入诉讼程序，不得改变宪法规定的国家机关的职能配置，绝不允许损害宪法权威。”“人民法院审判案件，不得在裁判文书中援引宪法规定。对于宪法和法律都有规定的，人民法院应当依据法律规定裁判案件。”上述通知发出后，全国各级法院很好地贯彻执行，未再受理所谓“宪法诉讼”案件，也未再在裁判文书中援引《宪法》规定作为裁判依据。本规定第一条明确规定：“人民法院的裁判文书应当依法引用相关法律、法规等规范性文件作为裁判依据。”其义有二：一是人民法院裁判文书应当引用规范性法律文件作为裁判依据；二是引用规范性法律文件的范围限于法律、法规等范围，不包括《宪法》在内，这与《立法法》的规定是一致的。

6. 刑事裁判文书引用规范性法律文件的问题。《刑法》明确规定了罪刑法定原则，因此确定犯罪并科以刑罚的依据原则上只能是法律，不能引用法律之外的法律规范。刑事法律主要指《刑法》、《刑事诉讼法》等，刑法修正案是全国人大常委会通过的对《刑法》内容的修改，本身仍然属于《刑法》的部分，在引用时等同于《刑法》。全国人大常委会还就一些问题专门制定了法律解释，到目前共有8个刑法法律解释。这些法律解释按照《立法法》规定，与《刑法》具有同等的法律效力，所以可以在刑事裁判文书中直接引用。最高人民法院制定的刑事司法解释，从本质看是对法律条文的理解，属于《刑法》应有之义，所以刑事司法解释应当在刑事裁判文书中直接引用。对于刑事裁判文书中的刑事附带民事部分。除了引用刑事法律、司法解释相关规定外，就确定民事责任的实体法还可以按照民事裁判文书引用法律规范的规则引用。

7. 民事裁判文书引用规范性法律文件的问题。民事裁判文书引用规范性法律文件的问题相对复杂，最高人民法院之前曾先后有过一些规定，但不够规范明确。根据《立法法》、《民事诉讼法》的有关规定，我们认为，民事案件裁判文书中可以直接援引的规范性法律文件包括：法律、行政法规、地方性法规、自治条例或者单行条例、司法解释等国内法律依据，有关国际条约、国际惯例以及外国法律等。

(1) 行政法规的引用问题。司法实践中对在民事裁判文书中能否引用行政法规一直有争议。根据《立法法》第七条、第八条的规定，民事基本制度、基本经济制度和诉讼、仲裁制度都属于制定法律的范畴。所以，人民法院审理民事案件引用法律时应以援引法律为原则。但按照《立法法》的规定，两类行政法规可以对民事法律关系进行规定。《立法法》第五十六条规定：“行政法规可以就下列事项作出规定：（一）为执行法律的规定需要制定行政法规的事项；

（二）宪法第八十九条规定的国务院行政管理职权的事项。应当由全国人民代表大会及其常务委员会制定法律的事项，国务院根据全国人民代表大会及其常务委员会的授权决定先制定的行政法规，经过实践检验，制定法律的条件成熟时，国务院应当及时提请全国人民代表大会及其常务委员会制定法律。”所以，民事审判工作可以援引的行政法规，一是国务院为执行民事法律而制定的行政法规。此类行政法规是为执行民事法律基本制度而由行政法规进行细化而制定的，实际上是对民事法律的补充。二是全国人大及其常委会授权国务院制定的本属于应当制定法律的民事事项的行政法规，此类行政法规实质上代行民事法律职能。如《医疗事故处理条例》即属此类。

（2）地方性法规的引用问题。地方性法规包括三种：一是省、自治区、直辖市人民代表大会及其常委会制定的地方性法规；二是较大的市的人民代表大会及其常委会制定的地方性法规（较大的市是指省、自治区的人民政府所在地的市，经济特区所在地的市和经国务院批准的较大的市）；三是经济特区所在地的省、市人民代表大会及其常务委员会根据全国人民代表大会的授权决定，制定的在经济特区范围内实施的法规。

理论界和实务界对地方性法规能否在民事裁判文书中引用问题，一直存有争议。从最高人民法院的意见来看，基本上持肯定态度。《批复》和 1993 年 5 月的《经济审判座谈会纪要》都明确地方性法规在不违反国家法律、行政法规的前提下，可以适用或者参照。我们认为，地方性法规作为《立法法》规定的立法形式之一，有其法定的调整事项和适用范围，人民法院在处理符合地方性法规调整的事项且在地方性法规适用的效力范围内的案件，应当适用地方性法规，而不是参照。地方性法规在其适用的范围内可以作为民事案件裁判依据，可以在裁判文书中直接引用。

（3）自治条例和单行条例。根据《立法法》的规定，自治条例和单行条例是与地方性法规并列的一种立法形式，是我国实行的民族区域自治制度的产物，是指民族自治地方的人民代表大会依照当地民族的政治、经济和文化特点，制定的在该自治地方适用的法规。自治条例是规范和保障居住在县级以上聚居区的少数民族的平等权利和自治权利的综合性自治法规。单行条例是关于规范自治地方某一方面具体事项的自治法规，解决某个方面的民族关系问题，实质上就是一种变通之权。据不完全统计，在 2000 年前民族区域自治地方制定的单行条例中，对法律作出变通和补充规定的有 60 多个。

自治条例和单行条例可以依照当地民族的特点，对法律和行政法规的规定作出变通规定，但不得违背法律或者行政法规的基本原则，不得对《宪法》和《民族区域自治法》的规定以及其他有关法律、行政法规专门就民族自治地方所作的规定作出变通规定。从效力上来看，自治条例和单行条例对法律、行政法规的变通规定，在该自治地方优先于被变通之法律、行政法规而适用。因此，《宪法》、《立法法》等对自治条例和单行条例的生效程序作出了特别的规定，即需要上一级立法机关批准后生效。自治区的自治条例和单行条例，报全国人民代表大会常务委员会批准后生效。自治州、自治县的自治条例和单行条例，报省、自治区、直辖市的人民代表大会常务委员会批准后生效。人民法院处理自治地方的相关民事案件时，该地有自治条例和单行条例应当适用的，可以引用自治条例和单行条例作为裁判的依据。

(4) 司法解释引用问题。司法解释是法律赋予最高人民法院的一项审判职权，可以对审理案件中的法律适用问题作出解释。司法解释具备特别的程序和形式要求，最高人民法院制定了相应的司法解释工作规范文件，对司法解释的形式、效力都有明确规定。最高人民法院的司法解释包括规定、解释、批复和决定四类，涉及司法协助的还有安排一类。1997 年以后，最高人民法院的司法解释文号统一为法释字，在形式上已经明确，可以与相关的司法性文件相区别。按照最高人民法院的有关规定，司法解释可以直接引用作为裁判的法律依据。从地位上看，司法解释是对法律的解释，是法律的应有之义，因此其适用效力与被解释的法律一致。在引用规则上，作为法律解释，司法解释应当在法律之后引用，而在一个案件中同时引用地方性法规、自治条例和单行条例时，原则上，司法解释应当排在法律、行政法规、地方性法规、自治条例和单行条例之后。尤其是引用的法律、行政法规、地方性法规、自治条例和单行条例与司法解释冲突时，人民法院应当尊重立法权，优先适用法律、行政法规、地方性法规、自治条例和单行条例。但认为行政法规、地方性法规与法律有冲突或者矛盾时，人民法院应当依照《立法法》规定的途径解决。而不能对立法文件的效力进行审查。自治条例和单行条例以及经济特区法规对法律的变通规定与司法解释不一致的，按照自治条例和单行条例、经济特区法规处理。

(5) 司法性文件的引用问题。除司法解释以外，最高人民法院每年都有一些审判指导性文件出台，一般称为司法性文件。司法性文件从性质上来说，不是司法解释，但有的对审判工作又具有指导作用，是否可以援引，并没有明确的说法。特别是 1997 年之前最高人民法院的司法解释形式不明确时，一般都统称为司法解释。我们认为，司法性文件不是司法解释，不具备法律效力，因此不能直接引用与法律、行政法规等并列作为裁判依据，但可以在说理部分引用作为说理依据。至于 1997 年以前的司法性文件，一般作为司法解释对待，可以引用。

8. 行政裁判文书引用规范性法律文件问题。行政裁判文书引用规范性法律文件相对来说有明确的规定。《行政诉讼法》第五十二条和第五十三条规定，人民法院审理行政案件，以法律和行政法规、地方性法规、自治条例和单行条例为依据。地方性法规适用于本行政区域内发生的行政案件。自治条例和单行条例适用于民族自治地方的行政案件。并可以参照国务院部、委和地方政府的规章。最高人民法院《关于执行行政诉讼法若干问题的解释》第六十六条规定可以引用司法解释，并可以引用合法有效的规章及其他规范性文件。经研究，本规定第五条除规定了法律、法律解释、行政法规、司法解释可以直接引用，对于经审查认为应当适用的地方性法规、自治条例和单行条例、行政规章外，增加了行政法规解释类型。

9. 裁判说理依据的规范性文件的引用。人民法院裁判文书中除作为裁判依据的规范性文件引用以外，在说理部分往往也需要引用相应的依据。在说理部分，引用的规范性文件虽然不限于本规定确定的可以作为裁判依据引用的规范性法律文件，但在引用前必须经审查认定为合法有效的文件，对于与法律、法规、司法解释相冲突的规范性文件，不得作为裁判的说理依据。

10. 关于规范性法律文件冲突的解决。人民法院制作裁判文书确需引用的规范性法律文件之间存在冲突时，就必须首先选择确定要适用的规范性文件。按照《立法法》的规定，法律、法规等规范性法律文件之间根据效力等级的不同，有不同的选择适用的规则。具体讲：一是自治条例和单行条例依法对法律、行政法规、地方性法规作出变通规定的，在本自治地方适用自治条例和单行条例的规定。二是经济特区法规根据授权对法律、行政法规、地方性法规作变通规定的，在本经济特区适用经济特区法规的规定。三是法律之间对同一事项的新的一般规定与旧的特别规定不一致，不能确定如何适用时，由全国人民代表大会常务委员会裁决。四是行政法规之间对同一事项的新的一般规定与旧的特别规定不一致，不能确定如何适用时，由国务院裁决。五是地方性法规、规章之间不一致时，由有关机关依照下列规定的权限作出裁决：（1）同一机关制定的新的一般规定与旧的特别规定不一致时，由制定机关裁决。（2）地方性法规与部门规章之间对同一事项的规定不一致，不能确定如何适用时，由国务院提出意见，国务院认为应当适用地方性法规的，应当决定在该地方适用地方性法规的规定；认为应当适用部门规章的，应当提请全国人民代表大会常务委员会裁决。（3）部门规章之间、部门规章与地方政府规章之间对同一事项的规定不一致时，由国务院裁决。六是根据全国人大的授权制定的法规与法律规定不一致，不能确定如何适用时，由全国人民代表大会常务委员会裁决。

人民法院根据上述规则仍然不能选择确定适用的规范性文件的，应当按照《立法法》的规定向有权机关提请作出裁决。根据《立法法》第八十八条的规定，改变或者撤销法律、行政法规、地方性法规、自治条例和单行条例、规章的权限是：（1）全国人民代表大会有权改变或者撤销它的常务委员会制定的不适当的法律，有权撤销全国人民代表大会常务委员会批准的违背宪法和本法第六十六条第二款规定的自治条例和单行条例；（2）全国人民代表大会常务委员会有权撤销同宪法和法律相抵触的行政法规，有权撤销同宪法、法律和行政法规相抵触的地方性法规，有权撤销省、自治区、直辖市的人民代表大会常务委员会批准的违背宪法和本法第六十六条第二款规定的自治条例和单行条例；(3) 国务院有权改变或者撤销不适当的部门规章和地方政府规章；(4) 省、自治区、直辖市的人民代表大会有权改变或者撤销它的常务委员会制定和批准的不适当的地方性法规；(5) 地方人民代表大会常务委员会有权撤销本级人民政府制定的不适当的规章；(6) 省、自治区的人民政府有权改变或者撤销下一级人民政府制定的不适当的规章；(7) 授权机关有权撤销被授权机关制定的超越授权范围或者违背授权目的的法规，必要时可以撤销授权。所以，本规定明确规定，各级人民法院不得自行在裁判文书中认定有关规范性法律文件的效力。

（撰稿人：吴兆祥）

最高人民法院
关于进一步加强合议庭职责的若干规定

法释〔2010〕1号

（2009年12月14日最高人民法院审判委员会
第1479次会议通过　2010年1月11日最高人民
法院公告公布　自2010年2月1日起施行）

为了进一步加强合议庭的审判职责，充分发挥合议庭的职能作用，根据《中华人民共和国人民法院组织法》和有关法律规定，结合人民法院工作实际，制定本规定。

第一条　合议庭是人民法院的基本审判组织。合议庭全体成员平等参与案件的审理、评议和裁判，依法履行审判职责。

第二条　合议庭由审判员、助理审判员或者人民陪审员随机组成。合议庭成员相对固定的，应当定期交流。人民陪审员参加合议庭的，应当从人民陪审员名单中随机抽取确定。

第三条　承办法官履行下列职责：

（一）主持或者指导审判辅助人员进行庭前调解、证据交换等庭前准备工作；

（二）拟定庭审提纲，制作阅卷笔录；

（三）协助审判长组织法庭审理活动；

（四）在规定期限内及时制作审理报告；

（五）案件需要提交审判委员会讨论的，受审判长指派向审判委员会汇报案件；

（六）制作裁判文书提交合议庭审核；

（七）办理有关审判的其他事项。

第四条　依法不开庭审理的案件，合议庭全体成员均应当阅卷，必要时提交书面阅卷意见。

第五条　开庭审理时，合议庭全体成员应当共同参加，不得缺席、中途退庭或者从事与该庭审无关的活动。合议庭成员未参加庭审、中途退庭或者从事与该庭审无关的活动，当事人提出异议的，应当纠正。合议庭仍不纠正的，当事人可以要求休庭，并将有关情况记入庭审笔录。

第六条　合议庭全体成员均应当参加案件评议。评议案件时，合议庭成员应当针对案件的证据采信、事实认定、法律适用、裁判结果以及诉讼程序等问题充分发表意见。必要时，合议庭成员还可提交书面评议意见。

合议庭成员评议时发表意见不受追究。

第七条 除提交审判委员会讨论的案件外，合议庭对评议意见一致或者形成多数意见的案件，依法作出判决或者裁定。下列案件可以由审判长提请院长或者庭长决定组织相关审判人员共同讨论，合议庭成员应当参加：

（一）重大、疑难、复杂或者新类型的案件；

（二）合议庭在事实认定或法律适用上有重大分歧的案件；

（三）合议庭意见与本院或上级法院以往同类型案件的裁判有可能不一致的案件；

（四）当事人反映强烈的群体性纠纷案件；

（五）经审判长提请且院长或者庭长认为确有必要讨论的其他案件。

上述案件的讨论意见供合议庭参考，不影响合议庭依法作出裁判。

第八条 各级人民法院的院长、副院长、庭长、副庭长应当参加合议庭审理案件，并逐步增加审理案件的数量。

第九条 各级人民法院应当建立合议制落实情况的考评机制，并将考评结果纳入岗位绩效考评体系。考评可采取抽查卷宗、案件评查、检查庭审情况、回访当事人等方式。考评包括以下内容：

（一）合议庭全体成员参加庭审的情况；

（二）院长、庭长参加合议庭庭审的情况；

（三）审判委员会委员参加合议庭庭审的情况；

（四）承办法官制作阅卷笔录、审理报告以及裁判文书的情况；

（五）合议庭其他成员提交阅卷意见、发表评议意见的情况；

（六）其他应当考核的事项。

第十条 合议庭组成人员存在违法审判行为的，应当按照《人民法院审判人员违法审判责任追究办法（试行）》等规定追究相应责任。合议庭审理案件有下列情形之一的，合议庭成员不承担责任：

（一）因对法律理解和认识上的偏差而导致案件被改判或者发回重审的；

（二）因对案件事实和证据认识上的偏差而导致案件被改判或者发回重审的；

（三）因新的证据而导致案件被改判或者发回重审的；

（四）因法律修订或者政策调整而导致案件被改判或者发回重审的；

（五）因裁判所依据的其他法律文书被撤销或变更而导致案件被改判或者发回重审的；

（六）其他依法履行审判职责不应当承担责任的情形。

第十一条 执行工作中依法需要组成合议庭的，参照本规定执行。

第十二条 本院以前发布的司法解释与本规定不一致的，以本规定为准。

【解　　读】

解读《关于进一步加强合议庭职责的若干规定》

一、问题的提出

合议庭是人民法院的基本审判组织，合议制是人民法院的基本审判方式。《中华人民共和国人民法院组织法》（以下简称《人民法院组织法》）和三大诉讼法对此均有明确规定。在人民法院“一五”、“二五”改革纲要中，合议制改革一直是司法改革的重点之一。1999 年《人民法院五年改革纲要》规定：“强化合议庭和法官职责，推行审判长和独任审判员选任制度”。2002 年最高人民法院颁布了《关于人民法院合议庭工作的若干规定》（以下简称《2002 年合议庭规定》）。2003 年《人民法院第二个五年改革纲要》提出“建立法官依法独立判案责任制，强化合议庭和独任法官的审判职责。院长、副院长、庭长、副庭长应当参加合议庭审理案件。逐步实现合议庭、独任法官负责制”。2007 年 3 月，最高人民法院又颁布了《关于完善院长、副院长、庭长、副庭长参加合议庭审理案件制度的若干意见》。合议庭制度在经历了多回合变换角度的 10 年改革后，回过头审视还存在一些问题，合议庭与审判委员会、院长、庭长、庭务会之间的关系尚需进一步理顺。所以，2009 年中央新一轮司法体制和工作机制改革部署了“完善人民法院审判委员会制度”任务，其中一项内容为“加强合议庭和主审法官职责”。

2009 年 12 月 14 日，最高人民法院审判委员会第 1479 次会议讨论通过了《最高人民法院关于进一步加强合议庭职责的若干规定》（以下简称本规定），自 2010 年 2 月 1 日起施行。

二、理解与适用

（一）关于合议庭组成方式

关于合议庭的组成人员是随机还是固定，一直争论不休，实践中也是做法不一、各有利弊。我们认为，合议庭的组成方式还是以随机组成为主，相对固定的，应当定期交流。考虑到专业化案件逐年增多，实践中需要由精通某一领域的、具有较强审判经验的、具备一定专业知识的专业性法官来审理专业性案件。专业化合议庭在提升法官专业化水平、推动法官职业思维的同质化、推进法律统一适用方面发挥着积极效应。陕西、山东、上海、福建等地法院，从2004年就开始尝试专业化合议庭建设的改革，也取得了比较显著的效果。我们考虑专业化合议庭的改革目标是建立一个研究审判难点、总结审判经验、指导审判工作的“大合议庭”的改革模式，该合议庭的人数可以超过3人，与审判实践中某些审判庭内的审判组比较相像，相对固定一些法官重点研究某专业领域。但在具体审理案件时，合议庭成员仍然应当临时随机组成，这样才有利于发挥合议庭的职能作用，有利于审判工作的规范有序进行，有利于全体法官素质的整体提高。

关于人民陪审员参加合议庭的问题。课题组在调研过程中发现，实践中人民陪审员“陪而不审”的问题仍然不同程度地存在。也有少数法院出于方便安排陪审工作等方面的考虑，将陪审任务固定地交给少数积极性较高的人民陪审员，导致这些人民陪审员变相成为“编外法官”，而其他大多数陪审员却很少参加审判活动，失去了这项制度应有的广泛群众性。为了改变这种状况，充分发挥人民陪审员促进司法民主的作用，本规定再次重申人民陪审员参加合议庭的，应当从人民陪审员名单中随机抽取确定。最高人民法院2010年1月14日发布实施《关于人民陪审员参加审判活动若干问题的规定》（法释〔2010〕2号）第四条也明确规定：“人民法院采取电脑生成等方式从人民陪审员名单中随机抽取确定人民陪审员。”

（二）关于合议庭内部职能分工

合议庭内部审判长、承办法官、合议庭其他成员的“权责不清”是制约合议庭功能正常发挥的主要原因，理顺和明确合议庭内部职责分工是推进改革的前提条件。关于审判长的职责，在《2002年合议庭规定》中已有详细规定，即庭前准备工作、主持庭审活动、主持合议庭对案件进行评议和复议、制作和审核裁判文书、依授权签发法律文书、提请院长将案件提交审判委员会讨论决定、对合议庭的审限负责等十项职责。这些内容已经比较全面，所以在本规定中没有对此再做重复规定。但应当明确的是，审判长不是合议庭的行政领导，而是审判工作的组织者，庭审活动的协调者，其与合议庭其他成员享有平等的权力，不具有任何特权。

关于承办法官的职责，在《2002年合议庭规定》没有规定相关内容。所以，这次改革重点明确了承办法官的职责。本规定第三条明确承办法官七项职责。通过规定承办法官的职责，一是为了补充原先规定没有的内容，使合议庭内部职责分工更加明确；二是为了避免承办法官包揽案件的全部工作，改变承办法官负责制的做法，使合议庭每位成员各尽其职，共同履行审判职责。

关于合议庭其他成员的职责，规定了合议庭其他成员共同参加庭审、共同参加评议职责，尤其规定了依法不开庭审理的案件，合议庭其他成员应当阅卷的职责，实现合议庭全体成员平等参与、共同决策，充分发挥合议庭的整体优势。

（三）关于合议庭成员共同庭审

调研中许多法官反映，审判实践中一直存在着名为合议庭审判，实为单个法官独自办案，由合议庭成员共同署名的做法，导致合议制流于形式。当前法院面临的“案多人少”的矛盾更加剧了合议庭“形合实独”的现象。基层法院仍存在一个法官配两名人民陪审员审理案件的现象，人民陪审员“陪而不审”的现象也一定程度地存在。还有，法院目前采取的以承办法官的办案数量和案件质量为考核对象，合议庭其他成员的工作量不计算在内的考评机制，也影响了合议庭其他成员参与的积极性。

实践中，有当事人反映，合议庭名为合议庭开庭，实际只有一名承办法官在法庭办案，另外两名合议庭成员自始至终都没有见到；有当事人反映，审判长宣布开庭、核对当事人身份后，审判长和另一名合议庭其他成员就离开法庭，剩下承办法官自己开庭。还有的当事人反映，有的法官在开庭时接听电话、收发短信或者翻阅与本案无关的材料等。这些问题严重破坏了法院审判活动的严肃性，严重影响了法院公正执法的形象。

如何解决实践中存在的合议庭成员未参加庭审、中途退庭，或从事与该庭审无关活动的问题。我们认为，首先应赋予当事人提出异议的权利，也给合议庭一个纠正错误的机会。如果合议庭仍然不纠正，赋予当事人要求休庭的权利，直到合议庭成员可以全部参加庭审时，继续复庭。上述情况应当记入庭审笔录，可以作为备查记录。

针对依法开庭的案件通过上述规定保障合议庭成员共同庭审，但对于依法不开庭的案件，如何确保合议庭共同行使职责。课题组在深入调研的基础上，提出了“重大、疑难的二审、再审案件以及死刑复核案件，合议庭全体成员应当阅卷”。讨论时，另一种意见认为，依法不开庭审理的案件，合议庭其他成员均应当阅卷。这样才能避免合议庭其他成员在既不开庭，又不了解案情的情况下，单纯听取承办法官的情况汇报而作出判断。本规定最后采纳了第二种意见，即“依法不开庭审理的案件，合议庭全体成员均应当阅卷”的做法，同时要求“必要时提交书面阅卷意见”。在这里，“必要时”可以是审判长认为案件疑难复杂，需要每个合议庭成员提交阅卷意见；也可以是合议庭成员自己认为需要提交阅卷意见。阅卷意见可以包括案件争议焦点、主要证据、初步意见等内容，也可以只有个人的处理意见。阅卷意见的内容可以根据具体情况具体处理，在此不作硬性规定。

通过这项制度的落实，使合议庭全体成员都能参与案件审判的全过程，有效地解决当前合议庭全体成员共同参加庭审的问题。目前，许多法院面临案件数量急剧增多与审判资源严重不足的矛盾，不可能要求合议庭其他成员与承办法官投入一样的精力和时间。解决这个问题的有效方式是建立健全案件的繁简分流机制，合理配置司法资源，减少合议制度的适用范围。对于民事案件，可以考虑增加一审适用独任制的案件范围，只有案件疑难、复杂或重大且当事人提出要求时才适用合议制。对于刑事案件、行政案件，也可考虑通过修改法律适当增加适用简易程序的案件范围。

（四）合议庭评议问题

《人民法院组织法》和三大诉讼法对合议庭评议制度有原则性规定，但缺乏具体的程序规定和评议方法。《2002 年合议庭规定》规定了合议庭评议程序，先由承办法官发表意见，审判长最后发表意见。课题组在起草该条款时，有一种意见认为，实践中这种做法容易导致合议庭其他成员迎合承办法官的意见，没有自己独立的见解。所以规定合议庭评议时，由承办法官介绍案情、案件争议焦点后，先由非承办法官发表意见，再由承办法官发表意见，最后由审判长发表意见。审判长作为承办法官的，由审判长最后发表意见。有人民陪审员参与审判的案件，人民陪审员在承办法官介绍案情后先发表意见。另一种意见认为，目前合议庭评议顺序不妨碍合议庭其他成员发表自己的意见，改变调整评议顺序与现今实践做法差别太大。最后本规定采纳了第二种意见，删除了该部分内容。

关于评议方式，虽然《2002 年合议庭规定》明确了“合议庭成员进行评议的时候，应当认真负责，充分陈述意见，独立行使表决权，不得拒绝陈述或者仅作同意与否的简单表态。同意他人意见的，也应当提出事实根据和法律依据，进行分析论证”。但实践中，合议庭成员作同意与否的简单表态现象还是比较普遍。为此，本规定再次强调合议庭评议案件时，一是合议庭全体成员必须参加，成员缺席时不得评议，杜绝不参加评议只在评议笔录上签字的做法；二是合议庭必须针对案件的证据采信、事实认定、法律适用、裁判结果以及诉讼程序等问题充分陈述意见，不能只发表结论性意见；三是必要时，合议庭成员还可以提交书面评议意见。这里的“必要时”包括审判长认为合议庭成员没有充分发表自己的意见，可以要求补充书面评议意见；也可以是合议庭成员认为合议庭没有充分听取自己的意见，需要提交书面意见表明自己的观点。

另外，本规定还明确了合议庭成员评议时发表意见不受追究，保障合议庭成员在评议时充分自由地发表意见。

（五）合议庭与审判委员会的关系

审判委员会是法院的最高审判组织。合议庭制度改革离不开审判委员会制度改革。这次中央部署的司法改革任务“完善审判委员会制度改革”项目中包括“合议庭制度改革”，其指导思想就是为了理顺合议庭与审判委员会之间的关系。《2002 年合议庭规定》明确规定了合议庭对拟判处死刑、疑难、复杂、重大或者新类型案件、合议庭法律适用重大分歧的案件等提请院长决定提交审判委员会讨论决定。最高人民法院2010年1月11日发布《关于改革和完善人民法院审判委员会制度的实施意见》（法发〔2010〕3号）也明确了合议庭可以提请院长决定提交审判委员会讨论的案件有：合议庭意见有重大分歧，难以作出决定的案件；法律规定不明确，存在法律适用疑难问题的案件；案件处理结果可能产生重大社会影响的案件；对审判工作具有指导意义的新类型案件；其他需要提交审判委员会讨论的疑难、复杂、重大案件。同时规定，合议庭没有建议提交审判委员会讨论的案件，院长、主管副院长或者庭长认为有必要的，应提请审判委员会讨论。审判委员会讨论案件时，合议庭全体成员及审判业务部门负责人应当列席会议。

（六）合议庭与院长、庭长的关系

如何正确处理合议庭的审判权与院长、庭长对合议庭的监督管理权之间的关系一直是合议庭制度改革的难点。这个问题以往没有详细的规范，导致实践中各地法院做法不尽统一，随意性较大。审判实践中，法院内部行政化管理模式导致“审者不判”、“判者不审”的现象还一定程度地存在。课题组在分析研究近年来各级人民法院的实践做法，认为当前各级法院存在的院长、庭长审批案件做法，是影响合议庭依法履行审判职责的原因之一。院长、庭长的案件审批权很容易助长合议庭成员的依赖心理，弱化合议庭责任感，加剧审判权的行政化倾向。现行法律中从未规定合议庭审理案件后所作的裁决需要院长、庭长审批，只是多年来法院内部行政化管理演变出院、庭长审批案件的做法。所以，这次改革的重点是要逐步取消院长、庭长审批案件的做法，理顺合议庭与院长、庭长的关系，实现院长、庭长从听取汇报案件到担任审判长审理案件，从审批案件到总结经验、进行业务指导，从判前把关到全面监督的三个转变，建立完善合议庭的审判权与院长、庭长的审判管理权有效衔接的运行机制。

关于院长、庭长参加合议庭担任审判长或直接承办案件的问题，最高人民法院2007年发布的《关于完善院长、副院长、庭长、副庭长参加合议庭审理案件制度的若干意见》作出了详细的规定，但实践中各地法院落实得不够彻底。各级人民法院的院长、分管审判业务的副院长以及庭长、副庭长作为法院的资深法官，是审判业务“能手”，其行使监督指导权的方式之一是参加合议庭担任审判长，或亲自承办案件，也是逐步消除法院行政化管理模式的有效途径。所以，本规定再次强调：“各级人民法院的院长、副院长、庭长、副庭长应当参加合议庭审理案件，并逐步增加审理案件的数量。”在强调院长、庭长积极履行法官职责，参加合议庭担任审判长审理一些重大疑难的案件外，还应当明确院长、庭长的审判管理权限。划清院长、庭长的行政管理职权与审判管理职权的界限，改变院长、庭长用行政领导方式介入审判工作的做法，科学设置合议庭的审判权与院长、庭长的审判管理权有效衔接的运行机制，这些都是完善合议庭制度至关重要的措施。

课题组在深入调研论证后，提出理顺合议庭与院长、庭长之间关系的方案：一是确定“除提交审判委员会讨论的案件外，合议庭对评议意见一致或者形成多数意见的案件，依法作出判决或裁定”的基本原则，确保合议庭对评议意见一致或者形成多数意见的案件依法履行审判职责，无需院长、庭长审批案件。二是明确部分疑难复杂、分歧较大的案件等可由审判长提请院长或者庭长决定组织相关人员共同讨论，发挥院长、庭长在解决疑难问题的审判指导作用。同时明确共同讨论的意见仅供合议庭参考，不能改变合议庭依法作出的裁判。三是划清院长、庭长的行政管理职能与审判管理职能的界限，通过设置合议庭考评机制、责任机制等来实现对合议庭的宏观审判管理。

（七）合议庭与庭务会之间的关系

随着新的法律、法规不断出台，各种疑难、复杂的新类型案件层出不穷，合议庭往往对一些疑难、复杂或新类型案件把握不准。如果这些案件均提交审判委员会讨论，会增加审委会讨论案件的数量，许多案件因排期等待审委会讨论而影响效率。实践中，有些法院实行庭务会、审判长联席会、分管领导参加的案件讨论会等形式，相对集中审判庭内甚至不同审判庭内素质较高的法官集体讨论疑难、复杂案件。这种方式对解决疑难问题、促进统一适用法律和裁判标准等发挥了一定作用。但有人也对这种集体讨论案件的形式提出质疑，认为其在合议庭和审委会之间又增加一层机构，影响合议庭功能的发挥。对此，我们认为应当通过规范这类集体讨论案件方式的适用范围，正确引导其在研究疑难复杂案件、解决审判难点问题、指导审判工作方面发挥积极作用。如果避而不谈或者不加以限制和规范，则会加剧目前审判权的行政化倾向。对此，本规定强调了只有少数案件可由审判长提请院长或者庭长决定组织相关人员共同讨论，其余案件仍然由合议庭行使审判权。这类案件限定在重大、疑难、复杂或者新类型的案件；合议庭在事实认定或法律适用上有重大分歧的案件；合议庭意见与本院或上级法院以往同类型案件的裁判有可能不一致的案件；当事人反映强烈的群体性纠纷案件等。同时，明确上述案件的讨论意见不能凌驾于合议庭意见之上，该意见仅供合议庭参考，不能影响合议庭依法作出裁判。之所以在本规定中没有明确庭务会或者审判长联席会等名称，是因为其不是正式的审判组织，实践中还有许多其他形式，不宜限定具体名称。

（八）建立考评机制及完善合议庭责任机制

调研时有法院反映，以往关于合议庭制度改革的一些意见没有得到很好的贯彻落实，有意见本身的执行力和可操作性不强的问题，也有没有规定落实机制的问题。所以，这次本规定设置了合议庭落实情况的考评机制。要求各级人民法院应当建立合议制落实情况的考评机制，并将考评结果纳入岗位绩效考评体系。考评可采取抽查卷宗、案件评查、检查庭审情况、回访当事人等方式。改进考评机制，建立合议庭整体考核与个体考核相结合的机制。增加以合议庭为单位的考核，改变目前合议庭成员权力和责任分离的现象。主要通过对合议庭全体成员参加庭审、院庭长参加庭审、审判委员会委员参加庭审的情况等考查合议庭共同参加庭审的落实情况，通过对承办法官制作阅卷笔录、审理报告以及裁判文书的情况，以及合议庭其他成员提交阅卷意见、发表评议意见等情况，掌握和检查合议庭每位成员落实合议制的整体状况。只有规范和健全考评机制，才能从制度上保障合议庭制度改革切实有效的落实。

关于合议庭责任问题，一直也是合议庭制度改革的重点。长期以来，审判实践中的“错案追究制”导致请示汇报案件的问题无法从根本上改变。各地法院将改判或者发回重审的案件视为错案，作为法官绩效考核标准之一，导致法官案件办得越多，被改判几率越大，严重挫伤了法官的积极性，也影响了正常的审级监督制度。合议庭其他成员的“无责化”，导致评议案件时只是简单地附和承办法官的意见。“如果一个案件被认定为错案，持错案意见的法官将受到责任追究或考评方面的不利后果，而合议庭中持少数意见的人则不必受到追究。这是一种十分可怕的对合议庭制度的曲解而导致的结果。”经过调研，我们认为，错案追究制关注的是裁判结果，而裁判结果的错误或被改变的原因很多，许多情形不能归责于法官。改变当前审判实践中以改判或者发回重审案件为考核标准的“错案追究制”的做法，建立违法审判责任机制，是这次改革的重点。合议庭在行使审判权的同时，也应承担相应的审判责任，这是权责统一原则的体现，即合议庭成员在审判工作中，故意违反与审判工作有关的法律、法规或者因过失违反与审判工作有关的法律、法规造成严重后果的，要承担违法审判责任。所以，本规定明确了合议庭成员存在违法审判行为的，按照《人民法院审判人员违法审判责任追究办法（试行）》等规定追究相应责任。但是，合议庭审理案件，因对法律理解和认识上的偏差、对案件事实和证据认识上的偏差、新的证据、法律修订或者政策调整、裁判所依据的其他法律文书等被撤销或变更而导致案件被改判或者发回重审的，合议庭成员不承担责任。

（九）合议庭制度改革的配套措施

合议庭制度改革不是一个单纯审判组织改革的问题，它与法院的审判管理机制以及法院的人事管理、职业保障等诸多问题息息相关，完善合议庭制度不是通过某个改革意见的出台就可以完成的。尤其是当前许多法院面临着“案多人少”的矛盾，人民法院的审判资源缺乏，法官承担的工作量与职级待遇不相适应，导致一线审判法官流失。这些问题需要相关配套的改革措施才能解决。一是建立案件繁简分流机制，进一步发挥诉讼外纠纷解决机制的作用。通过案件繁简分流机制，将大量事实清楚、争议不大的案件通过简易程序适用独任制解决，优化配置司法资源，提高诉讼效率；进一步推动诉讼与非诉讼纠纷解决机制相衔接的改革，使大量纠纷化解在诉讼外解决机制中。二是进行民事简易程序改革，或者提出修改《民事诉讼法》的建议，扩大独任制和简易程序的适用范围，延长简易程序的审理期限，限制合议制适用范围，让合议制真正适用于重大、疑难、复杂案件或者新类型案件等。三是改革和完善法院内部管理机制，建立科学有效的审判管理体系，把院长、庭长行使监督指导的审判管理权与行政管理权区分开，健全符合司法规律的审判管理机制。四是通过优化职权配置改革，合理配置审判资源，加大对法院审判力量的投入和对法官职业保障的力度，实现审判力量和案件数量的均衡。这几项配套的改革措施，也是最高人民法院司法改革任务的重点之一。只有通过各种切实有效的配套措施，统筹协调各种相关工作机制，才能有效解决合议庭制度改革面临的诸多难题。

（撰稿人：卫彦明　蒋惠岭　龙　飞）

最高人民法院
关于人民陪审员参加审判活动若干问题的规定

法释〔2010〕2号

（2009年11月23日最高人民法院审判委员会第1477次会议通过　2010年1月12日最高人民法院公告公布　自2010年1月14日起施行）

为依法保障和规范人民陪审员参加审判活动，根据《全国人民代表大会常务委员会关于完善人民陪审员制度的决定》等法律的规定，结合审判实际，制定本规定。

第一条　人民法院审判第一审刑事、民事、行政案件，属于下列情形之一的，由人民陪审员和法官共同组成合议庭进行，适用简易程序审理的案件和法律另有规定的案件除外：

（一）涉及群体利益的；

（二）涉及公共利益的；

（三）人民群众广泛关注的；

（四）其他社会影响较大的。

第二条　第一审刑事案件被告人、民事案件原告或者被告、行政案件原告申请由人民陪审员参加合议庭审判的，由人民陪审员和法官共同组成合议庭进行。

人民法院征得前款规定的当事人同意由人民陪审员和法官共同组成合议庭审判案件的，视为申请。

第三条　第一审人民法院决定适用普通程序审理案件后应当明确告知本规定第二条的当事人，在收到通知五日内有权申请由人民陪审员参加合议庭审判案件。

人民法院接到当事人在规定期限内提交的申请后，经审查符合本规定的，应当组成有人民陪审员参加的合议庭进行审判。

第四条　人民法院应当在开庭七日前采取电脑生成等方式，从人民陪审员名单中随机抽取确定人民陪审员。

第五条　特殊案件需要具有特定专业知识的人民陪审员参加审判的，人民法院可以在具有相应专业知识的人民陪审员范围内随机抽取。

第六条 人民陪审员确有正当理由不能参加审判活动，或者当事人申请其回避的理由经审查成立的，人民法院应当及时重新确定其他人选。

第七条 人民陪审员参加合议庭评议案件时，有权对事实认定、法律适用独立发表意见，并独立行使表决权。

人民陪审员评议案件时应当围绕事实认定、法律适用充分发表意见并说明理由。

第八条 合议庭评议案件时，先由承办法官介绍案件涉及的相关法律、审查判断证据的有关规则，后由人民陪审员及合议庭其他成员充分发表意见，审判长最后发表意见并总结合议庭意见。

第九条 人民陪审员同合议庭其他组成人员意见分歧，要求合议庭将案件提请院长决定是否提交审判委员会讨论决定的，应当说明理由；人民陪审员提出的要求及理由应当写入评议笔录。

第十条 人民陪审员应当认真阅读评议笔录，确认无误后签名；发现评议笔录与评议内容不一致的，应当要求更正后签名。

人民陪审员应当审核裁判文书文稿并签名。

最高人民法院
关于审判人员在诉讼活动中执行回避制度若干问题的规定

法释〔2011〕12号

（2011年4月11日最高人民法院审判委员会第1517次会议通过　2011年6月10日最高人民法院公告公布　自2011年6月13日起施行）

为进一步规范审判人员的诉讼回避行为，维护司法公正，根据《中华人民共和国人民法院组织法》、《中华人民共和国法官法》、《中华人民共和国民事诉讼法》、《中华人民共和国刑事诉讼法》、《中华人民共和国行政诉讼法》等法律规定，结合人民法院审判工作实际，制定本规定。

第一条　（审判人员自行回避） 审判人员具有下列情形之一的，应当自行回避，当事人及其法定代理人有权以口头或者书面形式申请其回避：

（一）是本案的当事人或者与当事人有近亲属关系的；

（二）本人或者其近亲属与本案有利害关系的；

（三）担任过本案的证人、翻译人员、鉴定人、勘验人、诉讼代理人、辩护人的；

（四）与本案的诉讼代理人、辩护人有夫妻、父母、子女或者兄弟姐妹关系的；

（五）与本案当事人之间存在其他利害关系，可能影响案件公正审理的。

本规定所称近亲属，包括与审判人员有夫妻、直系血亲、三代以内旁系血亲及近姻亲关系的亲属。

第二条　（当事人及其法定代理人申请回避） 当事人及其法定代理人发现审判人员违反规定，具有下列情形之一的，有权申请其回避：

（一）私下会见本案一方当事人及其诉讼代理人、辩护人的；

（二）为本案当事人推荐、介绍诉讼代理人、辩护人，或者为律师、其他人员介绍办理该案件的；

（三）索取、接受本案当事人及其受托人的财物、其他利益，或者要求当事人及其受托人报销费用的；

（四）接受本案当事人及其受托人的宴请，或者参加由其支付费用的各项活动的；

（五）向本案当事人及其受托人借款，借用交通工具、通讯工具或者其他物品，或者索取、接受当事人及其受托人在购买商品、装修住房以及其他方面给予的好处的；

（六）有其他不正当行为，可能影响案件公正审理的。

第三条 （审判人员不得重复参与同一案件审判程序） 凡在一个审判程序中参与过本案审判工作的审判人员，不得再参与该案其他程序的审判。但是，经过第二审程序发回重审的案件，在一审法院作出裁判后又进入第二审程序的，原第二审程序中合议庭组成人员不受本条规定的限制。

第四条 （院长或审判委员会决定回避） 审判人员应当回避，本人没有自行回避，当事人及其法定代理人也没有申请其回避的，院长或者审判委员会应当决定其回避。

第五条 （法院的告知义务） 人民法院应当依法告知当事人及其法定代理人有申请回避的权利，以及合议庭组成人员、书记员的姓名、职务等相关信息。

第六条 （调解案件中的告知义务） 人民法院依法调解案件，应当告知当事人及其法定代理人有申请回避的权利，以及主持调解工作的审判人员及其他参与调解工作的人员的姓名、职务等相关信息。

第七条 （违反回避规定的处理） 第二审人民法院认为第一审人民法院的审理有违反本规定第一条至第三条规定的，应当裁定撤销原判，发回原审人民法院重新审判。

第八条 （审判人员及法院其他工作人员的任职限制） 审判人员及法院其他工作人员从人民法院离任后二年内，不得以律师身份担任诉讼代理人或者辩护人。

审判人员及法院其他工作人员从人民法院离任后，不得担任原任职法院所审理案件的诉讼代理人或者辩护人，但是作为当事人的监护人或者近亲属代理诉讼或者进行辩护的除外。

本条所规定的离任，包括退休、调离、解聘、辞职、辞退、开除等离开法院工作岗位的情形。

本条所规定的原任职法院，包括审判人员及法院其他工作人员曾任职的所有法院。

第九条 （审判人员及法院其他工作人员近亲属的限制） 审判人员及法院其他工作人员的配偶、子女或者父母不得担任其所任职法院审理案件的诉讼代理人或者辩护人。

第十条 （人民法院对违反回避规定的诉讼代理人或辩护人的处理） 人民法院发现诉讼代理人或者辩护人违反本规定第八条、第九条的规定的，应当责令其停止相关诉讼代理或者辩护行为。

第十一条　（当事人及其法定代理人、诉讼代理人、辩护人的举报权）当事人及其法定代理人、诉讼代理人、辩护人认为审判人员有违反本规定行为的，可以向法院纪检、监察部门或者其他有关部门举报。受理举报的人民法院应当及时处理，并将相关意见反馈给举报人。

第十二条　（对不依法自行回避的审判人员的处理）对明知具有本规定第一条至第三条规定情形不依法自行回避的审判人员，依照《人民法院工作人员处分条例》的规定予以处分。

对明知诉讼代理人、辩护人具有本规定第八条、第九条规定情形之一，未责令其停止相关诉讼代理或者辩护行为的审判人员，依照《人民法院工作人员处分条例》的规定予以处分。

第十三条　（审判人员、法院其他工作人员的范围）本规定所称审判人员，包括各级人民法院院长、副院长、审判委员会委员、庭长、副庭长、审判员和助理审判员。

本规定所称法院其他工作人员，是指审判人员以外的在编工作人员。

第十四条　（人民陪审员、书记员和执行员适用回避制度）人民陪审员、书记员和执行员适用审判人员回避的有关规定，但不属于本规定第十三条所规定人员的，不适用本规定第八条、第九条的规定。

第十五条　（以本规定为准）自本规定施行之日起，《最高人民法院关于审判人员严格执行回避制度的若干规定》（法发〔2000〕5号）即行废止；本规定施行前本院发布的司法解释与本规定不一致的，以本规定为准。

【解　　读】

解读《关于审判人员在诉讼活动中执行回避制度若干问题的规定》

一、问题的提出

为维护司法公正，进一步规范诉讼活动中审判人员的回避行为，最高人民法院依据有关法律规定，并结合人民法院审判工作实际，制定出台了《关于审判人员在诉讼活动中执行回避制度若干问题的规定》（法释〔2011〕12号，以下简称《规定》）。该规定于2011年4月11日由最高人民法院审判委员会第1517次会议通过，自2011年6月13日起施行。《规定》共十五条，对诉讼活动中审判人员自行回避或申请回避的情形、职权回避、当事人及其法定代理人申请回避权利的告知、调解案件的回避问题、审判人员及法院其他工作人员从人民法院离任后担任诉讼代理人或辩护人的限制、对审判人员违反回避规定行为的监督及处分等内容进行了详细的规定。为更好地理解和适用《规定》，现就其制定背景和主要内容说明如下。

2000年，最高人民法院制定了《关于审判人员严格执行回避制度的若干规定》(法发〔2000〕5号，以下简称《回避若干规定》)，对审判人员在诉讼活动中执行回避制度作出了统一规定，取得了良好效果。随着近年来审判工作的发展和变化，出现了一些新的情况和问题，《回避若干规定》难以完全满足司法实践的需要。《回避若干规定》在性质上属于规范性司法文件，效力层级比司法解释低。我们认为，将审判人员在诉讼活动中执行回避制度的相关规定升格为司法解释，有利于提高其法律效力，促进审判人员严格执行回避制度，确保司法廉洁，维护司法公正。

二、《规定》的主要内容

《规定》是在2000年最高人民法院印发的《回避若干规定》文件的基础上制定的，对《回避若干规定》中经过实践检验比较成熟、符合实际情况的规定尽量予以保留，需要修改的根据新的情况和变化作了适当修改。《规定》的新规定主要集中于职权回避有关规定、调解案件的回避规定、诉讼代理人及辩护人违反从业回避规定的处理、审判人员违反回避规定的监督与处分，以及近亲属、离任、原任职法院概念的界定等内容。具体内容如下：

(一) 关于诉讼活动中审判人员自行回避或申请回避的情形

《规定》分两条对上述情形作出了规定。其中，第一条主要是审判人员与案件当事人有近亲属关系或者与案件有利害关系等情形的回避；第二条主要是审判人员违反有关规定，有不正当行为应当回避的情形。上述两种回避情形中，有两个问题需要着重说明：

1. 关于第一条第五项中的“与本案当事人之间存在其他利害关系”如何理解与适用的问题

三大诉讼法均规定审判人员与案件当事人之间存在其他利害关系，可能影响对案件公正审理的，应当回避。但对于“其他利害关系”的内涵和外延，理论上和实践中争议较大。《征求意见稿》曾经根据审判实践和理论观点，对“其他利害关系”作了界定，是指“与本案当事人或者诉讼代理人、辩护人有师生、同学、同事、战友、邻居等亲密关系，或者有仇恨、敌对关系的”。但在征求意见过程中，大多数意见反映“师生、同学、同事、战友、邻居等亲密关系”以及“有仇恨、敌对关系”等诸多概念仍然比较模糊，其内涵和外延本身无法明确界定，难免挂一漏万，或者导致利害关系认定扩大化的问题。考虑到实践中的复杂情况，对“其他利害关系”的认定应当根据具体情况具体分析。因此，《规定》未对“其他利害关系”作出更为细致的规定。

2. 关于第一条第二款规定的“近亲属”问题

关于“近亲属”的范围，三大诉讼法及相关法律规定并不一致。《刑事诉讼法》第八十二条第六项规定，“近亲属”是指夫、妻、父、母、子、女、同胞兄弟姊妹。最高人民法院《关于执行〈中华人民共和国行政诉讼法〉若干问题的解释》（以下简称《行政诉讼法解释》）第十一条第一款规定的“近亲属”，包括配偶、父母、子女、兄弟姐妹、祖父母、外祖父母、孙子女、外孙子女和其他具有扶养、赡养关系的亲属。最高人民法院《关于贯彻执行〈中华人民共和国民法通则〉若干问题的意见（试行）》（以下简称《民法通则意见》）第12条规定，《民法通则》中规定的近亲属，包括配偶、父母、子女、兄弟姐妹、祖父母、外祖父母、孙子女、外孙子女。比较而言，《刑事诉讼法》规定的近亲属范围较窄，而《行政诉讼法解释》列入了“其他具有扶养、赡养关系的亲属”，比较宽泛。回避情形中的近亲属，应当确定在一个合理的范围，并遵循可能影响对案件公正审理的一般原则。相对而言，《民法通则意见》规定的“近亲属”范围比较适中，适用于回避制度较为妥当。

（二）关于职权回避的情形

《规定》第四条增加了职权回避的规定。所谓职权回避，是指人民法院受理案件后，发现审判人员具有应当回避情形的，当事人没有申请回避，审判人员也没有自行回避，法院依职权决定审判人员回避的制度。我国法律只规定了审判人员自行回避和当事人申请回避两种情形，未规定职权回避。最高人民法院《关于执行〈中华人民共和国刑事诉讼法〉若干问题的解释》（以下简称《刑事诉讼法解释》）第二十六条首次规定了职权回避制度，该条规定：“应当回避的人员，本人没有自行回避，当事人和他们的法定代理人也没有申请其回避的，院长或者审判委员会应当决定其回避。”根据当前执行回避制度的现状，增加职权回避制度，作为审判人员自行回避和当事人申请回避的补充，由人民法院加强对审判人员是否自行回避的监督，以确保司法公正，提高司法公信，十分必要。因此，《规定》参考《刑事诉讼法解释》的规定，在第四条对职权回避作出了明确规定。

（三）关于调解案件的回避规定

《规定》第六条对人民法院调解案件如何执行回避制度作了规定：“人民法院依法调解案件，应当告知当事人及其法定代理人有申请回避的权利，以及主持调解工作的审判人员及其他参与调解工作的人员的姓名、职务等相关信息。”这是新增加的内容。人民法院调解案件也应当执行回避制度的理由：第一，司法调解是重要的诉讼制度，是人民法院行使审判权的重要方式。人民法院调解案件，也将对当事人的权利义务产生直接的、重要的影响，因此必须依法进行，依法保障当事人申请回避的权利。第二，司法实践中，少数审判人员利用诉讼调解办理“人情案、金钱案、关系案”的情况也时有发生。如果诉讼调解中不严格执行回避制度，等于为违法行为打开了一个缺口，因此，在诉讼调解活动中引入回避制度十分必要。第三，有利于提高调解的质量。将回避制度引入诉讼调解活动中，对于提高人民法院调解案件的质量，确保调解的合法性，维护司法公正的形象，具有十分重要的作用和意义。

(四) 关于审判人员的离任回避

《规定》第八条是关于审判人员离任回避的规定。本条有三个问题需要说明：

1. 关于审判人员在原任职法院离任回避问题

这个问题在实践中争议较大，焦点问题为审判人员离任后在原任职法院担任诉讼代理人或者辩护人是否仅受“二年”限制。针对这个问题，有两种观点：第一种观点认为，根据《法官法》第十七条第二款的规定，法官从人民法院离任后，不得担任原任职法院办理案件的诉讼代理人或者辩护人。也就是说，审判人员从人民法院离任后，无论时间多久，都不得担任原任职法院审理案件的诉讼代理人或者辩护人。第二种观点认为，依据《律师法》第四十一条的规定，曾经担任法官、检察官的律师，从人民法院、人民检察院离任后2年内，不得担任诉讼代理人或者辩护人。但法官从人民法院离任2年后，是否可以担任原任职法院审理案件的诉讼代理人或者辩护人，《律师法》没有作出限制。

我们认为，在2001年修订的《法官法》与2007年修订的《律师法》之间不存在冲突的情形下，《法官法》的有关规定应当继续适用，也就是说，《法官法》第十七条第二款的规定仍有法律拘束力。因此，审判人员从人民法院离任后，无论是否超过“二年”，都不得担任原任职法院审理案件的诉讼代理人或者辩护人。近年来，审判人员从人民法院离任后转行从事律师业务的逐年增多。由于这些转任律师的法官曾长期在法院工作，有的还任过法院的领导，如果他们在其原任职的法院从事诉讼代理、辩护业务，容易引起对人民法院审判公正性的质疑。因此，《规定》第八条第二款依据《法官法》第十七条第二款规定，审判人员及法院其他工作人员从人民法院离任后，不得担任原任职法院审理案件的诉讼代理人或者辩护人，没有“二年”的时间限制。另外，从维护当事人诉讼权利和尊重实际情况的角度出发，本款作了但书规定，即作为当事人的监护人或者近亲属代理诉讼或者进行辩护的不受本款规定的限制。

2. 关于对“原任职法院”范围的理解

《规定》第八条第四款对“原任职法院”的范围进行了界定：“本条所规定的原任职法院，包括审判人员及法院其他工作人员曾任职的所有法院。”对“原任职法院”的范围进行上述界定的理由：第一，《规定》第八条第二款规定审判人员及法院其他工作人员从人民法院离任后，不得担任原任职法院所审理案件的诉讼代理人或者辩护人。对“原任职法院”进行界定，可以为人民法院纪检、监察部门掌握政策法律界限提供明确的依据。第二，明确“原任职法院”不仅包括离任审判人员最后一次任职的法院，还包括其以前曾任职的所有法院，有利于正确执行诉讼回避制度，消除诉讼当事人对司法公正的疑虑，提高司法公信力。第三，对“原任职法院”范围的界定参考了上海高院发布的《关于人民法院离任人员担任诉讼代理人和辩护人有关问题的解答》第3条的规定。该条规定：“‘原任职法院’不能仅理解为离任时所在的法院，而应理解为所有曾经任过职的法院。”对“原任职法院”范围作出上述界定，符合司法实践的实际情况，有利于回避制度的理解和执行。

3. 关于“离任”的概念

《规定》第八条第三款规定：“本条所规定的离任，包括退休、调离、解聘、辞职、辞退、开除等离开法院工作岗位的情形。”该款规定来源于《最高人民法院关于适用〈关于审判人员严格执行回避制度的若干规定〉第四条有关问题的答复》（2000年6月20日，法〔2000〕95号）第一条的规定，该条规定，离任，包括离休、退休、调动、辞职、辞退、开除等情形。实践中，审判人员离任的情形比较多，本款对“离任”概念的界定基本上涵盖了审判人员离任的各种情形。

（五）关于审判人员近亲属从业回避的规定

《规定》第九条是关于审判人员特定范围内近亲属从业回避的规定。《法官法》第十七条第三款规定“法官的配偶、子女不得担任该法官所任职法院办理案件的诉讼代理人或者辩护人”，对法官特定范围内近亲属的从业回避问题作了规定。但《法官法》规定的范围相对比较窄，没有列举父母。在亲属关系上，审判人员的父母与子女是属于同一层次的。实践中，父母从事律师职业，子女在法院任职的情形比较多，社会上对此争议也比较大。因此，《规定》第九条保留了《回避若干规定》第五条的规定，将审判人员的父母也纳入审判人员近亲属从业回避的范围。

（六）关于诉讼代理人及辩护人违反从业回避规定的处理

《规定》第十条增加了关于诉讼代理人及辩护人违反从业回避规定如何处理的规定，即“人民法院发现诉讼代理人或者辩护人违反本规定第八条、第九条的规定的，应当责令其停止相关诉讼代理或者辩护行为”。对于诉讼代理人及辩护人违反从业回避规定如何处理，现行法律及司法解释缺乏程序性的规定。《规定》第八条、第九条对离任审判人员以及现任审判人员的近亲属从事诉讼代理、辩护活动，如何执行回避制度提出了具体要求，落实这些要求需要具体的程序措施，否则从业回避制度形同虚设。因此，本条规定人民法院发现诉讼代理人、辩护人违反从业回避规定的，应当责令其停止相关诉讼代理或者辩护行为。

（七）关于适用《规定》第八条、第九条的人员范围

《规定》第八条、第九条对离任审判人员以及现任审判人员的近亲属从业回避作出了规定。《规定》第十四条规定："人民陪审员、书记员和执行员适用审判人员回避的有关规定，但不属于本规定第十三条所规定人员的，不适用本规定第八条、第九条的规定。"所谓"不属于本规定第十三条所规定人员"，主要是指法院中不在编的书记员和执行员。不在编的书记员和执行员适用审判人员回避的有关规定，但不适用《规定》第八条、第九条的从业回避规定，其理由主要为：第一，根据相关诉讼法的规定，在案件办理过程中，书记员和执行员应当适用审判人员回避的有关规定。第二，根据我国现实国情和保障就业原则，对于不占行政编制的书记员和执行员不应加以过多限制，不宜适用《规定》第八条、第九条主要是针对审判人员及法院其他工作人员作出的从业回避规定。

三、《规定》与任职回避相关规定的关系

2011年2月10日，最高人民法院印发了《关于对配偶子女从事律师职业的法院领导干部和审判执行岗位法官实行任职回避的规定（试行）》（法发〔2011〕5号，以下简称《任职回避规定》）。《任职回避规定》主要是规范法院领导干部和审判执行岗位的法官，如果其配偶、子女从事律师职业，必须辞去现任职务或者退出审判、执行岗位。即《任职回避规定》主要是法院内部从人事制度和岗位管理的角度对审判人员作出的任职回避规定。而《规定》适用于案件诉讼领域，即在案件审理过程中，如果发现审判人员的配偶、子女、父母在其所任职法院代理诉讼或者进行辩护，人民法院应当责令他们停止相关代理诉讼或者进行辩护的行为。两个规定所规范的范围和对象不同，一个指向法院内部人事管理，一个指向诉讼活动，二者不存在矛盾和冲突。两个规定从不同层面共同对相关法院工作人员的回避制度作出规定，确保实现司法廉洁和公正。

（撰稿人：罗东川　吴兆祥　石　磊）

最高人民法院
印发《关于建立健全诉讼与非诉讼相衔接的矛盾纠纷解决机制的若干意见》的通知

2009年7月24日　　　　　　　　　法发〔2009〕45号

全国地方各级人民法院、各级军事法院、各铁路运输中级法院和基层法院、各海事法院，新疆生产建设兵团各级法院：

最高人民法院《关于建立健全诉讼与非诉讼相衔接的矛盾纠纷解决机制的若干意见》已经中央批准，现印发给你们，请认真贯彻落实。在贯彻落实中遇有问题，请及时报告最高人民法院司法改革领导小组办公室。

附：

关于建立健全诉讼与非诉讼相衔接的矛盾纠纷解决机制的若干意见

为发挥人民法院在建立健全诉讼与非诉讼相衔接的矛盾纠纷解决机制方面的积极作用，促进各种纠纷解决机制的发展，现制定以下意见。

一、明确主要目标和任务要求

1．建立健全诉讼与非诉讼相衔接的矛盾纠纷解决机制的主要目标是：充分发挥人民法院、行政机关、社会组织、企事业单位以及其他各方面的力量，促进各种纠纷解决方式相互配合、相互协调和全面发展，做好诉讼与非诉讼渠道的相互衔接，为人民群众提供更多可供选择的纠纷解决方式，维护社会和谐稳定，促进经济社会又好又快发展。

2．建立健全诉讼与非诉讼相衔接的矛盾纠纷解决机制的主要任务是：充分发挥审判权的规范、引导和监督作用，完善诉讼与仲裁、行政调处、人民调解、商事调解、行业调解以及其他非诉讼纠纷解决方式之间的衔接机制，推动各种纠纷解决机制的组织和程序制度建设，促使非诉讼纠纷解决方式更加便捷、灵活、高效，为矛盾纠纷解决机制的繁荣发展提供司法保障。

3．在建立健全诉讼与非诉讼相衔接的矛盾纠纷解决机制的过程中，必须紧紧依靠党委领导，积极争取政府支持，鼓励社会各界参与，充分发挥司法的推动作用；必须充分保障当事人依法处分自己的民事权利和诉讼权利。

二、促进非诉讼纠纷解决机制的发展

4. 认真贯彻执行《中华人民共和国仲裁法》和相关司法解释，在仲裁协议效力、证据规则、仲裁程序、裁决依据、撤销裁决审查标准、不予执行裁决审查标准等方面，尊重和体现仲裁制度的特有规律，最大程度地发挥仲裁制度在纠纷解决方面的作用。对于仲裁过程中申请证据保全、财产保全的，人民法院应当依法及时办理。

5. 认真贯彻执行《中华人民共和国劳动争议调解仲裁法》和相关司法解释的规定，加强与劳动、人事争议等仲裁机构的沟通和协调，根据劳动、人事争议案件的特点采取适当的审理方式，支持和鼓励仲裁机制发挥作用。对劳动、人事争议仲裁机构不予受理或者逾期未作出决定的劳动、人事争议事项，申请人向人民法院提起诉讼的，人民法院应当依法受理。

6. 要进一步加强与农村土地承包仲裁机构的沟通和协调，妥善处理农村土地承包纠纷，努力为农村改革发展提供强有力的司法保障和法律服务。当事人对农村土地承包仲裁机构裁决不服而提起诉讼的，人民法院应当及时审理。当事人申请法院强制执行已经发生法律效力的裁决书和调解书的，人民法院应当依法及时执行。

7. 人民法院要大力支持、依法监督人民调解组织的调解工作，在审理涉及人民调解协议的民事案件时，应当适用有关法律规定。

8. 为有效化解行政管理活动中发生的各类矛盾纠纷，人民法院鼓励和支持行政机关依当事人申请或者依职权进行调解、裁决或者依法作出其他处理。调解、裁决或者依法作出的其他处理具有法律效力。当事人不服行政机关对平等主体之间民事争议所作的调解、裁决或者其他处理，以对方当事人为被告就原争议向人民法院起诉的，由人民法院作为民事案件受理。法律或司法解释明确规定作为行政案件受理的，人民法院在对行政行为进行审查时，可对其中的民事争议一并审理，并在作出行政判决的同时，依法对当事人之间的民事争议一并作出民事判决。

行政机关依法对民事纠纷进行调处后达成的有民事权利义务内容的调解协议或者作出的其他不属于可诉具体行政行为的处理，经双方当事人签字或者盖章后，具有民事合同性质，法律另有规定的除外。

9. 没有仲裁协议的当事人申请仲裁委员会对民事纠纷进行调解的，由该仲裁委员会专门设立的调解组织按照公平中立的调解规则进行调解后达成的有民事权利义务内容的调解协议，经双方当事人签字或者盖章后，具有民事合同性质。

10. 人民法院鼓励和支持行业协会、社会组织、企事业单位等建立健全调解相关纠纷的职能和机制。经商事调解组织、行业调解组织或者其他具有调解职能的组织调解后达成的具有民事权利义务内容的调解协议，经双方当事人签字或者盖章后，具有民事合同性质。

11. 经《中华人民共和国劳动争议调解仲裁法》规定的调解组织调解达成的劳动争议调解协议，由双方当事人签名或者盖章，经调解员签名并加盖调解组织印章后生效，对双方当事人具有合同约束力，当事人应当履行。双方当事人可以不经仲裁程序，根据本意见关于司法确认的规定直接向人民法院申请确认调解协议效力。人民法院不予确认的，当事人可以向劳动争议仲裁委员会申请仲裁。

12. 经行政机关、人民调解组织、商事调解组织、行业调解组织或者其他具有调解职能的组织对民事纠纷调解后达成的具有给付内容的协议，当事人可以按照《中华人民共和国公证法》的规定申请公证机关依法赋予强制执行效力。债务人不履行或者不适当履行具有强制执行效力的公证文书的，债权人可以依法向有管辖权的人民法院申请执行。

13. 对于具有合同效力和给付内容的调解协议，债权人可以根据《中华人民共和国民事诉讼法》和相关司法解释的规定向有管辖权的基层人民法院申请支付令。申请书应当写明请求给付金钱或者有价证券的数量和所根据的事实、证据，并附调解协议原件。

因支付拖欠劳动报酬、工伤医疗费、经济补偿或者赔偿金事项达成调解协议，用人单位在协议约定期限内不履行的，劳动者可以持调解协议书依法向人民法院申请支付令。

三、完善诉讼活动中多方参与的调解机制

14. 对属于人民法院受理民事诉讼的范围和受诉人民法院管辖的案件，人民法院在收到起诉状或者口头起诉之后、正式立案之前，可以依职权或者经当事人申请后，委派行政机关、人民调解组织、商事调解组织、行业调解组织或者其他具有调解职能的组织进行调解。当事人不同意调解或者在商定、指定时间内不能达成调解协议的，人民法院应当依法及时立案。

15. 经双方当事人同意，或者人民法院认为确有必要的，人民法院可以在立案后将民事案件委托行政机关、人民调解组织、商事调解组织、行业调解组织或者其他具有调解职能的组织协助进行调解。当事人可以协商选定有关机关或者组织，也可商请人民法院确定。

调解结束后，有关机关或者组织应当将调解结果告知人民法院。达成调解协议的，当事人可以申请撤诉、申请司法确认，或者由人民法院经过审查后制作调解书。调解不成的，人民法院应当及时审判。

16. 对于已经立案的民事案件，人民法院可以按照有关规定邀请符合条件的组织或者人员与审判组织共同进行调解。调解应当在人民法院的法庭或者其他办公场所进行，经当事人同意也可以在法院以外的场所进行。达成调解协议的，可以允许当事人撤诉，或者由人民法院经过审查后制作调解书。调解不成的，人民法院应当及时审判。

开庭前从事调解的法官原则上不参与同一案件的开庭审理，当事人同意的除外。

17. 有关组织调解案件时，在不违反法律、行政法规强制性规定的前提下，可以参考行业惯例、村规民约、社区公约和当地善良风俗等行为规范，引导当事人达成调解协议。

18. 在调解过程中当事人有隐瞒重要事实、提供虚假情况或者故意拖延时间等行为的，调解员可以给予警告或者终止调解，并将有关情况报告委派或委托人民法院。当事人的行为给其他当事人或者案外人造成损失的，应当承担相应的法律责任。

19. 调解过程不公开，但双方当事人要求或者同意公开调解的除外。

从事调解的机关、组织、调解员，以及负责调解事务管理的法院工作人员，不得披露调解过程的有关情况，不得在就相关案件进行的诉讼中作证，当事人不得在审判程序中将调解过程中制作的笔录、当事人为达成调解协议而作出的让步或者承诺、调解员或者当事人发表的任何意见或者建议等作为证据提出，但下列情形除外：

（一）双方当事人均同意的；

（二）法律有明确规定的；

（三）为保护国家利益、社会公共利益、案外人合法权益，人民法院认为确有必要的。

四、规范和完善司法确认程序

20. 经行政机关、人民调解组织、商事调解组织、行业调解组织或者其他具有调解职能的组织调解达成的具有民事合同性质的协议，经调解组织和调解员签字盖章后，当事人可以申请有管辖权的人民法院确认其效力。当事人请求履行调解协议、请求变更、撤销调解协议或者请求确认调解协议无效的，可以向人民法院提起诉讼。

21. 当事人可以在书面调解协议中选择当事人住所地、调解协议履行地、调解协议签订地、标的物所在地基层人民法院管辖，但不得违反法律对专属管辖的规定。当事人没有约定的，除《中华人民共和国民事诉讼法》第三十四条规定的情形外，由当事人住所地或者调解协议履行地的基层人民法院管辖。经人民法院委派或委托有关机关或者组织调解达成的调解协议的申请确认案件，由委派或委托人民法院管辖。

22. 当事人应当共同向有管辖权的人民法院以书面形式或者口头形式提出确认申请。一方当事人提出申请，另一方表示同意的，视为共同提出申请。当事人提出申请时，应当向人民法院提交调解协议书、承诺书。人民法院在收到申请后应当及时审查，材料齐备的，及时向当事人送达受理通知书。双方当事人签署的承诺书应当明确载明以下内容：

（一）双方当事人出于解决纠纷的目的自愿达成协议，没有恶意串通、规避法律的行为；

（二）如果因为该协议内容而给他人造成损害的，愿意承担相应的民事责任和其他法律责任。

23. 人民法院审理申请确认调解协议案件，参照适用《中华人民共和国民事诉讼法》有关简易程序的规定。案件由审判员一人独任审理，双方当事人应当同时到庭。人民法院应当面询问双方当事人是否理解所达成协议的内容，是否接受因此而产生的后果，是否愿意由人民法院通过司法确认程序赋予该协议强制执行的效力。

24. 有下列情形之一的，人民法院不予确认调解协议效力：

（一）违反法律、行政法规强制性规定的；

（二）侵害国家利益、社会公共利益的；

（三）侵害案外人合法权益的；

（四）涉及是否追究当事人刑事责任的；

（五）内容不明确，无法确认和执行的；

（六）调解组织、调解员强迫调解或者有其他严重违反职业道德准则的行为的；

（七）其他情形不应当确认的。

当事人在违背真实意思的情况下签订调解协议，或者调解组织、调解员与案件有利害关系、调解显失公正的，人民法院对调解协议效力不予确认，但当事人明知存在上述情形，仍坚持申请确认的除外。

25. 人民法院依法审查后，决定是否确认调解协议的效力。确认调解协议效力的决定送达双方当事人后发生法律效力，一方当事人拒绝履行的，另一方当事人可以依法申请人民法院强制执行。

五、建立健全工作机制

26. 有条件的地方人民法院可以按照一定标准建立调解组织名册和调解员名册，以便于引导当事人选择合适的调解组织或者调解员调解纠纷。人民法院可以根据具体情况及时调整调解组织名册和调解员名册。

27. 调解员应当遵守调解员职业道德准则。人民法院在办理相关案件过程中发现调解员与参与调解的案件有利害关系，可能影响其保持中立、公平调解的，或者调解员有其他违反职业道德准则的行为的，应当告知调解员回避、更换调解员、终止调解或者采取其他适当措施。除非当事人另有约定，人民法院不允许调解员在参与调解后又在就同一纠纷或者相关纠纷进行的诉讼程序中作为一方当事人的代理人。

28. 根据工作需要，人民法院指定院内有关单位或者人员负责管理协调与调解组织、调解员的沟通联络、培训指导等工作。

29. 各级人民法院应当加强与其他国家机关、社会组织、企事业单位和相关组织的联系，鼓励各种非诉讼纠纷解决机制的创新，通过适当方式参与各种非诉讼纠纷解决机制的建设，理顺诉讼与非诉讼相衔接过程中出现的各种关系，积极推动各种非诉讼纠纷解决机制的建立和完善。

30. 地方各级人民法院应当根据实际情况，制定关于调解员条件、职业道德、调解费用、诉讼费用负担、调解管理、调解指导、衔接方式等规范。高级人民法院制定的相关工作规范应当报最高人民法院备案。基层人民法院和中级人民法院制定的相关工作规范应当报高级人民法院备案。

最高人民法院　最高人民检察院
关于地方人民法院、人民检察院不得制定司法解释性质文件的通知

2012年1月18日　　　　法发〔2012〕2号

各省、自治区、直辖市高级人民法院、人民检察院，解放军军事法院、军事检察院，新疆维吾尔自治区高级人民法院生产建设兵团分院、新疆生产建设兵团人民检察院：

中国特色社会主义法律体系如期形成，在我国社会主义民主法制建设史上具有里程碑意义，标志着依法治国基本方略的贯彻实施进入了一个新阶段。有法必依、执法必严、违法必究问题在法律实施工作中更为突出、更加紧迫。为了维护国家法制统一，正确实施法律，促进公正司法，按照2011年全国人大常委会工作报告和立法工作计划关于督促和指导最高人民法院、最高人民检察院开展司法解释集中清理工作的总体部署和要求，现就地方人民法院、人民检察院不得制定司法解释性质文件的有关问题通知如下：

一、根据全国人大常委会《关于加强法律解释工作的决议》的有关规定，人民法院在审判工作中具体应用法律的问题，由最高人民法院作出解释；人民检察院在检察工作中具体应用法律的问题，由最高人民检察院作出解释。自本通知下发之日起，地方人民法院、人民检察院一律不得制定在本辖区普遍适用的、涉及具体应用法律问题的“指导意见”、“规定”等司法解释性质文件，制定的其他规范性文件不得在法律文书中援引。

二、地方人民法院、人民检察院对于制定的带有司法解释性质的文件，应当自行清理。凡是与法律、法规及司法解释的规定相抵触以及不适应经济社会发展要求的司法解释性质文件，应当予以废止；对于司法实践中迫切需要、符合法律精神又无相应的司法解释规定的，参照本通知第三条的规定办理。

地方人民法院、人民检察院应当自本通知下发之日起，分别对单独制定的司法解释性质文件进行清理；对法、检两家制定或者与其他部门联合制定的，由原牵头部门负责清理并做好沟通协调工作；对不属于地方人民法院、人民检察院牵头制定的，要主动会同相关牵头部门研究处理。

清理工作应当于2012年3月底以前完成，由高级人民法院、省级人民检察院分别向最高人民法院、最高人民检察院报告清理结果。

三、地方人民法院、人民检察院在总结审判工作、检察工作经验过程中，

认为需要制定司法解释的，按照《最高人民法院关于司法解释工作的规定》（法发〔2007〕12 号）和《最高人民检察院司法解释工作规定》（高检发研字〔2006〕4 号）的要求，通过高级人民法院、省级人民检察院向最高人民法院、最高人民检察院提出制定司法解释的建议或者对法律应用问题进行请示。

四、在执行本通知过程中遇到的具体情况和问题，高级人民法院、省级人民检察院应当及时向最高人民法院、最高人民检察院报告。

特此通知。

最高人民法院
印发《关于在审判执行工作中切实规范自由裁量权行使保障法律统一适用的指导意见》的通知

2012年2月28日　　　　　　　　　　　　法发〔2012〕7号

各省、自治区、直辖市高级人民法院，解放军军事法院，新疆维吾尔自治区高级人民法院生产建设兵团分院：

现将《最高人民法院关于在审判执行工作中切实规范自由裁量权行使保障法律统一适用的指导意见》印发给你们，请认真贯彻落实。

附：

关于在审判执行工作中切实规范自由裁量权行使保障法律统一适用的指导意见

中国特色社会主义法律体系如期形成，标志着依法治国基本方略的贯彻实施进入了一个新阶段，人民法院依法履行职责、维护法制统一、建设社会主义法治国家的责任更加重大。我国正处在重要的社会转型期，审判工作中不断出现新情况、新问题；加之，我国地域辽阔、人口众多、民族多样性等诸多因素，造成经济社会发展不平衡。这就要求人民法院在强化法律统一适用的同时，正确运用司法政策，规范行使自由裁量权，充分发挥自由裁量权在保障法律正确实施，维护当事人合法权益，维护司法公正，提升司法公信力等方面的积极作用。现就人民法院在审判执行工作中切实规范自由裁量权行使，保障法律统一适用的若干问题，提出以下指导意见：

一、正确认识自由裁量权。自由裁量权是人民法院在审理案件过程中，根据法律规定和立法精神，秉持正确司法理念，运用科学方法，对案件事实认定、法律适用以及程序处理等问题进行分析和判断，并最终作出依法有据、公平公正、合情合理裁判的权力。

二、自由裁量权的行使条件。人民法院在审理案件过程中，对下列情形依法行使自由裁量权：

（一）法律规定由人民法院根据案件具体情况进行裁量的；

（二）法律规定由人民法院从几种法定情形中选择其一进行裁量，或者在法定的范围、幅度内进行裁量的；

（三）根据案件具体情况需要对法律精神、规则或者条文进行阐释的；

（四）根据案件具体情况需要对证据规则进行阐释或者对案件涉及的争议事实进行裁量认定的；

（五）根据案件具体情况需要行使自由裁量权的其他情形。

三、自由裁量权的行使原则。

（一）合法原则。要严格依据法律规定，遵循法定程序和正确裁判方法，符合法律、法规和司法解释的精神以及基本法理的要求，行使自由裁量权。不能违反法律明确、具体的规定。

（二）合理原则。要从维护社会公平正义的价值观出发，充分考虑公共政策、社会主流价值观念、社会发展的阶段性、社会公众的认同度等因素，坚持正确的裁判理念，努力增强行使自由裁量权的确定性和可预测性，确保裁判结果符合社会发展方向。

（三）公正原则。要秉持司法良知，恪守职业道德，坚持实体公正与程序公正并重。坚持法律面前人人平等，排除干扰，保持中立，避免偏颇。注重裁量结果与社会公众对公平正义普遍理解的契合性，确保裁判结果符合司法公平正义的要求。

（四）审慎原则。要严把案件事实关、程序关和法律适用关，在充分理解法律精神、依法认定案件事实的基础上，审慎衡量、仔细求证，同时注意司法行为的适当性和必要性，努力实现办案的法律效果和社会效果的有机统一。

四、正确运用证据规则。行使自由裁量权，要正确运用证据规则，从保护当事人合法权益、有利查明事实和程序正当的角度，合理分配举证责任，全面、客观、准确认定证据的证明力，严格依证据认定案件事实，努力实现法律事实与客观事实的统一。

五、正确运用法律适用方法。行使自由裁量权，要处理好上位法与下位法、新法与旧法、特别法与一般法的关系，正确选择所应适用的法律；难以确定如何适用法律的，应按照立法法的规定报请有关机关裁决，以维护社会主义法制的统一。对同一事项同一法律存在一般规定和特别规定的，应优先适用特别规定。要正确把握法律、法规和司法解释中除明确列举之外的概括性条款规定，确保适用结果符合立法原意。

六、正确运用法律解释方法。行使自由裁量权，要结合立法宗旨和立法原意、法律原则、国家政策、司法政策等因素，综合运用各种解释方法，对法律条文作出最能实现社会公平正义、最具现实合理性的解释。

七、正确运用利益衡量方法。行使自由裁量权，要综合考量案件所涉各种利益关系，对相互冲突的权利或利益进行权衡与取舍，正确处理好公共利益与个人利益、人身利益与财产利益、生存利益与商业利益的关系，保护合法利益，抑制非法利益，努力实现利益最大化、损害最小化。

八、强化诉讼程序规范。行使自由裁量权，要严格依照程序法的规定，充分保障各方当事人的诉讼权利。要充分尊重当事人的处分权，依法保障当事人的辩论权，对可能影响当事人实体性权利或程序性权利的自由裁量事项，应将其作为案件争议焦点，充分听取当事人的意见；要完善相对独立的量刑程序，将量刑纳入庭审过程；要充分保障当事人的知情权，并根据当事人的要求，向当事人释明行使自由裁量权的依据、考量因素等事项。

九、强化审判组织规范。要进一步强化合议庭审判职责，确保全体成员对案件审理、评议、裁判过程的平等参与，充分发挥自由裁量权行使的集体把关机制。自由裁量权的行使涉及对法律条文的阐释、对不确定概念的理解、对证据规则的把握以及其他可能影响当事人重大实体性权利或程序性权利事项，且有重大争议的，可报请审判委员会讨论决定，确保法律适用的统一。

十、强化裁判文书规范。要加强裁判文书中对案件事实认定理由的论证，使当事人和社会公众知悉法院对证据材料的认定及采信理由。要公开援引和适用的法律条文，并结合案件事实阐明法律适用的理由，充分论述自由裁量结果的正当性和合理性，提高司法裁判的公信力和权威性。

十一、强化审判管理。要加强院长、庭长对审判活动的管理。要将自由裁量权的行使纳入案件质量评查范围，建立健全长效机制，完善评查标准。对自由裁量内容不合法、违反法定程序、结果显失公正以及其他不当行使自由裁量权的情形，要结合审判质量考核的相关规定予以处理；裁判确有错误，符合再审条件的，要按照审判监督程序进行再审。

十二、合理规范审级监督。要正确处理依法改判与维护司法裁判稳定性的关系，不断总结和规范二审、再审纠错原则，努力实现裁判标准的统一。下级人民法院依法正当行使自由裁量权作出的裁判结果，上级人民法院应当依法予以维持；下级人民法院行使自由裁量权明显不当的，上级人民法院可以予以撤销或变更；原审人民法院行使自由裁量权显著不当的，要按照审判监督程序予以撤销或变更。

十三、加强司法解释。最高人民法院要针对审判实践中的新情况、新问题，及时开展有针对性的司法调研。通过司法解释或司法政策，细化立法中的原则性条款和幅度过宽条款，规范选择性条款和授权条款，统一法律适用标准。要进一步提高司法解释和司法政策的质量，及时清理已过时或与新法产生冲突的司法解释，避免引起歧义或规则冲突。

十四、加强案例指导。各级人民法院要及时收集、整理涉及自由裁量权行使的典型案例，逐级上报最高人民法院。最高人民法院在公布的指导性案例中，要有针对性地筛选出在诉讼程序展开、案件事实认定和法律适用中涉及自由裁量事项的案例，对考量因素和裁量标准进行类型化。上级人民法院要及时掌握辖区内自由裁量权的行使情况，不断总结审判经验，提高自由裁量权行使的质量。

十五、不断统一裁判标准。各级人民法院内部对同一类型案件行使自由裁量权的，要严格、准确适用法律、司法解释，参照指导性案例，努力做到类似案件类似处理。下级人民法院对所审理的案件，认为存在需要统一裁量标准的，要书面报告上级人民法院。在案件审理中，发现不同人民法院对同类案件的处理存在明显不同裁量标准的，要及时将情况逐级上报共同的上级人民法院予以协调解决。自由裁量权的行使涉及具有普遍法律适用意义的新型、疑难问题的，要逐级书面报告最高人民法院。

十六、加强法官职业保障。要严格执行宪法、法官法的规定，增强法官职业荣誉感，保障法官正当行使自由裁量权。要大力建设学习型法院，全面提升司法能力。要加强法制宣传，引导社会和公众正确认识自由裁量权在司法审判中的必要性、正当性，不断提高社会公众对依法行使自由裁量权的认同程度。

十七、防止权力滥用。要进一步拓展司法公开的广度和深度，自觉接受人大、政协、检察机关和社会各界的监督。要深入开展廉洁司法教育，建立健全执法过错责任追究和防止利益冲突等制度规定，积极推进人民法院廉政风险防控机制建设，切实加强对自由裁量权行使的监督，对滥用自由裁量权并构成违纪违法的人员，要依据有关法律法规及纪律规定进行严肃处理。

最高人民法院
关于印发《人民法院法槌使用规定（试行）》的通知

2002 年 1 月 8 日　　　　　　法发〔2002〕1 号

各省、自治区、直辖市高级人民法院，解放军军事法院，新疆维吾尔自治区高级人民法院生产建设兵团分院：

《人民法院法槌使用规定（试行）》已于 2001 年 12 月 24 日由最高人民法院审判委员会第 1201 次会议通过，现将《人民法院法槌使用规定（试行）》印发给你们，请认真组织学习，贯彻执行。

附：

人民法院法槌使用规定（试行）

为维护法庭秩序，保障审判活动的正常进行，现就人民法院法槌使用问题规定如下：

第一条　人民法院审判人员在审判法庭开庭审理案件时使用法槌。

适用普通程序审理案件时，由审判长使用法槌；适用简易程序审理案件时，由独任审判员使用法槌。

第二条　有下列情形之一的，应当使用法槌：

（一）宣布开庭、继续开庭；

（二）宣布休庭、闭庭；

（三）宣布判决、裁定。

第三条　有下列情形之一的，可以使用法槌：

（一）诉讼参与人、旁听人员违反《中华人民共和国人民法院法庭规则》，妨害审判活动，扰乱法庭秩序的；

（二）诉讼参与人的陈述与本案无关或者重复陈述的；

（三）审判长或者独任审判员认为有必要使用法槌的其他情形。

第四条　法槌应当放置在审判长或者独任审判员的法台前方。

第五条　审判长、独任审判员使用法槌的程序如下：

（一）宣布开庭、继续开庭时，先敲击法槌，后宣布开庭、继续开庭；

（二）宣布休庭、闭庭时，先宣布休庭、闭庭，后敲击法槌；

（三）宣布判决、裁定时，先宣布判决、裁定，后敲击法槌；

（四）其他情形使用法槌时，应当先敲击法槌，后对庭审进程作出指令。

审判长、独任审判员在使用法槌时，一般敲击一次。

第六条 诉讼参与人、旁听人员在听到槌声后，应当立即停止发言和违反法庭规则的行为；仍继续其行为的，审判长、独任审判员可以分别情形，依照《中华人民共和国人民法院法庭规则》的有关规定予以处理。

第七条 法槌由最高人民法院监制。

第八条 本规定（试行）自 2002 年 6 月 1 日起施行。

最高人民法院
关于印发《人民法院法官袍穿着规定》的通知

2002年1月24日　　　　　　　　　法发〔2002〕3号

各省、自治区、直辖市高级人民法院，解放军军事法院，新疆维吾尔自治区高级人民法院生产建设兵团分院：

《人民法院法官袍穿着规定》已于2002年1月24日由最高人民法院审判委员会第1208次会议通过，现将《人民法院法官袍穿着规定》印发给你们，请认真组织学习，贯彻执行。

附：

人民法院法官袍穿着规定

为增强法官的职业责任感，进一步树立法官公正审判形象，现就法官袍穿着问题规定如下：

第一条　人民法院的法官配备法官袍。

第二条　法官在下列场合应当穿着法官袍：

（一）审判法庭开庭审判案件；

（二）出席法官任命或者授予法官等级仪式。

第三条　法官在下列场合可以穿着法官袍：

（一）出席重大外事活动；

（二）出席重大法律纪念、庆典活动。

第四条　法官在本规定第二条、第三条之外的其他场合，不得穿着法官袍，其他人员在任何场合不得穿着法官袍。

第五条　暂不具备条件的基层人民法院，开庭审判案件时可以不穿着法官袍，具体办法由各高级人民法院根据当地的具体情况制定。

第六条　法官袍应当妥善保管，保持整洁。

第七条　有关法官袍穿着规定与本规定不一致的，以本规定为准。

最高人民法院
印发《关于规范人民法院再审立案的若干意见（试行）》的通知

2002年9月10日　　法发〔2002〕13号

各省、自治区、直辖市高级人民法院，解放军军事法院，新疆维吾尔自治区高级人民法院生产建设兵团分院：

《最高人民法院关于规范人民法院再审立案的若干意见（试行）》已经最高人民法院审判委员会第1230次会议讨论通过，现印发给你们试行，请认真遵照执行。

附：

关于规范人民法院再审立案的若干意见（试行）

为加强审判监督，规范再审立案工作，根据《中华人民共和国刑事诉讼法》、《中华人民共和国民事诉讼法》和《中华人民共和国行政诉讼法》的有关规定，结合审判实际，制定本规定。

第一条　各级人民法院、专门人民法院对本院或者上级人民法院对下级人民法院作出的终审裁判，经复查认为符合再审立案条件的，应当决定或裁定再审。

人民检察院依照法律规定对人民法院作出的终审裁判提出抗诉的，应当再审立案。

第二条　地方各级人民法院、专门人民法院负责下列案件的再审立案：

（一）本院作出的终审裁判，符合再审立案条件的；

（二）下一级人民法院复查驳回或者再审改判，符合再审立案条件的；

（三）上级人民法院指令再审的；

（四）人民检察院依法提出抗诉的。

第三条　最高人民法院负责下列案件的再审立案：

（一）本院作出的终审裁判，符合再审立案条件的；

（二）高级人民法院复查驳回或者再审改判，符合再审立案条件的；

（三）最高人民检察院依法提出抗诉的；

（四）最高人民法院认为应由自己再审的。

第四条 上级人民法院对下级人民法院作出的终审裁判，认为确有必要的，可以直接立案复查，经复查认为符合再审立案条件的，可以决定或裁定再审。

第五条 再审申请人或申诉人向人民法院申请再审或申诉，应当提交以下材料：

（一）再审申请书或申诉状，应当载明当事人的基本情况、申请再审或申诉的事实与理由；

（二）原一、二审判决书、裁定书等法律文书，经过人民法院复查或再审的，应当附有驳回通知书、再审判决书或裁定书；

（三）以有新的证据证明原裁判认定的事实确有错误为由申请再审或申诉的，应当同时附有证据目录、证人名单和主要证据复印件或者照片；需要人民法院调查取证的，应当附有证据线索。

申请再审或申诉不符合前款规定的，人民法院不予审查。

第六条 申请再审或申诉一般由终审人民法院审查处理。

上一级人民法院对未经终审人民法院审查处理的申请再审或申诉，一般交终审人民法院审查；对经终审人民法院审查处理后仍坚持申请再审或申诉的，应当受理。

对未经终审人民法院及其上一级人民法院审查处理，直接向上级人民法院申请再审或申诉的，上级人民法院应当交下一级人民法院处理。

第七条 对终审刑事裁判的申诉，具备下列情形之一的，人民法院应当决定再审：

（一）有审判时未收集到的或者未被采信的证据，可能推翻原定罪量刑的；

（二）主要证据不充分或者不具有证明力的；

（三）原裁判的主要事实依据被依法变更或撤销的；

（四）据以定罪量刑的主要证据自相矛盾的；

（五）引用法律条文错误或者违反刑法第十二条的规定适用失效法律的；

（六）违反法律关于溯及力规定的；

（七）量刑明显不当的；

（八）审判程序不合法，影响案件公正裁判的；

（九）审判人员在审理案件时索贿受贿、徇私舞弊并导致枉法裁判的。

第八条 对终审民事裁判、调解的再审申请，具备下列情形之一的，人民法院应当裁定再审：

（一）有再审申请人以前不知道或举证不能的证据，可能推翻原裁判的；

（二）主要证据不充分或者不具有证明力的；

（三）原裁判的主要事实依据被依法变更或撤销的；

（四）就同一法律事实或同一法律关系，存在两个相互矛盾的生效法律文书，再审申请人对后一生效法律文书提出再审申请的；

（五）引用法律条文错误或者适用失效、尚未生效法律的；

（六）违反法律关于溯及力规定的；

（七）调解协议明显违反自愿原则，内容违反法律或者损害国家利益、公共利益和他人利益的；

（八）审判程序不合法，影响案件公正裁判的；

（九）审判人员在审理案件时索贿受贿、徇私舞弊并导致枉法裁判的。

第九条 对终审行政裁判的申诉，具备下列情形之一的，人民法院应当裁定再审：

（一）依法应当受理而不予受理或驳回起诉的；

（二）有新的证据可能改变原裁判的；

（三）主要证据不充分或不具有证明力的；

（四）原裁判的主要事实依据被依法变更或撤销的；

（五）引用法律条文错误或者适用失效、尚未生效法律的；

（六）违反法律关于溯及力规定的；

（七）行政赔偿调解协议违反自愿原则，内容违反法律或损害国家利益、公共利益和他人利益的；

（八）审判程序不合法，影响案件公正裁判的；

（九）审判人员在审理案件时索贿受贿、徇私舞弊并导致枉法裁判的。

第十条 人民法院对刑事案件的申诉人在刑罚执行完毕后两年内提出的申诉，应当受理；超过两年提出申诉，具有下列情形之一的，应当受理：

（一）可能对原审被告人宣告无罪的；

（二）原审被告人在本条规定的期限内向人民法院提出申诉，人民法院未受理的；

（三）属于疑难、复杂、重大案件的。

不符合前款规定的，人民法院不予受理。

第十一条 人民法院对刑事附带民事案件中仅就民事部分提出申诉的，一般不予再审立案。但有证据证明民事部分明显失当且原审被告人有赔偿能力的除外。

第十二条 人民法院对民事、行政案件的再审申请人或申诉人超过两年提出再审申请或申诉的，不予受理。

第十三条 人民法院对不符合法定主体资格的再审申请或申诉，不予受理。

第十四条 人民法院对下列民事案件的再审申请不予受理：

（一）人民法院依照督促程序、公示催告程序和破产还债程序审理的案件；

（二）人民法院裁定撤销仲裁裁决和裁定不予执行仲裁裁决的案件；

（三）人民法院判决、调解解除婚姻关系的案件，但当事人就财产分割问题申请再审的除外。

第十五条 上级人民法院对经终审法院的上一级人民法院依照审判监督程序审理后维持原判或者经两级人民法院依照审判监督程序复查均驳回的申请再审或申诉案件，一般不予受理。

但再审申请人或申诉人提出新的理由，且符合《中华人民共和国刑事诉讼法》第二百零四条、《中华人民共和国民事诉讼法》第一百七十九条、《中华人民共和国行政诉讼法》第六十二条及本规定第七、八、九条规定条件的，以及刑事案件的原审被告人可能被宣告无罪的除外。

第十六条 最高人民法院再审裁判或者复查驳回的案件，再审申请人或申诉人仍不服提出再审申请或申诉的，不予受理。

第十七条 本意见自2002年11月1日起施行。以前有关再审立案的规定与本意见不一致的，按本意见执行。

最高人民法院
印发《关于全面加强人民法庭工作的决定》的通知

2005年9月23日　　　　　　　　法发〔2005〕16号

全国地方各级人民法院、各级军事法院、各铁路运输中级法院和基层法院、各海事法院、新疆生产建设兵团各级法院：

现将《最高人民法院关于全面加强人民法庭工作的决定》印发给你们，请认真组织学习，贯彻执行。

附：

关于全面加强人民法庭工作的决定

为进一步贯彻中央关于加强人民法庭工作的指示精神，根据《中华人民共和国人民法院组织法》、《中华人民共和国刑事诉讼法》、《中华人民共和国民事诉讼法》等法律的规定，结合人民法庭工作的实际，按照审判工作规律的要求，就今后如何全面加强人民法庭工作作出如下决定：

一、充分认识加强人民法庭工作的重要意义，明确加强人民法庭工作的指导思想和基本任务

1. 人民法庭是基层人民法院的派出机构和组成部分，代表国家依法行使审判权，它作出的裁判就是基层人民法院的裁判。人民法庭是党通过司法途径保持同人民群众密切联系的桥梁和纽带，是展示国家司法权威和提高司法公信力的重要窗口。人民法庭处在维护社会稳定的第一线，处于化解和调处矛盾纠纷的前沿，促进经济和社会发展、维护社会稳定的责任重大。只有不断增强司法能力，提高司法水平，人民法庭才能依法妥善处理和化解各种社会矛盾，推进基层社会主义民主法制建设的进程，维护社会的公平和正义。因此，全面加强人民法庭建设，对巩固党的执政基础，推动社会主义物质文明、政治文明和精神文明建设，构建社会主义和谐社会，具有十分重要的意义。

2. 加强人民法庭工作，必须以邓小平理论和“三个代表”重要思想为指导，坚决贯彻落实“公正司法，一心为民”的指导方针，围绕“公正与效率”的工作主题，面向农村、面向基层、面向群众，坚持便于当事人诉讼，便于人民法院依法独立、公正和高效行使审判权的原则。

3. 加强人民法庭工作的基本任务是，遵循审判规律，规范审判管理，完善审判制度，稳定法官队伍，提高整体素质，优化法庭布局，加强基础建设，落实经费保障，为构建社会主义和谐社会，促进城乡经济社会发展、民主政治和精神文明建设提供有力的司法保障。

二、规范人民法庭和巡回审判点设置

4. 设置人民法庭，应当坚持“两便”原则。应当根据案件数量、区域大小、人口分布、交通条件、经济社会发展状况和有利于审判资源的合理配置等情况，决定人民法庭的具体设置、选址和案件管辖范围。人民法庭应当主要设置在农村或者城乡结合部。人民法庭的设置不受乡镇行政区划的限制。城市市区、基层人民法院所在的城镇不再新设人民法庭。

5. 设置人民法庭应当具备下列条件：一是年受理案件数量一般不低于二百件，但边远山区、牧区、林区等地区不受此限，具体受理案件数量由各高级人民法院根据实际情况决定；二是至少要有三名法官，一名书记员，有条件的应当配备司法警察。少数民族地区应当配备懂当地民族语言的审判人员和书记员；三是要有自有的审判、办公用房，以及适应审判工作需要的办公设施、通信设备和交通工具。

人民法庭的名称，以其所在地地名命名，并冠以其所属基层人民法院的名称。具体名称为“某某人民法院＋人民法庭所在地地名＋人民法庭”。海事法院派出法庭的名称为：“某某海事法院＋法庭所在地地名＋法庭”。

6. 人民法庭的设置、变更和撤销，由基层人民法院根据实际需要提出方案，逐级上报高级人民法院批准。

高级人民法院对不符合设置条件的人民法庭，有权决定撤销。

7. 基层人民法院可根据需要设立巡回审判点，由人民法庭定期或不定期对案件进行巡回审理。巡回审判点应当有相对固定的审判场所和必要的办案设施。

三、加强规范化管理

8. 人民法庭的案件管辖范围，由基层人民法院在自己管辖的一审民事、刑事自诉和执行案件范围内根据实际情况确定，并向社会公布。

人民法庭应当严格依法履行职责，不得超越审判职权参与行政执法活动、地方经济事务和其他与审判无关的事务。

9. 经基层人民法院同意，人民法庭可以直接受理案件。对于当事人直接向人民法庭起诉的案件，经审查认为符合人民法庭受理条件而决定立案的，人民法庭应当及时将当事人的基本情况、案由、简要案情等报基层人民法院立案庭，由立案庭统一编立案号；对巡回审理中随立随审的案件，要及时补办立案手续；对人民法庭受理的案件，立案庭应当将其纳入基层人民法院统一的案件流程管理体系，及时加强管理和督办。

已经建立远程立案系统的基层人民法院，由其统一立案并不影响当事人及时行使诉讼权利的，立案权可以由基层人民法院立案庭统一行使。

10. 人民法庭审理案件，一般适用简易程序。

11. 人民法庭审结的案件，由人民法庭负责执行。但涉及执行审查事项或者基层人民法院认为不宜由人民法庭执行的，由基层人民法院执行机构负责执行。业务管理由基层人民法院执行机构统一负责。

人民法庭执行案件的立案，其立案程序和流程管理，适用本决定第 9 条的规定。

12. 基层人民法院对人民法庭诉讼费用的预收、结算和退费要严格管理。基层人民法院在人民法庭所在地的乡镇农业银行设立有诉讼费用专用账户的，人民法庭应当告知当事人到农业银行交纳案件诉讼费用。

13. 人民法庭应当建立健全审限管理制度，确保高效、及时审结各类案件，不得久拖不结。基层人民法院对人民法庭审理的案件，应当依法进行审限管理。

14. 人民法庭审理案件，应当按照案件质量管理的规定，注重程序公正，严把案件证据关、事实关和适用法律关，不断提高案件质量，实现法律效果和社会效果相统一。

15. 人民法庭应当建立健全印章、档案、财物及图书资料等保管制度；应当根据实际需要建立健全其他管理制度。

四、加强调解工作

16. 人民法庭受理民事案件和刑事自诉案件后，可视案件情况进行庭前调解。

17. 人民法庭审理案件，应当将调解贯穿案件审理的全过程，做到能调则调、当判则判、调判结合、案结事了。

18. 人民法庭应当配合司法行政部门对人民调解员进行法律业务培训，提高其调解能力；应当适时组织人民调解员旁听案件的审理；对人民调解委员会在开展调解活动中遇到的法律问题，可以进行指导，但不得直接参与个案调解。

19. 人民法庭审理涉及人民调解协议的案件，对合法调解达成的有民事权利义务内容的调解协议应当给予支持；对违法调解达成的协议，应当依法予以撤销或者确认无效。调解协议被人民法院生效判决撤销或者确认无效后，人民法庭可以以适当方式告知当地司法行政机关或人民调解委员会。

对当事人选择纠纷解决的方式，人民法庭应当予以尊重。

五、落实司法为民要求

20. 人民法庭应当根据当事人的文化水平、诉讼能力、是否委托律师等具体情况履行释明义务，指导当事人起诉时明确诉讼请求，并围绕诉讼请求进行举证。

21. 基层人民法院对人民法庭诉讼费用的预收、结算和退费要方便人民群众。基层人民法院在人民法庭所在地的乡镇没有设立诉讼费用专用账户的，可由人民法庭代收案件诉讼费用。当事人到基层人民法院办理诉讼费用的结算和退费确有困难的，人民法庭可以代为办理。

22. 人民法庭除在法庭所在地对案件进行开庭审理外，可以根据需要在案件发生地、当事人所在地或巡回审判点对案件进行巡回审理。在巡回审理期间，双方当事人请求人民法庭解决纠纷的，如果该请求符合起诉立案条件，可以当即立案、当即开庭。当即开庭确有困难的，应当在确定开庭时间和地点后及时告知当事人。

23. 人民法庭应当不断增强便民、利民、为民意识，积极主动落实司法为民的各项具体措施。应当加强便民设施建设，设置公示栏、宣传栏，以便于公众查询和监督。对各类主要案件的收费标准、当事人主要诉讼权利和义务、举证须知、风险提示及审理程序应当公示。

六、加强物质装备保障

24. 各高级人民法院应当统一制定本辖区内人民法庭和海事法院派出法庭物质装备建设的总体规划，并根据国家对人民法庭建设的投资计划和当地的经济发展状况，制定出具体的年度建设计划，精心组织实施落实。人民法庭的审判、办公用房建设，应当在三年内完成；交通工具、法庭设备、现代化办公设备和计算机网络建设，也应当纳入总体建设规划和年度建设计划，所需经费纳入基层人民法院的经费预算，逐年安排解决。

25. 人民法庭审判、办公用房，应当按照《人民法庭建设标准》的相关规定进行建设。中西部地区的人民法庭未建和需要改、扩建审判、办公用房的，应当按照《国家发展和改革委员会办公厅、最高人民法院办公厅关于做好中西部地区基层人民法庭规划和建设工作的通知》执行。

26. 人民法庭应当配备必要的交通工具和办公、通讯设备；有条件的地方应当实现人民法庭与基层人民法院院机关的计算机联网，尽快实行电子签章，以保证审判工作高效进行。负有巡回审判任务的人民法庭，应当配备适应巡回审判工作需要的专用车辆、便携式法庭设备和其他业务专用设备。

27. 对于人民法庭的专项建设经费，要严格管理，专款专用，任何人不得以任何理由截留或挪用。

七、加强队伍建设

28. 人民法庭要按照“公正、高效、廉洁、文明”的要求，增强司法能力，提高司法水平，建设一支政治坚定、业务精通、作风优良、司法公正、联系群众、甘于奉献的法庭队伍。

29. 人民法庭的业务培训工作主要由高级人民法院负责：人民法庭庭长的培训由高级人民法院负责，其他法官和书记员的培训由高级人民法院或委托设有法官培训机构的中级人民法院承担；每三年应当对庭长、其他法官和书记员轮训一遍。要充分利用网络、电视等现代科技手段开展远程教育。各级人民法院要积极争取同级党委、人大和政府的支持，加大培训经费的投入，保障对人民法庭法官业务培训所需的经费开支。上级人民法院要尽量减少人民法庭法官业务培训的经济负担。基层人民法院应当根据需要，及时为人民法庭购置图书、订阅报刊等审判业务学习资料。

30. 人民法庭庭长应当由政治强、业务精、善协调、懂管理的法官担任。除具备担任法官的一般条件外，还应当具有三年以上法官任职经历。人民法庭由庭长主持日常工作，行使审判事务、行政事务和队伍建设的管理权。要选派科级以上法官担任人民法庭庭长。直辖市的人民法庭和案件多、任务重的人民法庭，可选派处级法官担任。人民法庭庭长实行轮岗制度，原则上每四年交流一次。

人民法庭除设庭长外，还可根据工作需要设副庭长。

31. 人民法庭的法官实行定期轮岗制度，具体办法由各高级人民法院规定。鼓励上级人民法院派出干部到人民法庭锻炼，并从人民法庭选拔优秀法官。设有人民法庭的基层人民法院的初任法官一般应当到人民法庭工作一年以上；选任基层人民法院院、庭领导，一般应当有人民法庭工作经历。

32. 各级人民法院要加大对人民法庭法官依法履行职务的保障力度，支持人民法庭依法办案，确保公正司法。各级人民法院要积极会同有关部门协商解决人民法庭工作人员工资、审判津贴的及时足额发放问题，并保证人民法庭正常办案经费开支，适当增加人民法庭驻庭人员的出勤和伙食补贴，具体标准由各高级人民法院会同同级财政部门制定，并纳入财政预算。要积极协调地方财政优先落实人民法庭法官和其他工作人员的医疗和因公伤亡保险。

33. 人民法庭党员的组织关系隶属于基层人民法院党组织。基层人民法院党组织对人民法庭党员应当进行有效的管理，凡党员人数在三人以上的人民法庭，可以成立党支部。没有成立党支部和党员人数在三人以下的人民法庭，由基层人民法院党组决定党员所属的支部。基层党组织应当按规定切实落实“三会一课”制度，做好思想政治工作和廉政教育，充分发挥基层党组织的战斗堡垒作用，充分发挥党员的先锋模范作用。

34. 人民法庭的法官和其他工作人员要不断增强廉政意识，严格遵守审判纪律和廉政规定，坚决杜绝人情案、关系案、金钱案。对审判中的违法违纪行为，应当按照有关规定严肃查处。

35. 最高人民法院每四年对先进人民法庭和优秀人民法庭法官进行一次专项表彰；高级人民法院和中级人民法院每两年进行一次专项表彰。各级人民法院都要及时大力宣传人民法庭和人民法庭法官的先进事迹。

36. 基层人民法院要广泛听取社会各界对人民法庭队伍建设的意见，应当召开有人民法庭辖区内的人大代表、政协委员、人民陪审员、人民调解员、廉政监督员和群众代表等参加的座谈会，认真听取他们对人民法庭工作的意见。

八、加强对人民法庭工作的领导

37. 各级人民法院应当主动接受当地党委的领导、人大的监督，积极争取政府的支持，并定期或者不定期地向当地党委、人大汇报人民法庭的工作，及时与政府沟通情况，促进人民法庭工作的开展。

38. 最高人民法院、各高、中级人民法院应当成立人民法庭工作领导小组。领导小组由一名院领导担任组长，民事审判第一庭、政治人事工作部门、执行机构、研究室和司法行政装备管理等部门的负责人作为成员单位参加领导小组，职责是：研究本辖区内人民法庭工作的重大事项，布置各个时期人民法庭工作的任务。

人民法庭的基本建设和物质装备建设工作由各级人民法院司法行政装备管理部门具体负责。

基层人民法院要加强对人民法庭工作的领导，院长要亲自抓，在队伍建设、物质装备和审判管理等方面要采取切实可行的措施。

39. 最高人民法院、各高、中级人民法院人民法庭工作领导小组下设办公室，负责辖区内人民法庭日常工作的指导，完成领导小组交办的工作。有条件的应单独设立办公室；条件不具备的，办公室应依托在民事审判第一庭，但应配备一至二名专职工作人员。

40. 各级人民法院领导应当深入人民法庭开展调查研究，高级人民法院和中级人民法院领导每人应当确定一、二个联系点，每年到人民法庭调查研究。

各级人民法院应当从提高党的执政能力、巩固党的执政基础、构建社会主义和谐社会的高度，充分认识当前全面加强人民法庭工作的重要性，以求真务实、开拓进取的精神，全面加强人民法庭工作，下大力气解决新时期人民法庭建设中面临的实际困难，切实增强人民法庭的司法能力，提高人民法庭的司法水平，为开创人民法庭工作的新局面而努力奋斗！

最高人民法院

印发《最高人民法院关于司法解释工作的规定》的通知

2007 年 3 月 9 日　　　　　　法发〔2007〕12 号

本院各单位：

《最高人民法院关于司法解释工作的规定》已于 2006 年 12 月 11 日经最高人民法院审判委员会第 1408 次会议通过，现印发给你们，请遵照执行。

附：

关于司法解释工作的规定

一、一般规定

第一条　为进一步规范和完善司法解释工作，根据《中华人民共和国人民法院组织法》、《中华人民共和国各级人民代表大会常务委员会监督法》和《全国人民代表大会常务委员会关于加强法律解释工作的决议》等有关规定，制定本规定。

第二条　人民法院在审判工作中具体应用法律的问题，由最高人民法院作出司法解释。

第三条　司法解释应当根据法律和有关立法精神，结合审判工作实际需要制定。

第四条　最高人民法院发布的司法解释，应当经审判委员会讨论通过。

第五条　最高人民法院发布的司法解释，具有法律效力。

第六条　司法解释的形式分为“解释”、“规定”、“批复”和“决定”四种。

对在审判工作中如何具体应用某一法律或者对某一类案件、某一类问题如何应用法律制定的司法解释，采用“解释”的形式。

根据立法精神对审判工作中需要制定的规范、意见等司法解释，采用“规定”的形式。

对高级人民法院、解放军军事法院就审判工作中具体应用法律问题的请示制定的司法解释，采用“批复”的形式。

修改或者废止司法解释，采用“决定”的形式。

第七条 最高人民法院与最高人民检察院共同制定司法解释的工作，应当按照法律规定和双方协商一致的意见办理。

第八条 司法解释立项、审核、协调等工作由最高人民法院研究室统一负责。

二、立 项

第九条 制定司法解释，应当立项。

第十条 最高人民法院制定司法解释的立项来源：

（一）最高人民法院审判委员会提出制定司法解释的要求；

（二）最高人民法院各审判业务部门提出制定司法解释的建议；

（三）各高级人民法院、解放军军事法院提出制定司法解释的建议或者对法律应用问题的请示；

（四）全国人大代表、全国政协委员提出制定司法解释的议案、提案；

（五）有关国家机关、社会团体或者其他组织以及公民提出制定司法解释的建议；

（六）最高人民法院认为需要制定司法解释的其他情形。

基层人民法院和中级人民法院认为需要制定司法解释的，应当层报高级人民法院，由高级人民法院审查决定是否向最高人民法院提出制定司法解释的建议或者对法律应用问题进行请示。

第十一条 最高人民法院审判委员会要求制定司法解释的，由研究室直接立项。

对其他制定司法解释的立项来源，由研究室审查是否立项。

第十二条 最高人民法院各审判业务部门拟制定“解释”、“规定”类司法解释的，应当于每年年底前提出下一年度的立项建议送研究室。

研究室汇总立项建议，草拟司法解释年度立项计划，经分管院领导审批后提交审判委员会讨论决定。

因特殊情况，需要增加或者调整司法解释立项的，有关部门提出建议，由研究室报分管院领导审批后报常务副院长或者院长决定。

第十三条 最高人民法院各审判业务部门拟对高级人民法院、解放军军事法院的请示制定批复的，应当及时提出立项建议，送研究室审查立项。

第十四条 司法解释立项计划应当包括以下内容：立项来源，立项的必要性，需要解释的主要事项，司法解释起草计划，承办部门以及其他必要事项。

第十五条 司法解释应当按照审判委员会讨论通过的立项计划完成。未能按照立项计划完成的，起草部门应当及时写出书面说明，由研究室报分管院领导审批后提交审判委员会决定是否继续立项。

三、起草与报送

第十六条 司法解释起草工作由最高人民法院各审判业务部门负责。

涉及不同审判业务部门职能范围的综合性司法解释，由最高人民法院研究室负责起草或者组织、协调相关部门起草。

第十七条 起草司法解释，应当深入调查研究，认真总结审判实践经验，广泛征求意见。

涉及人民群众切身利益或者重大疑难问题的司法解释，经分管院领导审批后报常务副院长或者院长决定，可以向社会公开征求意见。

第十八条 司法解释送审稿应当送全国人民代表大会相关专门委员会或者全国人民代表大会常务委员会相关工作部门征求意见。

第十九条 司法解释送审稿在提交审判委员会讨论前，起草部门应当将送审稿及其说明送研究室审核。

司法解释送审稿及其说明包括：立项计划、调研情况报告、征求意见情况、分管副院长对是否送审的审查意见、主要争议问题和相关法律、法规、司法解释以及其他相关材料。

第二十条 研究室主要审核以下内容：

（一）是否符合宪法、法律规定；

（二）是否超出司法解释权限；

（三）是否与相关司法解释重复、冲突；

（四）是否按照规定程序进行；

（五）提交的材料是否符合要求；

（六）是否充分、客观反映有关方面的主要意见；

（七）主要争议问题与解决方案是否明确；

（八）其他应当审核的内容。

研究室应当在一个月内提出审核意见。

第二十一条 研究室认为司法解释送审稿需要进一步修改、论证或者协调的，应当会同起草部门进行修改、论证或者协调。

第二十二条 研究室对司法解释送审稿审核形成草案后，由起草部门报分管院领导和常务副院长审批后提交审判委员会讨论。

四、讨　论

第二十三条 最高人民法院审判委员会应当在司法解释草案报送之次日起三个月内进行讨论。逾期未讨论的，审判委员会办公室可以报常务副院长批准延长。

第二十四条 司法解释草案经审判委员会讨论通过的，由院长或者常务副院长签发。

司法解释草案经审判委员会讨论原则通过的，由起草部门会同研究室根据审判委员会讨论决定进行修改，报分管副院长审核后，由院长或者常务副院长签发。

审判委员会讨论认为制定司法解释的条件尚不成熟的，可以决定进一步论证、暂缓讨论或撤销立项。

五、发布、施行与备案

第二十五条 司法解释以最高人民法院公告形式发布。

司法解释应当在《最高人民法院公报》和《人民法院报》刊登。

司法解释自公告发布之日起施行，但司法解释另有规定的除外。

第二十六条 司法解释应当自发布之日起三十日内报全国人民代表大会常务委员会备案。

备案报送工作由办公厅负责，其他相关工作由研究室负责。

第二十七条 司法解释施行后，人民法院作为裁判依据的，应当在司法文书中援引。

人民法院同时引用法律和司法解释作为裁判依据的，应当先援引法律，后援引司法解释。

第二十八条 最高人民法院对地方各级人民法院和专门人民法院在审判工作中适用司法解释的情况进行监督。上级人民法院对下级人民法院在审判工作中适用司法解释的情况进行监督。

六、编纂、修改、废止

第二十九条 司法解释的编纂由审判委员会决定，具体工作由研究室负责，各审判业务部门参加。

第三十条 司法解释需要修改、废止的，参照司法解释制定程序的相关规定办理，由审判委员会讨论决定。

第三十一条 本规定自2007年4月1日起施行。1997年7月1日发布的《最高人民法院关于司法解释工作的若干规定》同时废止。

最高人民法院办公厅
关于印发《技术咨询、技术审核工作管理规定》和《对外委托鉴定、评估、拍卖等工作管理规定》的通知

2007 年 8 月 23 日　　　　　　法办发〔2007〕5 号

本院各单位：

现将《最高人民法院技术咨询、技术审核工作管理规定》和《最高人民法院对外委托鉴定、评估、拍卖等工作管理规定》印发给你们，自 2007 年 9 月 1 日开始施行。

附一：

最高人民法院技术咨询、技术审核工作管理规定

第一章　总　则

第一条　为规范最高人民法院司法技术辅助工作中的技术咨询和技术审核工作，根据《中华人民共和国刑事诉讼法》、《中华人民共和国民事诉讼法》、《中华人民共和国行政诉讼法》和《最高人民法院关于地方各级人民法院设立司法技术辅助工作机构的通知》的规定，结合技术咨询和技术审核工作的实际，制定本规定。

第二条　技术咨询是指司法技术人员运用专门知识或技能对法官提出的专业性问题进行解释或者答复的活动。

技术审核是指司法辅助工作部门应审判、执行部门的要求，对送审案件中的鉴定文书、检验报告、勘验检查笔录、医疗资料、会计资料等技术性证据材料进行审查，提出审核意见的活动。

第三条　最高人民法院司法辅助工作部门负责为最高人民法院和地方各级人民法院、专门人民法院的审判和执行工作提供技术咨询、技术审核服务。

第二章 技 术 咨 询

第四条 审判、执行部门在审理、执行案件时，需要通过咨询解决专业性问题的，可以直接向司法辅助工作部门的司法技术人员提出。

咨询一般采用首问负责制，接受有关技术咨询的司法技术人员，应当认真、全面地解答问题，不得推诿或者作出不负责任的解答。

第五条 对于超出本专业范围的一般专业性问题，司法技术人员应报请司法辅助工作部门负责人指派其他司法技术人员。司法辅助工作部门的非司法技术人员不得接受技术咨询。

第六条 技术咨询一般采用面谈的方式进行，也可以通过电话、计算机网络、信函等方式进行。采用面谈方式进行的技术咨询，咨询法官制作的谈话笔录应由咨询法官和接受咨询的司法技术人员签名；采用电话、计算机网络及信函方式进行的咨询，电话记录、电子文稿和信函应留存。

第七条 对于超出司法辅助工作部门所有技术人员专业范围的问题，经司法辅助工作部门负责人批准和咨询方同意，可以向相关专家咨询后予以答复。

第八条 技术咨询一般在5个工作日内完成。法官要求出具书面咨询意见的，审判、执行部门应向司法辅助工作部门提交《技术咨询委托书》（格式表附后），由相同专业的二名以上技术人员参加，制作咨询意见书，经司法辅助工作部门负责人审核后签发，并加盖司法辅助工作部门技术咨询、审核专用章。

第九条 咨询意见书应包括以下内容：

（一）咨询者姓名、单位，咨询日期，咨询过程，被咨询人等；

（二）法官咨询的问题，司法技术人员解释或者答复的内容。

第十条 咨询意见书仅供法官、合议庭或审判委员会参考，不作为定案的依据，不对外公开。

第三章 技 术 审 核

第十一条 技术审核主要解决具体案件中的鉴定方法、程序、结论、因果关系等问题，适用于以下情形：

（一）当事人提出重新鉴定申请，法官需要明确是否有必要再次启动鉴定程序及启动何种程序的；

（二）多个鉴定结论不同或有矛盾，法官需要明确如何从科学角度取舍或采信鉴定结论的；

（三）需明确鉴定结论对送审事项在科学上的证明意义的；

（四）其他需要技术审核的。

第十二条 技术审核的主要内容有：

（一）鉴定材料和鉴定对象是否符合鉴定要求，是否具备鉴定条件；

（二）鉴定手段、方法是否科学，鉴定过程是否规范；

（三）鉴定意见及其分析所依据的事实是否客观全面，特征的解释是否合理，适用的标准是否准确，分析说明是否符合逻辑，鉴定结论的推论是否符合科学规范；

（四）其他应当审核的内容。

第十三条 审判、执行部门向司法辅助工作部门提交的《技术审核委托书》（格式表附后），应当载明简要案情、审核内容及要求、相关案件卷宗、需审核的鉴定文书及相关鉴定材料等情况。委托书应有审判、执行部门负责人的签名。

地方各级人民法院和专门人民法院委托最高人民法院作技术审核的，应盖有委托法院的公章。

第十四条 技术审核工作的立案由司法辅助工作部门专门人员负责。专门人员接受《技术审核委托书》及技术审核材料，经查无误，对案件编号，报司法辅助工作部门负责人指定承办人。

第十五条 技术审核应由 2 名以上具有相关专业中级以上职称的技术人员承办，一名为主办人，其余为辅办人。

承办人应当分别独立工作，交叉阅卷、查看审核材料，独立提出审核意见。遇有不同意见并难以统一的，应增加技术人员进行充分讨论，形成一致意见。不能达成一致意见的，应当在审核意见书中如实记载每个人的观点。

第十六条 对重大、疑难、复杂的案件，经审判、执行部门同意和司法辅助工作部门负责人批准，应当组织专家论证。

第十七条 专家独立论证后，承办人要组织专家讨论，充分讨论后不能达成一致意见的，应在技术审核意见书上如实表述每个专家的观点。

第十八条 技术审核工作一般在 10 个工作日内完成。重大、疑难、复杂的案件经司法辅助工作部门负责人批准后可以延长 15 个工作日，并将延长的事由向审判、执行部门说明。

第十九条 技术审核一般采用书面审核的方式进行，承办人认为确有必要的，经审判、执行部门同意和司法辅助工作部门负责人批准，可以辅以下列审核方式：

（一）勘验现场、检查被鉴定人或查看原鉴定中与案情有关的物品；

（二）询问本案的当事人；

（三）与鉴定人座谈。

上述方式形成的材料，仅供司法技术人员作技术审核时使用，不作为认定案件事实的证据。

第二十条 主办人综合分析审核事项后，出具含有以下内容的审核意见书：

（一）鉴定对象和材料符合要求，鉴定方法科学，程序规范，依据准确，未见不当之处；

（二）鉴定中存在疑问，提出在质证中应当重点解决的问题，或建议补充鉴定；

（三）鉴定存在严重差错，鉴定意见不能成立，建议重新鉴定；

（四）其他应当出具的审核意见。

第二十一条 对于鉴定缺陷、差错的表述应当全面、具体；提出在质证中应当解决的问题，应有质证内容和方法的提示，并说明理由、目的，预测结果；建议补充鉴定或重新鉴定的，应说明补充鉴定或重新鉴定的理由、要求和目的。

第二十二条 审核意见书由主办人制作。审核意见书应载明受理日期、委托部门、送审材料、审核事项、审核过程、参与论证人员的专业、姓名、审核人的资质等。承办人应在审核意见书上签名。经司法辅助工作部门负责人审核，加盖司法辅助工作部门技术咨询、审核专用章。

第二十三条 审核意见书仅供法官、合议庭或审判委员会参考，不作为定案的依据，不对外公开。

第四章 回 避

第二十四条 担任技术咨询、技术审核工作的司法技术人员有下列情形之一的，应当主动回避：

（一）是本案的当事人或者当事人的近亲属；

（二）本人或其近亲属和本案有利害关系；

（三）本人或其近亲属担任过本案的证人、鉴定人、勘验人、辩护人、诉讼代理人；

（四）与本案当事人有其他关系，可能影响技术咨询、技术审核的结论。

第五章 附 则

第二十五条 本规定自 2007 年 9 月 1 日施行。

（附表略）

附二：

最高人民法院对外委托鉴定、评估、拍卖等工作管理规定

第一章 总 则

第一条 为规范最高人民法院对外委托鉴定、评估、拍卖等工作，保护当事人的合法权益，维护司法公正，根据《中华人民共和国刑事诉讼法》、《中华人民共和国民事诉讼法》、《中华人民共和国行政诉讼法》、《全国人大常委会关于司法鉴定管理问题的决定》和《最高人民法院关于地方各级人民法院设立司法技术辅助工作机构的通知》的规定，结合最高人民法院对外委托鉴定、评估、拍卖等工作实际，制定本规定。

第二条 对外委托鉴定、评估、拍卖等工作是指人民法院审判和执行工作中委托专门机构或专家进行鉴定、检验、评估、审计、拍卖、变卖和指定破产清算管理人等工作，并进行监督协调的司法活动。

第三条 最高人民法院司法辅助工作部门负责统一办理审判、执行工作中需要对外委托鉴定、检验、评估、审计、拍卖、变卖和指定破产清算管理人等工作。

第四条 涉及到举证时效、证据的质证与采信、评估基准日、拍卖保留价的确定，拍卖撤回、暂缓与中止等影响当事人相关权利义务的事项由审判、执行部门决定。

第五条 对外委托鉴定、评估、拍卖等工作按照公开、公平、择优的原则，实行对外委托名册制度，最高人民法院司法辅助工作部门负责《最高人民法院司法技术专业机构、专家名册》(以下简称《名册》)的编制和对入册专业机构、专家的工作情况进行监督和协调。

第二章 收 案

第六条 最高人民法院的审判、执行部门在工作中对需要进行对外委托鉴定、检验、评估、审计、拍卖、变卖和指定破产清算管理人等工作的，应当制作《对外委托工作交接表》(格式表附后)，同相关材料一起移送司法辅助工作部门。

地方各级人民法院和专门人民法院需要委托最高人民法院对外委托鉴定、评估、拍卖等工作的，应当层报最高人民法院。

第七条 对外委托鉴定、检验、评估、审计、变卖和指定破产清算管理人等工作时，应当移交以下材料：

（一）相关的卷宗材料；

（二）经法庭质证确认的当事人举证材料；

（三）法院依职权调查核实的材料；

（四）既往鉴定、检验、评估、审计、变卖和指定破产清算管理人报告文书；

（五）申请方当事人和对方当事人及其辩护人、代理人的通讯地址、联系方式，代理人的代理权限；

（六）与对外委托工作有关的其他材料。

第八条 对外委托拍卖的案件移送时应当移交以下材料：

（一）执行所依据的法律文书；

（二）拍卖财产的评估报告副本和当事人确认价格的书面材料；

（三）拍卖标的物的相关权属证明复印件；

（四）拍卖标的物的来源和瑕疵情况说明；

（五）拍卖财产现状调查表；

（六）当事人授权书复印件；

（七）当事人及其他相关权利人的基本情况及联系方式；

（八）被执行人履行债务的情况说明。

第九条 对外委托的收案工作由司法辅助工作部门的专门人员负责，按以下程序办理：

（一）审查移送手续是否齐全；

（二）审查、核对移送材料是否齐全，是否符合要求；

（三）制作案件移送单并签名，报司法辅助工作部门负责人签字并加盖部门公章。由司法辅助工作部门和审判、执行部门各存一份备查；

（四）进行收案登记。

第十条 司法辅助工作部门负责人指定对外委托案件的监督、协调员。监督、协调员分为主办人和协办人。

主办人负责接收案件，保管对外委托的卷宗等材料，按照委托要求与协办人办理对外委托工作；协办人应积极配合主办人完成工作。

第十一条 主办人接到案件后应在 3 个工作日内提出初审意见，对不具备委托条件的案件应制作《不予委托意见书》说明理由，报司法辅助工作部门负责人审批后，办理结案手续，并于 3 个工作日内将案件材料退回审判、执行部门。

第三章　选择专业机构与委托

第十二条　选择鉴定、检验、评估、审计专业机构，指定破产清算管理人实行协商选择与随机选择相结合的方式。选择拍卖专业机构实行随机选择的方式。

凡需要由人民法院依职权指定的案件由最高人民法院司法辅助工作部门按照随机的方式，选择对外委托的专业机构，然后进行指定。

第十三条　司法辅助工作部门专门人员收案后，除第十一条第二款的情况外，应当在3个工作日内采取书面、电传等有效方式，通知当事人按指定的时间、地点选择专业机构或专家。

第十四条　当事人不按时到场，也未在规定期间内以书面形式表达意见的，视为放弃选择专业机构的权利。

第十五条　选择专业机构在司法辅助工作部门专门人员的主持下进行，选择结束后，当事人阅读选择专业机构笔录，并在笔录上签字。

第十六条　协商选择程序如下：

（一）专门人员告知当事人在选择程序中的权利、义务；

（二）专门人员向当事人介绍《名册》中相关专业的所有专业机构或专家的情况。当事人听取介绍后协商选择双方认可的专业机构或专家，并告知专门人员和监督、协调员；

（三）当事人协商一致选择名册以外的专业机构或专家的，司法辅助工作部门应对选择的专业机构进行资质、诚信、能力的程序性审查，并告知双方应承担的委托风险；

（四）审查中发现专业机构或专家没有资质或有违法违规行为的，应当要求双方当事人重新选择；

（五）发现双方当事人选择有可能损害国家利益、集体利益或第三方利益的，应当终止协商选择程序，采用随机选择方式；

（六）有下列情形之一的，采用随机选择方式：

1. 当事人都要求随机选择的；

2. 当事人双方协商不一致的；

3. 一方当事人表示放弃协商选择权利，或一方当事人无故缺席的。

第十七条　随机选择程序主要有两种：

（一）计算机随机法

1. 计算机随机法应当统一使用最高人民法院确定的随机软件；

2. 选择前，专门人员应当向当事人介绍随机软件原理、操作过程等基本情况，并进行操作演示；

3. 专门人员从计算机预先录入的《名册》中选择所有符合条件的专业机

构或专家列入候选名单；

4. 启动随机软件，最终选定的候选者当选。

（二）抽签法

1. 专门人员向当事人说明抽签的方法及相关事项；

2. 专门人员根据移送案件的需要，从《名册》中选出全部符合要求的候选名单，并分别赋予序号；

3. 当事人全部到场的，首先确定做签者和抽签者，由专门人员采用抛硬币的方法确定一方的当事人为做签者，另外一方当事人为抽签者。做签者按候选者的序号做签，抽签者抽签后当场交给专门人员验签。专门人员验签后应当将余签向当事人公示；

4. 当事人一方不能到场的，由专门人员做签，到场的当事人抽签。当事人抽签后，专门人员当场验签确定，并将余签向当事人公示。

第十八条 名册中的专业机构仅有一家时，在不违反回避规定的前提下，即为本案的专业机构。

第十九条 专业机构或专家确定后，当事人应当签字确认。对没有到场的当事人应先通过电话、传真送达，再邮寄送达。

第二十条 采用指定方法选择的，司法辅助工作部门负责人到场监督，专门人员应向当事人出示《名册》中所有相关专业机构或专家的名单，由专门人员采用计算机随机法、抽签法中的一种方法选择专业机构或专家。

第二十一条 指定选择时，对委托要求超出《名册》范围的，专门人员应根据委托要求从具有相关专业资质的专业机构或专家中选取，并征求当事人意见。当事人也可以向本院提供相关专业机构或专家的信息，经专门人员审查认为符合委托条件的，应当听取其他当事人意见。

第二十二条 重大、疑难、复杂案件的委托事项，选择专业机构或专家时，应邀请院领导或纪检监察部门和审判、执行部门人员到场监督。

第二十三条 应当事人或合议庭的要求，对重大、疑难、复杂或涉及多学科的专门性问题，司法技术辅助工作部门可委托有资质的专业机构组织相关学科的专家进行鉴定。

组织鉴定由 3 名以上总数为单数的专家组组成。

第二十四条 专业机构确定后，监督、协调员应在 3 个工作日内通知专业机构审查材料，专业机构审查材料后同意接受委托的，办理委托手续，并由专业机构出具接受材料清单交监督、协调员存留。审查材料后不接受委托的，通知当事人在 3 个工作日内重新选择或者由司法辅助工作部门重新指定。

第二十五条 向非拍卖类专业机构出具委托书时，应当明确委托要求、委托期限、送检材料、违约责任，以及标的物的名称、规格、数量等情况。

向拍卖机构出具委托书时，应当明确拍卖标的物的来源、存在的瑕疵、拍卖保留价、保证金及价款的支付方式、期限，写明对标的物瑕疵不承担担保责任，并附有该案的民事判决书、执行裁定书、拍卖标的物清单及评估报告复印件等文书资料。

委托书应当统一加盖最高人民法院司法辅助工作部门对外委托专用章。

第二十六条 司法精神疾病鉴定在正式对外委托前，监督、协调员应当根据委托要求和专业机构鉴定所需的被鉴定人基本情况，做委托前的先期调查工作，将所调查的材料与其它委托材料一并交专业机构。监督、协调员应在调查材料上签名。

第二十七条 监督、协调员向专业机构办理移交手续后，应于3个工作日内通知双方当事人，按指定时间、地点在监督、协调员主持下与专业机构商谈委托费用。委托费用主要由当事人与专业机构协商，委托费用数额应结合案件实际情况，以参照行业标准为主，协商为辅的方式进行，监督、协调员不得干涉。报价悬殊较大时，监督、协调员可以调解。对故意乱要价的要制止。确定委托费用数额后，交费一方当事人于3个工作日内将委托费用交付委托方。

对于当事人无故逾期不缴纳委托费用的，可中止委托，并书面告知专业机构；当事人即时缴纳委托费用的，仍由原专业机构继续进行鉴定。

第二十八条 对于商谈后不能确定委托费用的，监督、协调员应告知双方当事人可重新启动选择专业机构程序，重新选择专业机构。

公诉案件的对外委托费用在人民法院的预算费用中支付。

第四章 监督协调

第二十九条 专业机构接受委托后，监督、协调员应当审查专业机构专家的专业、执业资格，对不具有相关资质的应当要求换人。专业机构坚持指派不具有资质的专家从事委托事项的，经司法辅助工作部门负责人批准后撤回对该机构的委托，重新选择专业机构。

第三十条 对外委托的案件需要勘验现场的，监督、协调员应提前3个工作日通知专业机构和当事人。任何一方当事人无故不到场的，不影响勘验工作的进行。勘验应制作勘验笔录。

第三十一条 需要补充材料的，应由监督、协调员通知审判或执行部门依照法律法规提供。补充的材料须经法庭质证确认或主办法官审核签字。当事人私自向专业机构或专家个人送交的材料不得作为鉴定的依据。

第三十二条 专业机构出具报告初稿，送交监督、协调员。需要听证的，监督、协调员应在3个工作日内通知专业机构及当事人进行听证，并做好记录。对报告初稿有异议的当事人，应在规定期限内提出证据和书面材料，期限由监督、协调员根据案情确定，最长不得超过10个工作日。

第三十三条 对当事人提出的异议及证据材料，专业机构应当认真审查，自主决定是否采纳，并说明理由。需要进行调查询问时，由监督、协调员与专业机构共同进行，专业机构不得单独对当事人进行调查询问。

第三十四条 专业机构一般应在接受委托后的30个工作日内完成工作，重大、疑难、复杂的案件在60个工作日内完成。因委托中止在规定期限内不能完成，需要延长期限的，专业机构应当提交书面申请，并按法院重新确定的时间完成受委托工作。

第三十五条 专业机构在规定时间内没有完成受委托的工作，经二次延长时间后仍不能完成的，应终止委托，收回委托材料及全部委托费用，并通知当事人重新选择专业机构。对不能按时完成委托工作的专业机构，一年内不再向其委托。

第三十六条 对外委托拍卖案件时，监督、协调员应当履行以下职责：

（一）审查拍卖师执业资格；

（二）监督拍卖展示是否符合法律规定；

（三）监督拍卖机构是否按照拍卖期限发布拍卖公告；并对拍卖公告的内容进行审核；

（四）检查拍卖人对竞买人的登记记录；

（五）审查拍卖人是否就拍卖标的物瑕疵向竞买人履行了告知义务；

（六）定向拍卖时审查竞买人的资格或者条件；

（七）审查优先购买权人的权利是否得到保障；

（八）拍卖多项财产时，其中部分财产卖得的价款足以清偿债务和支付相关费用的，审查对剩余财产的拍卖是否符合规定；对不可分或分别拍卖可能严重减损其价值的，监督拍卖机构是否采用了合并拍卖的方式；

（九）审查是否有暂缓、撤回、停止拍卖的情况出现；

（十）拍卖成交后，监督买受人是否在规定期限内交付价款；

（十一）审核拍卖报告的内容及所附材料是否全面妥当；

（十二）监督拍卖机构是否有其他违反法律法规的行为。

第五章　结　　案

第三十七条 对外委托案件应当以出具鉴定报告、审计报告、评估报告、清算报告等报告形式结案，或者以拍卖成交、流拍、变卖、终止委托或不予委托的方式结案。

第三十八条 以出具报告形式结案的，监督、协调员应在收到正式报告后5个工作日内制作委托工作报告，载明委托部门或单位、委托内容及要求、选择专业机构的方式方法、专业机构的工作过程、对其监督情况等事项，报告书由监督、协调员署名；经司法辅助工作部门负责人签发后加盖司法辅助工作部门印章；填写案件移送清单，与委托材料、委托结论报告、委托工作报告等一并送负责收案的专门人员，由其移送委托方。

第三十九条 具有下列情形之一，影响对外委托工作期限的，应当中止委托：

（一）确因环境因素（如台风、高温）暂时不能进行鉴定工作的；

（二）暂时无法进行现场勘验的；

（三）暂时无法获取必要的资料的；

（四）其他情况导致对外委托工作暂时无法进行的。

第四十条 具有下列情形之一的，应当终结对外委托：

（一）无法获取必要材料的；

（二）申请人不配合的；

（三）当事人撤诉或调解结案的；

（四）其它情况致使委托事项无法进行的。

第四十一条 中止对外委托和终结对外委托的，都应向审判、执行部门出具正式的说明书。

第六章 编制与管理人民法院专业机构、专家名册

第四十二条 法医、物证、声像资料三类鉴定的专业机构名册从司法行政管理部门编制的名册中选录编制。其他类别的专业机构、专家名册由相关行业协会或主管部门推荐，按照公开、公平、择优的原则选录编制。

名册中同专业的专业机构应不少于 3 个，同专业的专业机构不足 3 个的除外。

第四十三条 司法辅助工作部门应对名册中的专业机构、专家履行义务的情况进行监督。对不履行法定义务或者违反相关规定的专业机构，司法辅助工作部门应当及时予以指正，视情节轻重，停止其一次至多次候选资格；对乱收鉴定费、故意出具错误鉴定结论、不依法履行出庭义务的，撤销其入册资格，通报给司法行政管理部门和行业协会或行业主管部门；对情节恶劣，造成严重后果的，应报有关部门追究其法律责任。

第七章 回 避

第四十四条 监督、协调员有下列情形之一的，应当主动申请回避，当事人也有权申请回避：

（一）是本案的当事人或者当事人的近亲属的；

（二）本人或其近亲属和本案有利害关系的；

（三）本人或其近亲属担任过本案的证人、鉴定人、勘验人、辩护人或诉讼代理人的；

（四）本人的近亲属在将要选择的相关类专业机构工作的；

（五）向本案的当事人推荐专业机构的；

（六）与本案当事人有其他关系，可能影响对案件进行公正处理的。

第四十五条 监督、协调员有第四十四条规定的回避情形的，应在1个工作日内主动提出回避申请，报司法辅助工作部门负责人审批。

第四十六条 发现专业机构有需要回避的情形时，监督、协调员应向司法辅助工作部门负责人提出重新选择专业机构的建议，由司法辅助工作部门负责人批准后重新选择专业机构。专业机构的承办人员有回避情形的，监督、协调员应当要求专业机构更换承办人员。

第八章 附 则

第四十七条 法院工作人员在对外委托司法辅助工作中有以下行为的，按照《人民法院违法审判责任追究办法（试行）》和《人民法院审判纪律处分办法（试行）》追究责任：

（一）泄露审判机密；

（二）要求当事人选择某一专业机构；

（三）与专业机构或当事人恶意串通损害他人合法权益；

（四）接受当事人或专业机构的吃请、钱物等不正当利益；

（五）违反工作程序或故意不作为；

（六）未经司法辅助工作部门擅自对外委托；

（七）其他违法违纪行为。

构成犯罪的，依法追究其刑事责任。

第四十八条 本规定自2007年9月1日施行。

最高人民法院办公厅
关于规范司法解释施行日期有关问题的通知

2007 年 8 月 23 日　　　　　　　　法办〔2007〕396 号

本院各单位：

为进一步规范我院司法解释的制定、发布工作，避免社会公众对司法解释施行日期产生误解，确保司法解释的正确适用，根据《最高人民法院关于司法解释工作的规定》第二十五条规定，现将我院制定、发布司法解释确定其施行日期的有关事项通知如下：

一、今后各部门起草的司法解释对施行日期没有特别要求的，司法解释条文中不再规定“本解释（规定）自公布之日起施行”的条款，施行时间一律以发布司法解释的最高人民法院公告中明确的日期为准。

二、司法解释对施行日期有特别要求的，应当在司法解释条文中规定相应条款，明确具体施行时间，我院公告的施行日期应当与司法解释的规定相一致。

特此通知。

最高人民法院
关于严禁在对外委托鉴定、评估、审计、拍卖等活动中收取中介机构佣金的通知

2009 年 10 月 28 日　　　　法〔2009〕368 号

各省、自治区、直辖市高级人民法院，新疆维吾尔自治区高级人民法院生产建设兵团分院：

今年 10 月 23 日，《中国青年报》及中青在线刊登报道《台州法院执行案件与拍卖行四六分成》，随后该报道被多家网站转载。该报道反映了个别法院曾经存在违规收取中介机构佣金的问题。为此，各级人民法院务必高度重视，切实加强对委托鉴定、评估、审计、拍卖等工作的管理。现将有关要求重申如下：

一、各级人民法院要严格对外委托的工作程序和制度，人民法院对外委托鉴定、评估、审计、拍卖等工作必须由法院司法技术辅助工作机构按有关规定统一办理。审判、执行等业务部门不得擅自进行对外委托工作，严禁法院任何部门以任何理由向中介机构收取佣金，并应当尽可能降低当事人的诉讼成本。

二、各级人民法院要对近年来受理的委托鉴定、评估、审计、拍卖案件有重点地进行清理和评查。对执行评估拍卖以及涉及的财务账目进行核查；对是否依法委托、是否收取中介机构佣金等问题进行全面检查，对执行或拍卖程序有瑕疵的，要依法及时纠正。

三、上级法院要切实加强对下级法院监督指导的力度，特别是要发挥纪检监察部门在对外委托鉴定、评估、审计、拍卖等工作中的监督职能，对发现的涉及违纪违法问题，要依照有关规定严肃查处。

请各高级人民法院将本通知立即转发至辖区内各级人民法院遵照执行。

最高人民法院
关于印发《人民法院工作人员处分条例》的通知

2009年12月31日　　　　　　法发〔2009〕61号

全国地方各级人民法院、各级军事法院、各铁路运输中级法院和基层法院、各海事法院，新疆生产建设兵团各级法院：

现将《人民法院工作人员处分条例》印发给你们，请认真贯彻执行。执行中有何问题请及时向我院报告。

附：

人民法院工作人员处分条例

第一章　总　　则

第一节　目的、依据、原则和适用范围

第一条　为了规范人民法院工作人员行为，促进人民法院工作人员依法履行职责，确保公正、高效、廉洁司法，根据《中华人民共和国公务员法》和《中华人民共和国法官法》，制定本条例。

第二条　人民法院工作人员因违反法律、法规或者本条例规定，应当承担纪律责任的，依照本条例给予处分。

第三条　人民法院工作人员依法履行职务的行为受法律保护。非因法定事由、非经法定程序，不受处分。

第四条　给予人民法院工作人员处分，应当坚持以下原则：

（一）实事求是，客观公正；

（二）纪律面前人人平等；

（三）处分与违纪行为相适应；

（四）惩处与教育相结合。

第五条　人民法院工作人员违纪违法涉嫌犯罪的，应当移送司法机关处理。

第二节　处分的种类和适用

第六条　处分的种类为：警告、记过、记大过、降级、撤职、开除。

第七条　受处分的期间为：

（一）警告，六个月；

（二）记过，十二个月；

（三）记大过，十八个月；

（四）降级、撤职，二十四个月。

第八条　受处分期间不得晋升职务、级别，其中，受记过、记大过、降级、撤职处分的，不得晋升工资档次；受撤职处分的，应当按照规定降低级别。

第九条　受开除处分的，自处分决定生效之日起，解除与人民法院的人事关系，不得再担任公务员职务。

第十条　同时有两种以上需要给予处分的行为的，应当分别确定其处分种类。应当给予的处分种类不同的，执行其中最重的处分；应当给予撤职以下多个相同种类处分的，执行该处分，并在一个处分期以上、多个处分期之和以下，决定应当执行的处分期。

在受处分期间受到新的处分的，其处分期为原处分期尚未执行的期限与新处分期限之和。

处分期最长不超过四十八个月。

第十一条　二人以上共同违纪违法，需要给予处分的，根据各自应当承担的纪律责任分别给予处分。

人民法院领导班子、有关机构或者审判组织集体作出违纪违法决定或者实施违纪违法行为，依照前款规定处理。

第十二条　有下列情形之一的，应当在本条例分则规定的处分幅度以内从重处分：

（一）在共同违纪违法行为中起主要作用的；

（二）隐匿、伪造、销毁证据的；

（三）串供或者阻止他人揭发检举、提供证据材料的；

（四）包庇同案人员的；

（五）法律、法规和本条例分则中规定的其他从重情节。

第十三条　有下列情形之一的，应当在本条例分则规定的处分幅度以内从轻处分：

（一）主动交待违纪违法行为的；

（二）主动采取措施，有效避免或者挽回损失的；

（三）检举他人重大违纪违法行为，情况属实的；

（四）法律、法规和本条例分则中规定的其他从轻情节。

第十四条 主动交待违纪违法行为，并主动采取措施有效避免或者挽回损失的，应当在本条例分则规定的处分幅度以外降低一个档次给予减轻处分。

应当给予警告处分，又有减轻处分情形的，免予处分。

第十五条 违纪违法行为情节轻微，经过批评教育后改正的，可以免予处分。

第十六条 在人民法院作出处分决定前，已经被依法判处刑罚、罢免、免职或者已经辞去领导职务，依照本条例需要给予处分的，应当根据其违纪违法事实给予处分。

被依法判处刑罚的，一律给予开除处分。

第十七条 人民法院工作人员退休之后违纪违法，或者在任职期间违纪违法、在处分决定作出前已经退休的，不再给予纪律处分；但是，应当给予降级、撤职、开除处分的，应当按照规定相应降低或者取消其享受的待遇。

第十八条 对违纪违法取得的财物和用于违纪违法的财物，应当没收、追缴或者责令退赔。没收、追缴的财物，一律上缴国库。

对违纪违法获得的职务、职称、学历、学位、奖励、资格等，应当建议有关单位、部门按规定予以纠正或者撤销。

第三节 处分的解除、变更和撤销

第十九条 受开除以外处分的，在受处分期间有悔改表现，并且没有再发生违纪违法行为的，处分期满后应当解除处分。

解除处分后，晋升工资档次、级别、职务不再受原处分的影响。但是，解除降级、撤职处分的，不视为恢复原级别、原职务。

第二十条 有下列情形之一的，应当变更或者撤销处分决定：

（一）适用法律、法规或者本条例规定错误的；

（二）对违纪违法行为的事实、情节认定有误的；

（三）处分所依据的违纪违法事实证据不足的；

（四）调查处理违反法定程序，影响案件公正处理的；

（五）作出处分决定超越职权或者滥用职权的；

（六）有其他处分不当情形的。

第二十一条 处分决定被变更，需要调整被处分人员的职务、级别或者工资档次的，应当按照规定予以调整；处分决定被撤销的，应当恢复其级别、工资档次，按照原职务安排相应的职务，并在适当范围内为其恢复名誉。因变更而减轻处分或者被撤销处分人员的工资福利受到损失的，应当予以补偿。

第二章 分 则

第一节 违反政治纪律的行为

第二十二条 散布有损国家声誉的言论，参加旨在反对国家的集会、游行、示威等活动的，给予记大过处分；情节较重的，给予降级或者撤职处分；情节严重的，给予开除处分。

因不明真相被裹挟参加上述活动，经批评教育后确有悔改表现的，可以减轻或者免予处分。

第二十三条 参加非法组织或者参加罢工的，给予记大过处分；情节较重的，给予降级或者撤职处分；情节严重的，给予开除处分。

因不明真相被裹挟参加上述活动，经批评教育后确有悔改表现的，可以减轻或者免予处分。

第二十四条 违反国家的民族宗教政策，造成不良后果的，给予记大过处分；情节较重的，给予降级或者撤职处分；情节严重的，给予开除处分。

因不明真相被裹挟参加上述活动，经批评教育后确有悔改表现的，可以减轻或者免予处分。

第二十五条 在对外交往中损害国家荣誉和利益的，给予记大过处分；情节较重的，给予降级或者撤职处分；情节严重的，给予开除处分。

第二十六条 非法出境，或者违反规定滞留境外不归的，给予记大过处分；情节较重的，给予降级或者撤职处分；情节严重的，给予开除处分。

第二十七条 未经批准获取境外永久居留资格，或者取得外国国籍的，给予记大过处分；情节较重的，给予降级或者撤职处分；情节严重的，给予开除处分。

第二十八条 有其他违反政治纪律行为的，给予警告、记过或者记大过处分；情节较重的，给予降级或者撤职处分；情节严重的，给予开除处分。

第二节 违反办案纪律的行为

第二十九条 违反规定，擅自对应当受理的案件不予受理，或者对不应当受理的案件违法受理的，给予警告、记过或者记大过处分；情节较重的，给予降级或者撤职处分；情节严重的，给予开除处分。

第三十条 违反规定应当回避而不回避，造成不良后果的，给予警告、记过或者记大过处分；情节较重的，给予降级或者撤职处分；情节严重的，给予开除处分。

明知诉讼代理人、辩护人不符合担任代理人、辩护人的规定，仍准许其担任代理人、辩护人，造成不良后果的，给予警告、记过或者记大过处分；情节较重的，给予降级处分；情节严重的，给予撤职处分。

第三十一条 违反规定会见案件当事人及其辩护人、代理人、请托人的，给予警告处分；造成不良后果的，给予记过或者记大过处分。

第三十二条 违反规定为案件当事人推荐、介绍律师或者代理人，或者为律师或者其他人员介绍案件的，给予警告处分；造成不良后果的，给予记过或者记大过处分。

第三十三条 违反规定插手、干预、过问案件，或者为案件当事人通风报信、说情打招呼的，给予警告、记过或者记大过处分；情节较重的，给予降级或者撤职处分；情节严重的，给予开除处分。

第三十四条 依照规定应当调查收集相关证据而故意不予收集，造成不良后果的，给予警告、记过或者记大过处分；情节较重的，给予降级或者撤职处分；情节严重的，给予开除处分。

第三十五条 依照规定应当采取鉴定、勘验、证据保全等措施而故意不采取，造成不良后果的，给予警告、记过或者记大过处分；情节较重的，给予降级或者撤职处分；情节严重的，给予开除处分。

第三十六条 依照规定应当采取财产保全措施或者执行措施而故意不采取，或者依法应当委托有关机构审计、鉴定、评估、拍卖而故意不委托，造成不良后果的，给予警告、记过或者记大过处分；情节较重的，给予降级或者撤职处分；情节严重的，给予开除处分。

第三十七条 违反规定采取或者解除财产保全措施，造成不良后果的，给予警告、记过或者记大过处分；情节较重的，给予降级或者撤职处分；情节严重的，给予开除处分。

第三十八条 故意违反规定选定审计、鉴定、评估、拍卖等中介机构，或者串通、指使相关中介机构在审计、鉴定、评估、拍卖等活动中徇私舞弊、弄虚作假的，给予警告、记过或者记大过处分；情节较重的，给予降级或者撤职处分；情节严重的，给予开除处分。

第三十九条 故意违反规定采取强制措施的，给予警告、记过或者记大过处分；情节较重的，给予降级或者撤职处分；情节严重的，给予开除处分。

第四十条 故意毁弃、篡改、隐匿、伪造、偷换证据或者其他诉讼材料的，给予记大过处分；情节较重的，给予降级或者撤职处分；情节严重的，给予开除处分。

指使、帮助他人作伪证或者阻止他人作证的，给予降级或者撤职处分；情节严重的，给予开除处分。

第四十一条 故意向合议庭、审判委员会隐瞒主要证据、重要情节或者提供虚假情况的，给予警告、记过或者记大过处分；情节较重的，给予降级或者撤职处分；情节严重的，给予开除处分。

第四十二条 故意泄露合议庭、审判委员会评议、讨论案件的具体情况或者其他审判执行工作秘密的，给予记过或者记大过处分；情节较重的，给予降级或者撤职处分；情节严重的，给予开除处分。

第四十三条 故意违背事实和法律枉法裁判的，给予降级或者撤职处分；情节严重的，给予开除处分。

第四十四条 因徇私而违反规定迫使当事人违背真实意愿撤诉、接受调解、达成执行和解协议并损害其利益的，给予警告、记过或者记大过处分；情节较重的，给予降级或者撤职处分；情节严重的，给予开除处分。

第四十五条 故意违反规定采取执行措施，造成案件当事人、案外人或者第三人财产损失的，给予记大过处分；情节较重的，给予降级或者撤职处分；情节严重的，给予开除处分。

第四十六条 故意违反规定对具备执行条件的案件暂缓执行、中止执行、终结执行或者不依法恢复执行，造成不良后果的，给予记大过处分；情节较重的，给予降级或者撤职处分；情节严重的，给予开除处分。

第四十七条 故意违反规定拖延办案的，给予警告、记过或者记大过处分；情节较重的，给予降级或者撤职处分；情节严重的，给予开除处分。

第四十八条 故意拖延或者拒不执行合议庭决议、审判委员会决定以及上级人民法院判决、裁定、决定、命令的，给予警告、记过或者记大过处分；情节较重的，给予降级或者撤职处分；情节严重的，给予开除处分。

第四十九条 私放被羁押人员的，给予记大过处分；情节较重的，给予降级或者撤职处分；情节严重的，给予开除处分。

第五十条 违反规定私自办理案件的，给予警告、记过或者记大过处分；情节较重的，给予降级或者撤职处分；情节严重的，给予开除处分。

内外勾结制造假案的，给予降级、撤职或者开除处分。

第五十一条 伪造诉讼、执行文书，或者故意违背合议庭决议、审判委员会决定制作诉讼、执行文书的，给予记大过处分；情节较重的，给予降级或者撤职处分；情节严重的，给予开除处分。

送达诉讼、执行文书故意不依照规定，造成不良后果的，给予警告、记过或者记大过处分。

第五十二条 违反规定将案卷或者其他诉讼材料借给他人的，给予警告处分；造成不良后果的，给予记过或者记大过处分。

第五十三条 对外地人民法院依法委托的事项拒不办理或者故意拖延办理，造成不良后果的，给予警告、记过或者记大过处分；情节严重的，给予降级或者撤职处分。

阻挠、干扰外地人民法院依法在本地调查取证或者采取相关财产保全措施、执行措施、强制措施的，给予警告、记过或者记大过处分；情节较重的，给予降级或者撤职处分；情节严重的，给予开除处分。

第五十四条 有其他违反办案纪律行为的，给予警告、记过或者记大过处分；情节较重的，给予降级或者撤职处分；情节严重的，给予开除处分。

第三节 违反廉政纪律的行为

第五十五条 利用职务便利，采取侵吞、窃取、骗取等手段非法占有诉讼费、执行款物、罚没款物、案件暂存款、赃款赃物及其孳息等涉案财物或者其他公共财物的，给予记大过处分；情节较重的，给予降级或者撤职处分；情节严重的，给予开除处分。

第五十六条 利用司法职权或者其他职务便利，索取他人财物及其他财产性利益的，或者非法收受他人财物及其他财产性利益，为他人谋取利益的，给予记大过处分；情节较重的，给予降级或者撤职处分；情节严重的，给予开除处分。

利用司法职权或者其他职务便利为他人谋取利益，以低价购买、高价出售、收受干股、合作投资、委托理财、赌博等形式非法收受他人财物，或者以特定关系人“挂名”领取薪酬或者收受财物等形式，非法收受他人财物，或者违反规定收受各种名义的回扣、手续费归个人所有的，依照前款规定处分。

第五十七条 行贿或者介绍贿赂的，给予记过或者记大过处分；情节较重的，给予降级或者撤职处分；情节严重的，给予开除处分。

向审判、执行人员行贿或者介绍贿赂的，依照前款规定从重处分。

第五十八条 挪用诉讼费、执行款物、罚没款物、案件暂存款、赃款赃物及其孳息等涉案财物或者其他公共财物的，给予记过或者记大过处分；情节较重的，给予降级或者撤职处分；情节严重的，给予开除处分。

第五十九条 接受案件当事人、相关中介机构及其委托人的财物、宴请或者其他利益的，给予警告、记过或者记大过处分；情节较重的，给予降级或者撤职处分；情节严重的，给予开除处分。

违反规定向案件当事人、相关中介机构及其委托人借钱、借物的，给予警告、记过或者记大过处分。

第六十条 以单位名义集体截留、使用、私分诉讼费、执行款物、罚没款物、案件暂存款、赃款赃物及其孳息等涉案财物或者其他公共财物的，给予警告、记过或者记大过处分；情节较重的，给予降级或者撤职处分；情节严重的，给予开除处分。

第六十一条 利用司法职权，以单位名义向公民、法人或者其他组织索要赞助或者摊派、收取财物的，给予记过或者记大过处分；情节较重的，给予降级或者撤职处分；情节严重的，给予开除处分。

第六十二条 故意违反规定设置收费项目、扩大收费范围、提高收费标准的，给予警告、记过或者记大过处分；情节较重的，给予降级或者撤职处分；情节严重的，给予开除处分。

第六十三条 违反规定从事或者参与营利性活动，在企业或者其他营利性组织中兼职的，给予记过或者记大过处分；情节较重的，给予降级或者撤职处分；情节严重的，给予开除处分。

第六十四条 利用司法职权或者其他职务便利，为特定关系人谋取不正当利益，或者放任其特定关系人、身边工作人员利用本人职权谋取不正当利益的，给予记过或者记大过处分；情节较重的，给予降级或者撤职处分；情节严重的，给予开除处分。

第六十五条 有其他违反廉政纪律行为的，给予警告、记过或者记大过处分；情节较重的，给予降级或者撤职处分；情节严重的，给予开除处分。

第四节 违反组织人事纪律的行为

第六十六条 违反议事规则，个人或者少数人决定重大事项，或者改变集体作出的重大决定，造成决策错误的，给予警告、记过或者记大过处分；情节较重的，给予降级或者撤职处分；情节严重的，给予开除处分。

第六十七条 故意拖延或者拒不执行上级依法作出的决定、决议的，给予警告、记过或者记大过处分；情节较重的，给予降级或者撤职处分；情节严重的，给予开除处分。

第六十八条 对职责范围内发生的重大事故、事件不按规定报告、处理的，给予记过或者记大过处分；情节较重的，给予降级或者撤职处分；情节严重的，给予开除处分。

第六十九条 对职责范围内发生的违纪违法问题隐瞒不报、压案不查、包庇袒护的，或者对上级交办的违纪违法案件故意拖延或者拒不办理的，给予记大过处分；情节较重的，给予降级或者撤职处分；情节严重的，给予开除处分。

第七十条 压制批评，打击报复，扣压、销毁举报信件，或者向被举报人透露举报情况的，给予记过或者记大过处分；情节较重的，给予降级或者撤职处分；情节严重的，给予开除处分。

第七十一条 在人员录用、招聘、考核、晋升职务、晋升级别、职称评定以及岗位调整等工作中徇私舞弊、弄虚作假的，给予警告、记过或者记大过处分；情节较重的，给予降级或者撤职处分；情节严重的，给予开除处分。

第七十二条 弄虚作假，骗取荣誉，或者谎报学历、学位、职称的，给予警告、记过或者记大过处分；情节较重的，给予降级或者撤职处分；情节严重的，给予开除处分。

第七十三条 拒不执行机关的交流决定，或者在离任、辞职、被辞退时，拒不办理公务交接手续或者拒不接受审计的，给予警告、记过或者记大过处分；情节较重的，给予降级或者撤职处分；情节严重的，给予开除处分。

第七十四条 旷工或者因公外出、请假期满无正当理由逾期不归，造成不良后果的，给予警告、记过或者记大过处分；情节较重的，给予降级或者撤职处分；情节严重的，给予开除处分。

第七十五条 以不正当方式谋求本人或者特定关系人用公款出国，或者擅自延长在国外、境外期限，或者擅自变更路线，造成不良后果的，给予警告、记过或者记大过处分；情节较重的，给予降级或者撤职处分；情节严重的，给予开除处分。

第七十六条 有其他违反组织人事纪律行为的，给予警告、记过或者记大过处分；情节较重的，给予降级或者撤职处分；情节严重的，给予开除处分。

第五节 违反财经纪律的行为

第七十七条 违反规定进行物资采购或者工程项目招投标，造成不良后果的，给予警告、记过或者记大过处分；情节较重的，给予降级或者撤职处分；情节严重的，给予开除处分。

第七十八条 违反规定擅自开设银行账户或者私设"小金库"的，给予警告处分；情节较重的，给予记过或者记大过处分；情节严重的，给予降级或者撤职处分。

第七十九条 伪造、变造、隐匿、毁弃财务账册、会计凭证、财务会计报告的，给予警告、记过或者记大过处分；情节较重的，给予降级或者撤职处分；情节严重的，给予开除处分。

第八十条 违反规定挥霍浪费国家资财的，给予警告处分；情节较重的，给予记过或者记大过处分；情节严重的，给予降级或者撤职处分。

第八十一条 有其他违反财经纪律行为的，给予警告、记过或者记大过处分；情节较重的，给予降级或者撤职处分；情节严重的，给予开除处分。

第六节 失职行为

第八十二条 因过失导致依法应当受理的案件未予受理，或者不应当受理的案件被违法受理，造成不良后果的，给予警告、记过或者记大过处分。

第八十三条 因过失导致错误裁判、错误采取财产保全措施、强制措施、执行措施，或者应当采取财产保全措施、强制措施、执行措施而未采取，造成不良后果的，给予警告、记过或者记大过处分；造成严重后果的，给予降级、撤职或者开除处分。

第八十四条 因过失导致所办案件严重超出规定办理期限，造成严重后果的，给予警告、记过或者记大过处分。

第八十五条 因过失导致被羁押人员脱逃、自伤、自杀或者行凶伤人的，给予记过或者记大过处分；造成严重后果的，给予降级、撤职或者开除处分。

第八十六条 因过失导致诉讼、执行文书内容错误，造成严重后果的，给予警告、记过或者记大过处分。

第八十七条 因过失导致国家秘密、审判执行工作秘密及其他工作秘密、履行职务掌握的商业秘密或者个人隐私被泄露，造成不良后果的，给予警告、记过或者记大过处分；情节较重的，给予降级或者撤职处分；情节严重的，给予开除处分。

第八十八条 因过失导致案卷或者证据材料损毁、丢失的，给予警告、记过或者记大过处分；造成严重后果的，给予降级或者撤职处分。

第八十九条 因过失导致职责范围内发生刑事案件、重大治安案件、重大社会群体性事件或者重大人员伤亡事故的，使公共财产、国家和人民利益遭受重大损失的，给予记过或者记大过处分；情节较重的，给予降级或者撤职处分；情节严重的，给予开除处分。

第九十条 有其他失职行为造成不良后果的，给予警告、记过或者记大过处分；情节较重的，给予降级或者撤职处分；情节严重的，给予开除处分。

第七节 违反管理秩序和社会道德的行为

第九十一条 因工作作风懈怠、工作态度恶劣，造成不良后果的，给予警告、记过或者记大过处分。

第九十二条 故意泄露国家秘密、工作秘密，或者故意泄露因履行职责掌握的商业秘密、个人隐私的，给予记过或者记大过处分；情节较重的，给予降级或者撤职处分；情节严重的，给予开除处分。

第九十三条 弄虚作假，误导、欺骗领导和公众，造成不良后果的，给予警告、记过或者记大过处分；情节较重的，给予降级或者撤职处分；情节严重的，给予开除处分。

第九十四条 因酗酒影响正常工作或者造成其他不良后果的，给予警告、记过或者记大过处分；情节较重的，给予降级、撤职处分；情节严重的，给予开除处分。

第九十五条 违反规定保管、使用枪支、弹药、警械等特殊物品，造成不良后果的，给予警告、记过或者记大过处分；情节较重的，给予降级或者撤职处分；情节严重的，给予开除处分。

第九十六条 违反公务车管理使用规定，发生严重交通事故或者造成其他不良后果的，给予警告、记过或者记大过处分；情节较重的，给予降级或者撤职处分；情节严重的，给予开除处分。

第九十七条 妨碍执行公务或者违反规定干预执行公务的，给予记过或者记大过处分；情节较重的，给予降级或者撤职处分；情节严重的，给予开除处分。

第九十八条 以殴打、辱骂、体罚、非法拘禁或者诽谤、诬告等方式侵犯他人人身权利的，给予记过或者记大过处分；情节较重的，给予降级或者撤职处分；情节严重的，给予开除处分。

体罚、虐待被羁押人员，或者殴打、辱骂诉讼参与人、涉诉上访人的，依照前款规定从重处分。

第九十九条 与他人通奸，造成不良影响的，给予警告、记过或者记大过处分；情节较重的，给予降级或者撤职处分；情节严重的，给予开除处分。

与所承办案件的当事人或者当事人亲属发生不正当两性关系的，依照前款规定从重处分。

第一百条 重婚或者包养情人的，给予撤职或者开除处分。

第一百零一条 拒不承担赡养、抚养、扶养义务，或者虐待、遗弃家庭成员的，给予警告、记过或者记大过处分；情节较重的，给予降级或者撤职处分；情节严重的，给予开除处分。

第一百零二条 吸食、注射毒品或者参与嫖娼、卖淫、色情淫乱活动的，给予撤职或者开除处分。

第一百零三条 参与赌博的，给予警告或者记过处分；情节较重的，给予记大过或者降级处分；情节严重的，给予撤职或者开除处分。

为赌博活动提供场所或者其他便利条件的，给予警告、记过或者记大过处分；情节较重的，给予降级、撤职处分；情节严重的，给予开除处分。

在工作时间赌博的，给予记过、记大过或者降级处分；屡教不改的，给予撤职或者开除处分。

挪用公款赌博的，给予撤职或者开除处分。

第一百零四条 参与迷信活动，造成不良影响的，给予警告、记过或者记大过处分。

组织迷信活动的，给予降级处分；情节较重的，给予撤职处分；情节严重的，给予开除处分。

第一百零五条 违反规定超计划生育的，给予降级处分；情节较重的，给予撤职处分；情节严重的，给予开除处分。

第一百零六条 有其他违反管理秩序和社会道德行为的，给予警告、记过或者记大过处分；情节较重的，给予降级或者撤职处分；情节严重的，给予开除处分。

第三章 附 则

第一百零七条 本条例所称“人民法院工作人员”是指人民法院行政编制

内的工作人员。

人民法院事业编制工作人员参照本条例执行。

人民法院聘用人员不适用本条例。

第一百零八条 本条例所称“特定关系人”，是指与人民法院工作人员具有近亲属、情人以及其他密切关系的人。

第一百零九条 本条例所称“以上”、“以下”，包含本数。

第一百一十条 本条例由最高人民法院负责解释。

第一百一十一条 本条例自发布之日起施行。最高人民法院此前颁布的《关于人民法院工作人员纪律处分的若干规定（试行）》、《人民法院审判纪律处分办法（试行）》、《人民法院执行工作纪律处分办法（试行）》、最高人民法院《关于严格执行〈中华人民共和国法官法〉有关惩戒制度若干规定》同时废止。

【链　接】

最高人民法院
关于适用《人民法院工作人员处分条例》有关问题的答复

2010年4月6日　　法〔2010〕148号

湖南省高级人民法院：

你院《关于如何适用〈人民法院工作人员处分条例〉几个问题的请示》收悉。经研究，答复如下：

一、《人民法院工作人员处分条例》（以下简称《条例》）不溯及既往。《条例》发布前已作出处分决定的案件，如需要进行复议复查，适用当时的规定。尚未作出处分决定的案件，如果行为发生时的规定不认为是违纪，而本《条例》认为是违纪的，依照当时的规定处理；如果行为发生时的规定认为是违纪，依照当时的规定处理，但是如果本《条例》不认为是违纪或者处理较轻的，依照本《条例》处理。

二、人民法院工作人员退休以后因违纪违法应当降低或者取消所享受的待遇的，应由其原所在法院监察部门参照《监察部关于对犯错误的已退休国家公务员追究行政纪律责任若干问题的通知》（监发〔2001〕3号）和《监察部关于对犯错误的已退休国家公务员追究行政纪律责任中如何扣减退休金问题的答复》（监法复〔2004〕1号）的精神，向组织人事部门提出监察建议，并由该部门办理有关手续。

三、原属于上级法院监察部门监察对象的法院领导干部退休以后，因违纪违法需要给予降低或者取消所享受待遇的，由上级法院向退休人员原所在法院提出监察建议，并由该法院组织人事部门办理有关手续。

此复。

最高人民法院

关于印发《关于改革和完善人民法院审判委员会制度的实施意见》的通知

2010 年 1 月 11 日　　　　法发〔2010〕3 号

各省、自治区、直辖市高级人民法院，解放军军事法院，新疆维吾尔自治区高级人民法院生产建设兵团分院：

《关于改革和完善人民法院审判委员会制度的实施意见》已经中央批准，现印发给你们，请认真贯彻执行。执行中如有意见和建议，请及时报告我院。

附：

关于改革和完善人民法院审判委员会制度的实施意见

为改革和完善人民法院审判委员会制度，提高审判工作质量和效率，根据人民法院组织法、刑事诉讼法、民事诉讼法、行政诉讼法等法律的规定，结合人民法院审判工作实际，制定本意见。

一、人民法院审判委员会制度是中国特色社会主义司法制度的重要组成部分。几十年来，各级人民法院审判委员会在总结审判经验，指导审判工作，审理疑难、复杂、重大案件等方面发挥了重要作用。随着我国社会主义市场经济和民主法制建设的发展，人民群众通过法院解决纠纷的意识不断增强，全国法院受理案件的总量和新类型案件逐年增多，对审判质量的要求越来越高。为了适应新形势、新任务的要求，建立公正、高效、权威的社会主义司法制度，实现审判委员会工作机制和工作程序的科学化、规范化，应当不断改革和完善人民法院审判委员会制度。

二、改革和完善审判委员会制度，应当坚持"三个至上"的人民法院工作指导思想，坚持党对人民法院工作的领导，自觉接受人民代表大会监督，自觉维护宪法、法律的尊严和权威，自觉维护人民合法权益，坚持从审判工作实际出发，依法积极稳妥推进。

三、审判委员会是人民法院的最高审判组织，在总结审判经验，审理疑难、复杂、重大案件中具有重要的作用。

四、最高人民法院审判委员会履行审理案件和监督、管理、指导审判工作的职责：

（一）讨论疑难、复杂、重大案件；

（二）总结审判工作经验；

（三）制定司法解释和规范性文件；

（四）听取审判业务部门的工作汇报；

（五）讨论决定对审判工作具有指导性意义的典型案例；

（六）讨论其他有关审判工作的重大问题。

五、地方各级人民法院审判委员会履行审理案件和监督、管理、指导审判工作的职责：

（一）讨论疑难、复杂、重大案件；

（二）结合本地区和本院实际，总结审判工作经验；

（三）听取审判业务部门的工作汇报；

（四）讨论决定对本院或者本辖区的审判工作具有参考意义的案例；

（五）讨论其他有关审判工作的重大问题。

六、各级人民法院应当加强审判委员会的专业化建设，提高审判委员会委员的政治素质、道德素质和法律专业素质，增强司法能力，确保审判委员会组成人员成为人民法院素质最好、水平最高的法官。各级人民法院审判委员会除由院长、副院长、庭长担任审判委员会委员外，还应当配备若干名不担任领导职务，政治素质好、审判经验丰富、法学理论水平较高、具有法律专业高等学历的资深法官委员。

中共中央《关于进一步加强人民法院、人民检察院工作的决定》已经明确了审判委员会专职委员的配备规格和条件，各级人民法院应当配备若干名审判委员会专职委员。

七、人民法院审判工作中的重大问题和疑难、复杂、重大案件以及合议庭难以作出裁决的案件，应当由审判委员会讨论或者审理后作出决定。案件或者议题是否提交审判委员会讨论，由院长或者主管副院长决定。

八、最高人民法院审理的下列案件应当提交审判委员会讨论决定：

（一）本院已经发生法律效力的判决、裁定确有错误需要再审的案件；

（二）最高人民检察院依照审判监督程序提出抗诉的刑事案件。

九、高级人民法院和中级人民法院审理的下列案件应当提交审判委员会讨论决定：

（一）本院已经发生法律效力的判决、裁定确有错误需要再审的案件；

（二）同级人民检察院依照审判监督程序提出抗诉的刑事案件；

（三）拟判处死刑立即执行的案件；

（四）拟在法定刑以下判处刑罚或者免于刑事处罚的案件；

（五）拟宣告被告人无罪的案件；

（六）拟就法律适用问题向上级人民法院请示的案件；

（七）认为案情重大、复杂，需要报请移送上级人民法院审理的案件。

十、基层人民法院审理的下列案件应当提交审判委员会讨论决定：

（一）本院已经发生法律效力的判决、裁定确有错误需要再审的案件；

（二）拟在法定刑以下判处刑罚或者免于刑事处罚的案件；

（三）拟宣告被告人无罪的案件；

（四）拟就法律适用问题向上级人民法院请示的案件；

（五）认为应当判处无期徒刑、死刑，需要报请移送中级人民法院审理的刑事案件；

（六）认为案情重大、复杂，需要报请移送上级人民法院审理的案件。

十一、人民法院审理下列案件时，合议庭可以提请院长决定提交审判委员会讨论：

（一）合议庭意见有重大分歧、难以作出决定的案件；

（二）法律规定不明确，存在法律适用疑难问题的案件；

（三）案件处理结果可能产生重大社会影响的案件；

（四）对审判工作具有指导意义的新类型案件；

（五）其他需要提交审判委员会讨论的疑难、复杂、重大案件。

合议庭没有建议提请审判委员会讨论的案件，院长、主管副院长或者庭长认为有必要的，得提请审判委员会讨论。

十二、需要提交审判委员会讨论的案件，由合议庭层报庭长、主管副院长提请院长决定。院长、主管副院长或者庭长认为不需要提交审判委员会的，可以要求合议庭复议。

审判委员会讨论案件，合议庭应当提交案件审理报告。案件审理报告应当符合规范要求，客观、全面反映案件事实、证据以及双方当事人或控辩双方的意见，说明合议庭争议的焦点、分歧意见和拟作出裁判的内容。案件审理报告应当提前发送审判委员会委员。

十三、审判委员会讨论案件时，合议庭全体成员及审判业务部门负责人应当列席会议。对本院审结的已发生法律效力的案件提起再审的，原审合议庭成员及审判业务部门负责人也应当列席会议。院长或者受院长委托主持会议的副院长可以决定其他有必要列席的人员。

审判委员会讨论案件，同级人民检察院检察长或者受检察长委托的副检察长可以列席。

十四、审判委员会会议由院长主持。院长因故不能主持会议时，可以委托副院长主持。

十五、审判委员会讨论案件按照听取汇报、询问、发表意见、表决的顺序进行。案件由承办人汇报，合议庭其他成员补充。审判委员会委员在听取汇报、进行询问和发表意见后，其他列席人员经主持人同意可以发表意见。

十六、审判委员会讨论案件实行民主集中制。审判委员会委员发表意见的顺序，一般应当按照职级高的委员后发言的原则进行，主持人最后发表意见。

审判委员会应当充分、全面地对案件进行讨论。审判委员会委员应当客观、公正、独立、平等地发表意见，审判委员会委员发表意见不受追究，并应当记录在卷。

审判委员会委员发表意见后，主持人应当归纳委员的意见，按多数意见拟出决议，付诸表决。审判委员会的决议应当按照全体委员二分之一以上多数意见作出。

十七、审判委员会以会议决议的方式履行对审判工作的监督、管理、指导职责。

十八、中级以上人民法院可以设立审判委员会日常办事机构，基层人民法院可以设审判委员会专职工作人员。

审判委员会日常办事机构负责处理审判委员会的日常事务，负责督促、检查和落实审判委员会的决定，承担审判委员会交办的其他事项。

最高人民法院
印发《关于为加快经济发展方式转变提供司法保障和服务的若干意见》的通知

2010 年 6 月 29 日　　法发〔2010〕18 号

各省、自治区、直辖市高级人民法院，解放军军事法院，新疆维吾尔自治区高级人民法院生产建设兵团分院：

现将《关于为加快经济发展方式转变提供司法保障和服务的若干意见》印发给你们，请各地结合工作实际，认真贯彻执行。

附：

关于为加快经济发展方式转变提供司法保障和服务的若干意见

党的十七大提出了加快经济发展方式转变的重大战略任务。加快经济发展方式转变，是当前党和国家经济工作的重点，是深入贯彻科学发展观的重要目标和战略举措。为充分发挥人民法院的审判职能作用，确保党中央关于加快经济发展方式转变、保持经济平稳较快发展的战略部署和政策措施的贯彻落实，特制定本意见。

一、加快经济发展方式转变是我国经济领域的一场深刻变革，是关系改革开放、社会主义现代化建设全局和我国经济发展方向的重大战略部署，是适应实现全面建设小康社会奋斗目标、满足人民群众过上更好生活新期待的必然要求。各级人民法院要正确认识我国加快经济发展方式转变的重大意义，把思想和行动统一到党中央对形势的分析判断和决策部署上来，进一步增强为加快经济发展方式转变提供司法保障和服务的责任感和使命感，采取切实可行的应对措施，充分发挥审判职能作用，积极有效地为加快经济发展方式转变提供司法保障和服务。

二、人民法院要认真研究加快经济发展方式转变对审判工作提出的新问题、新任务、新要求，为切实加快经济发展方式转变提供有效的司法保障和服务。从长远看，加快经济发展方式转变，必然极大地促进我国经济平稳较快发展，更好地满足人民群众日益增长的物质文化需求，有助于减少社会矛盾纠纷，有助于减轻人民法院审判工作的压力。但从近期看，加快经济发展方式转变有可能引发一些新的矛盾纠纷，如淘汰落后企业和产能，公司清算、企业破产、兼并和重组等情形将增多；加快城乡结构调整，土地征收、房屋拆迁等情形将增多，由上述活动引发的矛盾纠纷相当部分会进入诉讼程序，这就使得人民法院的审判工作面临着新的挑战。因此，各级人民法院必须坚持能动司法，见事早、行动快、积极应对，妥善施策。要准确把握司法政策导向，依法保障、引导、支持有利于加快经济发展方式转变的经济活动和经济行为，保证加快经济发展方式转变工作早见成效。依法积极引导落后企业、高耗能高污染企业退出市场，对不利于加快经济发展方式转变的经济活动和经济行为依法不予支持。

三、妥善审理与经济结构调整相关案件，保障和服务经济结构优化和调整。依法审理各类投资纠纷案件，促进社会投资主体多元化，加强对中小投资者合法权益的平等保护，鼓励和引导资本向新能源、新材料、节能环保、生物医药、信息网络和高端制造产业转移；依法平等保护民营企业和国有企业合法权益，妥善审理相关案件，慎重采用财产保全和强制执行措施，促进民营企业和国有企业共同发展；依法支持合法的新型担保方式，正确认定此类合同的效力，促进解决中小企业融资难的问题；依法妥善审理涉及中小企业的案件，促进中小企业健康发展。准确把握民事纠纷与经济犯罪的界限，依法稳妥处理相关刑事案件。

四、妥善审理消费者权益纠纷案件，保障和服务形成消费、投资、出口协调拉动的经济增长格局。要准确把握审理消费者权益纠纷案件的司法原则，既要依法维护经营者正当利益，也要注重保护消费者的合法权益，推动建立公正、有序、诚信的消费环境；正确认定消费合同效力，依法认定损害消费者权益的“霸王条款”无效，维护消费者的合法权益；妥善审理房地产开发和房屋买卖、租赁纠纷案件，规范房地产交易秩序；妥善审理个人住房、汽车、教育等消费信贷纠纷案件，引导建立健康、协调、有序的消费信贷秩序。依法惩处生产销售有毒有害食品、假药劣药、假冒农资等严重破坏市场经济秩序的犯罪行为。

五、妥善审理城乡结构调整中引发的各类案件，保障和服务城镇化建设。正确审理土地征收、房屋拆迁等民事、行政案件，加大对失地农民和被拆迁人合法利益的保护力度，依法支持符合规划的城镇化建设；依法处理农民以土地补偿金入股引发的矛盾纠纷，依法保护农民的投资权益；依法严厉打击侵吞、挪用土地征收补偿金、房屋拆迁补偿金等违法犯罪行为，规范和维护土地征收和房屋拆迁秩序。

六、妥善审理服务领域的各类纠纷案件，保障和服务现代服务业的发展。依法审理教育、旅游、电信、物流、信息、研发、工业设计、商务、节能环保服务等服务合同纠纷案件，既要支持和保障面向生产、服务民生的现代服务业的自身发展，又要及时纠正服务提供者的不当行为，规范和引导服务提供者不断完善经营管理、提高服务水平。加强与服务业主管部门、行业协会的信息交流，及时通报案件审理中发现的服务行业发展存在的问题，提出司法建议。

七、妥善审理金融纠纷案件，保障和服务现代金融业的发展。依法审理借贷纠纷案件，切实保护银行等金融机构的合法债权，防范逃废银行债务行为，维护金融秩序和金融安全；依法审理存款纠纷案件，切实维护存款人储蓄的安全和利益；做好金融票据纠纷案件审判工作，依法维护金融信用秩序和交易安全；依法审理保险纠纷案件，依法支持被保险人、保险受益人得到及时的保险赔付，维护保险行业的健康发展；依法审理证券纠纷案件，充分保护股东权益，促进证券市场的有序发展；妥善审理非金融借贷纠纷案件，正确认定非金融借贷合同效力，依法打击各种以合法形式掩盖的非法集资等违法犯罪活动，维护金融安全和社会稳定；依法保护合法的民间借贷和企业融资行为，维护债权人合法权益，拓宽企业融资渠道。在经济发达地区可以设立金融法庭，专门审理相关金融案件。

八、妥善处理相关破产、强制清算案件，保障实现淘汰落后、过剩产能，推动实现产业转型升级的经济发展目标。依法受理企业破产案件和强制清算案件，积极引导市场主体依法有序退出市场；依法受理符合条件的企业重整、和解申请，运用企业重整、和解制度，帮助和支持那些资金周转遇到暂时困难但符合国家经济和产业结构调整要求、有发展前景的企业恢复生机重返市场。

九、妥善处理劳动争议和社会保险案件，切实保障民生。依法审理劳动者与用人单位在订立、履行、变更、解除或者终止劳动合同过程中产生的各类纠纷，切实保障劳动者的劳动报酬权益；依法审理劳动保障、工伤认定、社会保险等劳动行政案件，支持和监督劳动保障行政部门依法行使行政职权，切实保障劳动者的合法权益；积极引导企业切实承担社会责任，加大对劳动者权益的保护力度，引导劳动者树立诚信工作、共同发展的理念，促进企业与劳动者的互利共存，共赢发展。

十、妥善审理农业发展中出现的各类纠纷案件，鼓励和支持农村新兴产业发展，保障和服务农村经济发展方式转变。及时审理农村第二、三产业和农民外出务工、返乡创业中出现的各类纠纷案件，切实保障农民合法权益；依法审理土地承包经营权转让、转包、租赁等合同纠纷案件，保护土地承包经营权流转秩序；支持和促进农村金融服务体系建设，拓宽农村融资渠道。

十一、妥善审理各类知识产权案件，保障和服务推动自主创新。加强对重点领域知识产权的司法保护，促进战略性产业发展；加强对驰名商标、农产品地理标志以及战略性新兴产业和现代服务业商标权的保护，促进自主品牌的形成和品牌经济的发展；加大对关键核心技术自主知识产权的保护力度，促进新能源、新医药、新材料、环保等高新技术产业发展，维护企业的核心竞争力；妥善审理反垄断和不正当竞争案件，制止科技开发和技术转让中的垄断行为，防止滥用知识产权限制创新，维护公平竞争的市场秩序；加强对新闻出版、广播影视、文学艺术、文化娱乐、广告设计、工艺美术、计算机软件、信息网络等领域的著作权保护，依法惩处假冒商标、专利和侵犯著作权等侵犯知识产权的犯罪行为，促进文化创新，繁荣文化市场。

十二、妥善审理各类涉外商事、海事、海商纠纷案件，保障和服务对外经济发展方式转变。依法审理外商投资纠纷案件，维护稳定、公平的外商投资环境，积极引导外资投资方向，不断提高利用外资质量，促进利用外资在推动科技创新、产业升级和区域协调发展等方面发挥积极作用；及时审理外国仲裁裁决、判决的承认与执行案件，维护仲裁的一裁终局性，准确理解国际公约、双边或多边条约规定，慎重适用公共秩序条款，促进对外司法合作与协助；依法准确适用外国法、国际条约和国际惯例，妥善审理涉外贸易、运输纠纷案件，平等保护中外当事人的诉讼权利和实体权益，促进进出口贸易稳步增长，维护我国经济安全。高度重视涉台和涉港澳案件审判工作，切实提高审判质量和效率。

十三、妥善审理各类环境保护纠纷案件，保障和服务推进节能减排和环境保护。依法受理各类因环境污染引起的损害赔偿纠纷案件，正确适用环境侵权案件举证责任分配规则，准确认定环境污染与损害后果之间的因果关系，确保环境侵权受害人得到及时全面的赔偿；及时审理环保行政诉讼案件，加大对环保非诉行政案件的审查执行工作力度，支持和监督环保行政执法机关依法履行环保职能；依法受理环境保护行政部门代表国家提起的环境污染损害赔偿纠纷案件，严厉打击一切破坏环境的行为；妥善处理土地、矿产等自然资源开发利用中出现的矛盾纠纷，依法保障权利人的合法权益，支持对废弃矿地的合理开发利用，促进资源型企业的转型升级。严格执行环境资源保护法律法规，依法保障和促进循环经济和节能环保产业的发展，坚决制裁污染环境、破坏林业资源、草原资源、生物资源等违法犯罪行为，促进社会经济可持续发展。在环境保护纠纷案件数量较多的法院可以设立环保法庭，实行环境保护案件专业化审判，提高环境保护司法水平。

十四、全面贯彻宽严相济刑事政策，依法打击严重危害社会治安和人民群众利益的犯罪，维护社会安定。依法惩处经济领域内犯罪，维护社会主义经济秩序。妥善处理群体性事件引发的犯罪案件。积极参与特殊人群的帮教管理和社会治安综合治理，构建长效工作机制，落实社会治安综合治理各项措施，支持和配合有关部门开展社会治安防控体系建设和基层平安创建活动，预防和减少犯罪，维护社会秩序。

十五、高度重视运用调解方式有效化解经济发展方式转变过程中引发的各类矛盾纠纷。认真贯彻“调解优先、调判结合”司法工作原则，积极推动构建司法调解、人民调解与行政调解“三位一体”的大调解格局，加大调解力度，充分发挥社会各界在矛盾纠纷化解中的积极作用，形成全社会解决矛盾纠纷的最大合力，尽力将矛盾化解在基层、化解在萌芽状态，避免因处置不当引发群体性事件。

十六、高度重视和妥善处理因加快经济发展方式转变引发的各类相关涉诉信访案件，及时发现和解决执法办案中的薄弱环节，不断提高执法办案水平。加强立案信访窗口建设，完善诉讼服务等司法便民服务体系，健全民意沟通表达机制，推进诉讼与非诉讼相衔接的矛盾纠纷解决机制，全面完成涉诉信访积案清理工作任务，努力为加快经济发展方式转变营造公正高效的司法环境和稳定和谐的社会环境。

十七、各级人民法院要及时向当地党委、人大汇报有关情况，做好与政府的沟通工作。要与有关部门适时交流有关信息，实现信息资源共享，并建立相应的协调机制，确保各项为加快经济发展方式转变提供司法保障和服务的应对措施有效落实。近年来，全国人大代表和政协委员对人民法院在经济形势变化情形下如何履行审判职能提出了很多很好的建议和提案，各级人民法院要高度重视，及时反馈办理情况，提高办理工作的满意率。要加强与人大代表、政协委员，各民主党派、工商联、无党派人士，专家学者、律师、人民群众等各方面的联系，真心实意地听取他们对人民法院工作的意见建议。充分发挥特邀咨询员和特约监督员的作用，为人民法院工作提供决策咨询和监督意见，提高科学、民主决策水平。认真落实接受新闻媒体舆论监督的规定，虚心听取媒体和网民意见，不断改进工作。

十八、切实加强相关司法调研工作，牢牢把握为加快经济发展方式转变提供司法保障和服务的前瞻性和主动权。各级人民法院领导干部和相关干警要深入基层、深入实际、深入农村、深入企业，加强与企业的联系和沟通，及时了解人民群众对司法工作的新要求和新期待；充分利用司法统计数据，及时发现因加快经济发展方式转变引发的新情况和新问题；加强对经济发展方式转变中可能涉及的法律问题的分析和研判，在各级党委的领导和有关部门的配合下，及时提出为加快经济发展方式转变提供司法保障和服务的各项司法应对措施和司法建议；及时总结和推广各地的好经验和好做法，不断提高为加快经济发展方式转变提供司法保障和服务的工作实效。

新时期人民法院审判工作任务艰巨，责任重大。各级人民法院要在党的坚强领导下，以科学发展观统领审判工作，坚持“三个至上”工作指导思想，坚持“为大局服务，为人民司法”工作主题，强化能动司法理念，践行司法为民宗旨，深入推进社会矛盾化解、社会管理创新、公正廉洁执法三项重点工作，为促进经济发展方式加快转变，实现我国经济平稳较快发展提供更加有力的司法保障和服务。

最高人民法院
印发《关于进一步加强和推进人民陪审工作的若干意见》的通知

2010 年 6 月 29 日　　　　法发〔2010〕24 号

各省、自治区、直辖市高级人民法院，新疆维吾尔自治区高级人民法院生产建设兵团分院：

现将《关于进一步加强和推进人民陪审工作的若干意见》印发给你们，请结合工作实际，认真贯彻执行。

附：

关于进一步加强和推进人民陪审工作的若干意见

为深入贯彻落实《全国人民代表大会常务委员会关于完善人民陪审员制度的决定》（以下简称《决定》），进一步加强和推进人民陪审工作，不断完善人民陪审员制度，充分发挥人民法院在深入推进社会矛盾化解、社会管理创新、公正廉洁执法三项重点工作中的重要作用，依据《决定》和相关文件精神，结合人民陪审工作实际，现就今后一个时期加强和推进人民陪审工作提出如下意见。

一、不断深化认识，全面加强人民陪审工作

1. 加强和推进人民陪审工作有利于完善社会主义司法制度、弘扬司法民主。实行人民陪审员制度，是人民群众在司法领域依法参与管理国家事务的一种重要的、直接的形式，是健全社会主义民主政治制度的重要内容，是我国社会主义司法民主的重要体现，也是我党的群众路线在人民司法工作中的具体体现。深刻认识人民陪审员制度的积极意义，充分发挥广大人民陪审员在司法审判领域中联系群众、熟悉群众、代表群众等方面所具有的独特优势，让普通公民协助司法、见证司法、掌理司法，充分体现司法的民主功能，可以更集中地通达民情，反映民意，凝聚民智，在更大程度上实现人民民主。

2. 加强和推进人民陪审工作有利于保证司法的公正、廉洁。人民陪审员

参与审判案件，注重从社会道德标准等方面对案件进行分析、判断，从而有效实现大众思维与法官职业思维的互补；人民陪审员的群众视角、不同职业背景和专长，有利于查清案件事实，正确适用法律，确保裁判公正。人民陪审员具有知民情、解民意的优势，并以群众熟悉、易懂的语言解读法律，有利于劝导说服当事人互谅互让、息诉解纷，进一步提高办案质量和效率。人民陪审员来自各界群众，他们参与审判，提高了审判活动的透明度，促进了司法公开，有利于进一步增强并发挥合议庭成员相互监督、相互制约的作用，共同抵御各种非法干预，有助于人民法院依法、独立、公正地行使审判权。

3. 加强和推进人民陪审工作有利于增强司法权威。实行人民陪审员制度，坚持司法工作的群众路线，使司法活动更加贴近社会生活、贴近人民群众、贴近时代要求，这是人民群众直接感受司法公正、司法走近人民的有效途径，有利于社会各界客观了解法院工作的真实情况，减少、消除社会上对法院审判案件可能产生的误解，进一步增强人民法院的司法权威，从而更好地实现案件裁判法律效果与社会效果的有机统一。

二、拓宽选任范围，严格任免程序

4. 各基层人民法院根据本辖区案件的数量及特点、人口数量、地域面积、民族状况，以及满足上级人民法院从本院随机抽取人民陪审员的需要等因素，按照人民陪审员选任名额不低于本院现任法官人数的二分之一的比例，并在经费保障、培训条件许可的前提下，适当扩大人民陪审员的选任数量，及时提请同级人民代表大会常务委员会任命。

5. 人民陪审员选任一般应当每五年选任一次，也可以根据当地审判工作需要，依照法定程序适当增补人民陪审员。开展增补工作的基层人民法院，应当及时将增补工作情况逐级层报高级人民法院备案。

6. 各基层人民法院应当建立人民陪审员以及候选人员信息库，并根据所在区域、行业、专长等要素归入不同类别，以适应陪审工作的需要。

7. 在选任人民陪审员工作中，应当注意兼顾社会各阶层人员的结构比例，注意吸收社会不同行业、不同职业、不同年龄、不同民族、不同性别的人员，以体现其来源的广泛性和代表性。

8. 各高级人民法院应当根据本辖区工作实际，建立切实可行的人民陪审员退出机制。由于职业或岗位发生变动或者身体健康等原因，无法继续履行陪审职务的，人民法院应当按照法定程序提请同级人民代表大会常务委员会免除其人民陪审员职务。

9. 人民陪审员在三年时间内，无正当理由拒绝参加陪审案件超过三次的，视为辞职。人民法院应当按程序办理相关手续。

三、依法履行职责，切实保障权利

10. 依照法律规定，应当由人民陪审员参与审判的案件，人民法院必须安排人民陪审员和法官共同组成合议庭审判，当事人无法定理由不得拒绝。

11. 第一审刑事案件被告人、民商事案件原告或者被告、行政案件原告申请由人民陪审员参加合议庭审判的，人民法院应当安排人民陪审员和法官共同组成合议庭审判。

人民法院征得前款规定的当事人同意由人民陪审员和法官共同组成合议庭审判案件的，视为申请。

12. 当事人一方申请适用陪审，另一方不同意的，人民法院不安排人民陪审员参加合议庭审判案件，但属于法律规定应当适用陪审的案件除外。

13. 人民法院应当为人民陪审员查阅案卷、参加审判活动提供工作便利和条件。接到陪审通知的人民陪审员，应当在案件开庭前完成阅卷工作。

14. 审判长应当指导、保障人民陪审员依法行使权利。案件审理中，经审判长同意，人民陪审员可以参与案件共同调查、在庭审中直接发问、独立进行案件调解等。

15. 合议庭应当保障人民陪审员在案件评议过程中自主、独立发表意见的权利。审判长和合议庭其他成员不得施加不当影响或阻碍。

16. 人民陪审员同合议庭其他组成人员意见分歧的，应当将其意见写入笔录，必要时，人民陪审员可以要求合议庭将案件提请院长决定是否提交审判委员会讨论决定，但应当说明理由。人民陪审员提出的要求及理由应当写入评议笔录。

17. 人民陪审员应邀列席参加审判委员会讨论其陪审的案件时，除不得行使表决权外，可以在审判委员会上发表意见。

四、完善随机抽取机制，规范陪审工作程序

18. 各基层人民法院应当按照科学、规范、方便操作的工作目标，进一步完善人民陪审员随机抽取参加案件审理的工作制度和保障机制，确保《决定》关于人民陪审工作的广泛性和群众性原则得到贯彻执行。

19. 参加案件审理的人民陪审员，应当采取随机抽取的方式来确定。人民法院应当在开庭前采取适当方式，从人民陪审员名单中随机抽取确定人民陪审员。如案件审理确有需要，可以在相关地域、行业、专业等类型的人民陪审员范围内随机抽取。

20. 中级人民法院、高级人民法院审判案件依法应当由人民陪审员参加合议庭审判的，在其所在地级市辖区内的基层人民法院人民陪审员名单中随机抽取确定。

21. 海事法院、林业法院、铁路法院、垦区法院、油田法院、矿区法院、开发区法院审判案件依法应当由人民陪审员参加合议庭审判的，可在其所在地级市辖区内的基层人民法院或案件管辖区内的人民陪审员名单中随机抽取确定。

22. 人民陪审员兼具人民调解员身份的，不得参加陪审由其先行进行调解的案件。

23. 人民陪审员参加审判活动，应当遵守司法纪律和礼仪的各项规定和要求。

24. 人民陪审员的回避，参照有关法官回避的法律规定执行。

五、切实加强培训工作，全面提升陪审能力

25. 各高级人民法院应当及时提出本辖区人民陪审员培训工作的总体方案和实施意见，并报最高人民法院备案。

26. 人民陪审员经任命后，应当按照规定，在依法参加人民法院案件审判前接受岗前培训。岗前培训的内容、形式和方法，应当根据人民陪审员参加审判活动的实际需要进行设计和安排。岗前培训主要由各高级人民法院或由其授权的中级人民法院承担。

27. 岗前培训内容包括社会主义法治理念、法官职业道德、中国司法制度、审判纪律、司法礼仪、廉政规定以及法律基础知识、审判工作基本规则等。人民法院也可结合本地区案件特点与类型安排培训内容。

28. 人民法院应当根据审判工作的需要，有计划、有组织地对任职期间的人民陪审员进行政治理论和新颁法律法规、司法解释的培训。日常任职培训主要由人民陪审员所在的基层人民法院承担。

29. 任职培训的形式和方法应当根据人民陪审员的特点和实际情况确定，除了采取集中授课培训外，还可以采取有针对性的庭审观摩、案例教学、模拟演示、电化教学、巡回教学等方法，以及组织人民陪审员对热点、难点、重点案件进行专题研讨等。任职培训不得少于20个学时。

六、强化管理与考核，落实经费保障

30. 各级人民法院应当根据工作需要和现实条件设立人民陪审工作管理办公室，负责制定并落实人民陪审工作的各项管理制度和具体措施。

31. 基层人民法院应当对人民陪审员进行动态考核，建立健全考核管理制度，建立陪审工作绩效档案，着重就陪审案件的数量、出庭率、陪审能力、审判纪律、审判作风等内容进行考核，人民陪审员的廉洁自律、公正司法情况，纳入所在基层人民法院廉政监督工作范围。

32. 每年年终前，由人民陪审员所在基层人民法院将考核结果书面通知人

民陪审员本人及其所在单位（或户籍所在地、经常居住地的基层组织），同时将有关考核情况报送当地同级人民代表大会内务司法委员会和司法行政机关。

33. 人民陪审员与参加合议庭的法官享有同等的权利，同时也应当履行同等的义务。人民陪审员在履行陪审职责期间，如出现滥用职权、玩忽职守、徇私舞弊等情形的，人民法院应当视其情节对其进行批评教育，情节严重的，依照法定程序免除其人民陪审员职务，建议所在单位或基层组织对其进行处理，构成犯罪的，依法追究其刑事责任。

34. 人民陪审员参与审判活动所支出的必要费用纳入人民法院办案（业务）经费开支范围。各级人民法院应当积极与同级财政部门等相关部门共同研究落实现有政策规定的内容，加大经费投入，规范使用范围。

35. 各高级人民法院研究确定本辖区人民陪审员参加审判活动的补助标准和补助方式。

36. 人民陪审员参加中级人民法院、高级人民法院以及其他法院审判活动的，由相关法院按照规定给予补助。

七、加强组织领导，抓好制度落实

37. 各级人民法院应当将人民陪审工作列入重要议事日程，积极创造有利条件，采取切实有效措施，确保《决定》和最高人民法院的有关规定落实到位。实施人民陪审员制度，各级人民法院应当在党委领导、人大监督、政府支持下积极稳妥地推行。积极主动地向党委、人大汇报重大问题和进展情况，加强与司法行政机关、财政部门的沟通和协调。

38. 上级人民法院应当主动出面帮助下级人民法院多做工作，协调、督促相关部门切实解决人民陪审工作中遇到的各种困难和问题。

39. 各级人民法院应当加强对人民陪审员制度的宣传工作，采取切实有效的措施，广泛利用报纸、广播、电视、网络等各种媒体，充分发挥社会舆论的引导作用，大力宣传人民陪审员制度的重要意义，总结宣传优秀人民陪审员的经验、做法。改进宣传方法，注重宣传人民陪审员的典型案例和显著效果，争取社会各界对人民陪审工作的充分认同，在全社会积极营造支持人民陪审员依法履行审判职责、关注法院审判工作的良好氛围。

最高人民法院
印发《关于进一步加强少年法庭工作的意见》的通知

2010 年 7 月 23 日　　法发〔2010〕32 号

各省、自治区、直辖市高级人民法院，解放军军事法院，新疆维吾尔自治区高级人民法院生产建设兵团分院：

现将《最高人民法院关于进一步加强少年法庭工作的意见》印发给你们，请认真贯彻执行。

附：

关于进一步加强少年法庭工作的意见

为正确贯彻《中华人民共和国未成年人保护法》、《中华人民共和国预防未成年人犯罪法》，切实执行对违法犯罪未成年人“教育、感化、挽救”的方针和“教育为主、惩罚为辅”的原则，努力实现少年司法审判制度改革的工作目标，积极促进少年法庭工作的规范发展，大力推动中国特色社会主义少年司法制度的建立和完善，现对今后一个时期加强少年法庭工作提出如下意见。

一、提高思想认识，高度重视少年法庭工作

1. 未成年人是国家和民族的未来与希望，党和国家历来高度重视未成年人的保护工作，始终把这项工作作为党和国家事业的重要组成部分。维护未成年人合法权益，预防、矫治未成年人犯罪，保障未成年人健康成长，是人民法院的重要职责之一。少年法庭工作是人民法院开展未成年人司法维权、积极参与社会治安综合治理的重要平台。当前和今后一个时期，少年法庭工作只能加强，不能削弱。

2. 各级法院应当从实践“三个至上”工作指导思想、落实科学发展观、构建和谐社会的高度，充分认识加强少年法庭工作的重要性和必要性，切实贯彻好“坚持、完善、改革、发展”的工作指导方针，把少年法庭工作摆到重要位置。

二、加强组织领导，建立健全少年法庭机构

3. 各级法院应当进一步加强对少年法庭工作的组织领导和业务指导，切实关心和支持少年法庭机构建设，为少年法庭工作全面、健康发展创造良好条件。

4. 最高人民法院设“少年法庭指导小组”，并在研究室设“少年法庭工作办公室”，负责全国法院少年法庭的日常指导工作。

5. 高级人民法院设“少年法庭指导小组”，组长由副院长担任，小组成员应当包括涉及未成年人案件的各相关审判庭和行政部门负责人。高级人民法院少年法庭指导小组下设“少年法庭工作办公室”，负责本辖区内少年法庭的日常指导工作。“少年法庭工作办公室”设在研究室或者审判庭内。高级人民法院可以在刑事审判庭和民事审判庭内分别设立未成年人案件合议庭。暂未设立合议庭的，应当指定专职办理未成年人案件的法官。

6. 中级人民法院应当根据未成年人案件的审判需要，逐步完善未成年人案件审判机构建设。有条件的中级人民法院可以设独立建制的未成年人案件综合审判庭（以下简称少年审判庭）。暂未设独立建制少年审判庭的中级人民法院，应当在刑事审判庭和民事审判庭内分别设立未成年人案件合议庭，或者指定专职办理未成年人案件的法官。

7. 有条件的基层人民法院可以设独立建制的少年审判庭，也可以根据中级人民法院指定管辖的要求，设立统一受理未成年人案件的审判庭。未设独立建制少年审判庭或者未设立统一受理未成年人案件审判庭的基层人民法院，应当在刑事审判庭和民事审判庭内分别设立未成年人案件合议庭，或者指定专职办理未成年人案件的法官。

8. 高级人民法院少年法庭指导小组、少年法庭工作办公室及未成年人案件合议庭的设立、变更情况，应当报告最高人民法院少年法庭工作办公室。中级人民法院和基层人民法院未成年人案件审判机构的设立、变更情况，应当逐级报告高级人民法院少年法庭工作办公室。

三、注重队伍建设，提升少年法庭法官的整体素质

9. 各级法院应当高度重视少年法庭法官队伍建设，着重选拔政治素质高、业务能力强，熟悉未成年人身心特点，热爱未成年人权益保护工作和善于做未成年人思想教育工作的法官，负责审理未成年人案件。

10. 各级法院应当从共青团、妇联、工会、学校等组织的工作人员中选任审理未成年人案件的人民陪审员。审理未成年人案件的人民陪审员应当熟悉未成年人身心特点，具备一定的青少年教育学、心理学知识，并经过必要的培训。

11. 各级法院应当加强少年法庭法官的培训工作，不断提升少年法庭法官

队伍的整体素质。最高人民法院、高级人民法院每年至少组织一次少年法庭法官业务培训。中级人民法院和基层人民法院也应当以多种形式定期开展少年法庭法官的业务培训。

四、完善工作制度，强化少年法庭的职能作用

12. 各级法院应当总结完善审判实践中行之有效的特色工作制度，强化少年法庭的职能作用，提高工作的实效性。

13. 有条件的人民法院在审理未成年人刑事案件时，对有关组织或者个人调查形成的反映未成年人性格特点、家庭情况、社会交往、成长经历以及实施被指控犯罪前后的表现等情况的调查报告，应当进行庭审质证，认真听取控辩双方对调查报告的意见，量刑时予以综合考虑。必要时人民法院也可以委托有关社会组织就上述情况进行调查或者自行调查。

人民法院应当在总结少年审判工作经验的基础上，结合实际情况，积极规范、完善社会调查报告制度，切实解决有关社会调查人员主体资格、调查报告内容及工作程序等方面的问题，充分发挥社会调查报告在审判中的作用。

14. 人民法院对未成年人与成年人共同犯罪案件，一般应当分案审理。对应当分案起诉而未分案起诉的案件，人民法院可以向检察机关提出建议。

15. 人民法院根据未成年人身心特点，对未成年被告人轻微犯罪或者过失犯罪案件、未成年人为一方当事人的民事和行政案件，可以采取圆桌审判方式。

16. 人民法院审理未成年人刑事案件，应当注重对未成年被告人的法庭教育。法庭教育的主要内容包括对相关法律法规的理解，未成年人实施被指控行为的原因剖析，应当吸取的教训，犯罪行为对社会、家庭、个人的危害和是否应当受刑罚处罚，如何正确对待人民法院裁判以及接受社区矫正或者在监管场所服刑应当注意的问题等。人民法院可以邀请有利于教育、感化、挽救未成年罪犯的人员参加法庭教育。

人民法院审理未成年人民事和行政案件，应当注意从有利于未成年人权益保护及解决矛盾纠纷的角度对当事人进行有针对性的教育和引导。

17. 对犯罪情节轻微，或者系初犯、偶犯的未成年罪犯，符合适用非监禁刑条件的，应当依法适用非监禁刑。对非本地户籍的未成年罪犯，人民法院应当加强与本辖区社区矫正部门的联系，或者通过未成年罪犯户籍地的人民法院与当地社区矫正部门联系，确保非监禁刑的依法适用。

18. 对判决、裁定已经发生法律效力的未成年罪犯，人民法院在向执行机关移送执行的法律文书时，应当同时附送社会调查报告、案件审理中的表现等材料。对正在未成年犯管教所服刑或者接受社区矫正的未成年罪犯，人民法院应当协助未成年犯管教所或者社区矫正部门做好帮教工作。

人民法院应当做好未成年人民事和行政案件判后回访工作，努力为未成年

人的健康成长创造良好环境。

人民法院应当对判后跟踪帮教和回访情况作出记录或者写出报告，记录或者报告存入卷宗。

五、深化改革探索，推动少年法庭工作有序发展

19. 各级法院应当积极开展少年司法理论成果和工作经验的交流活动，进一步深化少年司法改革。

20. 各级法院应当从维护未成年人的合法权益，预防、矫治和减少未成年人犯罪的实际需要出发，积极探索异地社会调查、心理评估干预、刑事案件和解、量刑规范化、社区矫正与司法救助、轻罪犯罪记录封存等适合未成年人案件特点的审理、执行方式。

21. 各级法院应当坚持“特殊、优先”保护原则，大胆探索实践社会观护、圆桌审判、诉讼教育引导等未成年人民事和行政案件特色审判制度，不断开拓未成年人民事和行政案件审判的新思路、新方法。

六、积极协调配合，构建少年法庭工作配套机制

22. 各级法院应当在党委政法委的领导、协调下，加强与同级公安、检察、司法行政等部门的工作沟通，积极建立和完善“政法一条龙”工作机制，形成有效预防、矫治和减少未成年人违法犯罪的合力。

23. 各级法院应当加强与有关职能部门、社会组织和团体的协调合作，积极建立和完善“社会一条龙”工作机制，努力调动社会力量，推动未成年罪犯的安置、帮教措施的落实，确保未成年人民事和行政案件得到妥善处理，推动涉诉未成年人救助制度的建立和完善。

24. 各级法院应当加强未成年人保护的法制宣传教育工作，促进全社会树立尊重、保护、教育未成年人的良好风尚，教育和帮助未成年人维护自己的合法权益，增强自我保护的意识和能力。

25. 各级法院应当在党委政法委的领导、协调下，积极与有关部门协商，推动制定本地区关于未成年人社会调查、司法救助、复学安置等问题的规范性文件，切实解决相关问题。

七、完善考核保障，夯实少年法庭工作基础

26. 各级法院应当根据本地区少年法庭工作实际，将庭审以外的延伸帮教、参与社会治安综合治理等工作作为绩效考核指标，纳入绩效考察的范围。

27. 各级法院应当针对未成年人案件审判特点，加大少年法庭在经费、装备和人员编制方面的投入，为少年法庭开展庭审以外的延伸帮教、法制宣传教育工作以及参与社会治安综合治理工作提供必要保障。

最高人民法院
印发《关于庭审活动录音录像的若干规定》的通知

2010 年 8 月 16 日　　　　　　法发〔2010〕33 号

全国地方各级人民法院、各级军事法院、各铁路运输中级法院和基层法院、各海事法院，新疆生产建设兵团各级法院：

现将《最高人民法院关于庭审活动录音录像的若干规定》印发给你们，请认真贯彻执行。

附：

关于庭审活动录音录像的若干规定

为加强审判管理，完善法庭记录方式，保护当事人的诉讼权利，促进司法公正，根据有关诉讼法规定，结合人民法院工作实际，现就庭审活动录音录像问题作如下规定：

一、人民法院开庭审理第一审普通程序和第二审程序刑事、民事和行政案件，应当对庭审活动全程同步录音或者录像；简易程序及其他程序案件，应当根据需要对庭审活动录音或者录像。

对于巡回审判等不在审判法庭进行的庭审活动，不具备录音录像条件的，可以不录音录像。

二、人民法院应当在审判法庭安装录音设备；有条件的应当安装录像设备。人民法庭可以根据实际需要在部分审判法庭安装录音或者录像设备。

三、庭审录音录像应当由书记员或者其他工作人员自案件开庭时开始录制，并告知诉讼参与人，至闭庭时结束。除休庭和不宜录音录像的调解活动外，录音录像不得间断。

书记员应当将庭审录音录像的起始、结束时间及有无间断等情况记入法庭笔录。

四、当事人和其他诉讼参与人对法庭笔录有异议并申请补正的，书记员应当播放录音录像进行核对、补正。如果不予补正，应当将申请记录在案。

五、人民法院应当使用专门设备存储庭审录音录像，并将其作为案件材料以光盘等方式存入案件卷宗；具备当事人、辩护人、代理人等在人民法院查阅条件的，应当将其存入案件卷宗的正卷。未经人民法院许可，任何人不得复制、拍录、传播庭审录音录像。

庭审录音录像的保存期限与案件卷宗的保存期限相同。

六、人民法院应当采取叠加同步录制时间或者其他措施保证庭审录音录像的真实性、完整性。对于毁损庭审录音录像或者篡改其内容的，追究行为人相应的行政或者法律责任。

因设备、技术等原因导致庭审录音录像内容不完整或者不存在的，负责录制的人员应当作出书面说明，经审判长或者庭长审核签字后附卷；内容不完整的庭审录音录像仍应存储并入卷。

七、在庭审中，诉讼参与人或者旁听人员违反法庭纪律或者有关法律规定，破坏法庭秩序、妨碍诉讼活动顺利进行的，庭审录音录像可以作为追究其法律责任的证据。

八、当事人和其他诉讼参与人认为庭审活动不规范或者存在违法现象的，人民法院应当结合庭审录音录像进行调查核实。

九、人民法院院长、庭长或者纪检监察部门，可以根据工作需要调阅庭审录音录像。调阅不公开审理案件的庭审录音录像，应当遵守有关保密规定。

十、高级人民法院可以结合当地实际，在庭审录音录像的技术、管理、应用等方面制定本规定的实施细则。

十一、人民法院进行其他审判、执行、听证、接访等活动，需要录音录像的，参照本规定执行。

最高人民法院
印发《关于案例指导工作的规定》的通知

2010 年 11 月 26 日　　　　法发〔2010〕51 号

各省、自治区、直辖市高级人民法院，解放军军事法院，新疆维吾尔自治区高级人民法院生产建设兵团分院：

《最高人民法院关于案例指导工作的规定》已于 2010 年 11 月 15 日由最高人民法院审判委员会第 1501 次会议讨论通过，现印发给你们，请认真贯彻执行。

附：

关于案例指导工作的规定

为总结审判经验，统一法律适用，提高审判质量，维护司法公正，根据《中华人民共和国人民法院组织法》等法律规定，就开展案例指导工作，制定本规定。

第一条　对全国法院审判、执行工作具有指导作用的指导性案例，由最高人民法院确定并统一发布。

第二条　本规定所称指导性案例，是指裁判已经发生法律效力，并符合以下条件的案例：

（一）社会广泛关注的；

（二）法律规定比较原则的；

（三）具有典型性的；

（四）疑难复杂或者新类型的；

（五）其他具有指导作用的案例。

第三条　最高人民法院设立案例指导工作办公室，负责指导性案例的遴选、审查和报审工作。

第四条　最高人民法院各审判业务单位对本院和地方各级人民法院已经发生法律效力的裁判，认为符合本规定第二条规定的，可以向案例指导工作办公室推荐。

各高级人民法院、解放军军事法院对本院和本辖区内人民法院已经发生法律效力的裁判，认为符合本规定第二条规定的，经本院审判委员会讨论决定，可以向最高人民法院案例指导工作办公室推荐。

中级人民法院、基层人民法院对本院已经发生法律效力的裁判，认为符合本规定第二条规定的，经本院审判委员会讨论决定，层报高级人民法院，建议向最高人民法院案例指导工作办公室推荐。

第五条 人大代表、政协委员、专家学者、律师，以及其他关心人民法院审判、执行工作的社会各界人士对人民法院已经发生法律效力的裁判，认为符合本规定第二条规定的，可以向作出生效裁判的原审人民法院推荐。

第六条 案例指导工作办公室对于被推荐的案例，应当及时提出审查意见。符合本规定第二条规定的，应当报请院长或主管副院长提交最高人民法院审判委员会讨论决定。

最高人民法院审判委员会讨论决定的指导性案例，统一在《最高人民法院公报》、最高人民法院网站、《人民法院报》上以公告的形式发布。

第七条 最高人民法院发布的指导性案例，各级人民法院在审判类似案件时应当参照。

第八条 最高人民法院案例指导工作办公室每年度对指导性案例进行编纂。

第九条 本规定施行前，最高人民法院已经发布的对全国法院审判、执行工作具有指导意义的案例，根据本规定清理、编纂后，作为指导性案例公布。

第十条 本规定自公布之日起施行。

最高人民法院
印发《关于规范上下级人民法院审判业务关系的若干意见》的通知

2010年12月28日　　　　　　　　　　法发〔2010〕61号

各省、自治区、直辖市高级人民法院，解放军军事法院，新疆维吾尔自治区高级人民法院生产建设兵团分院：

《最高人民法院关于规范上下级人民法院审判业务关系的若干意见》已经最高人民法院审判委员会第1493次会议通过，现印发给你们，请结合审判工作实际，认真遵照执行。

附：

关于规范上下级人民法院审判业务关系的若干意见

为进一步规范上下级人民法院之间的审判业务关系，明确监督指导的范围与程序，保障各级人民法院依法独立行使审判权，根据《中华人民共和国宪法》和《中华人民共和国人民法院组织法》等相关法律规定，结合审判工作实际，制定本意见。

第一条　最高人民法院监督指导地方各级人民法院和专门人民法院的审判业务工作。上级人民法院监督指导下级人民法院的审判业务工作。监督指导的范围、方式和程序应当符合法律规定。

第二条　各级人民法院在法律规定范围内履行各自职责，依法独立行使审判权。

第三条　基层人民法院和中级人民法院对于已经受理的下列第一审案件，必要时可以根据相关法律规定，书面报请上一级人民法院审理：

（1）重大、疑难、复杂案件；

（2）新类型案件；

（3）具有普遍法律适用意义的案件；

（4）有管辖权的人民法院不宜行使审判权的案件。

第四条 上级人民法院对下级人民法院提出的移送审理请求，应当及时决定是否由自己审理，并下达同意移送决定书或者不同意移送决定书。

第五条 上级人民法院认为下级人民法院管辖的第一审案件，属于本意见第三条所列类型，有必要由自己审理的，可以决定提级管辖。

第六条 第一审人民法院已经查清事实的案件，第二审人民法院原则上不得以事实不清、证据不足为由发回重审。

第二审人民法院作出发回重审裁定时，应当在裁定书中详细阐明发回重审的理由及法律依据。

第七条 第二审人民法院因原审判决事实不清、证据不足将案件发回重审的，原则上只能发回重审一次。

第八条 最高人民法院通过审理案件、制定司法解释或者规范性文件、发布指导性案例、召开审判业务会议、组织法官培训等形式，对地方各级人民法院和专门人民法院的审判业务工作进行指导。

第九条 高级人民法院通过审理案件、制定审判业务文件、发布参考性案例、召开审判业务会议、组织法官培训等形式，对辖区内各级人民法院和专门人民法院的审判业务工作进行指导。

高级人民法院制定审判业务文件，应当经审判委员会讨论通过。最高人民法院发现高级人民法院制定的审判业务文件与现行法律、司法解释相抵触的，应当责令其纠正。

第十条 中级人民法院通过审理案件、总结审判经验、组织法官培训等形式，对基层人民法院的审判业务工作进行指导。

第十一条 本意见自公布之日起施行。

最高人民法院

印发《关于对配偶子女从事律师职业的法院领导干部和审判执行岗位法官实行任职回避的规定（试行）》的通知

2011 年 2 月 10 日　　法发〔2011〕5 号

各省、自治区、直辖市高级人民法院，解放军军事法院，新疆维吾尔自治区高级人民法院生产建设兵团分院：

现将最高人民法院《关于对配偶子女从事律师职业的法院领导干部和审判执行岗位法官实行任职回避的规定（试行）》印发给你们，请认真执行。

为维护司法公正和司法廉洁，防止法院领导干部及法官私人利益与公共利益发生冲突，依照《中华人民共和国公务员法》、《中华人民共和国法官法》和《中国共产党党员领导干部廉洁从政若干准则》，制定本规定。

附：

关于对配偶子女从事律师职业的法院领导干部和审判执行岗位法官实行任职回避的规定（试行）

第一条　人民法院领导干部和审判、执行岗位法官，其配偶、子女在其任职法院辖区内从事律师职业的，应当实行任职回避。

本规定所称法院领导干部，是指各级人民法院的领导班子成员及审判委员会专职委员。

本规定所称审判、执行岗位法官，是指各级人民法院未担任院级领导职务的审判委员会委员以及在立案、审判、执行、审判监督、国家赔偿等部门从事审判、执行工作的法官和执行员。

本规定所称从事律师职业，是指开办律师事务所、以律师身份为案件当事人提供诉讼代理或者其他有偿法律服务。

第二条　人民法院在选拔任用干部时，不得将具备任职回避条件的人员作为法院领导干部和审判、执行岗位法官的拟任人选。

第三条 人民法院在补充审判、执行岗位工作人员时，不得补充具备任职回避条件的人员。

人民法院在补充非审判、执行岗位工作人员时，应当向拟补充的人员释明本规定的相关内容。

第四条 在本规定施行前具备任职回避条件的法院领导干部和审判、执行岗位法官，应当自本规定施行之日起六个月内主动提出任职回避申请；相关人民法院应当自本规定施行之日起十二个月内，按照有关程序为其办理职务变动或者岗位调整的手续。

第五条 在本规定施行前不具备任职回避条件，但在本规定施行后具备任职回避条件的法院领导干部和审判、执行岗位法官，应当自任职回避条件具备之日起一个月内主动提出任职回避申请；相关人民法院应当自申请期限届满之日起六个月内，按照有关程序为其办理职务变动或者岗位调整的手续。

第六条 具备任职回避条件的法院领导干部和审判、执行岗位法官在前述规定期限内没有主动提出任职回避申请的，相关人民法院应当自申请期限届满之日起六个月内，按照有关程序免去其所任领导职务或者将其调离审判执行岗位。

第七条 应当实行任职回避的法院领导干部和审判、执行岗位法官的任免权限不在人民法院的，相关人民法院可向具有干部任免权的机关提出为其办理职务调动或者免职手续的建议。

第八条 因配偶、子女从事律师职业而辞去现任职务或者退出审判、执行岗位的法院领导干部和法官，应当尽可能按原职级待遇重新安排工作岗位，但在重新安排工作时，不得违反本规定第二条、第三条的要求。

第九条 具备任职回避条件的法院领导干部及审判、执行岗位法官具有下列情形之一的，应当酌情给予批评教育、组织处理或者纪律处分：

（一）隐瞒配偶、子女从事律师职业情况的；

（二）采取弄虚作假手段规避任职回避的；

（三）拒不服从组织调整或者拒不办理公务交接的；

（四）具有其他违反任职回避规定行为的。

第十条 法院领导干部和审判、执行岗位法官的配偶、子女不在本规定所限地域范围内从事律师职业的，该法院领导干部和审判、执行岗位法官不实行任职回避，但其配偶、子女采取暗中代理等方式在本规定所限地域范围内从事律师职业的，应当责令其辞去领导职务或者将其调离审判、执行岗位；其本人知情的，还应当同时给予其相应的纪律处分。

第十一条 本规定由最高人民法院负责解释。

第十二条 本规定自发布之日起施行。

第三编

废止文件

最高人民法院
关于废止1993年底以前发布的部分司法解释的通知

1994年7月27日　　　　　　　　　法发〔1994〕16号

各省、自治区、直辖市高级人民法院，解放军军事法院：

根据任建新院长在第十六次全国法院工作会议报告中提出的“抓紧对过去的司法解释进行清理，对其中不适应加快改革开放和经济建设要求的，分别不同情况，进行修改、补充或者废止”的要求，我院自1993年起，本着由近及远、分期分批、抓紧进行的原则，对1979年至1993年间发布的司法解释进行了全面清理。现将经我院审判委员会讨论通过的第一批予以废止的司法解释目录印发给你们。这批予以废止的司法解释共11件，其中刑事审判方面2件，经济审判方面2件，行政审判方面4件，海事审判方面3件。予以废止的这些司法解释从即日起不再适用（有的早已自行失效）。但过去适用上述司法解释对有关案件作出的判决、裁定仍然有效。清理司法解释工作尚在进行中，需要废止的司法解释，以后还将陆续分批通知你们。最高法院与有关部门联合发布的司法解释性文件需要废止的，我院将与有关部门联合发文予以废止。有些司法解释只有部分内容不适应当前审判实践需要的，我院将在全面清理的基础上，组织有关部门研究修改，各地有什么意见请及时报我院。

附：

最高人民法院予以废止的1993年底以前发布的司法解释目录（第一批）

（最高人民法院审判委员会第667次会议讨论通过）

序号	分类	司法解释名称	发文日期、文号	废止理由
1	刑事	最高人民法院关于办理共同盗窃犯罪案件如何适用法律问题的意见	1991年4月12日法（研）发〔1991〕11号	已被1992年12月11日最高人民法院最高人民检察院发布的《关于办理盗窃案件具体应用法律的若干问题的解释》代替。

序号	分类	司法解释名称	发文日期、文号	废止理由
2		最高人民法院关于严厉打击偷渡犯罪活动的通知	1993年9月24日法发〔1993〕24号	1994年3月5日全国人民代表大会常务委员会已经通过并公布了《关于严惩组织运送他人偷越国（边）境犯罪的补充规定》，原依据刑法有关规定作出的上述司法解释不再适用。
3	经济	最高人民法院关于因口头协议纠纷提起的诉讼管辖问题的批复	1990年3月16日	1991年4月9日全国人民代表大会通过并公布了《中华人民共和国民事诉讼法》，上述批复有关内容与之抵触或者重复，不再适用。
4		最高人民法院关于工商行政管理机关对无效经济合同引起的财产争议处理后当事人向人民法院起诉是否受理的批复	1990年11月3日法（经）复〔1990〕16号	已被1992年4月1日最高人民法院发布的《关于不服工商行政管理机关的确认经济合同无效及财产损失的处理决定的案件应属行政案件的复函》代替。
5	行政	人民法院审理治安行政案件具体应用法律的若干问题的暂行规定	1986年10月24日法（研）发〔1986〕31号	1989年4月4日全国人民代表大会已经通过并公布了《中华人民共和国行政诉讼法》，上述司法解释与之抵触，不再适用。
6		最高人民法院关于如何适用土地管理法第十三条和森林法第十四条的批复	1987年7月31日法（经）复字〔1987〕28号	1989年4月4日全国人民代表大会通过并公布了《中华人民共和国行政诉讼法》，上述批复与之抵触，不再适用。
7		最高人民法院关于铁路运输法院是否受理治安行政案件的批复	1987年9月11日法（研）复〔1987〕34号	1989年4月4日全国人民代表大会已经通过并公布了《中华人民共和国行政诉讼法》，上述批复与之抵触，不再适用。
8		最高人民法院关于《人民法院审理治安行政案件具体应用法律的若干问题的暂行规定》是否适用于审理其他行政案件的批复	1988年1月13日法（研）复〔1988〕9号	1989年4月4日全国人民代表大会已经通过并公布了《中华人民共和国行政诉讼法》，上述批复与之抵触，不再适用。
9	海事	最高人民法院在扣船规定出台前关于扣船程序的批复	1981年10月24日〔81〕法（交）字第3号	已被1994年7月6日最高人民法院发布的《关于海事法院诉讼前扣押船舶的规定》代替。

序号	分类	司法解释名称	发文日期、文号	废止理由
10		最高人民法院关于诉讼前扣押船舶的具体规定（1986 年 1 月 31 日最高人民法院审判委员会通过）		已被 1994 年 7 月 6 日最高人民法院发布的《关于海事法院诉讼前扣押船舶的规定》代替。
11		最高人民法院关于强制变卖被扣押船舶清偿债务的具体规定	1987 年 8 月 29 日法（经）发〔1987〕22 号	已被 1994 年 7 月 6 日最高人民法院发布的《关于海事法院拍卖被扣押船舶清偿债务的规定》代替。

最高人民法院
关于废止1979年至1989年间发布的部分司法解释的通知

1996年12月31日　　　　法发〔1996〕34号

各省、自治区、直辖市高级人民法院，解放军军事法院：

我院公布第一批予以废止的司法解释目录之后，即着手对1979年至1989年间发布的司法解释进行了全面清理。现将经我院审判委员会讨论决定废止的第二批司法解释目录印发给你们。这批废止的司法解释共69件，包括刑事审判方面16件，民事审判方面34件，经济审判方面19件。其中，有个别文件是以“函”、“复函”等形式发出的，考虑到这些文件具有司法解释的性质，而且在当时也起到了指导审判工作的作用，本着尊重历史、保持原貌的原则，这次也将其作为司法解释一并予以清理。废止的司法解释从即日起不再适用（有的早已自行失效）。但过去适用上述司法解释对有关案件作出的判决、裁定仍然有效。清理司法解释工作将继续进行。最高人民法院与有关部门联合发布的司法解释性文件需要废止的，我院将与有关部门联合发文予以废止。对一些司法解释中只有部分内容不适应当前审判实践需要的，不在这次清理之列，我院将在全面清理的基础上，组织有关部门研究修改。各地有何意见请及时报告我院。

附：

最高人民法院决定废止的1979年至1989年间发布的司法解释目录（第二批）

（最高人民法院审判委员会第869次会议讨论通过）

序号	分类	司法解释名称	发文日期、文号	废止理由
1	刑事	最高人民法院关于管辖区划变更后复查案件审批程序问题的批复	1979年3月21日〔79〕法办研字第7号	该批复是对个案问题的处理意见，现已不再适用。
2		最高人民法院关于报送死刑复核案件的几项规定的通知	1979年12月12日〔79〕法办字第92号	该司法解释已被1994年3月21日最高人民法院发布的《关于审理刑事案件程序的具体规定》代替。

序号	分类	司法解释名称	发文日期、文号	废止理由
3		最高人民法院关于对几类现行犯授权高级人民法院核准死刑的若干具体规定的通知	1980年3月18日	该司法解释已被1983年9月7日最高人民法院发布的《关于授权高级人民法院核准部分死刑案件的通知》代替。
4		最高人民法院关于揭批“四人帮”斗争中清查出来的犯罪分子在逮捕前被隔离审查的日期可否折抵刑期的批复	1980年4月17日〔80〕法研字第13号	该批复是对特定历史时期遗留问题的处理意见，现已不再适用。
5		最高人民法院关于中级人民法院判处死缓经高级人民法院复核认为必须判处死刑立即执行的案件应如何处理问题的批复	1981年6月10日〔81〕法研字第11号	该批复已被1994年3月21日最高人民法院发布的《关于审理刑事案件程序的具体规定》代替。
6		最高人民法院关于在逮捕前交“群众监督劳动”的日期可否折抵刑期问题的批复	1982年9月8日〔1982〕法研字第7号	该批复是对个案问题的处理意见，现已不再适用。
7		最高人民法院关于刑事案件被告人在审理过程中患精神病应否中止审理的批复	1983年2月4日〔83〕法研字第1号	该批复已被1994年3月21日最高人民法院发布的《关于审理刑事案件程序的具体规定》代替。
8		最高人民法院关于个人非法制造、销售他人注册商标标识而构成犯罪的应按假冒商标罪惩处的批复	1985年5月9日法（研）复〔1985〕28号	1993年2月22日全国人民代表大会常务委员会通过并公布了《关于惩治假冒注册商标犯罪的补充规定》，该批复内容与之抵触，不再适用。
9		最高人民法院关于播放淫秽录像、影片、电视片、幻灯片等犯罪案件如何定罪问题的批复	1985年7月8日法（研）复〔1985〕40号	1990年12月28日全国人民代表大会常务委员会通过并公布了《关于惩治走私制造贩卖传播淫秽物品犯罪分子的决定》，该批复内容与之抵触，不再适用。
10		最高人民法院关于对罪犯减刑时应将判决前羁押的日期折抵为已执行的刑期的批复	1985年11月14日	该批复是对最高人民法院、最高人民检察院、公安部1979年10月10日《关于死缓犯和无期徒刑犯减刑问题的联合通知》有关问题的解释，该《联合通知》已废除，该批复不再适用。
11		最高人民法院关于依法严惩猎杀大熊猫、倒卖走私大熊猫皮的犯罪活动的通知	1987年7月24日	该批复已被1988年11月8日全国人民代表大会常务委员会通过并公布的《关于惩治捕杀国家重点保护的珍贵、濒危野生动物犯罪的补充规定》代替。

序号	分类	司法解释名称	发文日期、文号	废止理由
12		最高人民法院关于被判处拘役或者三年以下有期徒刑宣告缓刑的罪犯减刑的管辖和处理程序的批复	1988年1月5日法（研）复〔1988〕1号	该批复已被1994年3月21日最高人民法院发布的《关于审理刑事案件程序的具体规定》代替。
13		最高人民法院关于第二审人民法院审理被害人对刑事案件中附带的民事部分提出的上诉应全案审查并就附带民事诉讼部分作出终审裁判的批复	1988年5月11日法（研）发〔1988〕23号	该批复已被1994年3月21日最高人民法院发布的《关于审理刑事案件程序的具体规定》代替。
14		最高人民法院关于刑事案件取保候审的被告人在法院审理期间潜逃应宣告中止审理的批复	1988年7月6日法（研）复〔1988〕29号	该批复已被1994年3月21日最高人民法院发布的《关于审理刑事案件程序的具体规定》代替。
15		最高人民法院关于假冒商标案件两个问题的批复	1988年12月26日法（研）复〔1988〕73号	该批复已被1993年2月22日全国人民代表大会常务委员会通过并公布的《关于惩治假冒注册商标犯罪的补充规定》代替。
16		最高人民法院关于拐卖人口案件中婴儿、幼儿、儿童年龄界限如何划分问题的批复	1989年7月7日法（研）复〔1989〕5号	该批复已被1992年12月11日最高人民法院、最高人民检察院《关于执行〈全国人民代表大会常务委员会关于严惩拐卖绑架妇女儿童的犯罪分子的决定〉的若干问题的解答》代替。
17	民事	最高人民法院关于贯彻执行民事政策法律的意见	1979年2月2日	该司法解释已被1986年4月12日全国人民代表大会通过并公布的《中华人民共和国民法通则》等法律所代替。
18		最高人民法院关于人民法院审判民事案件程序制度的规定（试行）	1979年2月2日	1991年4月9日全国人民代表大会通过并公布了《中华人民共和国民事诉讼法》，该司法解释与之抵触，不再适用。
19		最高人民法院关于复员、转业军人的复员费、转业费、医疗费能否按家庭共同财产处理问题的批复	1979年3月21日〔79〕法办研字第9号	该批复已被1993年11月3日最高人民法院发布的《关于人民法院审理离婚案件处理财产分割问题的若干具体意见》代替。
20		最高人民法院关于给我国旅居加拿大的公民寄递离婚诉讼文书问题的批复	1980年8月25日〔80〕民他字第26号	1991年4月9日全国人民代表大会通过并公布了《中华人民共和国民事诉讼法》，该批复与之抵触，不再适用。

序号	分类	司法解释名称	发文日期、文号	废止理由
21		最高人民法院关于对日本国询问有关继承的几个问题的答复	1980 年 10 月 25 日	1985 年 4 月 10 日全国人民代表大会通过并公布了《中华人民共和国继承法》，该司法解释有关内容与之抵触，不再适用。
22		最高人民法院关于女方外流男方要求离婚的案件仍应由原告（男方）户口所在地法院管辖的函	1982 年 9 月 21 日〔82〕民他字第 32 号	该司法解释已被 1992 年 7 月 14 日最高人民法院发布的《关于适用〈中华人民共和国民事诉讼法〉若干问题的意见》代替。
23		最高人民法院关于适用民事诉讼法（试行）第一百九十一条第二款和第一百九十二条第二款的两个问题的批复	1982 年 12 月 17 日〔82〕法研字第 18 号	该批复已被 1991 年 4 月 9 日全国人民代表大会通过并公布的《中华人民共和国民事诉讼法》代替。
24		最高人民法院关于对经公告送达起诉书而不应诉的居住在国外的民事被告缺席判决后仍应公告送达判决书的批复	1983 年 2 月 7 日〔83〕法研字第 2 号	1991 年 4 月 9 日全国人民代表大会通过并公布了《中华人民共和国民事诉讼法》，该批复与之抵触，不再适用。
25		最高人民法院关于人民法院能否受理当事人因不服工商行政管理部门的行政处罚而提起的诉讼的批复	1983 年 3 月 19 日〔83〕法研字第 8 号	1989 年 4 月 4 日全国人民代表大会通过并公布了《中华人民共和国行政诉讼法》，该批复与之抵触，不再适用。
26		最高人民法院关于被告在外地就医的离婚案件管辖问题的批复	1984 年 3 月 26 日〔84〕法民字第 5 号	该批复已被 1992 年 7 月 14 日最高人民法院发布的《关于适用〈中华人民共和国民事诉讼法〉若干问题的意见》代替。
27		最高人民法院关于双方当事人在户籍所在地结婚后去外地居住的离婚案件应由何地法院管辖的函	1984 年 5 月 11 日〔84〕民他字第 5 号	该司法解释已被 1992 年 7 月 14 日最高人民法院发布的《关于适用〈中华人民共和国民事诉讼法〉若干问题的意见》代替。
28		最高人民法院《关于贯彻执行民事诉讼法（试行）若干问题的意见》	1984 年 8 月 30 日	该司法解释已被 1992 年 7 月 14 日最高人民法院发布的《关于适用〈中华人民共和国民事诉讼法〉若干问题的意见》代替。
29		最高人民法院关于印发《民事诉讼收费办法（试行）》的通知	1984 年 9 月 15 日	该司法解释已被 1989 年 7 月 12 日最高人民法院发布的《人民法院诉讼费收费办法》代替。

序号	分类	司法解释名称	发文日期、文号	废止理由
30		最高人民法院就吉林省浑江市卫生防疫站的来信给吉林省高级人民法院的通知	1984年9月11日〔84〕法民字第10号	1989年4月4日全国人民代表大会通过并公布了《中华人民共和国行政诉讼法》，该司法解释与之抵触，不再适用。
31		最高人民法院关于王威与徐保俊离婚一案中几个问题的批复	1984年9月18日〔84〕民他第12号	1991年4月9日全国人民代表大会通过并公布了《中华人民共和国民事诉讼法》，该批复与之抵触，不再适用。
32		最高人民法院关于女方外流重婚后原夫起诉要求人民法院受理的复函	1984年10月27日〔84〕法民字第12号	该司法解释已被1992年7月14日最高人民法院发布的《关于适用〈中华人民共和国民事诉讼法〉若干问题的意见》代替。
33		关于申请执行仲裁裁决应向何地法院提出的批复	1985年1月17日法（研）复〔1985〕5号	该批复已被1992年7月14日最高人民法院发布的《关于适用〈中华人民共和国民事诉讼法〉若干问题的意见》代替。
34		最高人民法院关于财产案件受理费如何计算等问题的批复	1985年1月24日法（民）复〔1985〕6号	《民事诉讼收费办法（试行）》已于1989年9月1日废止，该司法解释是对《民事诉讼收费办法（试行）》中有关问题的解释，不再适用。
35		最高人民法院关于卢伟明与卢伟范继承案管辖问题的批复	1985年2月24日法民复〔1985〕14号	该批复已被1991年4月9日全国人民代表大会通过并公布的《中华人民共和国民事诉讼法》代替。
36		最高人民法院关于民事案件上诉后，第二审法院对案件的实体问题作了改判后，可否变更第一审法院关于诉讼费用负担的决定等问题的批复	1985年5月30日法民复〔1985〕31号	该批复已被1989年6月29日最高人民法院发布的《人民法院诉讼收费办法》代替。
37		最高人民法院关于胜诉一方当事人提起上诉第二审法院维持原判第二审的诉讼费用应由谁负担等问题的批复	1985年5月30日法（民）复〔1985〕32号	该批复已被1989年6月29日最高人民法院发布的《人民法院诉讼收费办法》代替。
38		最高人民法院关于当事人一方提起上诉如何预交上诉案件受理费问题的批复	1985年5月30日法（民）复〔1985〕33号	该批复已被1989年6月29日最高人民法院发布的《人民法院诉讼收费办法》代替。
39		最高人民法院关于一方当事人在国内居住另一方当事人在国外居住的涉外民事案件的上诉期应如何确定的批复	1985年6月11日法（研）复〔1985〕34号	1991年4月9日全国人民代表大会通过并公布了《中华人民共和国民事诉讼法》，该批复与之抵触，不再适用。

序号	分类	司法解释名称	发文日期、文号	废止理由
40		最高人民法院关于财产案件受理费如何计算等问题的批复	1985年7月24日法（民）复〔1985〕6号	《民事诉讼收费办法（试行）》已于1989年9月1日废止，依据《民事诉讼收费办法（试行）》作出的批复不再适用。
41		最高人民法院关于第一、二两审人民法院驳回起诉的裁定确有错误应如何予以纠正的批复	1985年10月28日法（民）复〔1985〕52号	该批复已被1992年7月14日最高人民法院发布的《关于适用〈中华人民共和国民事诉讼法〉若干问题的意见》代替。
42		最高人民法院关于王占有与王言林赡养案管辖问题的批复	1986年1月7日〔1985〕法民字第24号	1991年4月9日全国人民代表大会通过并公布了《中华人民共和国民事诉讼法》，该批复与之抵触，不再适用。
43		最高人民法院关于在继承案件中可以将实际占有遗产的其他人列为被告并适用普通程序审理的批复	1986年4月3日〔1983〕民他字第12号	1991年4月9日全国人民代表大会通过并公布了《中华人民共和国民事诉讼法》，该批复与之抵触，不再适用。
44		最高人民法院关于同意将马本师房产按归侨政策处理的批复	1986年5月9日法(民)复〔1986〕字第9号	1985年4月10日全国人民代表大会通过并公布了《中华人民共和国继承法》，该批复与之抵触，不再适用。
45		最高人民法院关于付桂芬诉李兴凯离婚案管辖问题的批复	1987年7月29日〔1987〕民他字第37号	该批复已被1992年7月14日最高人民法院发布的《关于适用〈中华人民共和国民事诉讼法〉若干问题的意见》代替。
46		最高人民法院对生效多年的判决逾期申请执行的依法不予支持的批复	1987年8月25日〔1987〕民他字第20号	1991年4月9日全国人民代表大会通过并公布了《中华人民共和国民事诉讼法》，该批复与之抵触，不再适用。
47		最高人民法院关于侵害名誉权案件有关报刊社应否列为被告和如何适用管辖问题的批复	1988年1月15日法民复〔1988〕11号	该批复已被1993年11月最高人民法院发布的《关于审理名誉权案件若干问题的问答》代替。
48		最高人民法院关于委托执行工作中两个问题的批复	1988年6月20日法（研）复〔1988〕25号	该批复已被1992年7月14日最高人民法院发布的《关于适用〈中华人民共和国民事诉讼法〉若干问题的意见》代替。
49		最高人民法院关于人民法院已生效的法律文书是否适用民事诉讼法（试行）第一百六十九条规定的申请执行期限等问题的批复	1988年8月15日法（研）复〔1988〕35号	1991年4月9日全国人民代表大会通过并公布了《中华人民共和国民事诉讼法》，该批复与之抵触，不再适用。

序号	分类	司法解释名称	发文日期、文号	废止理由
50		最高人民法院关于对甘秀珍与李福高离婚是否需要通过再审程序撤销原调解书问题的函	1989年9月7日〔1989〕民他字第36号	1991年4月9日全国人民代表大会通过并公布了《中华人民共和国民事诉讼法》，该司法解释与之抵触，不再适用。
51	经济	最高人民法院关于在经济审判工作中贯彻执行《中华人民共和国民事诉讼法（试行）》若干问题的意见	1984年9月17日	1991年4月9日全国人民代表大会通过并公布了《中华人民共和国民事诉讼法》，该司法解释有关内容与之抵触，不再适用。
52		最高人民法院关于人民法院可以直接与银行系统的营业所、信用社联系查询、冻结或者扣划企事业等单位存款的批复	1985年1月17日法（研）复〔1985〕4号	该批复已被1993年12月11日中国人民银行、最高人民法院、最高人民检察院、公安部发布的《关于查询、冻结、扣划企业事业单位、机关、团体银行存款的通知》代替。
53		最高人民法院关于国内工矿产品购销合同农副产品购销合同中的合同履行地如何确定的批复	1985年7月4日法(经)复〔1985〕39号	该批复已被1996年9月12日最高人民法院发布的《关于在确定经济纠纷案件管辖中如何确定购销合同履行地的规定》代替。
54		最高人民法院关于合同纠纷当事人一方向仲裁机关申请仲裁仲裁机关已立案另一方向人民法院起诉人民法院应否受理的批复	1985年8月3日法(经)复〔1985〕42号	1993年9月2日全国人民代表大会常务委员会通过并公布了《关于修改〈中华人民共和国经济合同法〉的决定》，该批复与之抵触，不再适用。
55		最高人民法院关于人民法院审理经济行政案件不应进行调解的通知	1985年11月6日法（经）发〔1985〕25号	该司法解释已被1989年4月4日全国人民代表大会通过并公布的《中华人民共和国行政诉讼法》代替。
56		最高人民法院关于原告向某人民法院起诉后撤诉又向另一个人民法院起诉该法院是否受理的批复	1985年12月14日法（经）复〔1985〕58号	该批复已被1991年4月9日全国人民代表大会通过并公布的《中华人民共和国民事诉讼法》代替。
57		最高人民法院关于如何确定合同签订地问题的批复	1986年4月11日法（经）复〔1986〕15号	1991年4月9日全国人民代表大会通过并公布了《中华人民共和国民事诉讼法》，该批复与之抵触，不再适用。

序号	分类	司法解释名称	发文日期、文号	废止理由
58		最高人民法院关于需要再审而又发现遗漏了诉讼第三人的案件应指令哪一审法院按什么程序再审问题的批复	1986年5月21日法（研）复〔1986〕18号	该批复已被1992年7月14日最高人民法院发布的《关于适用〈中华人民共和国民事诉讼法〉若干问题的意见》代替。
59		最高人民法院关于专业银行信用社担保的经济合同被确认无效后保证人是否应承担连带责任问题的批复	1987年2月5日法（经）复〔1987〕5号	该批复已被1995年6月30日全国人民代表大会常务委员会通过并公布的《中华人民共和国担保法》代替。
60		最高人民法院关于审理经济纠纷案件具体适用《中华人民共和国民事诉讼法(试行)》的若干问题的解答	1987年7月21日	该司法解释已被1992年7月14日最高人民法院发布的《关于适用〈中华人民共和国民事诉讼法〉若干问题的意见》代替。
61		最高人民法院关于决定采取民事拘留措施的法院能否委托被拘留人所在地法院代为执行的批复	1987年10月15日法（经）复〔1987〕43号	该批复已被1992年7月14日最高人民法院发布的《关于适用〈中华人民共和国民事诉讼法〉若干问题的意见》代替。
62		最高人民法院关于经人民法院裁定冻结的当事人银行存款其他人民法院不应就同一笔款额重复冻结问题的批复	1987年12月14日法（经）复〔1987〕49号	该批复已被1993年12月11日中国人民银行、最高人民法院、最高人民检察院、公安部发布的《关于查询、冻结、扣划企业事业单位、机关、团体银行存款的通知》代替。
63		最高人民法院关于借款合同的双方当事人未经保证人同意达成延期还款协议后保证人是否继续承担担保责任的批复	1988年1月9日法（经）复〔1988〕4号	该批复已被1995年6月30日全国人民代表大会常务委员会通过并公布的《中华人民共和国担保法》代替。
64		最高人民法院关于在一审判决后的上诉期限内原审法院能否采取诉讼保全措施的批复	1988年1月13日法（研）复〔1988〕7号	该批复已被1992年7月14日最高人民法院发布的《关于适用〈中华人民共和国民事诉讼法〉若干问题的意见》代替。
65		最高人民法院关于不具备法人资格的企业分支机构作为经济合同一方当事人的保证人其保证合同是否有效及发生纠纷时应如何处理问题的批复	1988年3月24日法（研）复〔1988〕17号	该批复已被1995年6月30日全国人民代表大会常务委员会通过并公布的《中华人民共和国担保法》代替。

序号	分类	司法解释名称	发文日期、文号	废止理由
66		最高人民法院关于如何确定合同履行地问题的批复	1988年4月22日法（经）复〔1988〕20号	该批复已被1996年9月12日最高人民法院发布的《关于在确定经济纠纷案件管辖中如何确定购销合同履行地的规定》代替。
67		最高人民法院关于经济合同纠纷案件复查期间执行问题的批复	1989年8月8日法（经）复〔1989〕6号	该批复已被1991年4月9日全国人民代表大会通过并公布的《中华人民共和国民事诉讼法》代替。
68		最高人民法院关于当事人虽表示上诉但未在法定期限内提交上诉状是否作为上诉案件受理问题的批复	1989年8月21日法（经）复〔1989〕7号	该批复已被1992年7月14日最高人民法院发布的《关于适用〈中华人民共和国民事诉讼法〉若干问题的意见》代替。
69		最高人民法院关于在经济纠纷案件执行过程中当事人自愿达成和解协议后一方当事人不履行或者翻悔可否按原生效法律文书执行问题的批复	1989年9月16日法（经）复〔1989〕8号	该批复已被1992年7月14日最高人民法院发布的《关于适用〈中华人民共和国民事诉讼法〉若干问题的意见》代替。

最高人民法院
予以废止的1999年底以前发布的有关司法解释目录（第三批）

法释〔2000〕20号

（2000年6月16日最高人民法院审判委员会第1119次会议通过 2000年7月13日最高人民法院公告公布 目录中所有应废止的司法解释自2000年7月25日起不再适用）

序号分类	司法解释名称	发文日期、文号	废止理由
1	最高人民法院关于华侨买卖国内房屋问题的批复	1982年8月19日〔79〕民他字第40号	1999年3月15日全国人民代表大会已经通过并公布了《中华人民共和国合同法》，该司法解释与之抵触，不再适用。
2	最高人民法院关于王正贵与林作信、江妙法房屋买卖关系如何确认的批复	1982年12月18日〔82〕民他字第1号	同上
3	最高人民法院关于租赁契约在履行期间发生争执新订立协议在办理公证时一方反悔并拒绝签字、领受公证书，应如何处理问题的批复	1987年1月19日〔1986〕民他字第122号	同上
4	最高人民法院关于强锡麟捐赠给国家的财产应如何处理的批复	1988年3月12日〔87〕民他字第66号	1999年3月15日全国人民代表大会已经通过并公布了《中华人民共和国合同法》，该司法解释的有关内容已被合同法相关内容所替代。
5	最高人民法院关于公产房屋的买卖及买卖协议签订后一方是否可以翻悔问题的复函	1990年2月17日〔89〕民他字第50号	1999年3月15日全国人民代表大会已经通过并公布了《中华人民共和国合同法》，该司法解释与之抵触，不再适用。
6	最高人民法院关于贯彻执行《经济合同法》若干问题的意见	1984年9月17日〔1984〕法办字第128号	1999年3月15日全国人民代表大会已经通过并公布了《中华人民共和国合同法》，原依据《中华人民共和国经济合同法》有关规定作出的该司法解释不再适用。

序号分类	司法解释名称	发文日期、文号	废止理由
7	最高人民法院关于在审理经济合同纠纷案件中具体适用《经济合同法》的若干问题的解答	1987年7月21日法〔经〕发〔1987〕20号	同上
8	最高人民法院关于适用《涉外经济合同法》若干问题的解答	1987年10月19日法〔经〕发〔1987〕27号	1999年3月15日全国人民代表大会已经通过并公布了《中华人民共和国合同法》，原依据《中华人民共和国涉外经济合同法》有关规定作出的该司法解释不再适用。
9	最高人民法院关于对无法定和约定期限的工矿产品内在质量提出异议应如何确定期限问题的复函	1993年9月13日法经〔1993〕195号	1999年3月15日全国人民代表大会已经通过并公布《中华人民共和国合同法》，该批复与之抵触，不再适用。
10	最高人民法院关于审理科技纠纷案件的若干问题的规定	1995年4月2日法发〔1995〕6号	1999年3月15日全国人民代表大会已经通过并公布了《中华人民共和国合同法》，原依据《中华人民共和国技术合同法》有关规定作出的该司法解释不再适用。

最高人民法院
予以废止的2000年底以前发布的有关司法解释目录（第四批）

法释〔2001〕32号

（2001年12月24日最高人民法院审判委员会第1202次会议通过　2001年12月27日最高人民法院公告公布　自2001年12月28日起不再适用）

序号	司法解释名称	发文日期、文号	废止理由
1	最高人民法院关于波侨财产遗赠中国人应否有效问题的批复	1951年6月14日东法编字第2842号	已被1985年4月10日全国人民代表大会已经通过并公布的《中华人民共和国继承法》代替
2	最高人民法院关于处理外侨案件如当地无外事处可就近与省市人民政府外事处联系处理的通报	1951年9月26日法督（一）字第5号	情况已改变，实际上已经失效
3	最高人民法院中南分院转知苏联废除苏联公民与外国人结婚的禁令	1954年6月14日〔54〕办秘发字第87号	调整对象已消失，实际上已经失效
4	最高人民法院关于波兰法院对双方都居住在波兰的中国侨民的离婚判决在中国是否有法律效力问题的复函	1957年5月4日法行字第8490号	已被1991年8月13日最高人民法院发布的法（民）发〔1991〕21号《最高人民法院关于中国公民申请承认外国法院离婚判决程序问题的规定》代替
5	最高人民法院关于中国籍的朝鲜族公民申请离婚应如何处理问题的批复	1962年8月22日〔62〕法行字第160号	已被1994年2月1日国务院发布的《婚姻登记管理条例》代替
6	最高人民法院关于离婚判决可以直接寄给在香港的当事人的批复	1963年2月25日〔63〕法研字第21号	已被1999年3月29日最高人民法院发布的法释〔1999〕9号《最高人民法院关于内地与香港特别行政区法院相互委托送达民商事司法文书的安排》的司法解释代替
7	最高人民法院关于我国公民要求与已回国的日本人离婚问题的复函	1964年7月7日〔64〕法研字第64号	已被1994年2月1日国务院发布《婚姻登记管理条例》代替

序号	司法解释名称	发文日期、文号	废止理由
8	最高人民法院关于李淑芬与黄正宽离婚一案的批复	1964年11月16日〔64〕民他字第60号	主要内容与1994年2月1日国务院发布《婚姻登记管理条例》不相符
9	最高人民法院关于朱玉琴与山田良离婚问题的批复	1978年7月28日〔78〕法民字第18号	与1992年3月4日最高人民法院、外交部、司法部发布的外发〔1992〕8号《关于执行〈关于向国外送达民事或商事司法文书和司法外文书公约〉有关程序的通知》不相符
10	最高人民法院关于审理涉外海上交通事故案件的几个问题的通知	1983年12月30日〔83〕法经字第8号	已被1999年12月25日全国人民代表大会已经通过并公布的《中华人民共和国海事诉讼特别程序法》代替
11	最高人民法院关于开展专利审判工作的几个问题的通知	1985年2月16日法（经）〔1985〕3号	已被2000年8月25日全国人民代表大会常务委员会已经修正并公布的《中华人民共和国专利法》和1997年3月14日全国人民代表大会修订并公布的《中华人民共和国刑法》代替
12	最高人民法院关于驻外使馆参赞能否以外交代表身份为本国国民在我国的民事诉讼中聘请中国律师代理诉讼问题的批复	1985年3月28日〔1985〕民他字第5号	已被1992年7月14日最高人民法院发布的法发〔1992〕22号《最高人民法院关于适用〈民事诉讼法〉若干问题的意见》代替
13	最高人民法院关于外籍当事人委托居住我国境内的外国人或本国驻我国领事馆人员为诉讼代理人，可否允许问题的批复第一条	1985年6月8日〔85〕民他字第3号	已被1992年7月14日最高人民法院发布的法发〔1992〕22号《最高人民法院关于适用〈民事诉讼法〉若干问题的意见》代替
14	最高人民法院关于商标侵权如何计算损失赔偿额和侵权期间问题的批复	1985年11月6日法经复〔1985〕53号	与2001年10月27日全国人民代表大会常务委员会修正并公布的《中华人民共和国商标法》不相符
15	最高人民法院关于专利侵权纠纷案件地域管辖问题的通知	1987年6月29日发布	已被2001年6月22日最高人民法院发布的法释〔2001〕21号《最高人民法院关于审理专利纠纷案件适用法律问题的若干规定》的司法解释代替
16	最高人民法院关于著作权（版权）归主办单位所有的作品是否侵犯个人版权的批复	1987年12月31日〔1987〕民他字第24号	已被2001年10月27日全国人民代表大会已经修正并公布的《中华人民共和国著作权法》代替

序号	司法解释名称	发文日期、文号	废止理由
17	最高人民法院关于外国法院离婚判决中的中国当事人向人民法院申请承认该外国法院离婚判决的效力问题的批复	1990年8月28日法民复字〔1990〕12号	已被1991年8月13日最高人民法院发布的法（民）发〔1991〕21号《最高人民法院关于中国公民申请承认外国法院离婚判决程序问题的规定》代替
18	最高人民法院关于审理专利纠纷案件若干问题的解答	1992年2月9日法发〔1992〕3号	已被2001年6月22日最高人民法院发布的法释〔2001〕21号《最高人民法院关于审理专利纠纷案件适用法律问题的若干规定》的司法解释代替
19	最高法院关于学习宣传和贯彻执行《中华人民共和国海商法》的通知	1992年11月18日法发〔1992〕37号	适用期已过，实际上已经失效
20	最高人民法院关于水路货物逾期运到，因货物价格下降所造成的经济损失应否赔偿的复函	1995年12月7日〔1995〕交他字第7号	原依据的《中华人民共和国经济合同法》和《水路货物运输规则》、《水路货物运输合同实施细则》有关规定作出的该司法解释不再适用

最高人民法院
予以废止的2000年底以前发布的有关司法解释目录（第五批）

法释〔2002〕6号

（2002年2月22日最高人民法院审判委员会第1214次会议通过　2002年3月6日最高人民法院公告公布　自2002年3月10日起施行）

序号	司法解释名称	发文日期、文号	废止理由
1	最高人民法院关于申请执行仲裁裁决应向何地法院提出的批复	1985年1月17日法（研）复〔1985〕5号	已被1991年4月9日全国人民代表大会通过的《中华人民共和国民事诉讼法》代替
2	最高人民法院关于上级人民法院发现下级人民法院对没有严重妨害民事诉讼行为的当事人采取的强制措施能否纠正问题的批复	1986年4月2日法（研）复〔1986〕14号	已被1992年7月14日最高人民法院发布的法发〔1992〕22号《最高人民法院关于适用〈中华人民共和国民事诉讼法〉若干问题的意见》代替
3	最高人民法院关于人民法院对申请强制执行仲裁机构的调解书应如何处理问题的通知	1986年8月20日法（经）复〔1986〕26号	原依据的《中华人民共和国经济合同法》和《中华人民共和国民事诉讼法（试行）》有关规定作出的该司法解释不再适用并且其内容已被1994年8月31日全国人民代表大会常务委员会通过的《中华人民共和国仲裁法》代替
4	最高人民法院关于在审理经济纠纷案件中认真办好外地法院委托事项的通知	1988年1月20日法（经）发〔1988〕2号	已被1993年9月25日最高人民法院发布的法发〔1993〕26号《最高人民法院关于人民法院相互办理委托事项的规定》代替
5	最高人民法院关于经济纠纷案件复查期间执行问题的批复	1989年8月8日法（经）复〔1989〕6号	已被1991年4月9日全国人民代表大会通过的《中华人民共和国民事诉讼法》代替
6	最高人民法院关于在经济纠纷案件执行过程中当事人自愿达成和解后一方当事人不履行或者翻悔可否按原生效法律文书执行问题的批复	1989年9月16日法（经）复〔1989〕9号	已被1998年7月8日最高人民法院发布的法释〔1998〕15号《最高人民法院关于执行工作的若干问题的规定（试行）》代替

序号	司法解释名称	发文日期、文号	废止理由
7	最高人民法院关于被执行人未按民事调解书指定期间给付金钱的义务是否应当支付延期履行的债务利息的复函	1992年5月4日法函〔1992〕58号	已被1992年7月14日最高人民法院发布的法发〔1992〕22号《最高人民法院关于适用〈中华人民共和国民事诉讼法〉若干问题的意见》代替
8	最高人民法院经济审判庭关于在财产保全时为被申请人提供担保的当事人应否在判决书或调解书中明确其承担的义务及在执行程序中可否直接执行担保人财产的复函	1994年4月11日法经〔1994〕90号	已被1998年7月8日最高人民法院发布的法释〔1998〕15号《最高人民法院关于执行工作的若干问题的规定（试行）》代替
9	最高人民法院关于海事法院诉讼前扣押船舶的规定	1994年7月6日法发〔1994〕14号	已被1999年12月25日全国人民代表大会常务委员会通过的《中华人民共和国海事诉讼特别程序法》代替
10	最高人民法院关于对银行贷款抵押财产执行问题的复函	1994年12月16日法经〔1994〕334号	已被1998年7月8日最高人民法院发布的法释〔1998〕15号《最高人民法院关于执行工作的若干问题的规定（试行）》代替
11	最高人民法院关于信用社非法转移人民法院冻结款项应如何承担法律责任的复函	1995年5月5日法函〔1995〕51号	已被1998年7月8日最高人民法院发布的法释〔1998〕15号《最高人民法院关于执行工作的若干问题的规定（试行）》代替
12	最高人民法院关于企业法人的一个分支机构已无财产法院能否执行该企业法人其他分支机构财产问题的复函	1995年12月6日法函〔1995〕158号	已被1998年7月8日最高人民法院发布的法释〔1998〕15号《最高人民法院关于执行工作的若干问题的规定（试行）》代替
13	最高人民法院关于处理行政机关申请人民法院强制执行案件分工问题的通知	1996年4月29日法发〔1996〕12号	已被1998年8月18日最高人民法院发布的法〔1998〕77号《最高人民法院关于办理行政机关申请强制执行案件有关问题的通知》代替
14	最高人民法院关于信用社擅自解冻被执行人存款造成款项流失能否要求该信用社承担相应的偿付责任问题的复函	1996年6月6日法函〔1996〕96号	已被1998年7月8日最高人民法院发布的法释〔1998〕15号《最高人民法院关于执行工作的若干问题的规定（试行）》代替
15	最高人民法院关于不宜冻结证券交易账户的函	1997年8月1日法函〔1997〕91号	已被1997年12月2日最高人民法院法发〔1997〕27号《关于冻结、划拨证券或期货交易所、证券登记结算机构、证券经营或期货经纪机构清算账户资金等问题的通知》代替

序号	司法解释名称	发文日期、文号	废止理由
16	最高人民法院执行工作办公室关于不宜冻结、划拨证券经营机构在其交易资金结算账户上的存款问题的函	1997年9月3日法明传〔1997〕324号	已被1997年12月2日最高人民法院法发〔1997〕27号《关于冻结、划拨证券或期货交易所、证券登记结算机构、证券经营或期货经纪机构清算账户资金等问题的通知》代替

最高人民法院
予以废止的2000年底以前发布的有关司法解释目录（第六批）

法释〔2002〕13号

（2002年2月22日最高人民法院审判委员会第1214次会议通过　2002年5月23日最高人民法院公告公布　废止的司法解释自2002年5月29日起不再适用）

序号	司法解释名称	发文日期、文号	废止理由
1	最高人民法院关于办理出国手续不属法院工作范围及有关法律文书转递问题的批复	1978年5月24日〔78〕法民字第12号	已被1991年4月9日全国人民代表大会通过的《中华人民共和国民事诉讼法》代替
2	最高人民法院关于邮电部门造成电报稽延、错误是否承担赔偿责任问题的批复	1986年12月30日法（经）复〔1986〕38号	已被1999年6月9日最高人民法院发布的法释〔1999〕11号《最高人民法院关于人民法院是否受理因邮电部门电报稽延纠纷提起诉讼问题的批复》代替
3	最高人民法院关于人民法院应否受理财政支农周转金借款合同纠纷案件的问题的批复	1987年8月3日法（研）复〔1987〕29号	已被1993年8月28日最高人民法院发布的法复〔1993〕7号《最高人民法院关于人民法院应否受理财政、扶贫办等非金融行政机构借款合同纠纷的批复》代替
4	最高人民法院关于行政单位或企业单位开办的企业倒闭后债务由谁承担的批复	1987年8月29日法（研）复〔1987〕33号	已被1994年3月30日最高人民法院发布的法复〔1994〕4号《最高人民法院关于企业开办的其他企业被撤销或者歇业后民事责任承担问题的批复》代替
5	最高人民法院印发《关于强制变卖被扣押船舶清偿债务的具体规定》的通知	1987年8月29日法（经）发〔1987〕22号	已被1999年12月25日全国人民代表大会常务委员会通过的《中华人民共和国海事诉讼特别程序法》代替
6	最高人民法院关于保险货物发生损失引起运输合同赔偿纠纷如何适用法律问题的批复	1989年5月30日法（交）复〔1989〕3号	原依据的《中华人民共和国经济合同法》已失效

序号	司法解释名称	发文日期、文号	废止理由
7	最高人民法院关于经工商行政管理部门查处后人民法院对购销伪劣假冒商品合同纠纷是否受理的问题的函	1989年5月30日〔89〕法经函字第15号	已被1991年4月9日全国人民代表大会通过的《中华人民共和国民事诉讼法》代替
8	最高人民法院民事审判庭关于民事制裁复议程序几个问题的复函	1990年4月13日〔89〕民他字第47号	已被1991年4月9日全国人民代表大会通过的《中华人民共和国民事诉讼法》和1992年7月14日最高人民法院发布的法发〔1992〕22号《最高人民法院关于适用〈中华人民共和国民事诉讼法〉若干问题的意见》代替
9	最高人民法院关于在经济审判中适用国务院国发〔1990〕68号文件有关问题的通知	1991年3月16日法（经）发〔1991〕10号	情况已变化，实际上已失效
10	最高人民法院关于适用《关于修改〈中华人民共和国经济合同法〉的决定》有关问题的通知	1993年11月27日法发〔1993〕39号	原依据的《中华人民共和国经济合同法》已失效
11	最高人民法院关于逾期付款的违约金应依何种标准计算问题的复函	1994年3月12日法函〔1994〕10号	已被1999年2月16日最高人民法院发布的法释〔1999〕8号《最高人民法院关于逾期付款违约金应当按照何种标准计算问题的批复》代替
12	最高人民法院关于海事法院诉讼前扣押船舶的规定	1994年7月6日法发〔1994〕14号	已被1999年12月25日全国人民代表大会常务委员会通过的《中华人民共和国海事诉讼特别程序法》代替
13	最高人民法院关于逾期付款违约金应当依据何种标准计算问题的批复	1996年5月16日法复〔1996〕7号	已被1999年2月16日最高人民法院发布的法释〔1999〕8号《最高人民法院关于逾期付款违约金应当按照何种标准计算问题的批复》代替
14	最高人民法院关于对公民在羁押期内被同监室人犯殴打致死公安机关应否承担责任问题的答复	1998年1月19日〔1997〕行他字第9号	已被2001年6月26日最高人民法院发布的法释〔2001〕23号《最高人民法院关于公安机关不履行法定行政职责是否承担行政赔偿责任问题的批复》代替

最高人民法院
关于废止2007年底以前发布的有关司法解释（第七批）的决定

法释〔2008〕15号

（2008年12月8日最高人民法院审判委员会第1457次会议通过　2008年12月18日最高人民法院公告公布　自2008年12月24日起施行）

为进一步加强民事审判工作，依法保护当事人的合法权益，根据有关法律规定和审判实际需要，决定废止2007年底以前发布的27件司法解释（第七批）。废止的司法解释从公布之日起不再适用，但过去适用下列司法解释对有关案件作出的判决、裁定仍然有效。

附：

予以废止的2007年底以前发布的有关司法解释目录（第七批）

序号	司法解释名称	发文日期或者文号	废止理由
1	最高人民法院关于国家经租的房屋不允许继承问题的批复	1964年9月18日	情况已变化，不再适用
2	最高人民法院关于城市居民和资本家的城市房屋是否准许买卖的复函	〔1965〕法研字第173号	情况已变化，不再适用
3	最高人民法院关于国营企业购买私房已经使用多年经补办批准手续后可承认买卖关系有效的批复	〔1985〕法民字第14号	情况已变化，不再适用
4	最高人民法院关于吴天爵等与新宾镇集体饮食服务店房产纠纷案的批复	法（民）复〔1985〕17号	情况已变化，不再适用
5	最高人民法院关于房屋抵押不能改为房屋典当处理的批复	1985年4月27日	情况已变化，不再适用
6	最高人民法院关于解放前劳动人民之间宅基地租赁契约是否承认和保护问题的批复	1985年11月21日	情况已变化，不再适用

序号	司法解释名称	发文日期或者文号	废止理由
7	最高人民法院关于毕云亭房屋被入股后，久不主张权利应如何处理的批复	〔1985〕法民字第18号	情况已变化，不再适用
8	最高人民法院关于李斯棣等人为房屋产权申诉案的批复	〔1986〕民他字第7号	情况已变化，不再适用
9	最高人民法院关于公民对宅基地只有使用权没有所有权的批复	〔1986〕民他字第33号	已被物权法取代
10	最高人民法院关于如何具体适用最高人民法院《关于贯彻执行民事政策法律若干问题的意见》第五十六条规定的批复	〔1987〕民他字第42号	与物权法规定冲突
11	最高人民法院关于曹根田与张仁吉房屋买卖关系是否有效的批复	1987年12月10日	情况已变化，不再适用
12	最高人民法院关于原孙兆骧购置的房产应如何确认产权和继承的批复	〔1988〕民他字第27号	情况已变化，不再适用
13	最高人民法院关于土改时献产且产权早已转移的房屋，现在要求返还不应支持的复函	〔1989〕民他字第5号	情况已变化，不再适用
14	最高人民法院关于土改中地主的房产，已确权部分归地主所有，未确权又未分配的部分应属公产的批复	〔1989〕民他字第13号	情况已变化，不再适用
15	最高人民法院关于肖至柔、肖荣沈诉泰和县螺溪乡郭瓦、集丰两村委会房屋产权纠纷案的函	1990年6月19日	情况已变化，不再适用
16	最高人民法院关于杜月丑房屋申诉案处理问题的函	1990年11月7日	情况已变化，不再适用
17	最高人民法院关于陈伯恩与泉州制药厂房产纠纷上诉案的复函	〔1991〕民他字第55号	情况已变化，不再适用
18	最高人民法院关于地主在土改时隐瞒未报的房屋应如何处理问题的函复	1992年3月26日	情况已变化，不再适用
19	最高人民法院关于适用《中华人民共和国民事诉讼法》若干问题的意见第136条、第205条、第206条、第240条至第253条、第299条	法发〔1992〕22号	民事诉讼法已经修改
20	最高人民法院关于同一土地登记在两个土地证上应如何确认权属的复函	1992年7月9日	情况已变化，不再适用
21	最高人民法院关于淄博食品厂诉张店区车站办事处财产交换一案请示的函	1994年9月6日	情况已变化，不再适用
22	最高人民法院关于国营企业购买私房已经使用多年何时补办批准手续方可承认买卖关系有效的复函	〔1994〕法民字第28号	情况已变化，不再适用
23	最高人民法院关于审理农业承包合同纠纷案件若干问题的规定（试行）	法释〔1999〕15号	已被物权法及新的司法解释所取代

序号	司法解释名称	发文日期或者文号	废止理由
24	最高人民法院关于贯彻执行《中华人民共和国民法通则》若干问题的意见（试行）第 88 条、第 94 条、第 115 条、第 117 条、第 118 条、第 177 条	1988 年 1 月 26 日最高人民法院审判委员会讨论通过	与物权法有关规定冲突
25	最高人民法院关于审理融资租赁合同纠纷案件若干问题的规定第 10 条	法发〔1996〕19 号	与物权法相关规定冲突
26	最高人民法院关于以侵犯姓名权的手段侵犯宪法保护的公民受教育的基本权利是否应承担民事责任的批复	法释〔2001〕25 号	已停止适用
27	最高人民法院关于审理出口退税托管账户质押贷款案件有关问题的规定第 2 条	法释〔2004〕18 号	与物权法有关规定冲突

最高人民法院
关于废止1979年底以前发布的部分司法解释和司法解释性质文件（第八批）的决定

法释〔2012〕13号

（2012年6月25日最高人民法院审判委员会第1550次会议通过　2012年8月21日最高人民法院公告公布　自2012年9月29日起施行）

为适应形势发展变化，保证国家法律统一正确适用，根据有关法律规定和审判实际需要，最高人民法院会同有关部门，对1979年底以前发布的司法解释和司法解释性质文件进行了集中清理。现决定废止1979年底以前发布的144件司法解释和司法解释性质文件。废止的司法解释和司法解释性质文件从本决定施行之日起不再适用，但过去依据下列司法解释和司法解释性质文件对有关案件作出的判决、裁定仍然有效。

附件：

予以废止的1979年底以前发布的司法解释和司法解释性质文件目录（第八批）

序号	司法解释和司法解释性质文件名称	发文日期、文号	废止理由
1	最高人民法院关于少数民族与汉族通婚问题的复示	1951年1月22日	已被婚姻法代替
2	最高人民法院、司法部关于现役革命军人与退役革命残废军人离婚案件的处理办法及开展爱国拥军教育的指示	1951年4月25日	已被婚姻法代替
3	最高人民法院、司法部关于婚姻案件中聘金或聘礼处理原则问题的函	1951年8月10日 法编字第9577号	已被婚姻法代替
4	最高人民法院华东分院关于父母子女间的法律关系可否声请脱离问题的批复	1951年11月2日	已被婚姻法、继承法代替
5	最高人民法院、司法部、内务部纠正几个有关处理婚姻案件程序的错误的指示	1952年12月25日 法编字第23号	社会形势发生变化，不再适用
6	最高人民法院、司法部关于几个有关婚姻的具体问题的解答	1953年2月11日 法行字第216号	社会形势发生变化，不再适用

序号	司法解释和司法解释性质文件名称	发文日期、文号	废止理由
7	最高人民法院、司法部关于“五代内”的解释的复函	1953年3月7日	现行法律无"五代内"的规定，不再适用
8	最高人民法院中南分院关于“公公与媳妇”“继母与儿子”等可否结婚问题的复函	1953年7月14日〔53〕法行字第487号	社会形势发生变化，不再适用
9	最高人民法院关于夫妻一方患精神病另一方提请离婚可否批准问题的批复	1953年10月10日法行字第7757号	已被婚姻法代替
10	最高人民法院关于已出五代的辈分不同的旁系血亲请求结婚问题的批复	1954年3月26日法行字第2706号	已被婚姻法代替
11	最高人民法院关于女方因通奸怀孕男方能否提出离婚问题的批复	1955年5月18日法行字第388号	已被婚姻法代替
12	最高人民法院、内务部、解放军总政治部联合通知之附件一：关于多年无音讯之现役革命军人家属待遇及婚姻问题处理办法	1955年6月15日法行字第9017号	社会形势发生变化，不再适用
13	最高人民法院关于在刑事判决中不宜援引宪法作论罪科刑的依据的复函	1955年7月30日	定罪科刑以刑法为依据，复函不再适用
14	最高人民法院关于男女双方已办理结婚登记后一方反悔不愿同居应如何处理问题的复函	1955年9月29日法行字第14234号	已被婚姻法代替
15	最高人民法院关于麻疯病患者犯罪是否负刑事责任问题的复函	1955年10月15日法研字第15066号	刑法关于刑事责任能力已有规定，复函不再适用
16	最高人民法院关于怀孕女犯保外如何计算刑期问题的批复	1956年1月26日法研字第730号	刑事诉讼法及相关司法解释已有规定
17	最高人民法院关于处理精神病患者犯罪问题的复函	1956年6月2日法研字第5674号	复函已被刑法的相关规定代替
18	最高人民法院、司法部转发中国人民解放军总政治部组织部“关于现役军官婚姻问题的规定”	1956年6月25日〔56〕法行字第6415号	已被婚姻法代替
19	最高人民法院、公安部关于罪犯在劳改中坦白缴出黄金，白银等财物处理问题的联合批复	1956年9月21日〔56〕法刑字第9415号	关于没收财产及其执行，刑法以及刑事诉讼法已有规定
20	最高人民法院、公安部、司法部关于处理劳改犯配偶提出离婚案件应征询劳改犯意见的联合通知	1956年9月22日〔56〕法行字第9404号	已被婚姻法代替
21	最高人民法院关于延吉县人民法院请示朝鲜公民贩运鸦片等案件的审判权问题的复函	1956年10月11日法研字第10178号	已被民事诉讼法、刑事诉讼法代替
22	最高人民法院关于处理劳动教养人员离婚问题的复函	1956年10月17日法研字第10377号	已被婚姻法代替
23	最高人民法院关于审批减刑、假释案件时是否审阅原卷问题的批复	1956年10月22日法研字第10622号	关于减刑、假释的司法解释已有规定

序号	司法解释和司法解释性质文件名称	发文日期、文号	废止理由
24	最高人民法院关于提审案件审级问题的复函	1956 年 10 月 26 日	民事诉讼法第一百八十六条和刑事诉讼法第二百零六条对提审案件审级问题已作出规定
25	最高人民法院关于判处徒刑宣告缓刑和判处徒刑回村执行可否与剥夺政治权利同时并科及剥夺政治权利的期间应自何时起算等问题的函	1956 年 11 月 15 日 法研字第 11974 号	刑法及相关司法解释已有规定
26	最高人民法院关于被剥夺政治权利的留场人员表现良好可否缩短剥夺政治权利期限问题的复函	1956 年 11 月 16 日 法研字第 11772 号	关于减刑、假释的司法解释已有规定
27	最高人民法院关于宣告假释或缓刑的罪犯另犯新罪应由哪一个法院撤销假释或缓刑等问题的批复	1956 年 11 月 24 日 法研字第 12058 号	刑事诉讼法及相关司法解释已有规定
28	最高人民法院关于上诉审人民法院终审判决不准离婚经过一定时期后当事人一方又向第一审人民法院起诉如何处理的批复	1956 年 12 月 1 日 法研字第 12182 号	已被民事诉讼法代替
29	最高人民法院关于一方居住内地一方居住香港的离婚案件如何征求意见问题的复函	1956 年 12 月 6 日 法行字第 12538 号	已被民事诉讼法代替
30	最高人民法院关于引用法律、法令等所列条、款、项、目顺序的通知	1956 年 12 月 22 日 法行字第 13032 号	立法法对此已有规定
31	最高人民法院关于对人民法庭的判决不服而提起上诉的函	1956 年 12 月 24 日 法研字第 13122 号	已被民事诉讼法代替
32	最高人民法院关于合伙经营的企业与独资经营的企业均负有债务、独资企业无力偿还时拍卖合伙企业的财产应否首先清偿合伙企业所负债务问题的批复	1957 年 1 月 22 日 法研字第 1480 号	已被合伙企业法代替
33	最高人民法院关于判处死刑缓期两年的犯人缓刑期满后可否再缓一年的复函	1957 年 1 月 23 日 法研字第 1885 号	刑事诉讼法已有规定
34	最高人民法院关于由院长参加审判的案件实行审判监督程序问题的复函	1957 年 1 月 26 日 法研字第 2085 号	人民法院组织法、民事诉讼法和刑事诉讼法已有规定
35	最高人民法院关于离婚案件的一方当事人在上诉期间与第三者结婚是否违法和人民法院主持成立的调解可否提起上诉两个问题的批复	1957 年 2 月 21 日 〔57〕法研字第 3580 号	已被民事诉讼法代替
36	最高人民法院关于由院长提交审判委员会处理而审判委员会作出决议另行组织合议庭再审的案件的处理程序问题的复函	1957 年 3 月 19 日 法研字第 5637 号	民事诉讼法以及适用民事诉讼法审判监督程序的司法解释、关于执行刑事诉讼法司法解释等已有规定

序号	司法解释和司法解释性质文件名称	发文日期、文号	废止理由
37	最高人民法院有关遗嘱继承的两个具体问题的复函	1957年3月26日 法行字第6027号	已被继承法代替
38	最高人民法院关于离婚案件管辖问题的批复	1957年3月26日 法研字第5931号	已被民事诉讼法代替
39	最高人民法院关于现役革命军人婚约经双方协议取消时是否须再经人民法院裁判问题的批复	1957年4月11日 法研字第6865号	已被民事诉讼法代替
40	最高人民法院关于上诉审法院主持成立的调解的效力等问题的批复	1957年5月13日 法研字第8232号	已被民事诉讼法代替
41	最高人民法院关于与案件有直接利害关系的人能否当证人等问题的复函	1957年6月22日 法研字第12573号	已被刑事诉讼法、民事诉讼法、行政诉讼法以及最高人民法院关于民事诉讼证据的解释代替
42	最高人民法院关于担保人是否应代债务人偿还欠款问题的批复	1957年6月25日 法研字第12837号	已被担保法代替
43	最高人民法院对于判处有期徒刑的罪犯在判决发生法律效力前的羁押时间已经超过徒刑期限的，不再发生宣告缓刑问题的复函	1957年7月1日 法研字第12340号	刑法及第八修正案关于缓刑的适用条件已有规定，复函与现行法律规定相冲突
44	最高人民法院关于原审法院在未发生女方怀孕时判决离婚宣判后女方发现怀孕提起上诉应如何处理问题的复函	1957年7月19日 法研字第14931号	已被婚姻法、民事诉讼法代替
45	最高人民法院关于经审判委员会讨论的案件在判决书上如何署名问题的复函	1957年7月23日 法研字第15280号	人民法院组织法对审判委员会的法律地位已有规定，且刑事诉讼法第一百六十四条、民事诉讼法第一百三十八条对判决书上的署名问题也有规定
46	最高人民法院关于劳改犯配偶提出离婚的案件管辖问题的复函	1957年7月24日 法研字第14963号	已被民事诉讼法代替
47	最高人民法院关于少数民族的配偶因他方患麻疯病一方请求离婚应如何处理问题的批复	1957年7月25日	已被婚姻法代替
48	最高人民法院、司法部关于死刑缓期后减刑的刑期计算问题的联合指示	1957年8月6日 〔57〕法研字第0161号	已过适用期，实际上已失效
49	最高人民法院关于自诉人提起上诉的案件可以直接改判加重刑罚问题的批复	1957年8月13日 法研字第16952号	刑事诉讼法及相关司法解释对上诉不加刑的含义及其适用范围已有规定
50	最高人民法院关于女方产后三个月婴儿死亡男方可否提出离婚问题的复函	1957年8月17日 〔1957〕法研字第17334号	已被婚姻法代替

序号	司法解释和司法解释性质文件名称	发文日期、文号	废止理由
51	最高人民法院关于人民法院将案件移送人民检察院处理时应用公函的批复	1957年8月23日 法研字第17890号	刑事诉讼法已有规定
52	最高人民法院关于剥夺政治权利的刑罚可否减刑问题的复函	1957年8月27日 法研字第18306号	刑法及相关司法解释已有规定，复函不再适用
53	最高人民法院关于一个刑事被告人可以同时委托两个辩护人和发回更审案件检察人员以何种身份出庭问题的批复	1957年9月4日 法研字第19534号	刑事诉讼法已有规定，批复不再适用
54	最高人民法院关于被告人是精神病患者又无诉讼代理人的离婚案件可由法院指定诉讼代理人进行诉讼不宜缺席审判的批复	1957年9月20日 法研字第19881号	已被婚姻法、民事诉讼法代替
55	最高人民法院关于对委托辩护人及个人阴私案件可否准许被告近亲属旁听等问题的复函	1957年9月20日 法研字第19882号	刑事诉讼法及相关司法解释已有规定
56	最高人民法院关于行政拘留日期应否折抵刑期等问题的批复	1957年9月30日 〔1957〕法研字第20358号	已被刑法及相关司法解释代替
57	最高人民法院关于依法不公开审理的案件其判决仍应向社会公开的批复	1957年10月8日 法研字第20865号	民事诉讼法第一百三十四条、刑事诉讼法第一百六十三条以及《最高人民法院关于司法公开的六项规定》第五项已有规定
58	最高人民法院关于回族男方与汉族女方离婚后对子女抚养问题发生争执如何处理的复函	1957年12月26日 法研字第24120号	已被婚姻法代替
59	最高人民法院关于审判委员会决定再审撤销原判的裁定由谁署名及再审案件进行再审时原来充任当事人的辩护人或代理人的律师是否继续出庭等问题的复函	1957年12月26日 法研字第24125号	已被刑事诉讼法、民事诉讼法、行政诉讼法代替
60	最高人民法院关于已出嫁女儿赡养父母和媳妇赡养婆婆问题的批复	1958年1月27日 法研字第8号	已被婚姻法代替
61	最高人民法院关于如何认定重婚行为问题的批复	1958年1月27日 法研字第11号	刑法第二百五十八条对重婚罪的构成要件已有规定，批复不再适用
62	最高人民法院关于离婚案件当事人一方收到判决书，须待对方收到判决书，过了上诉期限，判决发生法律效力后，才可另行结婚问题的复函	1958年2月12日 法研字第22号	已被民事诉讼法代替
63	最高人民法院关于女方小产后男方能否提出离婚问题的批复	1958年2月16日 〔57〕联办研字第273号	已被婚姻法代替

序号	司法解释和司法解释性质文件名称	发文日期、文号	废止理由
64	最高人民法院关于被假释的犯人在假释期间可否结婚问题的复函	1958年3月4日 法研字第32—1号	已被婚姻法代替
65	最高人民法院关于与军人配偶通奸的案件为什么只对与军人配偶通奸的一方判罪问题的复函	1958年3月21日 法研字第47号	刑法第259条已有规定
66	最高人民法院关于处理领取了结婚证而未同居的离婚案件问题的批复	1958年3月21日 法研字第48号	已被婚姻法代替
67	最高人民法院关于受当事人委托的律师如何参加上诉审和监督审为当事人进行辩护、代理问题的复函	1958年3月26日 法研字第36号	已被刑事诉讼法、民事诉讼法、行政诉讼法代替
68	最高人民法院关于离婚案件当事人对已经发生法律效力的判决提出申诉后可否通知他方当事人暂勿结婚问题的复函（节录）	1958年4月5日 法研字第56号	已被民事诉讼法代替
69	最高人民法院关于管制期间可否折抵徒刑刑期问题的复函	1958年4月7日 法研字第58号	根据刑法的规定，管制期间折抵徒刑刑期的问题已不存在，复函已不再适用
70	最高人民法院关于我国公民与苏联公民离婚诉讼应由我国法院受理问题的复函	1958年5月4日 法研字第79号	已被民事诉讼法代替
71	最高人民法院关于剥夺政治权利期限的减免问题的复函	1959年6月4日 法研字第10号	刑法及相关司法解释已有规定
72	最高人民法院关于死缓案件的刑期计算问题的批复	1959年8月5日 法研字第41号	批复内容与刑法第五十一条规定相冲突
73	最高人民法院关于无期徒刑减为有期徒刑和死刑缓期执行直接减为有期徒刑的刑期计算问题的复函	1960年2月18日 法研字第25号	刑法对无期徒刑减为有期徒刑和死缓减为有期徒刑已有规定
74	最高人民法院关于对印尼归国华侨要求公证请示的复函	1961年4月6日	已被公证法第十一条规定代替
75	最高人民法院关于认真贯彻执行人民陪审员制度的复函	1961年8月3日 法研字第19号	《全国人大常委会关于完善人民陪审员制度的决定》、《最高人民法院关于人民陪审员参加审判活动若干问题的规定》已有规定
76	最高人民法院关于劳改犯留场就业人员自留人员婚姻案件管辖问题的批复	1961年8月19日 〔61〕法司字第12号	已被民事诉讼法代替
77	最高人民法院关于人民武装警察部队成员的婚姻问题是否应按照现役军人婚姻问题处理的批复	1962年1月25日	已被婚姻法代替

序号	司法解释和司法解释性质文件名称	发文日期、文号	废止理由
78	最高人民法院关于委托外地法院调查案情和传讯当事人应注意的问题的函	1962年2月12日〔62〕法行字第21号	《最高人民法院关于执行中华人民共和国刑事诉讼法若干问题的解释》第一百零六条、《最高人民法院关于适用〈中华人民共和国民事诉讼法〉若干问题的意见》第八十六条以及《最高人民法院关于人民法院相互办理委托事项的规定》对委托外地法院调查案情、传讯当事人、送达审判文书等问题已有规定
79	最高人民法院关于原审法院管辖区域变更后判决改判问题的批复	1962年3月19日	最高人民法院无新规定覆盖其适用范围，但这一批复适用情形极为少见，废止后对司法活动影响甚微
80	最高人民法院关于我国公民与外国公民离婚后的子女抚养费问题的批复	1962年3月24日	已被婚姻法代替
81	最高人民法院关于处理劳改犯减刑假释案件应制作裁定书的复函	1962年7月16日法研字第34号	刑事诉讼法对此问题已有规定
82	最高人民法院关于异父母兄妹结婚问题的复函	1962年7月26日	已被婚姻法代替
83	最高人民法院关于保外就医犯人能否结婚的复函	1962年9月1日	已被婚姻法代替
84	最高人民法院关于几个继承问题的批复	1962年9月13日法研字第61号	已被继承法代替
85	最高人民法院关于“改判”与“减刑”含义的复函	1962年11月3日法研字第86号	刑法、刑事诉讼法对相关问题已有规定
86	最高人民法院关于劳改犯外逃时间的刑期计算和办理法律手续问题的通知	1962年11月26日	刑法、刑事诉讼法已有规定
87	最高人民法院关于劳改犯留场就业人员婚姻案件管辖问题的批复	1962年11月28日法研字第93号	已被民事诉讼法代替
88	最高人民法院关于职工因交通事故死亡抚恤问题的复函	1962年12月24日	已被侵权责任法代替
89	最高人民法院对于曾判处过再缓一年的死缓罪犯是否可以再一次判处再缓一年的问题的批复	1963年2月25日〔63〕法研字第22号	刑法及刑事诉讼法对死缓执行的后果已有规定，批复不再适用

序号	司法解释和司法解释性质文件名称	发文日期、文号	废止理由
90	最高人民法院、公安部关于无期徒刑罪犯服刑多久才能考虑减刑问题的联合通知	1963年3月21日〔63〕法研字第31号	批复已被刑法第七十八条以及《最高人民法院关于办理减刑、假释案件具体应用法律若干问题的规定》代替
91	最高人民法院关于交通肇事抚恤问题的批复	1963年4月28日法研字第42号	已被侵权责任法代替
92	最高人民法院关于判处有期徒刑二十年的罪犯重新犯罪的处理问题的批复	1963年5月17日〔63〕法研字第56号	刑法第六十九条、第七十一条对数罪并罚已有规定，批复不再适用
93	最高人民法院关于判处徒刑监外执行等问题的批复	1963年6月15日〔63〕法研字第70号	该批复所涉及的调整对象已经不存在，形势已发生变化，批复已失效
94	最高人民法院、公安部关于管制分子执行期满解除管制程序的通知	1963年6月27日〔63〕法研字第83号	刑事诉讼法已有规定
95	最高人民法院关于旅居国外华侨委托他人出售国内房屋的公证认证手续问题的复函	1963年6月28日	已被公证法代替
96	最高人民法院关于犯人在公安机关刑事拘留期间是否可以折抵刑期问题的批复	1963年7月4日〔63〕法研字第85号	已被刑法的相关条文（第四十一条、第四十四条、第四十七条）代替
97	最高人民法院、公安部、外交部复关于今后办理外侨各种证明的问题	1963年8月13日〔63〕法司字第171号	已被公证法代替
98	最高人民法院关于离婚案件中自留地、自留畜的处理问题的批复	1963年10月21日〔63〕法研字第140号	已被婚姻法代替
99	最高人民法院关于自留人员离婚案件管辖问题的批复	1963年10月21日〔63〕法行字第142号	已被民事诉讼法代替
100	最高人民法院、公安部、内务部、劳动部关于刑满释放解除教养后能否回原单位就业及其批准权限问题的批复	1963年11月4日〔63〕法研字第151号	社会形势发生变化，不再适用
101	最高人民法院关于被假释或提前释放的罪犯又犯新罪如何处理问题的批复	1963年12月6日〔63〕法研字第170号	刑法第八十六条关于假释的撤销及处理已有规定
102	最高人民法院关于离婚案件中对财产处理如何强制执行问题的批复	1963年12月9日〔63〕法研字第175号	社会形势发生变化，不再适用

序号	司法解释和司法解释性质文件名称	发文日期、文号	废止理由
103	最高人民法院关于旅蒙华侨持我国法院离婚调解书向我国使馆申请结婚登记问题的复函	1963年12月9日	已被婚姻法、民事诉讼法代替
104	最高人民法院关于民事案件在开庭审理前试行调解时不必邀请人民陪审员参加的批复	1964年1月18日〔64〕法研字第3号	已被民事诉讼法代替
105	最高人民法院关于女方提出离婚后就离开原籍的离婚案件管辖问题的复函	1964年1月18日〔64〕法研字第5号	已被民事诉讼法代替
106	最高人民法院关于训诫问题的批复	1964年1月18日法研〔1964〕8号	已被刑法第三十七条非刑罚性处罚措施的规定代替
107	最高人民法院关于劳改犯减刑后又改判应如何确定执行刑期问题的批复	1964年2月20日法研〔1964〕16号	刑法及相关司法解释关于减刑的刑期计算已有规定，批复不再适用
108	最高人民法院关于劳教分子和在押未决犯等五种人员的离婚和其他民事案件管辖问题的批复	1964年5月15日	已被民事诉讼法代替
109	最高人民法院关于判处有期徒刑宣告缓刑的期限如何起算等问题的批复	1964年8月13日〔64〕法研字第70号	刑法第七十三条对缓刑的期限确定已有规定
110	最高人民法院关于立“嗣书”继承，不予承认问题的批复	1964年9月16日	已被继承法代替
111	最高人民法院关于判处徒刑宣告缓刑上诉后维持原判的案件其缓刑考验期应从何时起算问题的批复	1964年9月19日〔64〕法研字第84号	刑法第七十三条明确规定缓刑考验期从确定之日起计算，批复被代替
112	最高人民法院、公安部、外交部关于严格涉外公证手续的通知	1964年9月23日〔64〕法司字第217号	人民法院不再开展公证业务，通知内容已被公证法第七、九、十一条规定代替
113	最高人民法院关于外流妇女重婚案件和外流妇女重婚后的离婚案件管辖问题的批复	1964年10月23日〔64〕法研字第91号	社会形势发生变化，不再适用
114	最高人民法院办公厅关于证物技术鉴定使用问题的函	1964年12月11日	刑事诉讼法相关条文及《全国人大常委会关于司法鉴定管理问题的决定》对鉴定问题已有规定，此函不再适用
115	最高人民法院关于流窜盗窃犯屡拘、屡逃其屡次被拘留时间是否可以折抵刑期问题的批复	1964年12月17日法研〔1964〕100号	关于刑期折抵刑法已有规定，批复不再适用
116	最高人民法院关于采用其他方法处理的轻微伤害案件是否要制作调解书或判决书的问题的批复	1965年5月5日〔65〕法研字第11号	已被刑法代替

序号	司法解释和司法解释性质文件名称	发文日期、文号	废止理由
117	最高人民法院办公厅关于国家行政机关工作人员判处徒刑宣告缓刑后其职务和待遇问题的复函	1965年6月11日〔65〕法研字第20号	《人事部关于国家机关、事业单位工作人员受行政刑事处罚工资处理意见的复函》[人函（1999）177号]已有规定
118	最高人民法院关于长期参加边疆国防建设工人的配偶提出离婚不按军婚处理的批复	1965年12月6日〔65〕法研字第42号	社会形势发生变化，不再适用
119	最高人民法院印发《关于处理中朝两国公民离婚案件座谈会纪要》的通知	1966年5月12日〔66〕法民字第8号	已被民事诉讼法、婚姻法代替
120	最高人民法院关于办理学历证明书的通知	1974年1月18日〔74〕法办司字第3号	已被公证法代替
121	最高人民法院关于对非婚生子女解释的复函	1974年5月17日	已被婚姻法代替
122	最高人民法院办公室、外交部领事司关于公证文件中对中国血统外国籍人的提法事	1974年6月14日〔74〕法办司字第13号	人民法院不再开展公证业务，通知内容已被公证法相关规定代替
123	最高人民法院关于失主向罪犯追索被盗被骗财物应如何处理的问题的复函	1974年6月29日	《最高人民法院关于刑事附带民事诉讼范围问题的规定》已有规定，复函不再适用
124	最高人民法院、公安部关于张贴布告问题的补充通知	1974年7月20日	形势已经变化，不再适用
125	最高人民法院关于来华治病的华侨和外籍人要求出具延期治疗证明问题的批复	1975年1月24日〔75〕法办司字第5号	社会形势发生变化，不再适用
126	最高人民法院关于处理破坏军婚案件中几个问题的批复	1977年6月13日	已被婚姻法代替
127	最高人民法院、公安部关于加强对监外就医、监外执行、假释、缓刑犯人管理工作的联合通知	〔77〕法办研字第4号	刑事诉讼法已有规定
128	最高人民法院关于同父母兄妹可否结婚问题的批复	1977年9月24日	已被婚姻法代替
129	最高人民法院关于罪犯在公安机关收容审查期间可否折抵刑期的批复	1978年7月11日〔78〕法办研字第14号	刑事诉讼法已取消收容审查，批复不再适用
130	最高人民法院关于处理精神病患者犯罪问题的批复	1978年8月4日〔78〕法办研字第17号	已被刑法第十八条代替

序号	司法解释和司法解释性质文件名称	发文日期、文号	废止理由
131	最高人民法院关于发给国外当事人的法律文书可交给其国内代理人的批复	1978 年 8 月 14 日〔78〕法民字第 12 号	已被民事诉讼法代替
132	最高人民法院关于罪犯在逮捕前被“隔离审查”的日期可否折抵刑期的复函	1978 年 10 月 11 日〔78〕法办研字第 25 号	隔离审查属违法行为，不得适用，复函实际上已失效
133	最高人民法院关于罪犯被捕前在看守所隔离审查日期可不折抵刑期的批复	1978 年 10 月 21 日	隔离审查属违法行为，不得适用，批复实际上已失效
134	最高人民法院关于保外候审期间可否折抵刑期的批复	1978 年 11 月 17 日〔78〕法办研字第 28 号	刑法关于刑期折抵已有规定，批复不再适用
135	最高人民法院、公安部、外交部关于办理出生、结婚和亲属关系证明书的通知	1978 年 11 月 22 日〔78〕法司字第 193 号	已被公证法代替
136	最高人民法院关于平反纠正冤假错案应制作何种法律文书的复函	1978 年 12 月 13 日〔78〕法办研字第 31 号	调整对象已不存在
137	最高人民法院关于罪犯在公安机关收容审查单项折抵刑期两个具体问题的批复	1979 年 1 月 19 日	刑事诉讼法已取消收容审查，批复不再适用
138	最高人民法院关于北京市高级人民法院办理学历证明工作证明请示的批复	1979 年 5 月 8 日	已被公证法代替
139	最高人民法院关于办理过继和收养关系公证的通知	1979 年 6 月 5 日	已被公证法、收养法代替
140	最高人民法院关于罪犯被收容审查日期折抵刑期问题的批复	1979 年 6 月 11 日〔79〕法办研字第 15 号	刑事诉讼法已取消收容审查，批复不再适用
141	最高人民法院关于留场（厂）就业人员重新犯罪后在劳改机关禁闭审查日期应否折抵刑期的批复	1979 年 9 月 24 日	禁闭审查属违法行为，劳改机关不得适用，批复不再适用
142	最高人民法院关于来信来访中不服人民法院判决的申诉案件应按审级处理的通知	1979 年 9 月 29 日〔79〕法办字第 65 号	刑事诉讼法及相关司法解释已有规定
143	最高人民法院关于子女对继母有无赡养义务的请示的批复	1979 年 11 月 2 日	已被婚姻法代替
144	最高人民法院、公安部关于人民法院决定逮捕人犯由公安机关执行的具体办法的通知	1979 年 11 月 19 日〔79〕法研字第 24 号	刑事诉讼法关于逮捕的适用条件及适用程序已有规定，批复不再适用

最高人民法院
关于废止1980年1月1日至1997年6月30日期间发布的部分司法解释和司法解释性质文件（第九批）的决定

法释〔2013〕2号

（已于2012年11月19日由最高人民法院审判委员会第1560次会议通过 2013年1月14日最高人民法院公告公布 自2013年1月18日起施行）

为适应形势发展变化，保证国家法律统一正确适用，根据有关法律规定和审判实际需要，最高人民法院会同有关部门，对1980年1月1日至1997年6月30日期间发布的司法解释和司法解释性质文件进行了集中清理。现决定废止1980年1月1日至1997年6月30日期间发布的429件司法解释和司法解释性质文件。废止的司法解释和司法解释性质文件从本决定施行之日起不再适用，但过去依据下列司法解释和司法解释性质文件对有关案件作出的判决、裁定仍然有效。

附：

予以废止的1980年1月1日至1997年6月30日期间发布的部分司法解释和司法解释性质文件目录（第九批）

序号	司法解释和司法解释性质文件名称	发文日期、文号	废止理由
1	最高人民法院关于适用法律类推的案件报送核准问题的通知	1980年1月14日	刑法已取消法律类推，通知不再适用
2	最高人民法院、公安部关于判处死刑、死缓、无期徒刑、有期徒刑、拘役的罪犯交付执行问题的通知	1980年2月23日 〔80〕法研字第8号	刑事诉讼法、监狱法及相关司法解释已有明确规定
3	最高人民法院关于公开审判正在服刑的罪犯又犯罪的案件可否组织劳改犯参加旁听问题的批复	1980年6月16日 〔80〕研字第20号	依据已被《人民法院法庭规则》代替

序号	司法解释和司法解释性质文件名称	发文日期、文号	废止理由
4	最高人民法院、中国人民银行转发上海市高级人民法院《关于人民法院执行民事判决向银行调取当事人存款问题的通知》	1980年6月16日	已被《最高人民法院关于人民法院执行工作若干问题的规定（试行）》代替
5	最高人民法院关于刑事诉讼附带民事诉讼问题的批复	1980年7月16日 〔80〕法研字第23号	刑事诉讼法及相关司法解释已有明确规定
6	最高人民法院关于我国公民同居住在越南的配偶离婚问题的批复	1980年7月25日 〔80〕法民字第6号	已被民事诉讼法代替
7	最高人民法院关于地主家庭出身的能否回赎土改前典当给劳动人民的房屋的请示的复函	1981年6月22日	调整对象已消失，实际已失效
8	最高人民法院关于受理现役军人提出离婚案件应参照执行中国人民解放军总政治部《关于军队贯彻执行中华人民共和国婚姻法的暂行规定》的复函	1981年7月28日	社会形势发生变化，不再适用
9	最高人民法院关于扣船法律程序的请示报告的批复	1981年10月24日 〔81〕法交字第3号	已被海事诉讼特别程序法代替
10	最高人民法院、司法部、民政部、全国总工会、共青团中央、全国妇联关于深入宣传婚姻法的通知	1981年11月30日	婚姻法已于2001年修订，该通知已经失效
11	最高人民法院关于办理宽大释放法律手续的通知	1982年3月10日 〔1982〕法刑字第1号	社会形势发生变化，不再适用
12	最高人民法院关于坚决执行全国人大常委会《关于严惩严重破坏经济的罪犯的决定》的通知	1982年3月15日 〔82〕法研字第1号	全国人大常委会《关于严惩严重破坏经济的罪犯的决定》已废止，通知已失效
13	最高人民法院关于为实施《中华人民共和国经济合同法》和《中华人民共和国民事诉讼法（试行）》做好准备工作的通知	1982年3月16日 〔82〕法研字第2号	社会形势发生变化，不再适用
14	最高人民法院关于人民法院公开审判刑事案件一般不要对被告人使用械具的通知	1982年5月20日 〔82〕法研字第3号	通知精神已被《人民法院司法警察看管规则》吸收
15	最高人民法院研究室关于类推程序问题的电话答复	1982年9月11日	刑法已经取消类推制度
16	最高人民法院关于如何确认和公证事实婚姻问题的复函	1982年10月5日 〔82〕法研字第10号	社会形势发生变化，不再适用
17	最高人民法院研究室关于刑事诉讼法实施前遗留案件的审理程序问题的电话答复	1982年10月21日	社会形势发生变化，不再适用

序号	司法解释和司法解释性质文件名称	发文日期、文号	废止理由
18	最高人民法院刑一庭对《关于对黄炳光等六名被告人贩运伪造的外汇兑换券一案的请示》的电话答复 1983 年 3 月 17 日	已取消兑换券，批复已无实际指导意义	
19	最高人民法院研究室关于怀孕妇女被监视居住如何计算刑期问题的电话答复	1983 年 4 月 20 日	刑事诉讼法已有明确规定
20	最高人民法院关于助理审判员可否作为合议庭成员并担任审判长问题的批复	1983 年 5 月 25 日 〔83〕法研字第 12 号	已被刑事诉讼法及相关司法解释代替
21	最高人民法院研究室关于复查实施“两法”前判处的案件是否需组成合议庭的电话答复	1983 年 7 月 20 日	答复已过时效
22	最高人民法院研究室关于服刑期间发现的漏罪应否适用《关于严惩严重危害社会治安的犯罪分子的决定》问题的电话答复	1983 年 9 月 15 日	答复依据已被废止，不再适用
23	最高人民法院关于人民法院审判严重刑事犯罪案件中具体应用法律的若干问题的答复	1983 年 9 月 20 日 〔83〕法研字第 18 号	答复依据已被废止，不再适用
24	最高人民法院关于立案后有关涉外诉讼文书及送达问题的批复	1983 年 12 月 15 日	已被《最高人民法院关于涉外民事或商事案件司法文书送达问题若干规定》代替
25	最高人民法院、中国人民银行关于查询、冻结和扣划企业事业单位、机关、团体的银行存款的联合通知	1983 年 12 月 20 日 〔83〕法研字第 30 号	已被《中国人民银行、最高人民法院、最高人民检察院、公安部关于查询、冻结、扣划企业事业单位、机关、团体银行存款的通知》代替
26	最高人民法院印发《关于驻外使领馆处理华侨婚姻问题的若干规定》的通知	1983 年 12 月 27 日 〔83〕法研字第 26 号	《关于驻外使领馆处理华侨婚姻问题的若干规定》部分内容与婚姻法相冲突，通知不再适用
27	最高人民法院关于人民法院审判严重刑事犯罪案件中具体应用法律的若干问题的答复（二）	1983 年 12 月 30 日 〔83〕法研字第 27 号	答复依据已被废止，不再适用
28	最高人民法院关于统一报送死刑备案材料的通知	1984 年 4 月 9 日	调整对象已不存在，通知不再适用
29	最高人民法院关于一方为外国人与我国境内的配偶达成离婚协议我国法院可否制发调解书问题的批复	1984 年 4 月 9 日 〔84〕法民字第 4 号	已被民事诉讼法代替

序号	司法解释和司法解释性质文件名称	发文日期、文号	废止理由
30	最高人民法院关于原在内地登记结婚，现双方均居住香港，他们发生离婚诉讼，内地人民法院可否按《关于驻外使领馆处理华侨婚姻的若干规定》的通知办理的批复	1984年4月14日 〔84〕法民字第3号	已被民事诉讼法代替
31	最高人民法院关于《城市私有房屋管理条例》公布前机关、团体、部队、企业、事业单位购买或租用房屋是否有效问题的答复	1984年4月17日 〔84〕法研字第5号	社会形势发生变化，不再适用
32	最高人民法院关于给在台湾的当事人送达法律文书的批复	1984年8月29日	已被《最高人民法院关于涉台民事诉讼文书送达的若干规定》代替
33	最高人民法院研究室关于死缓犯人与其他罪犯又共同犯罪审理程序问题的电话答复	1984年9月5日	答复依据已被修改，不再适用
34	最高人民法院研究室关于已满14岁不满16岁的人犯强奸罪是否应负刑事责任问题的电话答复	1984年11月8日	与刑法规定相冲突
35	最高人民法院关于审理劳改罪犯减刑、假释案件可否由审判员独任审理的批复	1984年11月24日 〔84〕法研字第18号	已被刑法、刑事诉讼法以及相关司法解释代替
36	最高人民法院关于房屋典当回赎问题的批复	1984年12月2日	社会形势发生变化，不再适用
37	最高人民法院关于港澳同胞持有“英国属土公民护照”或澳葡当局所发身份证在内地人民法院起诉应诉的民事案件是否作为涉外案件问题的批复	1984年12月6日	社会形势发生变化，不再适用
38	最高人民法院关于依法监视居住期间可否折抵刑期问题的批复	1984年12月18日 〔84〕法研字第16号	刑事诉讼法已有明确规定
39	最高人民法院、公安部、商业部、城乡建设环境保护部关于转发陕西省西安市《关于办理离婚、房产案件中有关户粮分立、迁转和房产变动问题的联合通知》的通知	1985年3月21日	社会形势发生变化，不再适用
40	最高人民法院关于指定重庆市中级人民法院办理部分专利纠纷案件的批复	1985年3月27日 法（经）复〔1985〕18号	调整对象发生变化，不再适用
41	最高人民法院关于外国驻华使馆的职员能否以外交代表身份为本国国民在我国聘请中国律师代理民事诉讼的批复	1985年3月28日	已被《最高人民法院关于适用〈中华人民共和国民事诉讼法〉若干问题的意见》代替
42	最高人民法院研究室关于按照审判监督程序决定再审的案件是否应先撤销原判决问题的电话答复	1985年3月30日	刑事诉讼法及相关司法解释已有明确规定

序号	司法解释和司法解释性质文件名称	发文日期、文号	废止理由
43	最高人民法院关于民事上诉案件受理费的几个问题的批复	1985年4月4日 法（研）复〔1985〕21号	已被《诉讼费用交纳办法》代替
44	最高人民法院研究室关于成年人犯罪造成经济损害其父母有无赔偿义务问题的电话答复	1985年4月10日	已被刑事诉讼法及相关司法解释代替
45	最高人民法院研究室关于判处无期徒刑的罪犯在服刑期间又犯新罪是否要再判处刑罚问题的电话答复	1985年5月8日	刑事诉讼法、刑法及相关司法解释已有明确规定
46	最高人民法院关于缓刑考验期内表现好的罪犯可否缩减其缓刑考验期限的批复	1985年5月9日 法（研）复〔1985〕27号	《最高人民法院关于办理减刑、假释案件具体应用法律若干问题的规定》已有明确规定
47	最高人民法院切实执行《关于统一报送死刑备案材料的通知》的通知	1985年6月8日	调整对象已不存在，通知不再适用
48	最高人民法院关于男女登记离婚后一方翻悔，向人民法院提起诉讼，人民法院是否应当受理的批复	1985年6月15日 法（民）复〔1985〕35号	已被民事诉讼法代替
49	最高人民法院研究室关于盗窃分子内外勾结盗窃中外合资企业财产的案件是否属于涉外案件的复函	1985年7月2日	刑事诉讼法及相关司法解释已有明确规定
50	最高人民法院研究室关于变造国家货币的行为应如何定罪问题的电话答复	1985年8月2日	刑法第173条已规定变造货币罪，答复不再适用
51	最高人民法院研究室关于押在看守所的死缓犯抗拒改造情节恶劣应当执行死刑的如何报送核准问题的电话答复	1985年8月7日	刑事诉讼法及相关司法解释已有明确规定
52	最高人民法院关于台湾同胞为追索建国前公民之间债务的起诉，人民法院是否受理问题的批复	1985年8月8日	社会形势发生变化，不再适用
53	最高人民法院研究室关于对未成年犯能否附加剥夺政治权利问题的电话答复	1985年8月16日	刑法已有明确规定
54	最高人民法院关于人民法院审判严重刑事犯罪案件中具体应用法律的若干问题的答复（三）	1985年8月21日 法（研）发〔1985〕18号	答复依据已被废止，不再适用
55	最高人民法院关于人民法院依法执行行政机关的行政处罚决定应用何种法律文书的问题的批复	1985年9月14日 法（经）复〔1985〕49号	《最高人民法院关于人民法院执行工作若干问题的规定（试行）》已有明确规定
56	最高人民法院研究室关于赌博案件两个问题的电话答复	1985年9月16日	刑法已有新规定，答复不再适用

序号	司法解释和司法解释性质文件名称	发文日期、文号	废止理由
57	最高人民法院研究室关于再审改判宣告缓刑的案件其缓刑考验期限从何时起计算的电话答复	1985年10月12日	刑法已有明确规定
58	最高人民法院研究室关于对被告人已死亡的再审案件的第一审判决其近亲属能否径行提出上诉问题的电话答复	1985年10月18日	刑事诉讼法已有明确规定
59	最高人民法院关于侵犯商标专用权如何计算损失赔偿额和侵权期间问题的批复	1985年11月6日 法（经）复〔1985〕53号	已被商标法代替
60	最高人民法院研究室关于少管人员释放后犯罪的能否适用《关于处理逃跑或者重新犯罪的劳改犯和劳教人员的决定》问题的电话答复	1985年11月9日	答复依据已被废止，不再适用
61	最高人民法院研究室关于对缓刑犯减刑应由哪级单位申报的电话答复	1985年11月12日	刑事诉讼法及相关司法解释已有明确规定
62	最高人民法院关于加强经济审判工作的通知	1985年12月9日	该通知规定的经济案件受案范围及所依据的相关文件内容已不适用，实际已失效
63	最高人民法院关于对窝藏、包庇罪中"事前通谋的，以共同犯罪论处"如何理解的电话答复	1985年12月28日	已被刑法规定代替
64	最高人民法院关于广东省高级人民法院与香港最高法院相互协助送达民商事诉讼文书初步协议的批复	1986年1月3日 法（经）复〔1986〕1号	已被《最高人民法院关于内地与香港特别行政区法院相互委托送达民商事司法文书的安排》代替
65	最高人民法院关于房屋租赁纠纷如何确定管辖问题的批复	1986年1月7日 法（经）复〔1986〕2号	已被《最高人民法院关于适用〈中华人民共和国民事诉讼法〉若干问题的意见》代替
66	最高人民法院关于审理土改中地主、富农被遗漏房屋产权案件有关政策问题的批复	1986年1月27日 法（民）复〔1986〕5号	调整对象已消失，实际已失效
67	最高人民法院关于涉外海事诉讼管辖的具体规定	1986年1月31日	已被海事诉讼特别程序法、《最高人民法院关于适用〈中华人民共和国海事诉讼特别程序法〉若干问题的解释》代替
68	最高人民法院研究室关于判处有期徒刑宣告缓刑有关问题的电话答复	1986年2月17日	刑法已有明确规定
69	最高人民法院研究室关于死刑复核案件发回重审问题的电话答复	1986年2月26日	刑事诉讼法及相关司法解释已有明确规定

序号	司法解释和司法解释性质文件名称	发文日期、文号	废止理由
70	最高人民法院关于原判决未涉及房屋所有权问题后当事人发生争议的可到有管辖权的人民法院起诉的函	1986年6月19日〔85〕民监字第1253号	已被民事诉讼法代替
71	最高人民法院关于民事诉讼收费几个问题的批复	1986年6月21日法（司）复〔1986〕22号	已被《诉讼费用交纳办法》代替
72	最高人民法院研究室关于管辖不当的案件再审时应否依照第一审程序审判问题的电话答复	1986年6月24日	刑事诉讼法已有明确规定
73	最高人民法院研究室关于第二审人民法院对上诉案件维持原判刑期撤销缓刑是否违反“上诉不加刑”原则的电话答复	1986年7月21日	刑事诉讼法及相关司法解释已有明确规定
74	最高人法院关于在审理经济纠纷案件中发现经济犯罪问题后移送有关部门，是否退还预收的案件受理费的批复	1986年8月28日法（司）复〔1986〕29号	已被《诉讼费用交纳办法》代替
75	最高人民法院研究室关于当事人对工商行政管理部门确认经济合同无效不服向人民法院起诉应否受理问题的电话答复	1986年9月23日	已被合同法代替
76	最高人民法院研究室关于第二审以调解方式结案的自诉案件应采用何种法律文书撤销原审判决问题的电话答复	1986年9月25日	刑事诉讼法及相关司法解释已有明确规定
77	最高人民法院关于男女双方登记离婚后因对财产、子女抚养发生纠纷当事人向人民法院起诉的法院应予受理的批复	1986年10月3日〔1986〕民他字第45号	已被婚姻法司法解释规定代替
78	最高人民法院研究室关于管制刑期能否折抵有期徒刑刑期问题的电话答复	1986年10月6日	刑法已有明确规定
79	最高人民法院研究室关于数罪中有判处两个以上剥夺政治权利附加刑的应如何并罚问题的电话答复	1986年10月20日	刑法已有明确规定
80	最高人民法院研究室关于奸污女知青案件有关问题的电话答复	1986年10月21日	社会形势发生变化，不再适用
81	最高人民法院关于人民法院制作法律文书应如何引用法律规范性文件问题的答复	1986年10月28日法（研）复〔1986〕31号	已被《最高人民法院关于裁判文书引用法律、法规等规范性法律文件的规定》代替
82	最高人民法院研究室关于劳改犯在劳改期间又犯新罪法院对新罪判决后其前罪的残刑从何时计算问题的电话答复	1986年11月5日	刑法已有明确规定

序号	司法解释和司法解释性质文件名称	发文日期、文号	废止理由
83	最高人民法院关于执行《国营企业实行劳动合同制暂行规定》和《国营企业辞退违纪职工暂行规定》的有关问题的批复	1986年11月8日 法（研）复〔1986〕32号	已被劳动法、劳动合同法、劳动争议调解仲裁法及相关司法解释代替
84	最高人民法院关于我在港澳以私人企业名义注册登记的银行在经济特区设立的分行能否享有贷款优先清偿权的批复	1986年11月28日 法（经）复〔1986〕34号	所依据的民事诉讼法（试行）已被废止，不再适用
85	最高人民法院研究室关于公诉刑事案件中只有附带民事诉讼原告人提起上诉判决的刑事部分是否生效问题的电话答复	1986年12月9日	刑事诉讼法及相关司法解释已有明确规定
86	最高人民法院研究室关于处理重婚案件的程序问题的电话答复	1986年12月11日	刑事诉讼法及相关司法解释已有明确规定
87	最高人民法院研究室关于自诉刑事案件立案程序问题的电话答复	1986年12月12日	刑事诉讼法及相关司法解释已有明确规定
88	最高人民法院研究室关于刑事附带民事诉讼民事部分是否适用民事诉讼法问题的电话答复	1986年12月31日	刑事诉讼法及相关司法解释已有明确规定
89	最高人民法院研究室关于刑事被告人上诉后脱逃在程序上应如何处理问题的电话答复	1987年1月6日	刑事诉讼法已有明确规定
90	最高人民法院关于在离婚诉讼中发现双方隐瞒近亲关系骗取结婚登记且生活多年生有子女应按婚姻法第二十五条处理的批复	1987年1月14日 〔1986〕民他字第36号	与婚姻法第10条规定相冲突
91	最高人民法院研究室关于未构成犯罪的案件判决书主文如何表述问题的电话答复	1987年2月12日	刑事诉讼法及相关司法解释已有明确规定
92	最高人民法院研究室关于再审案件两个问题的电话答复	1987年2月15日	刑事诉讼法及相关司法解释已有明确规定
93	最高人民法院对在管制期间的反革命分子犯一般刑事罪的论罪与刑罚执行问题的批复	1987年2月16日	反革命罪名已被取消，批复不再适用
94	最高人民法院刑二庭关于起义投诚人员案复查改判后判决书主文如何写的电话答复	1987年3月11日	社会形势发生变化，不再适用
95	最高人民法院关于无期徒刑、死刑的第一审普通刑事案件应由中级人民法院管辖的通知	1987年3月26日 法（研）通〔1987〕1号	刑事诉讼法已有明确规定

序号	司法解释和司法解释性质文件名称	发文日期、文号	废止理由
96	最高人民法院关于地方各级法院不宜制定司法解释性质文件问题的批复	1987年3月31日 〔1987〕民他字第10号	已被《最高人民法院、最高人民检察院关于地方人民法院、人民检察院不得制定司法解释性质文件的通知》代替
97	最高人民法院关于对判处死刑缓期二年执行期满后，尚未裁定减刑前又犯新罪的罪犯能否执行死刑问题的批复	1987年5月12日 法（研）复〔1987〕15号	刑法、刑事诉讼法已有明确规定
98	最高人民法院研究室关于再审改判的刑事案件是否要撤销原驳回申诉通知书的电话答复	1987年5月12日	刑事诉讼法及相关司法解释已有明确规定
99	最高人民法院关于人民法院在审判工作中能否采用人类白细胞抗原作亲子鉴定问题的批复	1987年6月15日 法（研）复〔1987〕20号	目前已不使用此种鉴定方式
100	最高人民法院关于对数罪中有判处无期徒刑以上刑罚的案件如何实行数罪并罚的通知	1987年6月26日 法（刑一）发〔1987〕16号	刑事诉讼法已有明确规定
101	最高人民法院研究室关于附带民事诉讼案件中律师诉讼权利问题的电话答复	1987年7月8日	刑事诉讼法、律师法及相关司法解释已有明确规定
102	最高人民法院关于当事人对工商行政管理局无效经济合同确认书中认定的事实和财产后果的处理不服，向人民法院起诉，人民法院可否受理的批复	1987年7月11日 〔87〕法经字第17号	调整对象发生变化，不再适用
103	最高人民法院关于《贩卖毒品死刑案件的量刑标准》的答复	1987年7月15日	刑法第347条已有新规定
104	最高人民法院关于调整武汉、上海海事法院管辖区域的通知	1987年7月28日 法（司）函〔1987〕39号	已被《最高人民法院关于调整大连、武汉、北海海事法院管辖区域和案件范围的通知》代替
105	最高人民法院刑事审判第一庭关于给检察院及时送达二审判决书的通知	1987年8月31日 法刑一〔87〕通字第1号	刑事诉讼法已有明确规定
106	最高人民法院关于地方人民政府规定可向人民法院起诉的行政案件法院应否受理问题的批复	1987年10月9日	行政诉讼法已有明确规定
107	最高人民法院关于各级人民法院处理刑事案件申诉的暂行规定	1987年10月10日 法（刑二）发〔1987〕25号	刑事诉讼法及相关司法解释已有明确规定

序号	司法解释和司法解释性质文件名称	发文日期、文号	废止理由
108	最高人民法院关于刑事自诉案件的自诉人可否委托近亲属担任代理人的批复	1987年10月12日 法（研）复〔1987〕41号	刑事诉讼法已有明确规定
109	最高人民法院关于审理专利申请权纠纷案件若干问题的通知	1987年10月19日	已被《最高人民法院关于审理专利纠纷案件适用法律问题的若干规定》代替
110	最高人民法院、城乡建设环境保护部关于复查历史案件中处理私人房产有关事项的通知	1987年10月22日 法（研）发〔1987〕30号	社会形势发生变化，不再适用
111	最高人民法院经济审判庭关于执行程序中如何变更主体问题的电话答复	1987年10月28日	《最高人民法院关于人民法院执行工作若干问题的规定（试行）》已有明确规定
112	最高人民法院关于审理涉港澳经济纠纷案件若干问题的解答	1987年10月19日 法（经）发〔1987〕28号	该文件依据的民事诉讼法（试行）已被废止
113	最高人民法院研究室关于刑事附带民事诉讼问题的电话答复	1987年11月4日	刑事诉讼法及相关司法解释已有明确规定
114	最高人民法院刑事审判第二庭关于给检察院及时送达按审判监督程序再审判处的一二审判决书（或裁定书）的通知	1987年11月11日 法刑二〔87〕通字第1号	已被刑事诉讼法代替
115	最高人民法院关于山西省雁北地区瓷厂诉河南省方城县酒厂购销酒瓶合同纠纷案管辖问题的批复	1987年11月19日	已被民事诉讼法代替
116	关于最高人民法院交通运输审判庭的职责范围和启用印章的通知	1987年11月24日 法（交）函〔1987〕102号	社会形势发生变化，不再适用
117	最高人民法院研究室关于人民法院可否受理企业内部承包合同纠纷案件问题的电话答复	1987年12月1日	已被合同法、民事诉讼法代替
118	最高人民法院研究室关于案件管辖问题的电话答复	1987年12月11日	社会形势发生变化，不再适用
119	最高人民法院研究室关于对死缓复核的法律文书中应否写上被告人的法定代理人问题的电话答复	1987年12月19日	刑法已有新规定，答复不再适用
120	最高人民法院印发《八省市法院审判贪污、受贿、走私案件情况座谈会纪要》的通知	1987年12月31日 法（办）发〔1987〕38号	通知已过时效
121	最高人民法院研究室关于毒品犯罪问题的电话答复	1988年1月3日	答复依据已被废止，不再适用
122	最高人民法院研究室关于重大盗窃犯罪数额标准问题的电话答复	1988年1月6日	与刑法规定相冲突

序号	司法解释和司法解释性质文件名称	发文日期、文号	废止理由
123	最高人民法院关于如何核定案件受理费问题的批复	1988年1月6日 法（司）复〔1988〕2号	已被《诉讼费用交纳办法》代替
124	最高人民法院办公厅转发国家商检局、公安部《关于严厉打击不法分子伪造变造买卖商检单证行为的通知》的通知	1988年1月20日 法办〔1988〕2号	通知依据已被修改，不再适用
125	最高人民法院关于继父母与继子女形成的权利义务关系能否解除的批复	1988年1月22日	已被继承法代替
126	最高人民法院关于执行中外司法协助协定的通知	1988年2月1日 法（办）发〔1988〕3号	社会形势发生变化，不再适用
127	最高人民法院关于执行中法司法协助协定的通知	1988年2月9日 法（办）发〔1988〕4号	社会形势发生变化，不再适用
128	最高人民法院关于严厉打击危害公共安全犯罪活动的紧急通知	1988年2月9日 高法明电〔1988〕10号	通知依据已被废止，不再适用
129	最高人民法院关于海关扣留走私罪嫌疑人的时间可否折抵刑期的批复	1988年2月9日 法（研）复〔1988〕12号	批复依据已被修正，不再适用
130	最高人民法院关于办理服刑中的罪犯减刑、假释的几点注意事项的通知	1988年2月28日 法（办）发〔1988〕5号	通知依据已被修正，不再适用
131	最高人民法院研究室关于盗窃有价证券数额计算问题的电话答复	1988年3月14日	《最高人民法院关于审理盗窃案件具体应用法律若干问题的解释》已有明确规定
132	最高人民法院关于高级人民法院对不同意判处死刑的复核案件提审后改判的判决应是终审判决的批复	1988年3月24日	已被《最高人民法院关于高级人民法院将死刑案件改判为死刑缓期二年执行的判决书表述问题的批复》代替
133	最高人民法院研究室关于人民法院在审理经济合同纠纷案件时发现当事人有与本案有关的违法行为需要给予制裁问题的电话答复	1988年4月2日	已被合同法代替
134	最高人民法院研究室关于需由外地银行协助扣划被执行人存款是否必须委托被执行人所在地人民法院向被执行人的开户银行发出协助执行通知问题的电话答复	1988年4月11日	已被《中国人民银行、最高人民法院、最高人民检察院、公安部关于查询、冻结、扣划企业事业单位、机关、团体银行存款的通知》代替

序号	司法解释和司法解释性质文件名称	发文日期、文号	废止理由
135	最高人民法院关于济南铁路分局诉天津铁路分局沧州站、沧州水产公司经济侵权纠纷一案管辖权问题请示的批复	1988年4月28日	已被民事诉讼法和《最高人民法院关于适用〈中华人民共和国民事诉讼法〉若干问题的意见》代替
136	最高人民法院关于暂由广东省高级人民法院受理应由海南省高级人民法院管辖的案件的批复	1988年5月6日法（司）复〔1988〕21号	社会形势发生变化，不再适用
137	最高人民法院关于由别人代为起草而以个人名义发表的会议讲话作品其著作权（版权）应归个人所有的批复	1988年6月9日〔1988〕民他字第21号	已被《最高人民法院关于审理著作权民事纠纷案件适用法律若干问题的解释》代替
138	最高人民法院关于因政府行政管理方面的决定引起的房产纠纷不应由人民法院受理的函	1988年6月9日〔1988〕民监字第531号	与行政诉讼法及相关司法解释规定相冲突
139	最高人民法院关于对尚未到期的财产收益可否采取诉讼保全措施的批复	1988年7月8日法（研）复〔1988〕49号	已被《关于依法制裁规避执行行为的若干意见》代替
140	最高人民法院研究室关于中级人民法院判处“无期徒刑的罪犯又犯脱逃罪可否由劳改场所所在地基层人民法院管辖问题”的电话答复	1988年7月20日	刑事诉讼法及相关司法解释已有明确规定
141	最高人民法院研究室关于基层人民法院判处有期徒刑已发生法律效力的案件上级人民法院发现应当判处无期徒刑或者死刑应当如何纠正问题的电话答复	1988年8月23日	已被刑事诉讼法及相关司法解释代替
142	最高人民法院关于处理私房社会主义改造中房屋典当回赎案件中的两个问题的批复	1988年9月8日	社会形势发生变化，不再适用
143	最高人民法院经济审判庭关于执行仲裁机构裁决过程中被执行单位被撤销需要变更被执行单位的应如何处理问题的电话答复	1988年9月20日	已被《最高人民法院关于人民法院执行工作若干问题的规定（试行）》代替
144	最高人民法院关于严惩严重经济犯罪分子及时审理经济犯罪案件的通知	1988年9月26日高法明电〔1988〕67号	通知已过时效
145	最高人民法院研究室关于被告及其主管部门均已撤销其债务由谁承担问题的电话答复	1988年10月12日	已被《最高人民法院关于企业开办的其他企业被撤销或者歇业后民事责任承担问题的批复》和公司法代替
146	最高人民法院关于雇工合同“工伤概不负责”是否有效的批复	1988年10月14日〔88〕民他字第1号	已被合同法、劳动法、劳动合同法及相关司法解释代替

序号	司法解释和司法解释性质文件名称	发文日期、文号	废止理由
147	最高人民法院研究室关于人民法院能否对抗拒改造的罪犯判处继续劳动改造的电话答复	1988年10月21日	社会形势发生变化，不再适用
148	最高人民法院研究室关于吸食他人精液的行为应如何定性问题的复函	1988年11月24日	流氓罪已取消，复函已失效
149	最高人民法院关于甘肃省金昌市工业品综合批发公司诉辽宁省抚顺市电视机联销公司电视机合同纠纷案管辖问题的批复	1988年12月7日 法（经）复〔1988〕64号	已被民事诉讼法代替
150	最高人民法院关于水路货物运输中索赔期问题的复函	1988年12月8日 〔88〕法交函字第11号	所依据《水路货物运输规则》已被《国内水路货物运输规则》废止，不再适用
151	最高人民法院关于因党委发文调整引起的房产纠纷不属法院主管范围的批复	1989年1月3日 〔88〕民他字第62号	已被民事诉讼法及相关司法解释代替
152	最高人民法院、中国人民银行关于法院对行政机关依法申请强制执行需要银行协助执行的案件应如何办理问题的联合通知	1989年1月11日 法（行）发〔1989〕2号	原依据的民事诉讼法（试行）有关规定已废止，不再适用
153	最高人民法院关于通过外交途径向日本国民送达传票期限的通知	1989年1月16日	已被《最高人民法院关于涉外民事或商事案件司法文书送达问题若干规定》代替
154	最高人民法院关于新法规定当事人可以起诉而旧法规没有规定可以起诉而当事人起诉的，人民法院可否受理的函	1989年1月23日 法（行）函〔1989〕11号	已被行政诉讼法代替
155	最高人民法院研究室关于盗窃不能随即兑现的金融债券、有奖债券的计算问题的电话答复	1989年1月24日	已被《最高人民法院关于审理盗窃案件具体应用法律若干问题的解释》代替
156	最高人民法院关于建立经济纠纷大案要案报告制度的通知	1989年1月31日 法经函〔1989〕第4号	社会形势发生变化，不再适用
157	最高人民法院关于印发《全国法院减刑、假释工作座谈会纪要》的通知	1989年2月14日 法（办）发〔1989〕3号	刑法、刑事诉讼法及相关司法解释已有明确规定
158	最高人民法院研究室关于人民法院可否直接受理拖欠、抗交农业税案件的电话答复	1989年2月28日	社会形势发生变化，不再适用
159	最高人民法院研究室关于回大陆探亲的台胞在大陆受到刑事侵害的案件应当由哪级人民法院管辖问题的电话答复	1989年3月22日	刑事诉讼法及相关司法解释已有明确规定

序号	司法解释和司法解释性质文件名称	发文日期、文号	废止理由
160	最高人民法院研究室关于盗窃民用爆炸物如何定性的电话答复	1989年4月7日	依据已被废止，不再适用
161	最高人民法院关于死亡人的名誉权应受法律保护的函	1989年4月12日〔1988〕民他字第52号	已被《最高人民法院关于确定民事侵权精神损害赔偿责任若干问题的解释》代替
162	最高人民法院研究室关于适用两高《关于修改盗窃犯罪数额标准的通知》问题的电话答复	1989年5月4日	刑法及《最高人民法院关于审理盗窃案件具体应用法律若干问题的解释》已有明确规定
163	最高人民法院研究室关于对原审被告人已死亡的原第一审案件能否按第二审程序再审问题的电话答复	1989年5月26日	已被刑事诉讼法代替
164	最高人民法院刑二庭关于办理减刑假释工作有关问题的电话答复	1989年5月29日	依据已被修正，刑法及相关司法解释已有明确规定
165	最高人民法院关于取保候审的被告人逃匿如何追究保证人责任问题的批复	1989年7月3日法(研)复〔1989〕4号	已被刑事诉讼法及相关司法解释代替
166	最高人民法院关于财产犯罪的受害者能否向已经过司法机关处理的人提起损害赔偿的民事诉讼的函	1989年7月10日	已被侵权责任法代替
167	最高人民法院关于各级人民法院处理民事和经济纠纷案件申诉的暂行规定	1989年7月21日法（申）发〔1989〕17号	已被《最高人民法院关于受理审查民事申请再审案件的若干意见》代替
168	最高人民法院对劳动部《关于人民法院审理劳动争议案件几个问题的函》的答复	1989年8月10日法（经）函〔1989〕53号	劳动法、劳动合同法及劳动争议调解仲裁法及相关司法解释已有明确规定
169	最高人民法院关于对一方当事人下落不明未满两年的离婚案件是否受理和公告送达问题的批复	1989年8月22日〔1989〕法民字第20号	批复所引法律依据已不存在，所涉相关问题民事诉讼法已有明确规定
170	最高人民法院研究室关于再审共同犯罪的刑事申诉案件可否仅就其中应改判的原审被告人单独进行改判问题的电话答复	1989年9月22日	已被刑事诉讼法及相关司法解释代替
171	最高人民法院研究室关于如何适用全国人大常委会《关于惩治泄露国家秘密犯罪的补充规定》问题的电话答复	1989年9月30日	《关于惩治泄露国家秘密犯罪的补充规定》已被废止，答复不再适用
172	最高人民法院关于未成年人盗窃财物被劳动教养，受害人要求其监护人承担赔偿责任，人民法院能否作为民事赔偿案件受理问题的函	1989年10月5日	已被刑事诉讼法及相关司法解释代替

序号	司法解释和司法解释性质文件名称	发文日期、文号	废止理由
173	最高人民法院行政审判庭关于行政机关对业已进入诉讼程序的行政行为作出的复议决定应如何处理问题的电话答复	1989年10月10日	已被行政诉讼法代替
174	最高人民法院关于印发全国部分省、市法院刑事审判工作会议纪要的通知	1989年10月14日	通知内容已失效
175	最高人民法院研究室关于缓刑考验期满三年内又犯应判处有期徒刑以上刑罚之罪的是否构成累犯的电话答复	1989年10月25日	刑法已有明确规定
176	最高人民法院关于一审判决宣告无罪的公诉案件如何适用法律问题的批复	1989年11月4日 法（研）复〔1989〕9号	依据已被修改，刑法、刑事诉讼法已有明确规定
177	最高人民法院关于配合公安机关开展除“六害”工作的通知	1989年11月13日 法（办）发〔1989〕34号	社会形势发生变化，不再适用
178	最高人民法院关于《中华人民共和国行政诉讼法》实施前行政审判试点工作中几个问题的答复	1989年11月20日	只适用于特定时期，已失效
179	最高人民法院刑二庭关于对监外执行犯符合减刑条件的如何办理裁定减刑问题的电话答复	1989年11月30日	与刑事诉讼法及相关司法解释的内容相冲突
180	最高人民法院行政审判庭关于工商行政管理机关的处罚决定所依据的法规没有规定可以起诉被处罚的个体工商户不服依据《城乡个体户管理暂行条例》向法院起诉应否受理问题的电话答复	1989年12月22日	已被行政诉讼法代替
181	最高人民法院刑二庭对江苏省高级人民法院《关于审理减刑假释案件有关问题的几点意见》有关问题的电话通知	1990年1月10日	刑法及相关司法解释已有明确规定
182	最高人民法院办公厅印发《关于刑事再审案件开庭审理程序的意见》（试行）的通知	1990年1月12日 法办〔1990〕2号	已被《最高人民法院关于再审案件开庭审理程序的具体规定》代替
183	最高人民法院关于扣押船舶收费标准的具体意见	1990年1月13日 法（交）发〔1990〕2号	已被《诉讼费用交纳办法》代替
184	最高人民法院关于人民法院离退休审判人员不得担任参与自己审理过的案件一方当事人的委托代理人的批复	1990年1月16日 法（民）复〔1990〕1号	已被《最高人民法院关于审判人员在诉讼活动中执行回避制度若干问题的规定》代替

序号	司法解释和司法解释性质文件名称	发文日期、文号	废止理由
185	最高人民法院研究室关于未成年死缓罪犯在执行期间又犯新罪的管辖及处理问题的电话答复	1990年2月6日	刑法已有新规定，答复不再适用
186	最高人民法院研究室关于因同一犯罪事实两次被收容审查应如何折抵刑期问题的电话答复	1990年2月6日	收容审查制度已被取消，答复不再适用
187	最高人民法院研究室关于对被害人在追诉时效期限内一直自诉现超过追诉时效期限的案件能否受理问题的电话答复	1990年2月8日	刑法已有明确规定
188	最高人民法院关于已分家独自生活的被赡养人致人损害时不能由赡养人承担民事责任问题的批复	1990年2月10日 〔89〕法民字第32号	已被侵权责任法代替
189	最高人民法院研究室关于以人质勒索他人巨额财物案件如何定罪处罚问题的复函	1990年2月17日	依据已被修改，不再适用
190	最高人民法院行政审判庭关于铁路系统治安案件处罚权问题的电话答复	1990年3月20日	原依据的治安管理处罚条例已不适用
191	最高人民法院研究室关于监外执行的罪犯重新犯罪的时间是否计入服刑期问题的答复	1990年3月30日	原依据的劳动改造条例已失效，不再适用
192	最高人民法院关于广泛开展宣传《婚姻法》活动的通知	1990年4月14日 高法明电〔1990〕50号	实际已失效
193	最高人民法院研究室关于盗窃未遂案件定罪问题的电话答复	1990年4月20日	刑法已有明确规定
194	最高人民法院研究室关于如何理解和掌握"在法定刑以下减轻"处罚问题的电话答复	1990年4月27日	已被刑法代替
195	最高人民法院行政审判庭关于高速公路交通警察支队"二裁"的案件人民法院可否受理问题的电话答复	1990年5月7日	原依据的道路交通管理条例已不适用
196	最高人民法院研究室关于如何处理没收毒品问题的电话答复	1990年5月9日	刑事诉讼法及相关司法解释已有明确规定
197	最高人民法院研究室关于已满14岁不满16岁的人多次盗窃数额能否累计计算问题的电话答复	1990年5月19日	刑法有新规定，答复不再适用

序号	司法解释和司法解释性质文件名称	发文日期、文号	废止理由
198	最高人民法院关于邓瑞莲诉何汉思离婚管辖问题的复函	1990年5月28日〔1990〕民他字第21号	依据已失效，复函不再适用
199	最高人民法院关于高级人民法院将死刑案件改判为死刑缓期二年执行的判决书表述问题的批复	1990年5月30日法（研）复〔1990〕4号	依据已修改，不再适用
200	最高人民法院研究室关于被告人在第二审期间脱逃案件可否中止审理问题的电话答复	1990年6月5日	与刑事诉讼法的规定相冲突
201	最高人民法院关于已提出上诉的共同犯罪案件，在第一审判决宣告时其中被判较短有期徒刑或拘役的被告人的刑期已满，是否立即将其解除羁押的批复	1990年6月5日法（研）复〔1990〕6号	刑事诉讼法及相关司法解释已有明确规定
202	最高人民法院关于判处死缓的刑事附带民事案件被告人不上诉而附带民事原告人上诉审理时应适用何种程序的批复	1990年6月5日法（研）复〔1990〕7号	刑事诉讼法及《最高人民法院关于对被判处死刑的被告人未提出上诉、共同犯罪的部分被告人或者附带民事诉讼原告人提出上诉的案件应适用何种程序审理的批复》已有明确规定
203	最高人民法院关于执行《全国人民代表大会常务委员会关于处理逃跑或者重新犯罪的劳改犯和劳教人员的决定》中几个问题的批复	1990年6月11日法（研）复〔1990〕8号	《全国人民代表大会常务委员会关于处理逃跑或者重新犯罪的劳改犯和劳教人员的决定》已被废止，批复已失效
204	最高人民法院关于印发《关于铁路运输法院对经济纠纷案件管辖范围的规定》的通知	1990年6月16日法（交）发〔1990〕8号	已被民事诉讼法代替
205	最高人民法院关于专利纠纷案件管辖问题的复函	1990年6月26日法（经）函〔1990〕第49号	已被《最高人民法院关于审理专利纠纷案件适用法律问题的若干规定》、《最高人民法院关于审理技术合同纠纷案件适用法律若干问题的解释》以及民事诉讼法代替
206	最高人民法院关于15岁的未成年人过失致人重伤是否应负刑事责任的批复	1990年7月8日法(研)复〔1990〕5号	刑法已有明确规定
207	最高人民法院研究室关于期间问题的电话答复	1990年7月11日	已被刑事诉讼法及相关司法解释代替
208	最高人民法院关于对在国外居住未加入外国籍的当事人的离婚案件应参照涉外民事诉讼程序的规定审理的函	1990年7月26日〔90〕民他字第12号	已被涉外民事关系法律适用法代替

序号	司法解释和司法解释性质文件名称	发文日期、文号	废止理由
209	最高人民法院关于经济纠纷案件当事人向受诉法院提出管辖权异议的期限问题的批复	1990年8月5日 法（经）复〔1990〕10号	已被民事诉讼法代替
210	最高人民法院研究室关于被告人及其近亲属辩护人同时提起上诉时裁判文书上其近亲属及辩护人是否列为上诉人问题的电话答复	1990年8月17日	答复已无实际指导意义
211	最高人民法院研究室关于贪污盗窃粮票油票等计划供应票证应如何处理问题的电话答复	1990年8月31日	调整对象已不存在
212	最高人民法院研究室关于联防队员是否构成刑讯逼供罪主体的复函	1990年9月26日	刑法已有明确规定
213	最高人民法院关于如何确定刑满释放日期的批复	1990年9月27日 法（研）复〔1990〕14号	刑法及刑事诉讼法已有明确规定
214	最高人民法院关于认真学习、宣传和贯彻执行著作权法的通知	1990年10月9日	著作权法已修改，通知已失效
215	最高人民法院关于全民所有制工业企业承包经营合同、租赁经营合同纠纷当事人不服工商行政管理机关终局裁决向人民法院起诉是否受理问题的复函	1990年10月11日 法（经）函〔1990〕75号	与仲裁法规定相冲突
216	最高人民法院研究室关于乡镇村民小组长能否成为报复陷害罪主体问题的复函	1990年10月12日	刑法及相关解释已有明确规定
217	最高人民法院研究室关于上诉审认为原审将反革命罪错定为普通刑事犯罪的案件在程序上应当如何处理问题的电话答复	1990年11月13日	刑事诉讼法已有明确规定，另反革命罪已取消，答复不再适用
218	最高人民法院关于申请执行工商仲裁机构法律文书中的被执行人已撤销如何处理问题的批复	1990年11月14日 法（经）复〔1990〕17号	社会形势发生变化，不再适用
219	最高人民法院关于工商行政管理部门在无效经济合同确认书中对经济纠纷做出处理后人民法院是否接受申请据以执行问题的批复	1990年11月17日 法（经）复〔1990〕18号	调整对象已不存在，不再适用
220	最高人民法院研究室关于是否允许不上诉的被告人委托律师作第二审辩护问题的电话答复	1990年11月25日	刑事诉讼法及相关司法解释已有明确规定

序号	司法解释和司法解释性质文件名称	发文日期、文号	废止理由
221	最高人民法院研究室关于共同犯罪上诉案件中发现原审法院对部分被告人量刑畸重对未成年被告人的审理严重违反诉讼程序应当如何适用法律程序问题的电话答复	1990年11月25日	刑事诉讼法已有明确规定
222	最高人民法院研究室关于对武警部队犯罪人员是否不宜判处缓刑问题的电话答复	1990年11月25日	刑法已有明确规定
223	最高人民法院研究室关于偷开汽车长期作为盗窃犯罪工具使用应如何处理问题的电话答复	1990年11月25日	已被《最高人民法院关于审理盗窃案件具体应用法律若干问题的解释》代替
224	最高人民法院研究室关于对涂改挖补未到期的国库券违法者应如何处置问题的复函	1991年1月3日	依据已被修改，刑法已有明确规定
225	最高人民法院关于严格执行《全国人民代表大会常务委员会关于禁毒的决定》严惩毒品犯罪分子的通知	1991年1月3日 法（研）发〔1991〕1号	《全国人民代表大会常务委员会关于禁毒的决定》已被刑法代替，通知不再适用
226	最高人民法院关于正确执行《全国人民代表大会常务委员会关于惩治走私、制作、贩卖、传播淫秽物品的犯罪分子的决定》的通知	1991年1月7日 高法明电〔1991〕1号	《全国人民代表大会常务委员会关于惩治走私、制作、贩卖、传播淫秽物品的犯罪分子的决定》已被刑法代替，通知不再适用
227	最高人民法院研究室关于刑事被告人协助司法机关抓获其他罪犯如何认定立功问题的电话答复	1991年1月12日	《最高人民法院关于处理自首和立功具体应用法律若干问题的解释》已有明确规定
228	最高人民法院关于办理少年刑事案件的若干规定（试行）	1991年1月26日 法（研）发〔1991〕3号	刑事诉讼法及相关司法解释已有明确规定
229	最高人民法院关于原属于夫妻一方婚前个人的房产婚后夫妻双方长期共同生活使用的应视为夫妻共同财产的函	1991年1月28日 〔90〕民他字第53号	与婚姻法规定相冲突
230	最高人民法院研究室关于已满14岁不满16岁的未成年人过失杀人是否应负刑事责任问题的复函	1991年2月9日	刑法已有明确规定
231	最高人民法院关于上诉人在第二审人民法院审理期间死亡如何处理的批复	1991年2月11日	所依据的民事诉讼法（试行）已失效，批复不再适用
232	最高人民法院研究室关于对未被抗诉的被告人可否加重刑罚问题的电话答复	1991年2月14日	刑事诉讼法及相关司法解释已有明确规定
233	最高人民法院研究室关于设置圈套诱骗他人参赌获取钱财的案件应如何定罪问题的电话答复	1991年3月12日	刑法已有明确规定

序号	司法解释和司法解释性质文件名称	发文日期、文号	废止理由
234	最高人民法院研究室关于死缓犯执行期起算问题的电话答复	1991年3月14日	刑法已有明确规定
235	最高人民法院关于指令再审的民事案件应依法作出新判决的批复	1991年3月21日 法（民）复〔1991〕1号	所依据的民事诉讼法（试行）已失效，批复不再适用
236	最高人民法院关于青海进出口商品检验局与付元宗劳动争议案人民法院是否受理的复函	1991年3月21日 〔1991〕民他字第2号	已被劳动合同法代替
237	最高人民法院、国家教育委员会、共青团中央委员会、中华全国总工会、中华全国妇女联合会关于审理少年刑事案件聘请特邀陪审员的联合通知	1991年4月6日 法研字〔1991〕12号	《全国人民代表大会常务委员会关于完善人民陪审员制度的决定》已有新规定，通知不再适用
238	最高人民法院研究室关于已满14岁不满16岁的人所犯罪行特别严重能否判处无期徒刑问题的电话答复	1991年4月17日	刑法已有明确规定
239	最高人民法院研究室关于中级人民法院审判第一审刑事案件能否由审判员三人、陪审员二人组成合议庭问题的电话答复	1991年5月6日	刑事诉讼法及《全国人民代表大会常务委员会关于完善人民陪审员制度的决定》已有明确规定
240	最高人民法院行政审判庭关于收容审查法律依据问题的电话答复	1991年5月22日	与刑事诉讼法规定相冲突
241	最高人民法院关于学习、宣传、贯彻民事诉讼法的通知	1991年5月24日 法（办）发〔1991〕15号	社会形势发生变化，不再适用
242	最高人民法院研究室关于盗窃未遂行为人为抗拒逮捕而当场使用暴力可否按抢劫罪处罚问题的电话答复	1991年6月28日	刑法及相关司法解释已有明确规定
243	最高人民法院关于对侵占铁路运输用地管辖问题的函	1991年7月10日 法（交）函〔1991〕68号	已被《最高人民法院关于铁路运输法院案件管辖范围的若干规定》代替
244	最高人民法院关于审判人员在审理民事、经济纠纷案件中徇私舞弊枉法裁判构成犯罪的应当依照刑法第188条规定追究刑事责任的批复	1991年7月17日 法（研）复〔1991〕3号	刑法规定了民事枉法裁判罪，批复不再适用
245	最高人民法院研究室关于如何认定被告人犯罪时年龄问题的电话答复	1991年7月22日	两高三部《关于办理死刑案件审查判断证据若干问题的规定》及相关司法解释已有明确规定
246	最高人民法院研究室关于发回重审的刑事案件应否另行组成合议庭进行审判问题的电话答复	1991年9月4日	已被刑事诉讼法代替

序号	司法解释和司法解释性质文件名称	发文日期、文号	废止理由
247	最高人民法院关于国内船舶发生海损事故造成的营运损失应列入海损赔偿范围的复函	1991年9月13日 法（交）函〔1991〕104号	已被侵权责任法代替
248	最高人民法院经济审判庭关于因法院审判人员工作失误给当事人造成经济损失如何处理问题的复函	1991年9月16日 法经〔1991〕123号	《最高人民法院关于人民法院执行工作若干问题的规定（试行）》已有明确规定
249	最高人民法院研究室关于治安联防队员在执行任务中受到不法侵害对侵害人能否按“妨碍公务”处理问题的复函	1991年9月22日	刑法已有明确规定
250	最高人民法院关于正确执行《全国人民代表大会常务委员会关于严惩拐卖绑架妇女儿童的犯罪分子的决定》和《全国人民代表大会常务委员会关于严禁卖淫嫖娼的决定》的通知	1991年9月23日 法明传〔1991〕200号	两个《决定》已被刑法吸收，通知不再适用
251	最高人民法院经济审判庭关于严格依法正确适用财产保全措施的通知	1991年9月27日 法经〔1991〕122号	已被《最高人民法院关于人民法院执行工作若干问题的规定（试行）》代替
252	最高人民法院关于实施《食品卫生法（试行）》中卫生防疫部门能否采用“查封”措施的答复	1991年10月9日 法（行）函〔1991〕108号	原依据的食品卫生法（试行）已失效，答复不再适用
253	最高人民法院印发《关于办理减刑、假释案件具体应用法律若干问题的规定》的通知	1991年10月10日 法（刑二）发〔1991〕28号	制定依据已经修改，刑法、刑事诉讼法及相关司法解释已有明确规定
254	最高人民法院关于积极开展反盗窃斗争的通知	1991年10月11日 法（研）发〔1991〕29号	社会形势发生变化，不再适用
255	最高人民法院研究室关于未成年人犯罪案件法定代理人出庭及上诉问题的电话答复	1991年10月19日	已被刑事诉讼法及相关司法解释代替
256	最高人民法院关于河北省定州市药材站与沈阳市北方医药采购供应站购销合同和借款合同纠纷一案指定管辖问题的复函	1991年11月2日 法（经）函〔1991〕135号	已被民事诉讼法代替
257	最高人民法院关于湖北省沙市电冰箱总厂与广东省汕尾市物资总公司物资串换合同纠纷案和广东省奥海进出口公司深圳分公司以物资串换合同当事人双方为共同被告的代理进口合同纠纷案管辖权争议问题的复函	1991年11月4日 法（经）函〔1991〕134号	已被民事诉讼法代替

序号	司法解释和司法解释性质文件名称	发文日期、文号	废止理由
258	最高人民法院关于贯彻执行《中华人民共和国企业破产法（试行）》若干问题的意见	1991年11月7日 法（经）发〔1991〕35号	原依据的企业破产法（试行）已废止，意见不再适用
259	最高人民法院研究室关于不满16岁的人犯脱逃是否构成脱逃罪问题的电话答复	1991年11月13日	刑法已有明确规定
260	最高人民法院研究室关于隔离审查日期可否折抵刑期问题的电话答复	1991年12月17日	社会形势发生变化，不再适用
261	最高人民法院关于十二省、自治区法院审理毒品犯罪案件工作会议纪要	1991年12月17日 法（刑一）发〔1991〕38号	社会形势发生变化，不再适用
262	最高人民法院研究室关于人民法院对已羁押的刑事被告人在判处无期徒刑有期徒刑或拘役的同时可否决定暂予监外执行问题的电话答复	1991年12月19日	刑事诉讼法已有明确规定
263	最高人民法院关于将刑事案件判决书抄送当事人所在单位的通知	1991年12月20日 法（研）发〔1991〕43号	刑事诉讼法及相关司法解释已有明确规定
264	最高人民法院关于因科技拨款有偿使用合同纠纷提起的诉讼人民法院应予受理的复函	1991年12月20日 法（经）函〔1991〕151号	已被合同法及民事诉讼法代替
265	最高人民法院研究室关于正确理解和执行全国人大常委会《关于禁毒的决定》第十三条规定的电话答复	1992年1月11日	《关于禁毒的决定》已被刑法规定代替，答复不再适用
266	最高人民法院研究室关于被假释的罪犯在考验期内可否缩短其考验期限的电话答复	1992年1月11日	已被《最高人民法院关于办理减刑、假释案件具体应用法律若干问题的规定》代替
267	最高人民法院关于公诉案件被害人委托代理人以及代理人应享有何种诉讼权利问题的批复	1992年1月22日 法复〔1992〕1号	刑事诉讼法、律师法及相关司法解释已有明确规定
268	最高人民法院研究室关于对共同犯罪案件中已死亡的原审被告人定罪量刑确有错误是再审具体改判还是以裁定形式终止再审问题的电话答复	1992年1月27日	刑事诉讼法及相关司法解释已有明确规定
269	最高人民法院研究室关于律师参与第二审和死刑复核诉讼活动的几个问题的电话答复	1992年1月27日	刑事诉讼法已有明确规定
270	最高人民法院研究室关于审理人民检察院按照审判监督程序提出抗诉的案件有关程序问题的电话答复	1992年1月29日	刑事诉讼法及相关司法解释已有明确规定

序号	司法解释和司法解释性质文件名称	发文日期、文号	废止理由
271	最高人民法院研究室对《关于严禁卖淫嫖娼的决定》施行后《关于严惩严重危害社会治安的犯罪分子的决定》第一条第（6）项的规定是否适用问题的电话答复	1992年2月1日	依据已废止，答复不再适用
272	最高人民法院研究室关于盗窃装配过程中物品案件如何计算盗窃数额的电话答复	1992年2月2日	《最高人民法院关于审理盗窃案件具体应用法律若干问题的解释》已有明确规定
273	最高人民法院研究室关于适用“两高”《关于修改盗窃犯罪数额标准的通知》问题的电话答复	1992年2月2日	刑法及相关司法解释已有明确规定
274	最高人民法院关于新疆生产建设兵团农七师131团农牧副产品经营部与芜湖市金宝炒货商店购销合同纠纷一案指定管辖问题的复函	1992年2月20日 法函〔1992〕19号	已被民事诉讼法代替
275	最高人民法院研究室关于容留不满14岁的幼女卖淫的应如何定罪处罚问题的电话答复	1992年3月5日	刑法已有明确规定
276	最高人民法院经济审判庭关于中国有色金属材料总公司经营部与兰州铝厂补偿贸易合同纠纷一案指定管辖问题复查结果的报告	1992年3月11日 法经〔1992〕32号	已被《最高人民法院关于适用〈中华人民共和国民事诉讼法〉若干问题的意见》代替
277	最高人民法院关于不服工商行政管理机关的确认经济合同无效及财产损失的处理决定的案件应属行政案件的答复	1992年4月1日	原依据的经济合同法已失效，答复不再适用
278	最高人民法院关于被判处死刑的被告人在上诉期满后又提出撤回上诉的应当如何处理问题的批复	1992年4月8日 法复〔1992〕2号	批复与刑事诉讼法及相关司法解释规定相冲突
279	最高人民法院研究室关于基层人民法院判处有期徒刑已发生法律效力的案件中级人民法院发现确有错误需要改判无期徒刑的案件如何适用审判程序问题的电话答复	1992年4月8日	答复已无实际指导意义
280	最高人民法院研究室关于如何计算盗窃正在使用中的通讯线路价值问题的电话答复	1992年4月22日	刑法及相关司法解释已有明确规定
281	最高人民法院研究室关于适用全国人大常委会《关于严禁卖淫嫖娼的决定》问题的电话答复	1992年5月9日	《关于严禁卖淫嫖娼的决定》已被刑法代替，答复不再适用

序号	司法解释和司法解释性质文件名称	发文日期、文号	废止理由
282	最高人民法院研究室关于假释缓刑罪犯在假释缓刑考验期内有违法行为尚未构成犯罪是否能送劳动教养问题的复函	1992年5月16日	刑法已有明确规定
283	最高人民法院印发《关于审理涉外海上人身伤亡案件损害赔偿的具体规定（试行）》的通知	1992年5月16日 法发〔1992〕16号	已被海商法和《最高人民法院关于审理人身损害赔偿案件适用法律若干问题的解释》代替
284	最高人民法院关于已满十四岁不满十六岁的人犯走私、贩卖、运输、制造毒品罪应当如何适用法律问题的批复	1992年5月18日 法复〔1992〕3号	刑法已有明确规定
285	最高人民法院关于办理淫秽物品刑事案件中适用法律的两个问题的批复	1992年5月27日 法复〔1992〕4号	批复依据的《全国人大常委会关于惩治走私、制作、贩卖、传播淫秽物品的犯罪分子的决定》已被刑法代替，批复不再适用
286	最高人民法院研究室关于对刑法、全国人大常委会的决定和司法解释中有关规定应如何理解问题的电话答复	1992年6月6日	刑法及相关司法解释已有明确规定
287	最高人民法院研究室关于盗窃黄金矿石和汞膏金应如何计价问题的电话答复	1992年6月19日	《最高人民法院关于审理盗窃案件具体应用法律若干问题的解释》已有明确规定
288	最高人民法院关于中级人民法院判处死刑被告人不上诉高级人民法院复核同意报请最高人民法院核准的案件是否制作裁定书问题的批复	1992年7月21日 法复〔1992〕5号	已被刑事诉讼法及相关司法解释代替
289	最高人民法院研究室关于按照审判监督程序再审的刑事案件可否退回检察院补充侦查问题的电话答复	1992年8月1日	与刑事诉讼法及相关司法解释规定相冲突
290	最高人民法院关于严厉打击生产和经销假冒伪劣商品的犯罪活动的通知	1992年8月3日 高法明电〔1992〕7号	依据已被修改或废止，不再适用
291	最高人民法院研究室关于罪犯在死刑缓期执行期间因有漏罪被判决后仍决定死刑缓期执行的是否需要重新核准死缓期间从何时起计算问题的电话答复	1992年8月29日	已被刑法、刑事诉讼法代替
292	最高人民法院关于严惩走私犯罪活动的通知	1992年9月25日 法发〔1992〕28号	依据已被修改或废止，通知不再适用

序号	司法解释和司法解释性质文件名称	发文日期、文号	废止理由
293	最高人民法院经济审判庭关于银行应否支付企业存款被冻结期间利息问题的复函	1992年9月25日 法经〔1992〕152号	《中国人民银行、最高人民法院、最高人民检察院、公安部关于查询、冻结、扣划企业事业单位、机关、团体银行存款的通知》已有规定
294	最高人民法院关于军事法院审理军内经济纠纷案件的复函	1992年10月4日 法函〔1992〕130号	已被《最高人民法院关于军事法院管辖民事案件若干问题的规定》代替
295	最高人民法院研究室关于刑事附带民事诉讼民事部分发回重审刑事部分指令再审原审人民法院应当如何审理问题的电话答复	1992年10月17日	已被刑事诉讼法及相关司法解释代替
296	最高人民法院研究室关于自诉刑事案件原告人长期不能到庭诉讼应如何处理问题的电话答复	1992年10月23日	刑事诉讼法已有明确规定
297	最高人民法院关于伪造货币、有价证券犯罪案件立案标准（试行）	1992年11月19日	设置立案标准的依据已被修改，不再适用
298	最高人民法院、公安部关于处理道路交通事故案件有关问题的通知	1992年12月1日 法发〔1992〕39号	通知依据的《道路交通事故处理办法》已被废止，通知不再适用
299	最高人民法院关于严厉打击“车匪路霸”犯罪活动的通知	1993年1月13日	刑法及相关司法解释已有明确规定
300	最高人民法院关于经工商行政管理机关确认经济合同无效，并对财产纠纷作出处理决定后，当事人一方逾期既不起诉又不履行的，对方当事人可否申请人民法院强制执行问题的复函	1993年1月17日 法函〔1993〕2号	原依据的经济合同法已失效，复函不再适用
301	最高人民法院关于未成年的劳教人员解除劳动教养后三年内犯罪是否适用《全国人民代表大会常务委员会关于处理逃跑或者重新犯罪的劳改犯和劳教人员的决定》的批复	1993年3月6日 法复〔1993〕2号	依据已被废止，不再适用
302	最高人民法院关于及时审理因农民负担过重引起的案件的通知	1993年4月7日 法发〔1993〕6号	社会形势发生变化，不再适用
303	最高人民法院印发《关于办理假释案件几个问题的意见（试行）》的通知	1993年4月10日 法〔1993〕28号	依据已被修改，通知不再适用

序号	司法解释和司法解释性质文件名称	发文日期、文号	废止理由
304	最高人民法院关于人民法院对集体企业退休职工为追索退休金而提起的诉讼应否受理问题的复函	1993年4月15日	劳动法、《最高人民法院关于审理劳动争议案件适用法律若干问题的解释》已有明确规定
305	最高人民法院关于印发《全国经济审判工作座谈会纪要》的通知	1993年5月6日 法发〔1993〕8号	社会形势发生变化，不再适用
306	最高人民法院经济审判庭关于人民法院在依法执行过程中变卖被执行人房产等财物应否交纳税收费用的复函	1993年5月28日 法经〔1993〕91号	契税暂行条例及细则已有明确规定
307	最高人民法院关于人民法院批准当事人申请缓交诉讼费用后对有关问题应如何处理的函复	1993年6月3日 法函〔1993〕50号	已被《诉讼费用交纳办法》代替
308	最高人民法院关于适用《全国人大常委会关于处理逃跑或者重新犯罪的劳改犯和劳教人员的决定》的几个问题的批复	1993年7月24日 法复〔1993〕4号	《全国人大常委会关于处理逃跑或者重新犯罪的劳改犯和劳教人员的决定》已被废止，批复不再适用
309	最高人民法院关于高级人民法院指令基层人民法院再审的裁定中应否撤销中级人民法院驳回再审申请的通知问题的复函	1993年7月26日 〔93〕民他字第12号	已被民事诉讼法代替
310	最高人民法院关于执行《全国人民代表大会常务委员会关于惩治生产、销售伪劣商品犯罪的决定》的通知	1993年8月3日 法发〔1993〕12号	《全国人民代表大会常务委员会关于惩治生产、销售伪劣商品犯罪的决定》已被废止，通知不再适用
311	最高人民法院关于破坏生产单位正在使用的电动机是否构成破坏电力设备罪问题的批复	1993年8月4日 法明传〔1993〕241号	依据已被修改，批复不再适用
312	最高人民法院研究室关于一人犯数罪可否分别判处死刑、死缓再决定执行刑罚问题的答复	1993年8月7日	与刑法规定相冲突
313	最高人民法院研究室关于以死缓复核、审判监督程序发回重审的共同犯罪案件应适用哪种程序重审问题的答复	1993年8月7日 法明传〔1993〕245号	已被刑事诉讼法及相关司法解释代替
314	最高人民法院关于上诉审在原判认定的事实和决定执行的刑罚不变的基础上改变原判认定罪名问题的批复	1993年8月12日 法复〔1993〕6号	与刑事诉讼法及相关司法解释规定相冲突
315	最高人民法院研究室关于检察机关在侦查、起诉阶段超过办案期限的案件法院能否开庭审理问题的答复	1993年8月18日 法明传〔1993〕253号	刑事诉讼法及相关司法解释已有明确规定

序号	司法解释和司法解释性质文件名称	发文日期、文号	废止理由
316	最高人民法院关于如何处理经乡（镇）人民政府调处的民间纠纷的通知	1993年9月3日	已被人民调解法代替
317	最高人民法院关于运输货物误交付法律责任问题的复函	1993年9月6日 法交〔1993〕14号	已被《最高人民法院关于审理铁路运输损害赔偿案件若干问题的解释》代替
318	最高人民法院民事审判庭关于中国音乐著作权协会与音乐著作权人之间几个法律问题的复函	1993年9月14日 法民〔1993〕第35号	已被著作权法及著作权集体管理条例代替
319	最高人民法院关于人民法院受理破产案件后对以破产案件的债务人为被执行人的执行案件均应中止执行给四川省高级人民法院的批复	1993年9月17日 法复〔1993〕9号	依据已被废止，批复不再适用
320	最高人民法院印发《关于刑事自诉案件审查立案的规定》的通知	1993年9月24日 法发〔1993〕25号	刑事诉讼法及相关司法解释已有明确规定
321	最高人民法院印发关于执行《中华人民共和国铁路法》中刑事罚则若干问题的解释的通知	1993年10月11日 法发〔1993〕28号	刑法已有明确规定
322	最高人民法院关于劳动争议案件受理问题的通知	1993年10月20日 法发〔1993〕29号	社会形势发生变化，不再适用
323	最高人民法院关于适用《关于修改〈中华人民共和国经济合同法〉的决定》有关问题的通知	1993年11月27日	原依据的经济合同法已失效，通知不再适用
324	最高人民法院关于贪污挪用公款所生利息应否计入贪污挪用公款犯罪数额问题的批复	1993年12月15日 法复〔1993〕11号	《最高人民法院关于审理挪用公款案件具体应用法律若干问题的解释》已有明确规定
325	最高人民法院关于办理非法制造、买卖、运输、私藏钢珠枪犯罪案件适用法律问题的通知	1993年12月17日 法发〔1993〕43号	刑法及相关司法解释已有明确规定
326	最高人民法院关于深入贯彻执行《中华人民共和国著作权法》几个问题的通知	1993年12月24日 法发〔1993〕44号	通知第2条第2款的规定与涉外民事关系法律适用法第七章的规定相冲突，第3条规定已被计算机软件保护条例代替
327	最高人民法院研究室关于故意伤害（轻伤）案件由公安机关作撤案处理后法院能否再作为自诉案件受理问题的答复	1994年1月27日	刑事诉讼法及相关司法解释已有明确规定
328	最高人民法院研究室关于第二审法院对有余刑又犯新罪的被告人未实行并罚的第一审判决如何纠正问题的答复	1994年1月29日	刑事诉讼法已有明确规定

序号	司法解释和司法解释性质文件名称	发文日期、文号	废止理由
329	最高人民法院研究室关于适用刑法第五十九条第二款减轻处罚能否判处刑法分则条文没有规定的刑罚问题的答复	1994年2月5日	刑法已有明确规定
330	最高人民法院研究室关于对惯窃罪犯可否适用《关于严惩严重破坏经济的罪犯的决定》第一条第（一）项问题的答复	1994年2月9日	《关于严惩严重破坏经济的罪犯的决定》已被废止，答复不再适用
331	最高人民法院研究室关于上级人民法院发现下级人民法院已经发生法律效力的判决确有错误提审时应适用何种程序问题的答复	1994年3月4日	刑事诉讼法已有明确规定
332	最高人民法院关于专利侵权案件中如何确定地域管辖的请示的复函	1994年3月8日 法经〔1994〕51号	已被《最高人民法院关于审理专利纠纷案件适用法律问题的若干规定》代替
333	最高人民法院印发《关于审理刑事案件程序的具体规定》的通知	1994年3月21日 法发〔1994〕4号	刑事诉讼法及相关司法解释已有明确规定
334	最高人民法院研究室关于对《关于严禁卖淫嫖娼的决定》施行前后均有组织他人卖淫行为的如何适用法律问题的答复	1994年3月26日	《关于严禁卖淫嫖娼的决定》已被刑法代替，答复不再适用
335	最高人民法院关于适用新的《婚姻登记管理条例》的通知	1994年4月4日 法发〔1994〕6号	社会形势发生变化，不再适用
336	最高人民法院关于对拐卖、绑架妇女（幼女）过程中又奸淫被害人的行为应当如何定罪问题的批复	1994年4月8日 法复〔1994〕6号	刑法已有明确规定
337	最高人民法院关于海源县土畜产公司诉丰宁满族自治县公安局赔偿一案应否受理的复函	1994年5月11日	与国家赔偿法规定相冲突
338	最高人民法院关于在附加剥夺政治权利执行期间重新犯罪的被告人是否适用数罪并罚问题的批复	1994年5月16日 法复〔1994〕8号	刑法已有明确规定
339	最高人民法院研究室关于服刑罪犯保外就医期限届满后未归监又重新犯罪应如何计算前罪余刑问题的答复	1994年6月18日	刑事诉讼法及刑法已有明确规定
340	最高人民法院研究室关于盗窃内部股权证持有卡违法销售应如何认定盗窃数额问题的答复	1994年6月30日	已被《最高人民法院关于审理盗窃案件具体应用法律若干问题的解释》代替
341	最高人民法院关于在劳动争议仲裁程序中能否适用先予执行的函	1994年8月10日	已被劳动争议调解仲裁法代替

序号	司法解释和司法解释性质文件名称	发文日期、文号	废止理由
342	最高人民法院关于诉讼费问题两个请示的复函	1994年8月23日 法函〔1994〕48号	已被《诉讼费用交纳办法》代替
343	最高人民法院研究室关于刑事案件审理终结后被害人或其近亲属提起的民事赔偿诉讼应由哪个审判庭审理问题的答复	1994年9月5日	已被刑事诉讼法及相关司法解释代替
344	最高人民法院关于严厉打击破坏森林资源违法犯罪活动的通知	1994年9月12日	通知已过时效
345	最高人民法院关于办理严重扰乱法庭秩序案件具体适用法律问题的批复	1994年9月26日 法复〔1994〕5号	依据已修改，不再适用
346	最高人民法院关于进一步加强知识产权司法保护的通知	1994年9月29日 法〔1994〕111号	已被著作权法、专利法、商标法以及刑法代替
347	最高人民法院印发《关于办理伪造国家货币、贩运伪造的国家货币、走私伪造的货币犯罪案件具体应用法律的若干问题的解释》的通知	1994年10月14日 法发〔1994〕20号	解释依据已被修改或废止，通知不再适用
348	最高人民法院关于《婚姻登记管理条例》施行后发生的以夫妻名义非法同居的重婚案件是否以重婚罪定罪处罚的批复	1994年12月14日 法复〔1994〕10号	婚姻登记管理条例已废止，刑法已有明确规定
349	最高人民法院关于报送死刑备案材料的通知	1994年12月14日 法〔1994〕144号	死刑核准权自2007年1月1日起统一收归最高人民法院行使，通知不再适用
350	最高人民法院印发《关于执行〈全国人民代表大会常务委员会关于禁毒的决定〉的若干问题的解释》的通知	1994年12月20日 法发〔1994〕30号	《全国人民代表大会常务委员会关于禁毒的决定》已被刑法代替，通知不再适用
351	最高人民法院关于《江苏省高级人民法院一审经济纠纷案件级别管辖的规定》的复函	1994年12月21日 法经〔1994〕331号	已被《最高人民法院关于调整高级人民法院和中级人民法院管辖第一审民商事案件标准的通知》代替
352	最高人民法院印发《关于适用〈全国人民代表大会常务委员会关于惩治侵犯著作权的犯罪的决定〉若干问题的解释》的通知	1995年1月16日 法发〔1995〕1号	《全国人民代表大会常务委员会关于惩治侵犯著作权的犯罪的决定》已被废止，通知不再适用
353	最高人民法院关于土地被征用所得的补偿费和安置补助费应归被征地单位所有的复函	1995年1月16日 法经〔1995〕13号	已被国有土地上房屋征收与补偿条例代替

序号	司法解释和司法解释性质文件名称	发文日期、文号	废止理由
354	最高人民法院关于铁路路外人身伤亡损害赔偿案件管辖问题的复函	1995年1月25日 法函〔1995〕6号	与《最高人民法院关于审理铁路运输人身损害赔偿纠纷案件适用法律若干问题的解释》相冲突
355	最高人民法院关于经济纠纷案件级别管辖的复函	1995年2月16日 法经〔1995〕40号	已被《最高人民法院关于调整高级人民法院和中级人民法院管辖第一审民商事案件标准的通知》代替
356	最高人民法院关于经济纠纷案件级别管辖的复函	1995年2月16日 法经〔1995〕46号	已被《最高人民法院关于调整高级人民法院和中级人民法院管辖第一审民商事案件标准的通知》代替
357	最高人民法院关于下级法院能否对上级法院生效裁判作出中止执行裁定的复函	1995年3月8日 法经〔1995〕63号	与民事诉讼法规定相冲突
358	最高人民法院研究室关于适用《中华人民共和国监狱法》对被判处无期徒刑罪犯减刑程序问题的答复	1995年3月24日 法明传〔1995〕92号	已被刑事诉讼法及相关司法解释代替
359	最高人民法院关于经济纠纷案件级别管辖的复函	1995年3月25日 法经〔1995〕105号	已被《最高人民法院关于调整高级人民法院和中级人民法院管辖第一审民商事案件标准的通知》代替
360	最高人民法院关于经济纠纷案件级别管辖的复函	1995年3月25日 法经〔1995〕106号	已被《最高人民法院关于调整高级人民法院和中级人民法院管辖第一审民商事案件标准的通知》代替
361	最高人民法院关于经济纠纷案件级别管辖的复函	1995年5月18日 法函〔1995〕59号	已被《最高人民法院关于调整高级人民法院和中级人民法院管辖第一审民商事案件标准的通知》代替
362	最高人民法院关于经济纠纷案件级别管辖的复函	1995年5月18日 法函〔1995〕60号	已被《最高人民法院关于调整高级人民法院和中级人民法院管辖第一审民商事案件标准的通知》代替
363	最高人民法院研究室关于赃款赃物随案移送和处理问题的答复	1995年5月19日 法明传〔1995〕191号	刑事诉讼法及相关司法解释已有明确规定
364	最高人民法院研究室关于执行《监狱法》第三十三条有关程序问题的答复	1995年6月5日 法明传〔1995〕216号	已被刑事诉讼法及相关司法解释代替

序号	司法解释和司法解释性质文件名称	发文日期、文号	废止理由
365	最高人民法院关于经济纠纷案件依照诉讼标的金额确定级别管辖的规定的复函	1995年6月8日 法函〔1995〕68号	已被《最高人民法院关于调整高级人民法院和中级人民法院管辖第一审民商事案件标准的通知》代替
366	最高人民法院关于对宁夏回族自治区各级人民法院第一审经济纠纷案件级别管辖的规定请示的复函	1995年6月8日 法函〔1995〕69号	已被《最高人民法院关于调整高级人民法院和中级人民法院管辖第一审民商事案件标准的通知》代替
367	最高人民法院研究室关于公安机关未移送而由检察机关直接逮捕公诉的交通肇事案件法院应否受理问题的答复	1995年6月8日 法明传〔1995〕217号	与刑事诉讼法规定相冲突
368	最高人民法院研究室关于办理减刑、假释和刑事申诉案件有关程序问题的答复	1995年6月8日 法明传〔1995〕220号	刑法、刑事诉讼法及相关司法解释已有明确规定
369	最高人民法院关于依法严惩出口骗税犯罪的通知	1995年6月9日 法发〔1995〕13号	依据已被修改，通知不再适用
370	最高人民法院关于当事人就级别管辖提出异议应如何处理问题的函	1995年7月3日 法函〔1995〕95号	已被《最高人民法院关于审理民事级别管辖异议案件若干问题的规定》代替
371	最高人民法院关于审理生产、销售伪劣产品刑事案件如何认定“违法所得数额”的批复	1995年7月5日 法复〔1995〕3号	《全国人民代表大会常务委员会关于惩治生产、销售伪劣商品犯罪的决定》已被废止，批复不再适用
372	最高人民法院关于不服专利管理机关对专利申请权纠纷、专利侵权纠纷的处理决定提起诉讼，人民法院应作何种案件受理问题的答复	1995年7月7日 法函〔1995〕93号	已被专利法代替
373	最高人民法院关于提高广东省各基层人民法院管辖的第一审经济纠纷案件标的额问题的复函	1995年8月1日 法函〔1995〕103号	已被《最高人民法院关于调整高级人民法院和中级人民法院管辖第一审民商事案件标准的通知》代替
374	最高人民法院研究室关于如何理解刑法第六十一条中刑罚执行完毕问题的答复	1995年8月3日 法研〔1995〕16号	依据已修改，刑法已有明确规定
375	最高人民法院关于能否向境外当事人的诉讼代理人直接送达法律文书问题的答复	1995年8月3日 法函〔1995〕104号	依据已被修改，答复不再适用

序号	司法解释和司法解释性质文件名称	发文日期、文号	废止理由
376	最高人民法院关于人民法院可以对商业银行在人民银行的存款依法采取强制措施的批复	1995年8月10日 法复〔1995〕4号	已被《最高人民法院关于人民法院执行工作若干问题的规定（试行）》代替
377	最高人民法院对有关不动产的非诉行政案件执行管辖问题的答复	1995年8月24日 法行〔1995〕13号	已被《最高人民法院关于执行〈中华人民共和国行政诉讼法〉若干问题的解释》代替
378	最高人民法院研究室关于先将牲畜毒死又低价收购出售牟利的行为如何定罪问题的答复	1995年9月1日	依据已被修改或废止，刑法已有明确规定
379	最高人民法院关于对非法复制移动电话码号案件如何定性问题的批复	1995年9月13日 法复〔1995〕6号	《最高人民法院关于审理盗窃案件具体应用法律若干问题的解释》已有明确规定
380	最高人民法院印发《关于办理非法制造、买卖、运输非军用枪支、弹药刑事案件适用法律问题的解释》的通知	1995年9月20日 法发〔1995〕20号	刑法及《最高人民法院关于修改〈最高人民法院关于审理非法制造、买卖、运输枪支、弹药、爆炸物等刑事案件具体应用法律若干问题的解释〉的决定》已有明确规定
381	最高人民法院关于口头购销合同纠纷案件管辖权如何确定问题的复函	1995年9月21日 法函〔1995〕124号	已被民事诉讼法代替
382	最高人民法院关于上一级人民检察院对基层人民法院已发生法律效力的民事判决、裁定向中级人民法院提出抗诉，中级人民法院可否交基层人民法院再审的复函	1995年10月9日 〔1995〕法民字第24号	已被民事诉讼法代替
383	最高人民法院关于对征收水资源费法律适用问题的答复	1995年10月20日 法函〔1995〕132号	与水法规定相冲突
384	最高人民法院关于当事人不服公安机关收审向人民法院提起上诉应如何处理的答复	1995年10月24日	与刑事诉讼法规定相冲突
385	最高人民法院关于办理毒品刑事案件适用法律几个问题的答复	1995年11月9日 法函〔1995〕140号	《最高人民法院印发〈全国部分法院审理毒品犯罪案件工作座谈会纪要〉的通知》等司法解释性质文件中已有明确规定
386	最高人民法院关于对上海市高级人民法院级别管辖的请示的复函	1995年11月22日 法函〔1995〕147号	已被《最高人民法院关于调整高级人民法院和中级人民法院管辖第一审民商事案件标准的通知》代替

序号	司法解释和司法解释性质文件名称	发文日期、文号	废止理由
387	最高人民法院关于涉及农村合作基金会的经济纠纷案件人民法院应予受理的通知	1995年12月7日 法〔1995〕153号	依据已被修改，通知不再适用
388	最高人民法院关于工商行政管理检查所是否具有行政主体资格问题的答复	1995年12月18日 法函〔1995〕174号	原依据的投机倒把行政处罚暂行条例已失效，答复不再适用
389	最高人民法院印发《关于办理违反公司法受贿、侵占、挪用等刑事案件适用法律若干问题的解释》的通知	1995年12月25日 法发〔1995〕23号	依据已废止，通知不再适用
390	最高人民法院印发《关于审理房地产管理法施行前房地产开发经营案件若干问题的解答》的通知	1995年12月27日 法发〔1996〕2号	社会形势发生变化，不再适用
391	最高人民法院关于坚决打击骗取出口退税严厉惩治金融和财税领域犯罪活动的通知	1996年2月17日 法发〔1996〕5号	依据已被刑法代替，通知不再适用
392	最高人民法院关于第一审人民法院判处被告人死刑缓期二年执行人民检察院提出抗诉的，二审人民法院可否直接改判死刑立即执行的答复	1996年3月19日 法函〔1996〕39号	与刑事诉讼法规定相冲突
393	最高人民法院关于决定对罪犯暂予监外执行应采用何种法律文书问题的答复	1996年3月22日 法函〔1996〕41号	已被刑事诉讼法及相关司法解释代替
394	最高人民法院关于邮政工作人员窃取汇款通知单伪造取款凭证的行为应如何定罪问题的答复	1996年4月2日 法函〔1996〕55号	刑法已有明确规定
395	最高人民法院关于会计师事务所为企业出具虚假验资证明应如何处理的问题的答复	1996年4月4日 法函〔1996〕56号	已被《最高人民法院关于审理涉及会计师事务所在审计业务活动中民事侵权赔偿案件的若干规定》代替
396	最高人民法院关于对云南省各级人民法院第一审经济纠纷案件级别管辖规定请示的复函	1996年4月11日 法函〔1996〕59号	已被《最高人民法院关于调整高级人民法院和中级人民法院管辖第一审民商事案件标准的通知》代替
397	最高人民法院关于鉴证机关对经济合同鉴证错误给当事人造成损失，应当承担赔偿责任的答复	1996年4月19日	所依据的《国家工商行政管理局关于经济合同签证的暂行规定》和《合同鉴证办法》均已废止，答复不再适用

序号	司法解释和司法解释性质文件名称	发文日期、文号	废止理由
398	最高人民法院关于当事人对已经发生法律效力的判决、裁定申请再审是否必须提交审判委员会讨论决定立案问题的复函	1996年4月24日 法函〔1996〕68号	已被民事诉讼法代替
399	最高人民法院关于几种案件诉讼收费问题的复函	1996年4月25日 法函〔1996〕70号	已被《诉讼费用交纳办法》代替
400	最高人民法院关于印发《人民法院赔偿委员会审理赔偿案件程序的暂行规定》的通知	1996年5月6日 法发〔1996〕14号	已被《最高人民法院关于人民法院赔偿委员会审理国家赔偿案件程序的规定》代替
401	最高人民法院关于认真贯彻实施《农业法》加强涉农案件审判工作的通知	1996年5月20日 法发〔1996〕18号	社会形势发生变化，不再适用
402	最高人民法院关于对甘肃省各级人民法院第一审经济纠纷案件级别管辖规定请示的复函	1996年5月22日 法函〔1996〕84号	已被《最高人民法院关于调整高级人民法院和中级人民法院管辖第一审民商事案件标准的通知》代替
403	最高人民法院关于取保候审、监视居住期间是否折抵刑期问题的答复	1996年6月7日	刑事诉讼法已有明确规定
404	最高人民法院关于对为他人代开增值税专用发票的行为如何定性问题的答复	1996年6月7日 法函〔1996〕98号	依据已被刑法代替，答复不再适用
405	最高人民法院印发《关于对贪污、受贿、挪用公款犯罪分子依法正确适用缓刑的若干规定》的通知	1996年6月26日 法发〔1996〕21号	刑法已有明确规定
406	最高人民法院关于进一步加强对生产、销售伪劣种子、化肥等纠纷案件审理的通知	1996年7月12日 法发〔1996〕22号	刑法及相关司法解释已有明确规定
407	最高人民法院印发《关于审理非法进口废物刑事案件适用法律若干问题的解释》的通知	1996年7月31日 法发〔1996〕24号	依据已废止，通知不再适用
408	最高人民法院研究室关于被判处无期徒刑的罪犯未交付执行即保外就医后依法减刑程序问题的答复	1996年8月7日 法明传〔1996〕318号	刑法、刑事诉讼法及相关司法解释已有明确规定
409	最高人民法院关于检察机关对先予执行的民事裁定提出抗诉人民法院应当如何审理的批复	1996年8月8日 法复〔1996〕13号	已被民事诉讼法代替

序号	司法解释和司法解释性质文件名称	发文日期、文号	废止理由
410	最高人民法院关于在破产程序中当事人或人民检察院对人民法院作出的债权人优先受偿的裁定申请再审或抗诉应如何处理问题的批复	1996年8月13日 法复〔1996〕14号	已被民事诉讼法代替
411	最高人民法院行政审判庭关于贯彻最高人民法院法发〔1996〕12号文件，做好非诉行政执行案件的审查工作的通知	1996年9月2日 〔1996〕法行字第12号	已被《最高人民法院关于执行〈中华人民共和国行政诉讼法〉若干问题的解释》代替
412	最高人民法院关于在确定经济纠纷案件管辖中如何确定购销合同履行地的规定	1996年9月12日 法发〔1996〕28号	与民事诉讼法规定相冲突
413	最高人民法院行政审判庭关于中央直属火电厂的循环冷却水是否征收水资源费的答复意见	1996年10月9日 〔1996〕法行字第13号	与水法规定相冲突
414	最高人民法院关于当事人就案件级别管辖权向上级法院提出异议上级法院发函通知移送，而下级法院拒不移送，也不作出实体判决应如何处理问题的复函	1996年10月9日 法函〔1996〕150号	已被《最高人民法院关于审理民事级别管辖异议案件若干问题的规定》代替
415	最高人民法院关于人民法院审理企业破产案件若干问题的紧急通知	1996年11月15日	情况已变化，实际已失效
416	最高人民法院关于长城万事达信用卡透支利息不应计算复利的批复	1996年11月29日 法复〔1996〕18号	依据的行政规章已失效，批复不再适用
417	最高人民法院关于齐鲁制药厂诉美国安泰国际贸易公司合资合同纠纷一案中仲裁条款效力问题的答复	1996年12月12日 法函〔1996〕176号	与《最高人民法院关于适用〈中华人民共和国仲裁法〉若干问题的解释》相冲突
418	最高人民法院关于涉蒙经济合同未直接约定仲裁条款如何认定案件管辖权的复函	1996年12月14日 法函〔1996〕177号	已被《最高人民法院关于适用〈中华人民共和国仲裁法〉若干问题的解释》代替
419	最高人民法院印发《关于审理诈骗案件具体应用法律的若干问题的解释》的通知	1996年12月16日 法发〔1996〕32号	依据已被修改，刑法及相关司法解释已有明确规定
420	最高人民法院关于证券经营机构之间以及证券经营机构与证券交易场所之间因股票发行或者交易引起的争议人民法院能否受理的复函	1996年12月18日 法函〔1996〕180号	已被仲裁法代替
421	最高人民法院印发《关于执行〈中华人民共和国刑事诉讼法〉若干问题的解释（试行）》的通知	1996年12月20日 法发〔1996〕33号	已被刑事诉讼法及相关司法解释代替

序号	司法解释和司法解释性质文件名称	发文日期、文号	废止理由
422	最高人民法院知识产权审判庭关于不属于外观设计专利的保护对象，但又授予外观设计专利的产品是否保护的请示的答复	1997年2月17日	已被专利法以及《最高人民法院关于审理侵犯专利权纠纷案件应用法律若干问题的解释》代替
423	最高人民法院关于当前人民法院审理企业破产案件应当注意的几个问题的通知	1997年3月6日 法发〔1997〕2号	情况已变化，实际已失效
424	最高人民法院关于公安部规章和国务院行政法规如何适用问题的复函	1997年3月7日 〔1996〕法行字第19号	原依据的《道路交通事故处理办法》已废止，复函不再适用
425	最高人民法院行政审判庭关于对云南省高级人民法院适用公安部《交通管理处罚程序补充规定》法律效力的请示的答复	1997年4月10日 〔1997〕法行字第7号	原依据的《交通管理处罚程序补充规定》已废止，答复不再适用
426	最高人民法院关于认真抓好禁毒专项斗争中审判工作的通知	1997年4月25日 法发〔1997〕9号	通知已过时效
427	最高人民法院关于涉及中银信托投资公司案件的诉讼时效问题的通知	1997年6月7日 法明传〔1997〕202号	社会形势发生变化，不再适用
428	最高人民法院关于调整部分高级人民法院一审经济纠纷案件争议金额管辖标准的通知	1997年6月9日 法发〔1997〕14号	已被《最高人民法院关于调整高级人民法院和中级人民法院管辖第一审民商事案件标准的通知》代替
429	最高人民法院关于对北京市高级人民法院有关案件级别管辖规定的请示的答复	1997年6月13日 法函〔1997〕79号	已被《最高人民法院关于调整高级人民法院和中级人民法院管辖第一审民商事案件标准的通知》代替

最高人民法院
关于废止1997年7月1日至2011年12月31日期间发布的部分司法解释和司法解释性质文件（第十批）的决定

法释〔2013〕7号

（已于2013年2月18日最高人民法院审判委员会第1569次会议通过　2013年2月26日最高人民法院公告公布　自2013年4月8日起施行）

为适应形势发展变化，保证国家法律统一正确适用，根据有关法律规定和审判实际，最高人民法院会同有关部门，对1997年7月1日至2011年12月31日期间发布的司法解释和司法解释性质文件进行了集中清理。现决定废止1997年7月1日至2011年12月31日期间发布的81件司法解释和司法解释性质文件。废止的司法解释和司法解释性质文件从本决定施行之日起不再适用，但过去依据下列司法解释、司法解释性质文件对有关案件作出的判决、裁定仍然有效。

附：

予以废止的1997年7月1日至2011年12月31日期间发布的部分司法解释和司法解释性质文件目录（第十批）

序号	司法解释和司法解释性质文件名称	发文日期、文号	废止理由
1	最高人民法院关于严厉打击走私犯罪的通知	1997年7月23日 法发〔1997〕17号	社会形势发生变化，不再适用
2	最高人民法院关于依法不再核准类推案件的通知	1997年9月22日 法发〔1997〕23号	社会形势发生变化，不再适用
3	最高人民法院关于办理减刑、假释案件具体应用法律若干问题的规定	1997年10月29日 法释〔1997〕6号	已被《最高人民法院关于办理减刑、假释案件具体应用法律若干问题的规定》代替
4	最高人民法院关于公路运输和航空运输案件受理问题的通知	1997年11月12日 法发〔1997〕26号	情况已变化，实际已失效

序号	司法解释和司法解释性质文件名称	发文日期、文号	废止理由
5	最高人民法院关于电话费逾期未交违约金如何计算问题的复函	1998年1月12日	已被《最高人民法院关于修改〈最高人民法院关于逾期付款违约金应当按照何种标准计算问题的批复〉的批复》代替
6	最高人民法院关于严厉打击有关非法出版物犯罪活动的通知	1998年3月27日 法发〔1998〕4号	情况已变化，实际已失效
7	最高人民法院关于审理拒不执行判决、裁定案件具体应用法律若干问题的解释	1998年4月17日 法释〔1998〕6号	已被《最高人民法院、最高人民检察院、公安部关于依法严惩查处拒不执行判决裁定和暴力抗拒法院执行犯罪行为有关问题的通知》代替
8	最高人民法院关于发回重审后原审时未上诉一方当事人提出上诉应否交纳案件受理费问题的批复	1998年4月23日 法〔1998〕41号	已被《诉讼费用交纳办法》代替
9	最高人民法院关于深入开展严厉打击走私犯罪专项斗争的通知	1998年7月27日 法发〔1998〕11号	社会形势发生变化，不再适用
10	最高人民法院关于严厉打击骗购外汇和非法买卖外汇犯罪活动的通知	1998年10月5日 法〔1998〕109号	社会形势发生变化，不再适用
11	最高人民法院关于人民法院决定暂予监外执行有关问题的批复	1999年1月15日 法释〔1999〕1号	已被刑事诉讼法代替
12	最高人民法院关于对执行死刑前发现重大情况需要改判的案件如何适用程序问题的批复	1999年1月29日 法释〔1999〕2号	已被刑事诉讼法及相关司法解释代替
13	最高人民法院行政审判庭关于拆迁强制执行的有关问题的答复意见	1999年2月14日 〔1998〕行他字第13号	情况已变化，实际已失效
14	最高人民法院关于实行刑事再审案件备案制度的通知	1999年3月1日 法〔1999〕21号	社会形势发生变化，不再适用
15	最高人民法院关于各高级人民法院受理第一审民事、经济纠纷案件问题的通知	1999年4月9日 法发〔1999〕11号	已被《最高人民法院关于调整高级人民法院和中级人民法院管辖第一审民商事案件标准的通知》代替
16	最高人民法院批准各高级人民法院辖区内各级人民法院受理第一审民事、经济纠纷案件级别管辖标准	1999年8月1日	已被《最高人民法院关于调整高级人民法院和中级人民法院管辖第一审民商事案件标准的通知》代替
17	最高人民法院关于我国仲裁机构作出的仲裁裁决能否部分撤销问题的批复	1999年8月25日 法释〔1999〕16号	已被《最高人民法院关于适用〈中华人民共和国仲裁法〉若干问题的解释》代替
18	最高人民法院关于严格诉讼费用管理的通知	1999年9月20日 法〔1999〕191号	已被《诉讼费用交纳办法》代替

序号	司法解释和司法解释性质文件名称	发文日期、文号	废止理由
19	最高人民法院行政审判庭关于人民法院在审理药品管理行政案件中，涉及行使药品监督职权时应当适用《药品管理法》的有关规定的答复	1999年12月8日〔1999〕行他字第23号	情况已变化，实际已失效
20	最高人民法院关于依法严厉打击破坏森林资源犯罪活动的通知	1999年12月28日 法〔1999〕247号	社会形势发生变化，不再适用
21	最高人民法院关于刑事赔偿和非刑事司法赔偿案件案由的暂行规定（试行）	2000年1月11日	已被《最高人民法院关于国家赔偿案件立案、案由有关问题的通知》废止
22	最高人民法院关于审理强奸案件有关问题的解释	2000年2月16日 法释〔2000〕4号	依据已被修改，不再适用
23	最高人民法院关于在享受本人工龄和已死亡配偶生前工龄优惠后所购公房是否属夫妻共同财产的函的复函	2000年2月17日〔2000〕法民字第4号	与现行房改政策不一致
24	最高人民法院关于加强和改进委托执行工作的若干规定	2000年3月8日 法释〔2000〕9号	已被《最高人民法院关于委托执行若干问题的规定》代替
25	最高人民法院关于印发全国法院审理毒品犯罪案件工作座谈会纪要的通知	2000年4月4日 法〔2000〕42号	已被《最高人民法院印发全国部分法院审理毒品犯罪案件工作座谈会纪要的通知》代替
26	最高人民法院关于跨省、自治区、直辖市委托执行工作有关问题的通知	2000年5月12日 法〔2000〕54号	已被《最高人民法院关于委托执行若干问题的规定》代替
27	最高人民法院研究室关于参与过第二审程序审理的审判人员在该案又进入第二审程序时是否应当回避问题的答复	2000年6月1日 法研〔2000〕38号	已被《最高人民法院关于审判人员在诉讼活动中执行回避制度若干问题的规定》代替
28	最高人民法院关于执行《关于审判人员严格执行回避制度的若干规定》时间效力问题的通知	2000年6月15日 法〔2000〕94号	已被《最高人民法院关于审判人员在诉讼活动中执行回避制度若干问题的规定》废止
29	最高人民法院关于适用《关于审判人员严格执行回避制度的若干规定》第四条有关问题的答复	2000年6月20日 法〔2000〕95号	依据已被废止，不再适用
30	最高人民法院关于企业被人民法院依法宣告破产后在破产程序终结前经人民法院允许从事经营活动所签合同是否有效问题的批复	2000年12月1日 法释〔2000〕43号	与企业破产法规定相冲突
31	最高人民法院办公厅关于对合同标的为外币的案件在收取诉讼费用时不得收取外币等问题的通知	2000年12月25日 法办〔2000〕326号	已被《诉讼费用交纳办法》代替

序号	司法解释和司法解释性质文件名称	发文日期、文号	废止理由
32	最高人民法院关于审理触电人身损害赔偿案件若干问题的解释	2001年1月10日 法释〔2001〕3号	与《最高人民法院关于审理人身损害赔偿案件适用法律若干问题的解释》相冲突
33	最高人民法院关于情节严重的传销或者变相传销行为如何定性问题的批复	2001年4月10日 法释〔2001〕11号	与刑法的规定相冲突
34	最高人民法院关于工伤认定法律适用的请示的答复	2001年6月15日 法行〔2000〕26号	情况已变化，实际已失效
35	最高人民法院关于军事法院试行审理军内民事案件问题的复函	2001年6月26日 法函〔2001〕33号	已被《最高人民法院关于军事法院管辖民事案件若干问题的规定》代替
36	最高人民法院对执行《关于审理非法制造、买卖、运输枪支、弹药、爆炸物等刑事案件具体应用法律若干问题的解释》有关问题的通知	2001年9月17日 法〔2001〕129号	依据已被修正，不再适用
37	最高人民法院关于涉证券民事赔偿案件暂不予受理的通知	2001年9月21日 法明传〔2001〕406号	已被《最高人民法院关于审理证券市场因虚假陈述引发的民事赔偿案件的若干规定》代替
38	最高人民法院关于如何认定挪用公款归个人使用有关问题的解释	2001年10月17日 法释〔2001〕29号	与《全国人大常委会关于〈中华人民共和国刑法〉第三百八十四条第一款的解释》相冲突
39	最高人民法院关于严格依法及时交付罪犯执行刑罚问题的通知	2001年10月24日 法〔2001〕155号	社会形势发生变化，不再适用
40	最高人民法院研究室关于监视居住期间可否折抵刑期问题的答复	2001年11月30日	与刑事诉讼法的规定相冲突
41	最高人民法院行政审判庭关于对如何适用《城市房屋拆迁管理条例》第十五条规定的答复	2001年12月29日 〔2001〕行他字第12号	情况已变化，实际已失效
42	最高人民法院关于严格执行高级人民法院受理第一审民商事纠纷案件级别管辖标准问题的通知	2002年2月1日 法〔2002〕23号	已被《最高人民法院关于调整高级人民法院和中级人民法院管辖第一审民商事案件标准的通知》代替
43	最高人民法院关于审理非法生产、买卖武装部队车辆号牌等刑事案件具体应用法律若干问题的解释	2002年4月10日 法释〔2002〕9号	已被《最高人民法院、最高人民检察院关于办理妨害武装部队制式服装、车辆号牌管理秩序等刑事案件具体应用法律若干问题的解释》代替

序号	司法解释和司法解释性质文件名称	发文日期、文号	废止理由
44	最高人民法院关于对采用破坏性手段盗窃正在使用的油田输油管道中油品的行为如何适用法律问题的批复	2002年4月10日 法释〔2002〕10号	已被《最高人民法院、最高人民检察院关于办理盗窃油气、破坏油气设备等刑事案件具体应用法律若干问题的解释》代替
45	最高人民法院关于企业离退休人员的养老保险统筹金应当列入破产财产分配方案问题的批复	2002年4月18日 法释〔2002〕12号	已被企业破产法代替
46	最高人民法院关于国内船员劳务合同纠纷案件是否应劳动仲裁前置的请示的复函	2002年6月10日 〔2002〕民四他字第16号	已被《最高人民法院关于适用〈中华人民共和国海事诉讼特别程序法〉若干问题的解释》代替
47	最高人民法院研究室关于氯胺酮能否认定为毒品问题的答复	2002年6月28日	《最高人民法院、最高人民检察院、公安部办理毒品犯罪案件适用法律若干问题的意见》已有明确规定
48	最高人民法院关于苏州龙宝生物工程实业公司与苏州朗力福保健品有限公司请求确认不侵犯专利权纠纷案的批复	2002年7月12日 〔2001〕民三他字第4号	已被《最高人民法院关于审理侵犯专利权纠纷案件应用法律若干问题的解释》代替
49	最高人民法院关于死刑缓期执行的期间如何确定问题的批复	2002年11月5日 法释〔2002〕34号	与《最高人民法院关于刑事案件终审判决和裁定何时发生法律效力问题的批复》相冲突
50	最高人民法院关于参照《医疗事故处理条例》审理医疗纠纷民事案件的通知	2003年1月6日 法〔2003〕20号	与侵权责任法等法律规定相冲突
51	最高人民法院关于行为人不明知是不满十四周岁的幼女双方自愿发生性关系是否构成强奸罪问题的批复	2003年1月17日 法释〔2003〕4号	与刑法的规定相冲突
52	最高人民法院关于土地转让方未按规定完成土地的开发投资即签订土地使用权转让合同的效力问题的答复	2003年6月9日 法函〔2003〕34号	与物权法关于不动产转让合同效力的规定相冲突
53	最高人民法院关于在防治传染性非典型肺炎期间依法做好人民法院相关审判、执行工作的通知	2003年6月11日 法〔2003〕72号	情况已变化，实际已失效
54	最高人民法院关于江苏省高级人民法院《关于提高诉讼费收费标准的请示》的答复	2003年8月6日 法〔2003〕136号	已被《诉讼费用交纳办法》代替
55	最高人民法院关于道路运输市场管理的地方性法规与部门规章规定不一致的法律适用问题的答复	2003年8月15日 〔2003〕行他字第4号	情况已变化，实际已失效

序号	司法解释和司法解释性质文件名称	发文日期、文号	废止理由
56	最高人民法院研究室关于如何理解犯罪嫌疑人自动投案的有关问题的答复	2003年8月27日 法研〔2003〕132号	已被《最高人民法院关于处理自首和立功若干具体问题的意见》代替
57	最高人民法院关于离婚后财产纠纷案件收费标准的请示的复函	2003年9月10日 〔2003〕民立他字第10号	已被《诉讼费用交纳办法》代替
58	最高人民法院研究室关于第二审人民法院是否应当为不满十八周岁的未成年被告人指定辩护律师问题的答复	2003年9月23日	刑事诉讼法及相关司法解释已有明确规定
59	最高人民法院审判监督庭印发《关于审理民事、行政抗诉案件几个具体程序问题的意见》的通知	2003年10月15日 法审〔2003〕11号	已被《最高人民法院关于适用〈中华人民共和国民事诉讼法〉审判监督程序若干问题的解释》代替
60	最高人民法院关于报送按照审判监督程序改判死刑被告人在死缓考验期内故意犯罪应当执行死刑的复核案件的通知	2003年11月26日 法〔2003〕177号	已被刑事诉讼法代替
61	最高人民法院关于可否将航道养护费的缴付请求列入船舶优先权问题的批复	2003年12月8日 法释〔2003〕18号	调整对象已消失，实际已失效
62	最高人民法院关于诉前责令停止侵犯专利权、商标权、著作权行为案件编号和收取案件受理费问题的批复	2004年2月16日 法〔2004〕17号	已被《诉讼费用缴纳办法》代替
63	最高人民法院关于未经消防验收合格而订立的房屋租赁合同如何认定其效力的函复	2004年3月4日 〔2003〕民一他字第11号	与《最高人民法院关于审理城镇房屋租赁合同纠纷案件具体应用法律问题的解释》规定相冲突
64	最高人民法院关于审理人民法院国家赔偿确认案件若干问题的规定（试行）	2004年8月10日 法释〔2004〕10号	与《全国人民代表大会常务委员会关于修改〈中华人民共和国国家赔偿法〉的决定》相冲突
65	最高人民法院关于贯彻执行《关于审理人民法院国家赔偿确认案件若干问题的规定（试行）》的通知	2004年8月16日 法发〔2004〕19号	与《全国人民代表大会常务委员会关于修改〈中华人民共和国国家赔偿法〉的决定》相冲突
66	最高人民法院关于对江苏省高级人民法院《关于江苏振泰机械织造公司与泰兴市同心纺织机械有限公司侵犯商标专用权、企业名称权纠纷一案的请示报告》的复函	2005年2月17日 〔2004〕民三他字第10号函	已被《最高人民法院关于审理注册商标、企业名称与在先权利冲突的民事纠纷案件若干问题的规定》代替

序号	司法解释和司法解释性质文件名称	发文日期、文号	废止理由
67	最高人民法院关于印发《关于证券监督管理机构申请人民法院冻结资金账户、证券账户的若干规定》的通知	2005年4月29日 法〔2005〕55号	通知内容已被证券法、行政强制法代替
68	最高人民法院关于证券监督管理机构申请人民法院冻结资金帐户、证券帐户的若干规定	2005年4月29日 法释〔2005〕2号	已被证券法、行政强制法代替
69	最高人民法院对《山东省高级人民法院关于济宁之窗信息有限公司网络链接行为是否侵犯录音制品制作者权、信息网络传播权及赔偿数额如何计算问题的请示》的答复	2005年6月2日 〔2005〕民三他字第2号	与侵权责任法规定相冲突
70	最高人民法院关于贯彻落实《全国人民代表大会常务委员会关于司法鉴定管理问题的决定》做好过渡期相关工作的通知	2005年7月14日 法发〔2005〕12号	社会形势发生变化，不再适用
71	最高人民法院行政审判庭关于《中华人民共和国水法》第四十八条如何适用问题的电话答复	2005年8月12日	情况已变化，实际已失效
72	最高人民法院行政审判庭关于如何适用《工伤保险条例》第五十三条有关问题的答复	2005年8月15日 〔2005〕行他字第19号	与工伤保险条例规定相冲突
73	最高人民法院行政审判庭关于农村集体土地征用后地上房屋拆迁补偿有关问题的答复	2005年10月12日 法〔2005〕行他字第5号	情况已变化，实际已失效
74	最高人民法院关于进一步做好死刑第二审案件开庭审理工作的通知	2005年12月7日 法〔2005〕214号	已被刑事诉讼法及相关司法解释代替
75	最高人民法院关于陈大顺减刑一案的答复	2006年12月7日 〔2006〕刑监他字第5号	已被《最高人民法院关于办理减刑假释案件具体应用法律若干问题的规定》代替
76	最高人民法院关于审理涉外民事或商事合同纠纷案件法律适用若干问题的规定	2007年7月23日 法释〔2007〕14号	与涉外民事关系法律适用法相冲突
77	最高人民法院关于印发《民事案件案由规定》的通知	2008年2月4日 法发〔2008〕11号	已被《最高人民法院关于修改〈民事案件案由规定〉的决定》代替
78	最高人民法院关于原审人民法院在民事诉讼法修改决定施行前已经受理施行后尚未办结的申请再审案件应如何处理的通知	2008年11月25日 法〔2008〕320号	通知已过时效

序号	司法解释和司法解释性质文件名称	发文日期、文号	废止理由
79	最高人民法院、中央社会治安综合治理委员会办公室关于印发《2009年省、自治区、直辖市法院执行工作纳入社会治安综合治理目标责任考核办法》的通知	2010年1月4日 法发〔2010〕2号	通知已过时效
80	最高人民法院关于认真做好人民法院2010年禁毒综合治理工作的通知	2010年4月6日 法〔2010〕149号	社会形势发生变化，不再适用
81	最高人民法院关于充分发挥刑事审判职能作用依法严惩侵犯知识产权和制售假冒伪劣商品犯罪的通知	2010年11月25日 法〔2010〕431号	社会形势发生变化，不再适用

最高人民法院 最高人民检察院
关于废止部分司法解释和规范性文件的决定

法释〔2010〕17号

（2010年11月8日最高人民法院审判委员会第1500次会议、
2010年5月31日最高人民检察院第11届检察委员会
第36次会议通过 2010年12月13日最高人民法院、
最高人民检察院公告公布 自2010年12月22日起施行）

为适应形势发展变化，保证国家法律统一正确适用，最高人民法院、最高人民检察院会同有关部门，对2008年底以前制发的司法解释和规范性文件进行了集中清理。现决定将已实际废止或者不再适用的37件司法解释和规范性文件予以明令废止。

附：

最高人民法院、最高人民检察院决定废止的部分司法解释和规范性文件目录（37件）

序号	司法解释和规范性文件名称	发文日期、文号	废止理由
1	最高人民法院、最高人民检察院、司法部关于判处徒刑的反革命分子准许上诉的通知	1955年12月29日 〔55〕法行字第17379号 〔55〕高检四字第1315号 〔55〕司普字第2789号	刑事诉讼法对刑事案件的上诉问题已作出明确规定。
2	最高人民检察院、最高人民法院、内务部、司法部、公安部对少年犯收押界限、捕押手续和清理等问题的联合通知	1956年2月7日 〔56〕高检五字第3号 〔56〕法行字第748号 内城〔56〕字第36号 〔56〕司普字第130号 〔56〕公劳联字第2号	该通知所依据的1954年9月《中华人民共和国劳动改造条例》已被2001年10月《国务院关于废止2000年底以前发布的部分行政法规的决定》废止。
3	最高人民法院、最高人民检察院关于死缓减刑等有关问题的联合批复	1956年11月6日 研字第11375号 四字第1591号	该批复的内容与刑法、刑事诉讼法及相关司法解释的规定不一致。

序号	司法解释和规范性文件名称	发文日期、文号	废止理由
4	最高人民法院、最高人民检察院关于死缓减刑等问题的联合批复	1956年11月20日 〔56〕法研字第11848号 〔56〕高检四字第1601号	该批复的内容与刑法的相关规定不一致。
5	最高人民检察院、最高人民法院、公安部关于执行全国人民代表大会常务委员会“关于对反革命分子的管制一律由人民法院判决的决定”中若干具体问题的联合指示	1957年2月6日 〔57〕法行字第2088号 〔57〕四字第191号 〔57〕公治字第15号	刑法、刑事诉讼法对管制刑的相关问题已作出明确规定，且该指示所依据的《全国人民代表大会常务委员会关于对反革命分子的管制一律由人民法院判决的决定》已被1987年11月《全国人大常委会关于批准法制工作委员会关于对1978年底以前颁布的法律进行清理的情况和意见的报告的决定》宣布失效。
6	最高人民法院、最高人民检察院关于基层人民法院判处死刑缓期二年执行已经高级人民法院核准的案件人民检察院发现在认定事实适用法律上有错误应由哪一级人民检察院向哪一级人民法院提出抗议问题的联合批复	1957年2月22日 法研字第3685号 〔57〕高检四字第275号	刑法、刑事诉讼法及相关司法解释对死刑案件的审判和审判监督程序已作出明确规定，且该批复的部分内容与相关规定不一致。
7	最高人民检察院、最高人民法院、公安部关于简化管制法律手续问题的指示	1957年10月26日 公发西字第177号	刑法、刑事诉讼法对管制刑的相关问题已作出明确规定，且该指示的部分内容与相关规定不一致。
8	最高人民法院、最高人民检察院、公安部关于对少年儿童一般犯罪不予逮捕判刑的联合通知	1960年4月21日 〔60〕法行字第87号 〔60〕高检二字第48号 〔60〕公劳联字第5号	刑法及相关司法解释、规范性文件已对办理未成年人犯罪案件的有关问题作出明确规定。
9	最高人民法院、最高人民检察院、公安部关于公、检、法三机关受理普通刑事案件的职责范围的试行规定	1962年11月30日 〔62〕法行字第261号 高检发〔62〕17号 公发〔62〕122号	刑法、刑事诉讼法及相关司法解释、规范性文件对刑事案件的职能管辖问题已作出明确规定。
10	最高人民法院、最高人民检察院、公安部关于死缓罪犯减刑的处理程序问题的联合批复	1963年4月16日 〔63〕法研字第37号 高检发〔63〕11号 〔63〕公发（厅）245号	刑法、刑事诉讼法及相关司法解释对死缓罪犯的减刑问题已作出明确规定。
11	最高人民法院、最高人民检察院、公安部关于死缓罪犯执行死刑、再缓期一年、减刑的处理程序问题的联合批复	1963年7月22日 〔63〕法研字第93号 高检发〔63〕24号 〔63〕公发（厅）523号	刑法、刑事诉讼法对死缓罪犯缓期二年执行期满后的处理问题已作出明确规定，且该批复的部分内容与相关规定不一致。

序号	司法解释和规范性文件名称	发文日期、文号	废止理由
12	最高人民法院、最高人民检察院、公安部关于劳改犯再犯罪的刑期执行问题的联合批复	1963年7月26日 〔63〕法研字第101号 高检法发〔63〕25号 〔63〕公发（劳）538号	刑法对判决宣告后发现漏罪、新罪如何确定刑罚的问题已作出明确规定。
13	最高人民法院、最高人民检察院、公安部关于过去对劳改犯再犯罪判处的刑期超过二十年是否改判的联合批复	1963年12月6日 〔63〕法研字第166号 高检发〔63〕37号 〔63〕公发（劳）字920号	该批复的内容与刑法的相关规定不一致。
14	最高人民法院、最高人民检察院、公安部关于甘肃省公安厅劳改局请示对群众要求保释劳改犯人问题的批复	1964年1月7日 〔64〕法研字第1号 〔64〕高检发字第1号 〔64〕公发（劳）28号	刑法、刑事诉讼法对罪犯在刑罚执行过程中减刑、假释、暂予监外执行的条件、程序问题已作出明确规定。
15	最高人民法院、最高人民检察院、公安部关于死缓罪犯减刑问题的联合批复	1964年4月7日 〔64〕法研字第30号 〔64〕高检发字第9号 〔64〕公发(劳)字第217号	刑法及相关司法解释、规范性文件对死缓罪犯的减刑问题已作出明确规定。
16	最高人民法院、最高人民检察院、公安部关于死缓和无期徒刑减为有期徒刑的刑期计算问题的联合批复	1964年5月30日 〔64〕法研字第53号 〔64〕高检发字第20号 〔64〕公发(劳)字第323号	刑法及相关司法解释、规范性文件对判处死缓和无期徒刑后在刑罚执行期间的减刑刑期计算问题已作出明确规定。
17	最高人民法院、最高人民检察院、公安部关于管制适用的对象和管制的法律手续问题的联合通知	1964年8月28日 〔64〕法研字第55号 〔64〕高检发字第27号 〔64〕公发〔厅〕579号	该通知的内容与刑法、刑事诉讼法的有关规定不一致。
18	最高人民法院、最高人民检察院、公安部、财政部关于没收和处理赃款赃物若干问题的暂行规定	1965年12月1日 〔65〕法研字40号 〔65〕高检法13号 〔65〕公发〔审〕691号 〔65〕财预168号	刑法、刑事诉讼法及相关司法解释、规范性文件对没收和处理赃款赃物的问题已作出明确规定。
19	最高人民法院、最高人民检察院、公安部关于死缓犯和无期徒刑犯减刑问题的联合通知	1979年10月10日 〔79〕法研字第22号 〔79〕高检三字39号 公发〔1979〕148号	刑法、刑事诉讼法及相关司法解释对判处死缓和无期徒刑后在刑罚执行期间的减刑条件、幅度、程序等问题已作出明确规定。
20	最高人民法院、最高人民检察院、公安部关于无期徒刑减为有期徒刑的罪犯假释问题的批复	1979年11月23日 〔79〕法研字第23号 〔79〕高检三字第42号 公劳〔79〕1329号	刑法及相关司法解释、规范性文件对无期徒刑罪犯的减刑、假释问题已作出明确规定。
21	最高人民法院、最高人民检察院、公安部关于执行刑事诉讼法规定的案件管辖范围的通知	1979年12月15日 〔79〕法研字第28号 〔79〕高检经字6号 公发〔1979〕177号	刑法、刑事诉讼法及相关司法解释、规范性文件对刑事案件的职能管辖问题已作出明确规定。

序号	司法解释和规范性文件名称	发文日期、文号	废止理由
22	最高人民法院、最高人民检察院、公安部关于执行刑法、刑事诉讼法中几个问题的联合通知	1979年12月17日 〔79〕法研字第29号 〔79〕高检一文字66号 公发〔79〕179号	该通知的内容已被刑事诉讼法施行后，最高人民法院、最高人民检察院、公安部出台的有关司法解释、规范性文件的相关规定所替代。
23	最高人民法院、最高人民检察院、公安部关于已减为有期徒刑的原死缓犯和无期徒刑犯减刑问题的批复	1979年12月31日 〔79〕法研字第31号 〔79〕高检三字45号 公发〔1979〕188号	该批复所依据的1979年10月《最高人民法院、最高人民检察院、公安部关于死缓犯和无期徒刑犯减刑问题的联合通知》此次同时废止。
24	最高人民法院、最高人民检察院、公安部关于侦查羁押期限从何时起算问题的联合通知	1981年3月18日 〔81〕法研字第5号 〔81〕高检发〔研〕10号 〔81〕公发〔研〕36号	该通知的内容与1996年修订的刑事诉讼法的相关规定不一致。
25	最高人民法院、最高人民检察院、公安部关于重婚案件管辖问题的通知	1983年7月26日 〔83〕法研字第14号	该通知的内容与1997年修订的刑法及相关司法解释的规定不一致。
26	最高人民法院、最高人民检察院、公安部关于判处无期徒刑、死刑的第一审普通刑事案件管辖问题的通知	1983年8月16日 〔83〕法研字第15号	该通知的内容与1996年修订的刑事诉讼法的有关规定不一致。
27	最高人民法院、最高人民检察院、公安部关于当前处理自首和有关问题具体应用法律的解答	1984年4月16日 〔84〕法研字第6号	该解答的内容已被1998年5月《最高人民法院关于处理自首和立功具体应用法律若干问题的解释》及相关规范性文件所替代。
28	最高人民法院、最高人民检察院关于当前办理流氓案件中具体应用法律的若干问题的解答	1984年11月2日 〔84〕法研字第13号	1979年刑法规定的流氓罪已被1997年修订的刑法取消。
29	最高人民法院、最高人民检察院关于当前办理盗窃案件中具体应用法律的若干问题的解答	1984年11月2日 〔84〕法研字第14号	该解答的基本内容已被1992年12月《最高人民法院、最高人民检察院关于办理盗窃案件具体应用法律的若干问题的解释》和1998年3月《最高人民法院关于审理盗窃案件具体应用法律若干问题的解释》所替代。
30	司法部、最高人民法院、最高人民检察院、公安部关于新疆生产建设兵团劳改机关在押死缓犯执行死刑的处理程序问题的联合批复	1985年9月21日 〔85〕司发劳改字第383号	该批复的内容与最高人民法院2007年1月1日起施行的《关于统一行使死刑案件核准权有关问题的决定》的规定不一致。

序号	司法解释和规范性文件名称	发文日期、文号	废止理由
31	最高人民法院、最高人民检察院、公安部、司法部关于律师参加诉讼的几项补充规定	1986 年 6 月 26 日 〔86〕司发公字第 196 号	该规定所依据和补充的 1981 年 4 月《最高人民法院、最高人民检察院、公安部、司法部关于律师参加诉讼的几项具体规定的联合通知》已被司法部 2002 年 8 月《关于废止 2000 年底以前发布的部分规章规范性文件的规定》废止。
32	最高人民法院、最高人民检察院关于依法严肃惩处国家机关企业事业单位走私犯罪活动的通知	1986 年 6 月 27 日 法〔研〕发〔1986〕19 号	1997 年修订的刑法及相关司法解释对单位走私犯罪的定罪量刑问题已作出明确规定。
33	最高人民法院、最高人民检察院"关于挪用公款归个人使用或者进行非法活动以贪污论处的问题"的修改补充意见	1987 年 3 月 14 日 法〔研〕发〔1987〕6 号	该意见施行后，有关立法和 1997 年修订的刑法已规定独立的挪用公款罪。
34	最高人民法院、最高人民检察院关于依法严惩非法出版犯罪活动的通知	1987 年 11 月 27 日 法〔研〕发〔1987〕33 号	该通知涉及的投机倒把罪、制作、贩卖淫书淫画罪已被 1997 年修订的刑法取消。
35	最高人民法院、最高人民检察院关于公开审理再审案件的通知	1988 年 4 月 30 日 法〔刑二〕发〔1988〕10 号	1998 年 6 月《最高人民法院关于执行〈中华人民共和国刑事诉讼法〉若干问题的解释》对刑事再审案件的审理程序已作出明确规定。
36	最高人民法院、最高人民检察院关于当前处理企业事业单位、机关、团体投机倒把犯罪案件的规定	1989 年 3 月 15 日 法〔研〕发〔1989〕5 号	该规定涉及的投机倒把罪已被 1997 年修订的刑法取消。
37	最高人民法院、最高人民检察院、公安部关于严厉打击非法出版犯罪活动的通知	1991 年 1 月 30 日 法〔研〕发〔1991〕5 号	该通知所依据的 1987 年 11 月《最高人民法院、最高人民检察院关于依法严惩非法出版犯罪活动的通知》此次同时废止。

最高人民法院　最高人民检察院
关于废止1979年底以前制发的部分司法解释和司法解释性质文件的决定

法释〔2012〕12号

（2012年6月25日最高人民法院审判委员会第1550次会议、2011年12月29日最高人民检察院第十一届检察委员会第69次会议通过　2012年8月21日公布　自2012年9月29日起施行）

为适应形势发展变化，保证国家法律统一正确适用，根据有关法律规定和审判、检察工作实际需要，最高人民法院、最高人民检察院会同有关部门，对1979年底以前联合制发的司法解释和司法解释性质文件进行了集中清理。现决定废止1979年底以前制发的13件司法解释和司法解释性质文件。废止的司法解释和司法解释性质文件从本决定施行之日起不再适用，但过去依据下列司法解释和司法解释性质文件对有关案件作出的判决、裁定仍然有效。

附件：

决定废止的1979年底以前制发的部分司法解释和司法解释性质文件目录（13件）

序号	司法解释和司法解释性质文件名称	发文日期、文号	废止理由
1	最高人民法院、最高人民检察院、公安部、司法部关于外籍案犯刑期计算问题的通知	1956年6月6日 〔56〕法行字第5427号 〔56〕高检3字第341号 〔56〕公一甲字第282号 〔56〕司普字第682号	刑法对刑期计算问题已有规定。
2	最高人民法院、最高人民检察院有关没收反革命分子财产问题的联合批复	1957年3月11日 〔57〕法研字第4904号 〔57〕高检四字第348号	形势已变化。

序号	司法解释和司法解释性质文件名称	发文日期、文号	废止理由
3	最高人民法院、最高人民检察院、公安部、司法部转发上海市关于人犯羁押、换押、接见、送达执行书等若干问题的通知	1957年5月16日 〔57〕法行字第9108号 〔57〕高检五字第182号 〔57〕公劳联字第12号 〔57〕司普字第715号	刑法、刑事诉讼法、监狱法及相关司法解释对通知中所涉及的法律问题已有新规定。
4	最高人民法院、最高人民检察院关于死刑缓期执行期满后减刑的刑期计算问题的联合通知	1958年1月14日 〔58〕法研字第5号 〔58〕高检四字第2号	通知中有关无期徒刑减为有期徒刑的刑期计算以及死刑缓期执行的考验期规定与刑法相关规定相抵触。
5	最高人民法院、最高人民检察院、公安部有关特赦罪犯的刑期计算等问题的意见	1959年10月17日 法西17号	形势已经变化。
6	最高人民法院、最高人民检察院、公安部关于清理在押的死缓罪犯的联合通知	1962年7月26日 〔62〕法行字第112号 〔62〕高检发第11号 〔62〕公劳字第14号	形势已经变化。
7	最高人民法院、最高人民检察院、公安部关于监外执行的罪犯重新犯罪是否需要履行逮捕手续问题的批复	1963年7月29日 〔63〕法研字94号 〔63〕高检二字49号 〔63〕公发（劳）539号	根据刑事诉讼法及相关司法解释的规定，监外执行的条件已经消失的，应收监执行，并对新罪进行立案侦查。批复涉及的问题已有法可依。
8	最高人民法院、最高人民检察院、公安部关于徒刑缓刑、假释、监外执行等罪犯的恋爱与结婚问题的联合批复	1963年8月31日 〔63〕法研字第102号 高检发〔63〕28号 〔63〕公发（劳）600号	相关刑事法律及司法解释已有规定。

续表

序号	司法解释和司法解释性质文件名称	发文日期、文号	废止理由
9	最高人民法院、最高人民检察院、公安部关于处理三类分子两性关系案件的联合批复	1964年9月24日 〔64〕法研字88号 〔64〕高检发字第42号 〔64〕公发（治）623号	形势已经变化。
10	最高人民法院、最高人民检察院、公安部转发湖南省政法三机关关于不准检查处女膜的通知	1965年3月11日 〔65〕法研字4号 〔65〕高检发2号 〔65〕公发（治）159号	流氓罪已取消，调整对象已不存在。另根据刑事诉讼法第105条的规定，对被害人不得强制进行人身检查。通知精神已经被现行刑事诉讼法所吸收。
11	最高人民法院、最高人民检察院、公安部关于清理老弱病残犯和精神病犯的联合通知	1979年4月16日 〔79〕法办研字第6号 〔79〕高检三字第19号 公发〔1979〕61号	该通知具有时效性，现已过时效，不再适用。
12	最高人民法院、最高人民检察院、公安部、铁道部关于铁路系统案件的批捕起诉、审判问题的通知	1979年12月6日 〔79〕法办字第78号 高检一文字〔79〕61号 公发〔79〕175号 〔79〕铁公安字1885号	刑事诉讼法关于普通管辖与专门管辖的分工已有明确规定。
13	最高人民法院、最高人民检察院、公安部关于反革命挂钩案件的罪名、罪证问题的通知	1979年12月26日 〔79〕法研字第30号 〔79〕高检一文字第67号 公发〔1979〕181号	反革命罪已被取消，形势已变化。

最高人民法院、最高人民检察院
关于废止1980年1月1日至1997年6月30日期间制发的部分司法解释和司法解释性质文件的决定

法释〔2013〕1号

（2012年11月19日最高人民法院审判委员会第1560次会议
2012年12月19日最高人民检察院第十一届检察委员会
第83次会议通过　2013年1月4日最高人民法院、最高
人民检察院公告公布　自2013年1月18日起施行）

为适应形势发展变化，保证国家法律统一正确适用，根据有关法律规定和审判、检察工作实际需要，最高人民法院、最高人民检察院会同有关部门，对1980年1月1日至1997年6月30日期间联合制发的司法解释和司法解释性质文件进行了集中清理。现决定废止1980年1月1日至1997年6月30日期间制发的44件司法解释和司法解释性质文件。废止的司法解释和司法解释性质文件从本决定施行之日起不再适用，但过去依据下列司法解释和司法解释性质文件对有关案件作出的判决、裁定仍然有效。

附：

决定废止的1980年1月1日至1997年6月30日期间制发的部分司法解释和司法解释性质文件目录（44件）

序号	司法解释和司法解释性质文件名称	发文日期、文号	废止理由
1	最高人民法院、最高人民检察院关于转发《全国人民代表大会常务委员会（80）人大常委会字第10号通知》的通知	1980年3月11日 〔80〕法办字第10号 高检办字〔1980〕第5号	通知已过适用期。
2	最高人民法院、最高人民检察院、公安部关于执行人大常委会《关于刑事诉讼法实施问题的决定》的几点具体意见的通知	1980年4月3日 〔80〕法研字第11号 高检研字〔1980〕第4号 〔80〕公发（研）65号	通知已过适用期。

序号	司法解释和司法解释性质文件名称	发文日期、文号	废止理由
3	最高人民法院、最高人民检察院、公安部、司法部关于民航系统的案件由地方公安机关、人民检察院和人民法院受理的通知	1980年5月14日 〔80〕法研字第16号 高检办字〔1980〕13号 〔80〕公发（经）92号 〔80〕司发普字第86号	刑事诉讼法、民事诉讼法及相关司法解释已有明确规定。
4	最高人民法院、最高人民检察院、公安部、交通部关于交通部直属港航系统的案件批捕、起诉、审判问题的通知	1980年7月22日 〔80〕法交字第1号 高检刑字〔1980〕第42号 〔80〕公发（交）128号 〔80〕交公安字1515号	刑事诉讼法及相关司法解释对相关问题已有规定。
5	最高人民法院、最高人民检察院、公安部关于被判刑劳改的罪犯在交付执行时应附送结案登记表，在执行期间的变动情况应通知有关单位的通知	1980年8月26日 〔80〕法研字第24号 高检监字〔1980〕第14号 〔80〕公发（劳）147号	通知内容已被监狱法、看守所条例等规定吸收。
6	最高人民法院、最高人民检察院、公安部对于未逮捕的罪犯可根据判决书等文书收监执行	1980年12月11日 〔80〕法研字第30号 高检刑字〔1980〕第66号 〔80〕公发（审）212号	批复内容已被刑事诉讼法及相关司法解释吸收。
7	最高人民法院、最高人民检察院、司法部、公安部关于罪犯减刑、假释和又犯罪等案件的管辖和处理程序问题的通知	1980年12月26日 〔80〕法研字第29号 高检监字〔1980〕第17号 〔80〕司法普302号 〔80〕公发（劳）219号	刑事诉讼法、刑法已有新规定。
8	最高人民法院、最高人民检察院、公安部关于一九八〇年底未审结的案件时限计算问题的通知	1981年2月3日 〔81〕法研字第4号 〔81〕高检发（刑）8号 〔81〕公发（研）第15号	通知已过适用期。
9	最高人民检察院、最高人民法院关于继续受理铁路运输系统案件的通知	1981年3月2日 〔81〕高检发（刑）9号 〔81〕法交字第1号	社会形势发生变化，不再适用。
10	最高人民法院、最高人民检察院关于共同犯罪案件中对检察院没有起诉，法院认为需要追究刑事责任的同案人应如何处理问题的联合批复	1981年7月21日 〔81〕法研字第17号 〔81〕高检发（研）28号	批复与刑事诉讼法的规定相冲突。
11	最高人民法院、最高人民检察院关于审理强奸案件应慎重处理被害人出庭问题的通知	1982年11月1日 〔82〕法研字第15号	通知内容已经不适用。
12	最高人民法院、最高人民检察院、公安部关于判处无期徒刑、死刑的第一审普通刑事案件由中级人民法院管辖的通知	1983年12月2日 〔83〕法研字第23号	社会形势发生变化，不再适用。

序号	司法解释和司法解释性质文件名称	发文日期、文号	废止理由
13	最高人民法院、最高人民检察院、公安部关于依法惩处利用摘除节育环进行违法犯罪活动的分子的联合通知	1983年12月10日 〔83〕法研字第25号	社会形势发生变化，不再适用。
14	最高人民法院、最高人民检察院、公安部、司法部关于正确处理死刑罪犯遗书遗物等问题的通知	1984年1月11日 〔84〕法研字第1号	刑事诉讼法及相关司法解释已有规定。
15	最高人民法院、最高人民检察院、公安部印发《关于当前办理拐卖人口案件中具体应用法律的若干问题的解答》的通知	1984年3月31日 〔84〕法研字第3号	刑法及相关司法解释已有规定。
16	最高人民法院、最高人民检察院、公安部印发《关于当前办理强奸案件中具体应用法律的若干问题的解答》的通知	1984年4月26日 〔84〕法研字第7号	刑法及相关司法解释已有新规定。
17	最高人民法院、最高人民检察院、公安部、司法部关于抓紧从严打击制造、贩卖假药、毒品和有毒食品等严重危害人民生命健康的犯罪活动的通知	1985年7月12日 法（研）发〔1985〕15号	通知已无指导意义。
18	最高人民法院、最高人民检察院印发《关于当前办理经济犯罪案件中具体应用法律的若干问题的解答（试行）》的通知	1985年7月18日 〔85〕高检会（研）3号	刑法及相关司法解释已有新规定。
19	最高人民法院、最高人民检察院、公安部关于及时查处在经济纠纷案件中发现的经济犯罪的通知	1985年8月19日 法（研）发〔1985〕17号	制定依据已失效。
20	最高人民法院、最高人民检察院关于处理海南岛倒买倒卖汽车和倒买倒卖外汇等犯罪案件注意事项的通知	1985年10月22日 法（刑一）通〔1985〕4号	制定依据已被修改或废止。
21	最高人民法院、最高人民检察院、公安部对于惩处倒卖车、船票的犯罪分子如何适用法律条款的问题的批复	1986年3月18日 法（研）复〔1986〕9号	制定依据已被修改，刑法有新规定。
22	最高人民法院、最高人民检察院关于当前办理盗窃案件中适用法律问题的补充通知	1986年9月17日 法（研）发〔1986〕26号	刑法已有新规定。
23	最高人民法院、最高人民检察院、公安部关于在审理经济纠纷案件中发现经济犯罪必须及时移送的通知	1987年3月11日 法（研）发〔1987〕7号	通知精神已被刑事诉讼法及相关司法解释所吸收。
24	最高人民法院、最高人民检察院关于严格依法处理道路交通肇事案件的通知	1987年8月12日 法（研）发〔1987〕21号	刑法、刑事诉讼法及相关司法解释已有新规定。
25	最高人民法院、最高人民检察院印发《关于办理盗伐、滥伐林木案件应用法律的几个问题的解释》的通知	1987年9月5日 法（研）发〔1987〕23号	刑法及相关司法解释已有新规定。

序号	司法解释和司法解释性质文件名称	发文日期、文号	废止理由
26	最高人民法院、最高人民检察院关于正确执行两个《补充规定》的通知	1988 年 1 月 27 日 高法明电〔1988〕7 号	制定依据已被废止，通知不再适用。
27	最高人民法院、最高人民检察院关于如何适用刑法第一百五十三条的批复	1988 年 3 月 16 日 〔88〕高检会(研)字第 3 号	刑法及相关司法解释已有明确规定。
28	最高人民法院、最高人民检察院、公安部关于坚决制止将已决犯、未决犯游街示众的通知	1988 年 6 月 1 日 高法明电〔1988〕46 号	通知中的相关内容已在 1992 年 11 月 14 日《最高人民法院、最高人民检察院、公安部关于依法文明管理看守所在押人犯的通知》中作出明确规定。
29	最高人民法院、最高人民检察院关于摘要转发《依法查处非法出版犯罪活动工作座谈会纪要》的通知	1988 年 11 月 11 日 法(研)发〔1988〕28 号	刑法及相关司法解释已有新规定。
30	最高人民法院、最高人民检察院关于税务人员参与偷税犯罪的案件如何适用法律的批复	1988 年 12 月 3 日 法(研)发〔1988〕29 号	刑法已有新规定。
31	最高人民法院、最高人民检察院关于印发《关于办理反革命暴乱和政治动乱中犯罪案件具体应用法律的若干问题的意见》的通知	1989 年 8 月 1 日 法(研)发〔1989〕19 号	制定依据已被修改或废止。
32	最高人民法院、最高人民检察院关于印发《关于贪污、受贿、投机倒把等犯罪分子必须在限期内自首坦白的通告》的通知	1989 年 8 月 15 日 法(研)发〔1989〕21 号	通知已过适用期。
33	最高人民法院、最高人民检察院印发《关于执行〈关于惩治贪污罪贿赂罪的补充规定〉若干问题的解答》的通知	1989 年 11 月 6 日 法(研)发〔1989〕35 号	制定依据已被废止，刑法对贪污、贿赂罪已有新规定。
34	最高人民法院、最高人民检察院、公安部、司法部关于办理少年刑事案件建立互相配套工作体系的通知	1991 年 6 月 1 日 法(研)发〔1991〕17 号	通知精神已被刑事诉讼法及相关司法解释吸收和代替。
35	最高人民检察院、最高人民法院关于盗窃、贪污粮食数额如何计算问题的意见	1991 年 7 月 27 日 高检会〔1991〕15 号	相关司法解释已有新规定。
36	最高人民法院、最高人民检察院关于盗伐、滥伐林木案件几个问题的解答	1991 年 10 月 17 日 法(研)发〔1991〕31 号	制定依据已被修改，刑法及相关司法解释已有新规定。
37	最高人民法院、最高人民检察院印发《关于办理偷税、抗税刑事案件具体应用法律的若干问题的解释》的通知	1992 年 3 月 16 日 法发〔1992〕12 号 高检会〔1992〕5 号	制定依据已被修改，刑法及相关司法解释已有新规定。

序号	司法解释和司法解释性质文件名称	发文日期、文号	废止理由
38	最高人民检察院、最高人民法院、公安部、安全部、司法部、外交部关于对驻华使、领馆探视被羁押本国公民的安排机关进行调整的通知	1992年8月26日 高检会〔1992〕25号	1995年6月20日《外交部、最高人民法院、最高人民检察院、安全部、司法部关于处理涉外案件若干问题的规定》对相关问题已作出明确规定。
39	最高人民法院、最高人民检察院印发《关于执行〈全国人民代表大会常务委员会关于严惩拐卖、绑架妇女、儿童的犯罪分子的决定〉的若干问题的解答》的通知	1992年12月11日 法发〔1992〕41号 高检会〔1992〕35号	制定依据已被刑法吸收，刑法对相关问题已有规定。
40	最高人民法院、最高人民检察院印发《关于执行〈全国人民代表大会常务委员会关于严禁卖淫嫖娼的决定〉的若干问题的解答》的通知	1992年12月11日 法发〔1992〕42号 高检会〔1992〕36号	制定依据已被刑法吸收，刑法对相关问题已有规定。
41	最高人民法院、最高人民检察院印发《关于办理盗窃案件具体应用法律若干问题的解释》的通知	1992年12月11日 法发〔1992〕43号 高检会〔1992〕37号	刑法及相关司法解释已有新规定。
42	最高人民法院、最高人民检察院关于依法严惩破坏计划生育犯罪活动的通知	1993年11月12日 法发〔1993〕36号	通知依据已被修改，刑法及相关司法解释已有新规定。
43	最高人民法院、最高人民检察院印发《关于办理伪造、倒卖、盗窃发票刑事案件适用法律的规定》的通知	1994年6月3日 法发〔1994〕12号 高检会〔1994〕25号	制定依据已被废止，刑法已取消投机倒把罪、伪造税票罪。
44	最高人民法院、最高人民检察院印发《关于办理人民法院、人民检察院共同赔偿案件若干问题的解释》的通知	1997年6月27日 法发〔1997〕16号 高检会〔1997〕1号	通知内容与2010年4月修改的国家赔偿法有关规定相冲突。

最高人民法院、最高人民检察院
关于废止1997年7月1日至2011年12月31日期间制发的部分司法解释和司法解释性质文件的决定

法释〔2013〕6号

（已于2013年2月18日由最高人民法院审判委员会第1569次会议 2013年2月1日由最高人民检察院第十一届检察委员会第85次会议通过 2013年3月1日最高人民法院、最高人民检察院公告公布 自2013年4月8日起施行）

为适应形势发展变化，保证国家法律统一正确适用，根据有关法律规定和审判、检察工作实际，最高人民法院、最高人民检察院会同有关部门，对1997年7月1日至2011年12月31日期间联合制发的司法解释和司法解释性质文件进行了集中清理。现决定废止1997年7月1日至2011年12月31日期间制发的4件司法解释和司法解释性质文件。废止的司法解释和司法解释性质文件从本决定施行之日起不再适用，但过去依据下列司法解释和司法解释性质文件对有关案件作出的判决、裁定仍然有效。

附：

决定废止的1997年7月1日至2011年12月31日期间制发的部分司法解释和司法解释性质文件目录（4件）

序号	司法解释和司法解释性质文件名称	发文日期、文号	废止理由
1	最高人民法院、最高人民检察院关于适用《关于办理人民法院、人民检察院共同赔偿案件若干问题的解释》有关问题的答复	2001年2月1日 高检发释字〔2001〕1号	与全国人大常委会《关于修改〈中华人民共和国国家赔偿法〉的决定》有关规定冲突

序号	司法解释和司法解释性质文件名称	发文日期、文号	废止理由
2	最高人民法院、最高人民检察院、司法部关于印发《关于适用普通程序审理“被告人认罪案件”的若干意见（试行）》和《关于适用简易程序审理公诉案件的若干意见》的通知	2003年3月14日 法发〔2003〕6号	《关于适用普通程序审理“被告人认罪案件”的若干意见（试行）》和《关于适用简易程序审理公诉案件的若干意见》与刑事诉讼法的相关规定不一致
3	最高人民法院、最高人民检察院关于刑事赔偿义务机关确定问题的通知	2005年7月5日 高检会〔2005〕1号	与全国人大常委会《关于修改〈中华人民共和国国家赔偿法〉的决定》有关规定冲突
4	最高人民法院、最高人民检察院关于死刑第二审案件开庭审理程序若干问题的规定（试行）	2006年9月21日 法释〔2006〕8号	该规定的内容已被刑事诉讼法及相关司法解释取代

附录：

最高人民法院司法解释一览表*
（1997 年～2013 年）

1997 年

文号	司法解释名称	发布时间	备注	页码
法释〔1997〕1 号	最高人民法院关于城市街道办事处是否应当独立承担民事责任的批复	1997 年 7 月 14 日		民 · 37
法释〔1997〕2 号	最高人民法院关于对企业法人破产还债程序终结的裁定的抗诉应否受理问题的批复	1997 年 7 月 31 日		商 · 247
法释〔1997〕3 号	最高人民法院关于承运人就海上货物运输向托运人、收货人或提单持有人要求赔偿的请求权时效期间的批复	1997 年 8 月 5 日		商 · 517
法释〔1997〕4 号	最高人民法院关于人民法院能否对信用证开证保证金采取冻结和扣划措施问题的规定	1997 年 9 月 3 日		民 · 977
法释〔1997〕5 号	最高人民法院关于适用刑法时间效力规定若干问题的解释	1997 年 9 月 25 日		刑 · 3
法释〔1997〕6 号	最高人民法院关于办理减刑、假释案件具体应用法律若干问题的规定	1997 年 11 月 8 日	已废止	未收
法释〔1997〕7 号	最高人民法院关于第二审人民法院审理死刑案件被告人没有委托辩护人的是否应为其指定辩护人问题的批复	1997 年 11 月 12 日		刑 · 1029
法释〔1997〕8 号	最高人民法院关于审理存单纠纷案件的若干规定	1997 年 12 月 11 日		商 · 299
法释〔1997〕9 号	最高人民法院关于执行《中华人民共和国刑法》确定罪名的规定	1997 年 12 月 11 日	已修改	刑 · 145
法释〔1997〕10 号	最高人民法院关于验资单位对多个案件债权人损失应如何承担责任的批复	1997 年 12 月 31 日		商 · 108

* 页码代号："综"表示"综合卷"，"刑"表示《刑事卷》，"民"表示"民事卷"，"商"表示"商事卷"，"知"表示"知识产权卷"，"行"表示"行政 · 国家赔偿卷"。

续表

文号	司法解释名称	发布时间	备注	页码
法释〔1997〕11号	最高人民法院关于对故意伤害、盗窃等严重破坏社会秩序的犯罪分子能否附加剥夺政治权利问题的批复	1997年12月31日		刑·71
法释〔1997〕12号	最高人民法院关于适用刑法第十二条几个问题的解释	1997年12月31日		刑·7

1998年

文号	司法解释名称	发布时间	备注	页码
法释〔1998〕1号	最高人民法院关于审理中外合资经营合同纠纷案件如何清算合资企业问题的批复	1998年1月6日		商·81
法释〔1998〕2号	最高人民法院关于对被执行人存在银行的凭证式国库券可否采取执行措施问题的批复	1998年2月10日		民·981
法释〔1998〕3号	最高人民法院关于适用法发〔1996〕28号司法解释问题的批复	1998年2月13日		民·721
法释〔1998〕4号	最高人民法院关于审理盗窃案件具体应用法律若干问题的解释	1998年3月10日	已废止	未收
法释〔1998〕5号	最高人民法院关于如何理解《关于适用〈中华人民共和国民事诉讼法〉若干问题的意见》第31条第2款的批复	1998年4月17日		民·722
法释〔1998〕6号	最高人民法院关于审理拒不执行判决、裁定案件具体应用法律若干问题的解释	1998年4月17日	已废止	未收
法释〔1998〕7号	最高人民法院关于在审理经济纠纷案件中涉及经济犯罪嫌疑若干问题的规定	1998年4月21日		民·852
法释〔1998〕8号	最高人民法院关于处理自首和立功具体应用法律若干问题的解释	1998年4月17日		刑·73
法释〔1998〕9号	最高人民法院关于审理挪用公款案件具体应用法律若干问题的解释	1998年4月29日		刑·803
法释〔1998〕10号	最高人民法院关于对案外人的财产能否进行保全问题的批复	1998年5月19日		民·849

续表

文号	司法解释名称	发布时间	备注	页码
法释〔1998〕11号	最高人民法院关于人民法院认可台湾地区有关法院民事判决的规定	1998年5月22日		民·1141
法释〔1998〕12号	最高人民法院关于经商检局检验出口的商品被退回应否将商检局列为经济合同质量纠纷案件当事人问题的批复	1998年6月23日		民·757
法释〔1998〕13号	最高人民法院关于会计师事务所为企业出具虚假验资证明应如何承担责任问题的批复	1998年6月26日		商·111
法释〔1998〕14号	最高人民法院关于民事经济审判方式改革问题的若干规定	1998年7月6日		民·658
法释〔1998〕15号	最高人民法院关于人民法院执行工作若干问题的规定(试行)	1998年7月8日		民·983
法释〔1998〕16号	最高人民法院关于审理当事人申请撤销仲裁裁决案件几个具体问题的批复	1998年7月21日		民·1277
法释〔1998〕17号	最高人民法院关于人民法院发现本院作出的诉前保全裁定和在执行程序中作出的裁定确有错误以及人民检察院对人民法院作出的诉前保全裁定提出抗诉人民法院应当如何处理的批复	1998年7月30日		民·852
法释〔1998〕18号	最高人民法院关于对怀孕妇女在羁押期间自然流产审判时是否可以适用死刑问题的批复	1998年8月7日		刑·88
法释〔1998〕19号	最高人民法院关于第二审法院裁定按自动撤回上诉处理的案件第一审法院能否再审问题的批复	1998年8月10日		民·924
法释〔1998〕20号	最高人民法院关于审理骗购外汇、非法买卖外汇刑事案件具体应用法律若干问题的解释	1998年8月28日		刑·396
法释〔1998〕21号	最高人民法院关于未被续聘的仲裁员在原参加审理的案件裁决书上签名人民法院应当执行该仲裁裁决书的批复	1998年8月31日		民·1281

续表

文号	司法解释名称	发布时间	备注	页码
法释〔1998〕22 号	最高人民法院关于人民法院不予受理人民检察院单独就诉讼费负担裁定提出抗诉问题的批复	1998 年 8 月 31 日		民·875
法释〔1998〕23 号	最高人民法院关于执行《中华人民共和国刑事诉讼法》若干问题的解释	1998 年 9 月 2 日	已废止	未收
法释〔1998〕24 号	最高人民法院关于劳动仲裁委员会逾期不作出仲裁裁决或者作出不予受理通知的劳动争议案件人民法院应否受理的批复	1998 年 9 月 2 日		民·1284
法释〔1998〕25 号	最高人民法院关于能否将国有土地使用权折价抵偿给抵押权人问题的批复	1998 年 9 月 3 日		民·306
法释〔1998〕26 号	最高人民法院关于审理名誉权案件若干问题的解释	1998 年 8 月 31 日		民·202
法释〔1998〕27 号	最高人民法院关于确认仲裁协议效力几个问题的批复	1998 年 10 月 26 日		民·1287
法释〔1998〕28 号	最高人民法院关于承认和执行外国仲裁裁决收费及审查期限问题的规定	1998 年 11 月 14 日		民·1292
法释〔1998〕29 号	最高人民法院关于诉前财产保全几个问题的批复	1998 年 11 月 27 日		民·856
法释〔1998〕30 号	最高人民法院关于审理非法出版物刑事案件具体应用法律若干问题的解释	1998 年 12 月 17 日		刑·418
法释〔1998〕31 号	最高人民法院关于依据何种标准计算电话费滞纳金问题的批复	1998 年 12 月 29 日		民·513

1999 年

文号	司法解释名称	发布时间	备注	页码
法释〔1999〕1 号	最高人民法院关于人民法院决定暂予监外执行有关问题的批复	1999 年 1 月 15 日	已废止	未收

续表

文号	司法解释名称	发布时间	备注	页码
法释〔1999〕2号	最高人民法院关于对在执行死刑前发现重大情况需要改判的案件如何适用程序问题的批复	1999年2月8日	已废止	未收
法释〔1999〕3号	最高人民法院关于如何确认公民与企业之间借贷行为效力问题的批复	1999年2月9日		未收
法释〔1999〕4号	最高人民法院关于人民检察院对民事调解书提出抗诉人民法院应否受理问题的批复	1999年2月9日		民·696
法释〔1999〕5号	最高人民法院关于交通事故中的财产损失是否包括被损车辆停运损失问题的批复	1999年2月11日		民·293
法释〔1999〕6号	最高人民法院关于当事人对人民法院撤销仲裁裁决的裁定不服申请再审人民法院是否受理问题的批复	1999年2月11日		民·1296
法释〔1999〕7号	最高人民法院关于超过诉讼时效期间借款人在催款通知单上签字或者盖章的法律效力问题的批复	1999年2月11日		民·97
法释〔1999〕8号	最高人民法院关于逾期付款违约金应当按照何种标准计算问题的批复	1999年2月12日		民·516
法释〔1999〕9号	最高人民法院关于内地与香港特别行政区法院相互委托送达民商事司法文书的安排	1999年3月29日		民·1167
法释〔1999〕10号	最高人民法院关于当事人持台湾地区有关法院民事调解书或者有关机构出具或确认的调解协议书向人民法院申请认可人民法院应否受理的批复	1999年4月27日		民·1153
法释〔1999〕11号	最高人民法院关于人民法院是否受理因邮电部门电报稽延纠纷提起诉讼问题的批复	1999年6月9日		民·699
法释〔1999〕12号	最高人民法院关于村民小组组长利用职务便利非法占有公共财物行为如何定性问题的批复	1999年6月25日		刑·549
法释〔1999〕13号	最高人民法院关于被盗机动车辆肇事后由谁承担损害赔偿责任问题的批复	1999年6月25日		民·296

续表

文号	司法解释名称	发布时间	备注	页码
法释〔1999〕14 号	最高人民法院关于审理单位犯罪案件具体应用法律有关问题的解释	1999 年 6 月 25 日		刑 · 9
法释〔1999〕15 号	最高人民法院关于审理农业承包合同纠纷案件若干问题的规定(试行)	1999 年 6 月 28 日	已废止	未收
法释〔1999〕16 号	最高人民法院关于我国仲裁机构作出的仲裁裁决能否部分撤销问题的批复	1999 年 8 月 25 日	已废止	未收
法释〔1999〕17 号	最高人民法院关于审理倒卖车票刑事案件有关问题的解释	1999 年 9 月 6 日		刑 · 460
法释〔1999〕18 号	最高人民法院、最高人民检察院关于办理组织和利用邪教组织犯罪案件具体应用法律若干问题的解释	1999 年 10 月 9 日		刑 · 621
法释〔1999〕19 号	最高人民法院关于适用《中华人民共和国合同法》若干问题的解释(一)	1999 年 12 月 19 日		民 · 362

2000 年

文号	司法解释名称	发布时间	备注	页码
法释〔2000〕1 号	最高人民法院关于审理拐卖妇女案件适用法律有关问题的解释	2000 年 1 月 3 日		刑 · 489
法释〔2000〕2 号	最高人民法院关于如何理解刑事诉讼法第二百一十三条中"交付执行的人民法院"问题的批复	2000 年 1 月 3 日		刑 · 1164
法释〔2000〕3 号	最高人民法院关于内地与香港特别行政区相互执行仲裁裁决的安排	2000 年 1 月 24 日		民 · 1170
法释〔2000〕4 号	最高人民法院关于审理强奸案件有关问题的解释	2000 年 2 月 16 日	已废止	未收
法释〔2000〕5 号	最高人民法院关于对受委托管理、经营国有财产人员挪用国有资金行为如何定罪问题的批复	2000 年 2 月 16 日		刑 · 555

续表

文号	司法解释名称	发布时间	备注	页码
法释〔2000〕6 号	最高人民法院关于人民法院受理申请承认外国法院离婚判决案件有关问题的规定	2000 年 2 月 29 日		民·1218
法释〔2000〕7 号	最高人民法院关于刑事裁判文书中刑期起止日期如何表述问题的批复	2000 年 2 月 19 日	已废止	未收
法释〔2000〕8 号	最高人民法院关于执行《中华人民共和国行政诉讼法》若干问题的解释	2000 年 3 月 8 日		行·3
法释〔2000〕9 号	最高人民法院关于加强和改进委托执行工作的若干规定	2000 年 3 月 8 日	已废止	未收
法释〔2000〕10 号	最高人民法院关于农村合作基金会从业人员犯罪如何定性问题的批复	2000 年 5 月 8 日		刑·14
法释〔2000〕11 号	最高人民法院关于敲诈勒索罪数额认定标准问题的规定	2000 年 5 月 12 日	已废止	未收
法释〔2000〕12 号	最高人民法院关于审理扰乱电信市场管理秩序案件具体应用法律若干问题的解释	2000 年 5 月 12 日		刑·455
法释〔2000〕13 号	最高人民法院关于审理毒品案件定罪量刑标准有关问题的解释	2000 年 6 月 6 日		刑·728
法释〔2000〕14 号	最高人民法院关于审理破坏土地资源刑事案件具体应用法律若干问题的解释	2000 年 6 月 19 日		刑·701
法释〔2000〕15 号	最高人民法院关于审理贪污、职务侵占案件如何认定共同犯罪几个问题的解释	2000 年 6 月 30 日		刑·818
法释〔2000〕16 号	最高人民法院关于如何处理人民检察院提出的暂缓执行建议问题的批复	2000 年 7 月 10 日		民·1007
法释〔2000〕17 号	最高人民法院关于人民检察院对撤销仲裁裁决的民事裁定提起抗诉人民法院应如何处理问题的批复	2000 年 7 月 10 日		民·1299
法释〔2000〕18 号	最高人民法院关于人民法院对经劳动争议仲裁裁决的纠纷准予撤诉或驳回起诉后劳动争议仲裁裁决从何时起生效的解释	2000 年 7 月 10 日		民·1302

续表

文号	司法解释名称	发布时间	备注	页码
法释〔2000〕19号	最高人民法院关于对为索取法律不予保护的债务非法拘禁他人行为如何定罪问题的解释	2000年7月13日		刑·487
法释〔2000〕20号	最高人民法院予以废止的1999年底以前发布的有关司法解释目录(第三批)	2000年7月13日		综·227
法释〔2000〕21号	最高人民法院关于国家工作人员利用职务上的便利为他人谋取利益离退休后收受财物行为如何处理问题的批复	2000年7月13日		刑·834
法释〔2000〕22号	最高人民法院关于如何理解刑法第二百七十二条规定的“挪用本单位资金归个人使用或者借贷给他人”问题的批复	2000年7月20日		刑·558
法释〔2000〕23号	最高人民法院关于如何处理农村五保对象遗产问题的批复	2000年7月25日		民·195
法释〔2000〕24号	最高人民法院关于因法院错判导致债权利息损失扩大保证人应否承担责任问题的批复	2000年8月8日		商·337
法释〔2000〕25号	最高人民法院关于当事人对仲裁协议的效力提出异议由哪一级人民法院管辖问题的批复	2000年8月8日		民·1306
法释〔2000〕26号	最高人民法院关于审理伪造货币等案件具体应用法律若干问题的解释	2000年9月8日		刑·327
法释〔2000〕27号	最高人民法院关于民事、行政诉讼中司法赔偿若干问题的解释	2000年9月16日		行·336
法释〔2000〕28号	最高人民法院关于未被公安机关正式录用的人员、狱医能否构成失职致使在押人员脱逃罪主体问题的批复	2000年9月19日		刑·880
法释〔2000〕29号	最高人民法院关于严格执行案件审理期限制度的若干规定	2000年9月22日		综·71
法释〔2000〕30号	最高人民法院关于审理走私刑事案件具体应用法律若干问题的解释	2000年9月26日		刑·297

续表

文号	司法解释名称	发布时间	备注	页码
法释〔2000〕31 号	最高人民法院关于审理单位犯罪案件对其直接负责的主管人员和其他直接责任人员是否区分主犯、从犯问题的批复	2000 年 9 月 30 日		刑 · 17
法释〔2000〕32 号	最高人民法院关于审理票据纠纷案件若干问题的规定	2000 年 11 月 14 日		商 · 475
法释〔2000〕33 号	最高人民法院关于审理交通肇事刑事案件具体应用法律若干问题的解释	2000 年 11 月 15 日		刑 · 221
法释〔2000〕34 号	最高人民法院关于修改《最高人民法院关于逾期付款违约金应当按照何种标准计算问题的批复》的批复	2000 年 11 月 15 日		民 · 519
法释〔2000〕35 号	最高人民法院关于审理抢劫案件具体应用法律若干问题的解释	2000 年 11 月 22 日		刑 · 514
法释〔2000〕36 号	最高人民法院关于审理破坏森林资源刑事案件具体应用法律若干问题的解释	2000 年 11 月 22 日		刑 · 714
法释〔2000〕37 号	最高人民法院关于审理破坏野生动物资源刑事案件具体应用法律若干问题的解释	2000 年 11 月 27 日		刑 · 688
法释〔2000〕38 号	最高人民法院关于购买人使用分期付款购买的车辆从事运输因交通事故造成他人财产损失保留车辆所有权的出卖方不应承担民事责任的批复	2000 年 12 月 1 日		民 · 298
法释〔2000〕39 号	最高人民法院、最高人民检察院关于对军人非战时逃离部队的行为能否定罪处罚问题的批复	2000 年 12 月 5 日		刑 · 883
法释〔2000〕40 号	最高人民法院关于审理刑事附带民事诉讼案件有关问题的批复	2000 年 12 月 1 日		刑 · 1036
法释〔2000〕41 号	最高人民法院关于对变造、倒卖变造邮票行为如何适用法律问题的解释	2000 年 12 月 5 日		刑 · 462
法释〔2000〕42 号	最高人民法院关于审理黑社会性质组织犯罪的案件具体应用法律若干问题的解释	2000 年 12 月 5 日		刑 · 609

续表

文号	司法解释名称	发布时间	备注	页码
法释〔2000〕43号	最高人民法院关于企业被人民法院依法宣告破产后在破产程序终结前经人民法院允许从事经营活动所签合同是否有效问题的批复	2000年12月1日	已废止	未收
法释〔2000〕44号	最高人民法院关于适用《中华人民共和国担保法》若干问题的解释	2000年12月8日		商·340
法释〔2000〕45号	最高人民法院关于适用财产刑若干问题的规定	2000年12月13日		刑·90
法释〔2000〕46号	最高人民法院关于人民检察院对不撤销仲裁裁决的民事裁定提出抗诉人民法院应否受理问题的批复	2000年12月13日		民·1309
法释〔2000〕47号	最高人民法院关于刑事附带民事诉讼范围问题的规定	2000年12月13日		刑·1039
法释〔2000〕48号	最高人民法院关于审理涉及计算机网络著作权纠纷案件适用法律若干问题的解释	2000年12月19日	已废止	未收

2001年

文号	司法解释名称	发布时间	备注	页码
法释〔2001〕1号	最高人民法院关于人民法院对注册商标权进行财产保全的解释	2001年1月2日		知·179
法释〔2001〕2号	最高人民法院关于适用督促程序若干问题的规定	2001年1月8日		知·259
法释〔2001〕3号	最高人民法院关于审理触电人身损害赔偿案件若干问题的解释	2001年1月10日	已废止	未收

续表

文号	司法解释名称	发布时间	备注	页码
法释〔2001〕4号	最高人民法院关于审理为境外窃取、刺探、收买、非法提供国家秘密、情报案件具体应用法律若干问题的解释	2001年1月17日		刑·170
法释〔2001〕5号	最高人民法院关于审理植物新品种纠纷案件若干问题的解释	2001年2月5日		知·365
法释〔2001〕6号	最高人民法院关于国有资产产权管理行政案件管辖问题的解释	2001年2月16日		行·148
法释〔2001〕7号	最高人民法院关于确定民事侵权精神损害赔偿责任若干问题的解释	2001年3月8日		未收
法释〔2001〕8号	最高人民法院关于审理军队、武警部队、政法机关移交、撤销企业和与党政机关脱钩企业相关纠纷案件若干问题的规定	2001年3月20日		未收
法释〔2001〕9号	最高人民法院关于审理未成年人刑事案件的若干规定	2001年4月4日		刑·1046
法释〔2001〕10号	最高人民法院、最高人民检察院关于办理生产、销售伪劣商品刑事案件具体应用法律若干问题的解释	2001年4月9日		刑·256
法释〔2001〕11号	最高人民法院关于情节严重的传销或者变相传销行为如何定性问题的批复	2001年4月10日	已废止	未收
法释〔2001〕12号	最高人民法院关于审理涉及金融资产管理公司收购、管理、处置国有银行不良贷款形成的资产的案件适用法律若干问题的规定	2001年4月11日		未收
法释〔2001〕13号	最高人民法院关于当事人持台湾地区有关法院支付命令向人民法院申请认可人民法院应否受理的批复	2001年4月10日		民·1154
法释〔2001〕14号	最高人民法院关于审理劳动争议案件适用法律若干问题的解释	2001年4月16日		民·532
法释〔2001〕15号	最高人民法院关于审理非法制造、买卖、运输枪支、弹药、爆炸物等刑事案件具体应用法律若干问题的解释	2001年5月15日	已修改	未收

续表

文号	司法解释名称	发布时间	备注	页码
法释〔2001〕16 号	最高人民法院关于抢劫过程中故意杀人案件如何定罪问题的批复	2001 年 5 月 23 日		刑·525
法释〔2001〕17 号	最高人民法院关于在国有资本控股、参股的股份有限公司从事管理工作的人员利用职务便利非法占有本公司财物如何定罪问题的批复	2001 年 5 月 23 日		刑·551
法释〔2001〕18 号	最高人民法院关于如何确定沿海、内河货物运输赔偿请求权时效期间问题的批复	2001 年 5 月 24 日		商·520
法释〔2001〕19 号	最高人民法院、最高人民检察院关于办理组织和利用邪教组织犯罪案件具体应用法律若干问题的解释(二)	2001 年 6 月 4 日		刑·625
法释〔2001〕20 号	最高人民法院关于对诉前停止侵犯专利权行为适用法律问题的若干规定	2001 年 6 月 7 日		知·259
法释〔2001〕21 号	最高人民法院关于审理专利纠纷案件适用法律问题的若干规定	2001 年 6 月 22 日	已修改	未收
法释〔2001〕22 号	最高人民法院、最高人民检察院关于办理伪造、贩卖伪造的高等院校学历、学位证明刑事案件如何适用法律问题的解释	2001 年 7 月 3 日		刑·579
法释〔2001〕23 号	最高人民法院关于公安机关不履行法定行政职责是否承担行政赔偿责任问题的批复	2001 年 7 月 17 日		行·343
法释〔2001〕24 号	最高人民法院关于审理涉及计算机网络域名民事纠纷案件适用法律若干问题的解释	2001 年 7 月 17 日		知·321
法释〔2001〕25 号	最高人民法院关于以侵犯姓名权的手段侵犯宪法保护的公民受教育的基本权利是否应承担民事责任的批复	2001 年 7 月 24 日	已废止	未收
法释〔2001〕26 号	最高人民法院关于内地与澳门特别行政区法院就民商事案件相互委托送达司法文书和调取证据的安排	2001 年 8 月 27 日		民·1179
法释〔2001〕27 号	最高人民法院关于海事法院受理案件范围的若干规定	2001 年 9 月 11 日		商·596

续表

文号	司法解释名称	发布时间	备注	页码
法释〔2001〕28 号	最高人民法院关于冻结、拍卖上市公司国有股和社会法人股若干问题的规定	2001 年 9 月 21 日		民·859
法释〔2001〕29 号	最高人民法院关于如何认定挪用公款归个人使用有关问题的解释	2001 年 10 月 17 日	已废止	未收
法释〔2001〕30 号	最高人民法院关于适用《中华人民共和国婚姻法》若干问题的解释（一）	2001 年 12 月 25 日		民·100
法释〔2001〕31 号	最高人民法院关于刑事再审案件开庭审理程序的具体规定（试行）	2001 年 12 月 26 日		刑·1130
法释〔2001〕32 号	最高人民法院予以废止的 2000 年底以前发布的有关司法解释目录（第四批）	2001 年 12 月 27 日		综·229
法释〔2001〕33 号	最高人民法院关于民事诉讼证据的若干规定	2001 年 12 月 21 日		民·768

2002 年

文号	司法解释名称	发布时间	备注	页码
法释〔2002〕1 号	最高人民法院关于审理商标案件有关管辖和法律适用范围问题的解释	2002 年 1 月 9 日		知·183
法释〔2002〕2 号	最高人民法院关于诉前停止侵犯注册商标专用权行为和保全证据适用法律问题的解释	2002 年 1 月 9 日		知·191
法释〔2002〕3 号	最高人民法院关于审理组织、运送他人偷越国（边）境等刑事案件适用法律若干问题的解释	2002 年 1 月 30 日	已废止	未收
法释〔2002〕4 号	最高人民法院关于海关行政处罚案件诉讼管辖问题的解释	2002 年 1 月 30 日		行·151

续表

文号	司法解释名称	发布时间	备注	页码
法释〔2002〕5号	最高人民法院关于涉外民商事案件诉讼管辖若干问题的规定	2002年2月25日		民·1222
法释〔2002〕6号	最高人民法院予以废止的2000年底以前发布的有关司法解释目录(第五批)	2002年3月6日		综·232
法释〔2002〕7号	最高人民法院、最高人民检察院关于执行《中华人民共和国刑法》确定罪名的补充规定	2002年3月15日		刑·161
法释〔2002〕8号	人民法院对外委托司法鉴定管理规定	2002年3月27日	已废止	未收
法释〔2002〕9号	最高人民法院关于审理非法生产、买卖武装部队车辆号牌等刑事案件具体应用法律若干问题的解释	2002年4月10日	已废止	未收
法释〔2002〕10号	最高人民法院关于对采用破坏性手段盗窃正在使用的油田输油管道中油品的行为如何适用法律问题的批复	2002年4月10日	已废止	未收
法释〔2002〕11号	最高人民法院关于撤销缓刑时罪犯在宣告缓刑前羁押的时间能否折抵刑期问题的批复	2002年4月10日		刑·96
法释〔2002〕12号	最高人民法院关于企业离退休人员的养老保险统筹金应当列入破产财产分配方案问题的批复	2002年4月18日	已废止	未收
法释〔2002〕13号	最高人民法院予以废止的2000年底以前发布的有关司法解释目录(第六批)	2002年5月23日		综·235
法释〔2002〕14号	最高人民法院关于国有工业企业以机器设备等财产为抵押物与债权人签订的抵押合同的效力问题的批复	2002年6月18日		民·310
法释〔2002〕15号	最高人民法院关于向外国公司送达司法文书能否向其驻华代表机构送达并适用留置送达问题的批复	2002年6月18日		民·1232
法释〔2002〕16号	最高人民法院关于建设工程价款优先受偿权问题的批复	2002年6月20日		民·429
法释〔2002〕17号	最高人民法院关于人民法院是否受理刑事案件被害人提起精神损害赔偿民事诉讼问题的批复	2002年7月15日		刑·1043

续表

文号	司法解释名称	发布时间	备注	页码
法释〔2002〕18号	最高人民法院关于审理抢夺刑事案件具体应用法律若干问题的解释	2002年7月16日	已废止	未收
法释〔2002〕19号	最高人民法院关于民事损害赔偿案件当事人的再审申请超出原审诉讼请求人民法院是否应当再审问题的批复	2002年7月18日		民·927
法释〔2002〕20号	最高人民法院关于当事人对按自动撤回上诉处理的裁定不服申请再审，人民法院应如何处理问题的批复	2002年7月19日		民·930
法释〔2002〕21号	最高人民法院关于行政诉讼证据若干问题的规定	2002年7月24日		行·53
法释〔2002〕22号	最高人民法院关于产品侵权案件的受害人能否以产品的商标所有人为被告提起民事诉讼的批复	2002年7月11日		民·759
法释〔2002〕23号	最高人民法院关于审理企业破产案件若干问题的规定	2002年7月30日		商·250
法释〔2002〕24号	最高人民法院关于人民法院对民事案件发回重审和指令再审有关问题的规定	2002年7月31日		民·933
法释〔2002〕25号	最高人民法院关于人民法院合议庭工作的若干规定	2002年8月12日		综·81
法释〔2002〕26号	最高人民法院、最高人民检察院关于办理非法生产、销售、使用禁止在饲料和动物饮用水中使用的药品等刑事案件具体应用法律若干问题的解释	2002年8月16日		刑·277
法释〔2002〕27号	最高人民法院关于审理国际贸易行政案件若干问题的规定	2002年8月27日		未收
法释〔2002〕28号	最高人民法院关于行政机关工作人员执行职务致人伤亡构成犯罪的赔偿诉讼程序问题的批复	2002年8月23日		行·348
法释〔2002〕29号	最高人民法院关于审理涉及人民调解协议的民事案件的若干规定	2002年9月16日		民·818

续表

文号	司法解释名称	发布时间	备注	页码
法释〔2002〕30号	最高人民法院关于审理骗取出口退税刑事案件具体应用法律若干问题的解释	2002年9月17日		刑·412
法释〔2002〕31号	最高人民法院关于审理著作权民事纠纷案件适用法律若干问题的解释	2002年10月12日		知·139
法释〔2002〕32号	最高人民法院关于审理商标民事纠纷案件适用法律若干问题的解释	2002年10月12日		知·202
法释〔2002〕33号	最高人民法院关于审理偷税抗税刑事案件具体应用法律若干问题的解释	2002年11月5日		刑·406
法释〔2002〕34号	最高人民法院关于死刑缓期执行的期间如何确定问题的批复	2002年11月5日	已废止	未收
法释〔2002〕35号	最高人民法院关于审理反倾销行政案件应用法律若干问题的规定	2002年11月21日		行·174
法释〔2002〕36号	最高人民法院关于审理反补贴行政案件应用法律若干问题的规定	2002年11月21日		行·183
法释〔2002〕37号	最高人民法院关于已承担保证责任的保证人向其他保证人行使追偿权问题的批复	2002年11月23日		商·374
法释〔2002〕38号	最高人民法院关于涉及担保纠纷案件的司法解释的适用和保证责任方式认定问题的批复	2002年11月23日		商·379
法释〔2002〕39号	最高人民法院关于诉讼代理人查阅民事案件材料的规定	2002年11月15日		民·761

2003年

文号	司法解释名称	发布时间	备注	页码
法释〔2003〕1号	最高人民法院关于审理与企业改制相关的民事纠纷案件若干问题的规定	2003年1月3日		商·123
法释〔2003〕2号	最高人民法院关于审理证券市场因虚假陈述引发的民事赔偿案件的若干规定	2003年1月9日		商·419
法释〔2003〕3号	最高人民法院关于适用《中华人民共和国海事诉讼特别程序法》若干问题的解释	2003年1月6日		商·604
法释〔2003〕4号	最高人民法院关于行为人不明知是不满十四周岁的幼女双方自愿发生性关系是否构成强奸罪问题的批复	2003年1月17日	已废止	未收
法释〔2003〕5号	最高人民法院关于适用《行政复议法》第三十条第一款有关问题的批复	2003年2月25日		行·241
法释〔2003〕6号	最高人民法院关于破产企业国有划拨土地使用权应否列入破产财产等问题的批复	2003年4月16日		商·275
法释〔2003〕7号	最高人民法院关于审理商品房买卖合同纠纷案件适用法律若干问题的解释	2003年4月28日		民·442
法释〔2003〕8号	最高人民法院、最高人民检察院关于办理妨害预防、控制突发传染病疫情等灾害的刑事案件具体应用法律若干问题的解释	2003年5月14日		刑·658
法释〔2003〕9号	最高人民法院关于审理非法采矿、破坏性采矿刑事案件具体应用法律若干问题的解释	2003年5月29日		刑·710
法释〔2003〕10号	最高人民法院关于审理期货纠纷案件若干问题的规定	2003年6月18日		商·436
法释〔2003〕11号	最高人民法院关于在民事审判工作中适用《中华人民共和国工会法》若干问题的解释	2003年6月25日		民·40

续表

文号	司法解释名称	发布时间	备注	页码
法释〔2003〕12号	最高人民法院、最高人民检察院关于执行《中华人民共和国刑法》确定罪名的补充规定(二)	2003年8月15日		刑·163
法释〔2003〕13号	最高人民法院关于人民法院审理事业单位人事争议案件若干问题的规定	2003年8月27日		民·595
法释〔2003〕14号	最高人民法院、最高人民检察院关于办理非法制造、买卖、运输、储存毒鼠强等禁用剧毒化学品刑事案件具体应用法律若干问题的解释	2003年9月4日		刑·238
法释〔2003〕15号	最高人民法院关于适用简易程序审理民事案件的若干规定	2003年9月10日		民·889
法释〔2003〕16号	最高人民法院关于挪用公款犯罪如何计算追诉期限问题的批复	2003年9月22日		刑·836
法释〔2003〕17号	最高人民法院关于房地产管理机关能否撤销错误的注销抵押登记行为问题的批复	2003年11月17日		行·200
法释〔2003〕18号	最高人民法院关于可否将航道养护费的缴付请求列入船舶优先权问题的批复	2003年12月8日	已废止	未收
法释〔2003〕19号	最高人民法院关于适用《中华人民共和国婚姻法》若干问题的解释(二)	2003年12月25日		民·133
法释〔2003〕20号	最高人民法院关于审理人身损害赔偿案件适用法律若干问题的解释	2003年12月26日		民·238

2004年

文号	司法解释名称	发布时间	备注	页码
法释〔2004〕1号	最高人民法院关于修改《最高人民法院关于审理涉及计算机网络著作权纠纷案件适用法律若干问题的解释》的决定	2004年1月2日	已废止	未收
法释〔2004〕2号	最高人民法院关于被告人对行为性质的辩解是否影响自首成立问题的批复	2004年3月26日		刑·86

续表

文号	司法解释名称	发布时间	备注	页码
法释〔2004〕3 号	最高人民法院关于在林木采伐许可证规定的地点以外采伐本单位或者本人所有的森林或者其他林木的行为如何适用法律问题的批复	2004 年 3 月 26 日		刑·725
法释〔2004〕4 号	最高人民法院关于人民法院应当如何认定保证人在保证期间届满后又在催款通知书上签字问题的批复	2004 年 4 月 14 日		商·384
法释〔2004〕5 号	最高人民法院关于破产清算组在履行职责过程中违约或侵权等民事纠纷案件诉讼管辖问题的批复	2004 年 6 月 21 日		民·725
法释〔2004〕6 号	最高人民法院关于行政机关根据法院的协助执行通知书实施的行政行为是否属于人民法院行政诉讼受案范围的批复	2004 年 7 月 13 日		行·154
法释〔2004〕7 号	最高人民法院关于刑事案件终审判决和裁定何时发生法律效力问题的批复	2004 年 7 月 26 日		刑·1166
法释〔2004〕8 号	最高人民法院关于解除劳动合同的劳动争议仲裁申请期限应当如何起算问题的批复	2004 年 7 月 26 日		民·591
法释〔2004〕9 号	最高人民法院关于当事人对驳回其申请撤销仲裁裁决的裁定不服而申请再审，人民法院不予受理问题的批复	2004 年 7 月 26 日		刑·1312
法释〔2004〕10 号	最高人民法院关于审理人民法院国家赔偿确认案件若干问题的规定（试行）	2004 年 8 月 10 日	已废止	未收
法释〔2004〕11 号	最高人民法院、最高人民检察院关于办理利用互联网、移动通讯终端、声讯台制作、复制、出版、贩卖、传播淫秽电子信息刑事案件具体应用法律若干问题的解释	2004 年 9 月 3 日		刑·749
法释〔2004〕12 号	最高人民法院关于人民法院民事调解工作若干问题的规定	2004 年 9 月 16 日		民·828
法释〔2004〕13 号	最高人民法院关于以法院专递方式邮寄送达民事诉讼文书的若干规定	2004 年 9 月 17 日		未收
法释〔2004〕14 号	最高人民法院关于审理建设工程施工合同纠纷案件适用法律问题的解释	2004 年 10 月 25 日		民·458

续表

文号	司法解释名称	发布时间	备注	页码
法释〔2004〕15 号	最高人民法院关于人民法院民事执行中查封、扣押、冻结财产的规定	2004 年 11 月 4 日		刑·1009
法释〔2004〕16 号	最高人民法院关于人民法院民事执行中拍卖、变卖财产的规定	2004 年 11 月 15 日		刑·1023
法释〔2004〕17 号	最高人民法院关于依据原告起诉时提供的被告住址无法送达应如何处理问题的批复	2004 年 11 月 25 日		民·813
法释〔2004〕18 号	最高人民法院关于审理出口退税托管账户质押贷款案件有关问题的规定	2004 年 11 月 22 日	部分废止	未收
法释〔2004〕19 号	最高人民法院、最高人民检察院关于办理侵犯知识产权刑事案件具体应用法律若干问题的解释	2004 年 12 月 8 日		刑·426
法释〔2004〕20 号	最高人民法院关于审理技术合同纠纷案件适用法律若干问题的解释	2004 年 12 月 16 日		知·301
法释〔2004〕21 号	最高人民法院关于审理破坏公用电信设施刑事案件具体应用法律若干问题的解释	2004 年 12 月 30 日		刑·188

2005 年

文号	司法解释名称	发布时间	备注	页码
法释〔2005〕1 号	最高人民法院关于对与证券交易所监管职能相关的诉讼案件管辖与受理问题的规定	2005 年 1 月 25 日		民·702
法释〔2005〕2 号	最高人民法院关于证券监督管理机构申请人民法院冻结资金账户、证券账户的若干规定	2005 年 4 月 29 日	已废止	未收

续表

文号	司法解释名称	发布时间	备注	页码
法释〔2005〕3号	最高人民法院、最高人民检察院关于办理赌博刑事案件具体应用法律若干问题的解释	2005年5月11日		刑·640
法释〔2005〕4号	最高人民法院关于新疆生产建设兵团人民法院案件管辖权问题的若干规定	2005年5月24日		综·94
法释〔2005〕5号	最高人民法院关于审理涉及国有土地使用权合同纠纷案件适用法律问题的解释	2005年6月18日		民·470
法释〔2005〕6号	最高人民法院关于审理涉及农村土地承包纠纷案件适用法律问题的解释	2005年7月29日		民·320
法释〔2005〕7号	最高人民法院关于银行储蓄卡密码被泄露导致存款被他人骗取引起的储蓄合同纠纷应否作为民事案件受理问题的批复	2005年7月25日		民·706
法释〔2005〕8号	最高人民法院关于当事人申请承认澳大利亚法院出具的离婚证明书人民法院应否受理问题的批复	2005年7月26日		民·1236
法释〔2005〕9号	最高人民法院关于当事人达不成拆迁补偿安置协议就补偿安置争议提起民事诉讼人民法院应否受理问题的批复	2005年8月1日		民·709
法释〔2005〕10号	最高人民法院关于如何认定国有控股、参股股份有限公司中的国有公司、企业人员的解释	2005年8月1日		刑·325
法释〔2005〕11号	最高人民法院关于当事人申请财产保全错误造成案外人损失应否承担赔偿责任问题的解释	2005年8月15日		民·869
法释〔2005〕12号	最高人民法院、最高人民检察院关于办理侵犯著作权刑事案件中涉及录音录像制品有关问题的批复	2005年10月13日		刑·449
法释〔2005〕13号	最高人民法院关于审理信用证纠纷案件若干问题的规定	2005年11月14日		商·503
法释〔2005〕14号	最高人民法院关于人民法院执行设定抵押的房屋的规定	2005年12月14日		民·1038

续表

文号	司法解释名称	发布时间	备注	页码
法释〔2005〕15号	最高人民法院关于审理破坏林地资源刑事案件具体应用法律若干问题的解释	2005年12月26日		刑·720

2006年

文号	司法解释名称	发布时间	备注	页码
法释〔2006〕1号	最高人民法院关于审理未成年人刑事案件具体应用法律若干问题的解释	2006年1月11日		刑·105
法释〔2006〕2号	最高人民法院关于内地与澳门特别行政区关于相互认可和执行民商事判决的安排	2006年3月21日		民·1185
法释〔2006〕3号	最高人民法院关于适用《中华人民共和国公司法》若干问题的规定(一)	2006年4月28日		商·3
法释〔2006〕4号	最高人民法院关于审理环境污染刑事案件具体应用法律若干问题的解释	2006年7月21日	已废止	未收
法释〔2006〕5号	最高人民法院关于涉外民事或商事案件司法文书送达问题若干规定	2006年8月10日		民·1240
法释〔2006〕6号	最高人民法院关于审理劳动争议案件适用法律若干问题的解释(二)	2006年8月14日		民·545
法释〔2006〕7号	最高人民法院关于适用《中华人民共和国仲裁法》若干问题的解释	2006年8月23日		民·1264
法释〔2006〕8号	最高人民法院、最高人民检察院关于死刑第二审案件开庭审理程序若干问题的规定(试行)	2006年9月21日	已废止	未收
法释〔2006〕9号	最高人民法院关于审理走私刑事案件具体应用法律若干问题的解释(二)	2006年11月14日		刑·318
法释〔2006〕10号	最高人民法院关于审理海上保险纠纷案件若干问题的规定	2006年11月23日		商·523

续表

文号	司法解释名称	发布时间	备注	页码
法释〔2006〕11号	最高人民法院关于修改《最高人民法院关于审理涉及计算机网络著作权纠纷案件适用法律若干问题的解释》的决定（二）	2006年11月22日	已废止	未收
法释〔2006〕12号	最高人民法院关于统一行使死刑案件核准权有关问题的决定	2006年12月28日		刑·1104

2007年

文号	司法解释名称	发布时间	备注	页码
法释〔2007〕1号	最高人民法院关于审理侵犯植物新品种权纠纷案件具体应用法律问题的若干规定	2007年1月12日		知·372
法释〔2007〕2号	最高人民法院关于审理不正当竞争民事案件应用法律若干问题的解释	2007年1月12日		知·328
法释〔2007〕3号	最高人民法院、最高人民检察院关于办理盗窃油气、破坏油气设备等刑事案件具体应用法律若干问题的解释	2007年1月15日		刑·175
法释〔2007〕4号	最高人民法院关于复核死刑案件若干问题的规定	2007年2月27日		刑·1108
法释〔2007〕5号	最高人民法院、最高人民检察院关于办理危害矿山生产安全刑事案件具体应用法律若干问题的解释	2007年2月28日		刑·227
法释〔2007〕6号	最高人民法院、最高人民检察院关于办理侵犯知识产权刑事案件具体应用法律若干问题的解释（二）	2007年4月5日		刑·436
法释〔2007〕7号	最高人民法院关于在裁判文书中如何引用刑法修正案的批复	2007年4月11日	已废止	未收
法释〔2007〕8号	最高人民法院关于审理企业破产案件指定管理人的规定	2007年4月12日		商·189
法释〔2007〕9号	最高人民法院关于审理企业破产案件确定管理人报酬的规定	2007年4月12日		商·207

续表

文号	司法解释名称	发布时间	备注	页码
法释〔2007〕10 号	最高人民法院关于《中华人民共和国企业破产法》施行时尚未审结的企业破产案件适用法律若干问题的规定	2007 年 4 月 25 日		商 · 214
法释〔2007〕11 号	最高人民法院、最高人民检察院关于办理与盗窃、抢劫、诈骗、抢夺机动车相关刑事案件具体应用法律若干问题的解释	2007 年 5 月 9 日		刑 · 651
法释〔2007〕12 号	最高人民法院关于审理涉及会计师事务所在审计业务活动中民事侵权赔偿案件的若干规定	2007 年 6 月 11 日		商 · 83
法释〔2007〕13 号	最高人民法院关于审理危害军事通信刑事案件具体应用法律若干问题的解释	2007 年 6 月 26 日		刑 · 787
法释〔2007〕14 号	最高人民法院关于审理涉外民事或商事合同纠纷案件法律适用若干问题的规定	2007 年 7 月 23 日	已废止	未收
法释〔2007〕15 号	最高人民法院关于审理破坏电力设备刑事案件具体应用法律若干问题的解释	2007 年 8 月 15 日		刑 · 183
法释〔2007〕16 号	最高人民法院、最高人民检察院关于执行《中华人民共和国刑法》确定罪名的补充规定(三)	2007 年 10 月 25 日		刑 · 164
法释〔2007〕17 号	最高人民法院关于内地与澳门特别行政区相互认可和执行仲裁裁决的安排	2007 年 12 月 12 日		民 · 1201

2008 年

文号	司法解释名称	发布时间	备注	页码
法释〔2008〕1 号	最高人民法院关于行政案件管辖若干问题的规定	2008 年 1 月 14 日		行 · 126
法释〔2008〕2 号	最高人民法院关于行政诉讼撤诉若干问题的规定	2008 年 1 月 14 日		行 · 90

续表

文号	司法解释名称	发布时间	备注	页码
法释〔2008〕3号	最高人民法院关于审理注册商标、企业名称与在先权利冲突的民事纠纷案件若干问题的规定	2008年2月18日		知·227
法释〔2008〕4号	最高人民法院关于涉台民事诉讼文书送达的若干规定	2008年4月17日		民·1156
法释〔2008〕5号	最高人民法院关于审理非法行医刑事案件具体应用法律若干问题的解释	2008年4月29日		刑·672
法释〔2008〕6号	最高人民法院关于适用《中华人民共和国公司法》若干问题的规定(二)	2008年5月12日		商·7
法释〔2008〕7号	最高人民法院关于审理船舶碰撞纠纷案件若干问题的规定	2008年5月19日		商·534
法释〔2008〕8号	最高人民法院关于刑事第二审判决改变第一审判决认定的罪名后能否加重附加刑的批复	2008年6月6日		刑·1057
法释〔2008〕9号	最高人民法院关于内地与香港特别行政区法院相互认可和执行当事人协议管辖的民商事案件判决的安排	2008年7月3日		民·1175
法释〔2008〕10号	最高人民法院关于债权人对人员下落不明或者财产状况不清的债务人申请破产清算案件如何处理的批复	2008年8月7日		商·225
法释〔2008〕11号	最高人民法院关于审理民事案件适用诉讼时效制度若干问题的规定	2008年8月21日		民·80
法释〔2008〕12号	最高人民法院、最高人民检察院关于办理非法采供血液等刑事案件具体应用法律若干问题的解释	2008年9月22日		刑·666
法释〔2008〕13号	最高人民法院关于适用《中华人民共和国民事诉讼法》执行程序若干问题的解释	2008年11月3日		民·968
法释〔2008〕14号	最高人民法院关于适用《中华人民共和国民事诉讼法》审判监督程序若干问题的解释	2008年11月25日		民·911
法释〔2008〕15号	最高人民法院关于废止2007年底以前发布的有关司法解释(第七批)的决定	2008年12月18日		综·237

续表

文号	司法解释名称	发布时间	备注	页码
法释〔2008〕16 号	最高人民法院关于适用停止执行死刑程序有关问题的规定	2008 年 12 月 15 日		刑 · 1161
法释〔2008〕17 号	最高人民法院关于当事人对具有强制执行效力的公证债权文书的内容有争议提起诉讼人民法院是否受理问题的批复	2008 年 12 月 22 日		民 · 713
法释〔2008〕18 号	最高人民法院关于调整司法解释等文件中引用《中华人民共和国民事诉讼法》条文序号的决定	2008 年 12 月 16 日		民 · 666

2009 年

文号	司法解释名称	发布时间	备注	页码
法释〔2009〕1 号	最高人民法院关于审理无正本提单交付货物案件适用法律若干问题的规定	2009 年 2 月 26 日		商 · 547
法释〔2009〕2 号	最高人民法院关于涉港澳民商事案件司法文书送达问题若干规定	2009 年 3 月 9 日		民 · 1210
法释〔2009〕3 号	最高人民法院关于审理涉及驰名商标保护的民事纠纷案件应用法律若干问题的解释	2009 年 4 月 23 日		知 · 240
法释〔2009〕4 号	最高人民法院关于人民法院认可台湾地区有关法院民事判决的补充规定	2009 年 4 月 24 日		民 · 1148
法释〔2009〕5 号	最高人民法院关于适用《中华人民共和国合同法》若干问题的解释（二）	2009 年 4 月 24 日		民 · 383
法释〔2009〕6 号	最高人民法院关于在执行工作中如何计算迟延履行期间的债务利息等问题的批复	2009 年 5 月 11 日		民 · 1043
法释〔2009〕7 号	最高人民法院关于审理建筑物区分所有权纠纷案件具体应用法律若干问题的解释	2009 年 5 月 14 日		民 · 339

续表

文号	司法解释名称	发布时间	备注	页码
法释〔2009〕8 号	最高人民法院关于审理物业服务纠纷案件具体应用法律若干问题的解释	2009 年 5 月 15 日		民·352
法释〔2009〕9 号	最高人民法院、最高人民检察院关于办理生产、销售假药、劣药刑事案件具体应用法律若干问题的解释	2009 年 5 月 13 日		刑·267
法释〔2009〕10 号	最高人民法院关于在执行附加刑剥夺政治权利期间犯新罪应如何处理的批复	2009 年 5 月 25 日		刑·118
法释〔2009〕11 号	最高人民法院关于审理城镇房屋租赁合同纠纷案件具体应用法律若干问题的解释	2009 年 7 月 30 日		民·487
法释〔2009〕12 号	最高人民法院关于适用《中华人民共和国保险法》若干问题的解释(一)	2009 年 9 月 21 日		商·394
法释〔2009〕13 号	最高人民法院、最高人民检察院关于执行《中华人民共和国刑法》确定罪名的补充规定(四)	2009 年 10 月 14 日		刑·166
法释〔2009〕14 号	最高人民法院关于裁判文书引用法律、法规等规范性法律文件的规定	2009 年 10 月 26 日		综·101
法释〔2009〕15 号	最高人民法院关于审理洗钱等刑事案件具体应用法律若干问题的解释	2009 年 11 月 4 日		刑·400
法释〔2009〕16 号	最高人民法院关于人民法院委托评估、拍卖和变卖工作的若干规定	2009 年 11 月 12 日		民·1051
法释〔2009〕17 号	最高人民法院关于审理民事级别管辖异议案件若干问题的规定	2009 年 11 月 12 日		民·729
法释〔2009〕18 号	最高人法院关于修改《最高人民法院关于审理非法制造、买卖、运输枪支、弹药、爆炸物等刑事案件具体应用法律若干问题的解释》的决定	2009 年 11 月 16 日		刑·202
法释〔2009〕19 号	最高人民法院、最高人民检察院关于办理妨害信用卡管理刑事案件具体应用法律若干问题的解释	2009 年 12 月 3 日		刑·363

续表

文号	司法解释名称	发布时间	备注	页码
法释〔2009〕20号	最高人民法院关于审理行政许可案件若干问题的规定	2009年12月14日		行·190
法释〔2009〕21号	最高人民法院关于审理侵犯专利权纠纷案件应用法律若干问题的解释	2009年12月28日		知·284

2010年

文号	司法解释名称	发布时间	备注	页码
法释〔2010〕1号	最高人民法院关于进一步加强合议庭职责的若干规定	2010年1月11日		综·110
法释〔2010〕2号	最高人民法院关于人民陪审员参加审判活动若干问题的规定	2010年1月12日		综·120
法释〔2010〕3号	最高人民法院、最高人民检察院关于办理利用互联网、移动通讯终端、声讯台制作、复制、出版、贩卖、传播淫秽电子信息刑事案件具体应用法律若干问题的解释(二)	2010年2月2日		刑·759
法释〔2010〕4号	最高人民法院关于财产刑执行问题的若干规定	2010年2月10日		刑·1168
法释〔2010〕5号	最高人民法院关于审理铁路运输人身损害赔偿纠纷案件适用法律若干问题的解释	2010年3月3日		民·264
法释〔2010〕6号	最高人民法院关于对被判处死刑的被告人未提出上诉、共同犯罪的部分被告人或者附带民事诉讼原告人提出上诉的案件应适用何种程序审理的批复	2010年3月17日		刑·1062
法释〔2010〕7号	最高人民法院、最高人民检察院关于办理非法生产、销售烟草专卖品等刑事案件具体应用法律若干问题的解释	2010年3月2日		刑·464

续表

文号	司法解释名称	发布时间	备注	页码
法释〔2010〕8号	最高人民法院关于限制被执行人高消费的若干规定	2010年7月1日		民·1061
法释〔2010〕9号	最高人民法院关于审理外商投资企业纠纷案件若干问题的规定(一)	2010年8月5日		商·149
法释〔2010〕10号	最高人民法院、最高人民检察院关于对死刑判决提出上诉的被告人在上诉期满后宣判前提出撤回上诉人民法院是否准许的批复	2010年8月6日		刑·1068
法释〔2010〕11号	最高人民法院关于审理海事赔偿责任限制相关纠纷案件的若干规定	2010年8月27日		商·632
法释〔2010〕12号	最高人民法院关于审理劳动争议案件适用法律若干问题的解释(三)	2010年9月13日		民·561
法释〔2010〕13号	最高人民法院关于审理旅游纠纷案件适用法律若干问题的规定	2010年10月26日		民·499
法释〔2010〕14号	最高人民法院关于审理伪造货币等案件具体应用法律若干问题的解释(二)	2010年10月20日		刑·333
法释〔2010〕15号	最高人民法院关于审理房屋登记案件若干问题的规定	2010年11月5日		行·206
法释〔2010〕16号	最高人民法院关于对被监禁或被劳动教养的人提起的民事诉讼如何确定案件管辖问题的批复	2010年12月9日		民·737
法释〔2010〕17号	最高人民法院、最高人民检察院关于废止部分司法解释和规范性文件的决定	2010年12月13日		综·295
法释〔2010〕18号	最高人民法院关于审理非法集资刑事案件具体应用法律若干问题的解释	2010年12月13日		刑·346
法释〔2010〕19号	最高人民法院关于审理涉台民商事案件法律适用问题的规定	2010年12月27日		民·1160
法释〔2010〕20号	最高人民法院关于对因资不抵债无法继续办学被终止的民办学校如何组织清算问题的批复	2010年12月29日		商·231

2011 年

文号	司法解释名称	发布时间	备注	页码
法释〔2011〕1 号	最高人民法院关于审理期货纠纷案件若干问题的规定(二)	2010 年 12 月 31 日		商 · 466
法释〔2011〕2 号	最高人民法院关于判决生效后当事人将判决确认的债权转让债权受让人对该判决不服提出再审申请人民法院是否受理问题的批复	2011 年 1 月 7 日		民 · 718
法释〔2011〕3 号	最高人民法院关于适用《中华人民共和国公司法》若干问题的规定(三)	2011 年 1 月 27 日		商 · 23
法释〔2011〕4 号	最高人民法院关于适用《中华人民共和国国家赔偿法》若干问题的解释(一)	2011 年 2 月 28 日		行 · 293
法释〔2011〕5 号	最高人民法院关于人民调解协议司法确认程序的若干规定	2011 年 3 月 23 日		民 · 838
法释〔2011〕6 号	最高人民法院关于人民法院赔偿委员会审理国家赔偿案件程序的规定	2011 年 3 月 17 日		行 · 304
法释〔2011〕7 号	最高人民法院、最高人民检察院关于办理诈骗刑事案件具体应用法律若干问题的解释	2011 年 3 月 1 日		刑 · 539
法释〔2011〕8 号	最高人民法院关于死刑缓期执行限制减刑案件审理程序若干问题的规定	2011 年 4 月 25 日		刑 · 1073
法释〔2011〕9 号	最高人民法院关于《中华人民共和国刑法修正案(八)》时间效力问题的解释	2011 年 4 月 25 日		刑 · 20
法释〔2011〕10 号	最高人民法院、最高人民检察院关于执行《中华人民共和国刑法》确定罪名的补充规定(五)	2011 年 4 月 27 日		刑 · 168
法释〔2011〕11 号	最高人民法院关于委托执行若干问题的规定	2011 年 5 月 3 日		民 · 998
法释〔2011〕12 号	最高人民法院关于审判人员在诉讼活动中执行回避制度若干问题的规定	2011 年 6 月 10 日		综 · 122

续表

文号	司法解释名称	发布时间	备注	页码
法释〔2011〕13号	最高人民法院关于审理破坏广播电视设施等刑事案件具体应用法律若干问题的解释	2011年6月7日		刑·195
法释〔2011〕14号	最高人民法院关于审理船舶油污损害赔偿纠纷案件若干问题的规定	2011年5月4日		商·558
法释〔2011〕15号	最高人民法院关于人民法院办理海峡两岸送达文书和调查取证司法互助案件的规定	2011年6月14日		民·1161
法释〔2011〕16号	最高人民法院、最高人民检察院关于办理妨害武装部队制式服装、车辆号牌管理秩序等刑事案件具体应用法律若干问题的解释	2011年7月20日		刑·794
法释〔2011〕17号	最高人民法院关于审理政府信息公开行政案件若干问题的规定	2011年7月29日		行·219
法释〔2011〕18号	最高人民法院关于适用《中华人民共和国婚姻法》若干问题的解释(三)	2011年8月9日		民·151
法释〔2011〕19号	最高人民法院、最高人民检察院关于办理危害计算机信息系统安全刑事案件应用法律若干问题的解释	2011年8月1日		刑·582
法释〔2011〕20号	最高人民法院关于审理涉及农村集体土地行政案件若干问题的规定	2011年8月7日		行·226
法释〔2011〕21号	最高人民法院关于人民法院委托评估、拍卖工作的若干规定	2011年9月7日		民·1056
法释〔2011〕22号	最高人民法院关于适用《中华人民共和国企业破产法》若干问题的规定(一)	2011年8月29日		商·164
法释〔2011〕23号	最高人民法院关于审理人民检察院按照审判监督程序提出的刑事抗诉案件若干问题的规定	2011年10月14日		刑·1149

2012年

文号	司法解释名称	发布时间	备注	页码
法释〔2012〕1号	最高人民法院关于国家赔偿案件立案工作的规定	2012年1月13日		行·316
法释〔2012〕2号	最高人民法院关于办理减刑、假释案件具体应用法律若干问题的规定	2012年1月17日		刑·47
法释〔2012〕3号	最高人民法院关于审理海上货运代理纠纷案件若干问题的规定	2012年2月27日		商·580
法释〔2012〕4号	最高人民法院关于办理申请人民法院强制执行国有土地上房屋征收补偿决定案件若干问题的规定	2012年3月26日		行·270
法释〔2012〕5号	最高人民法院关于审理因垄断行为引发的民事纠纷案件应用法律若干问题的规定	2012年5月3日		知·347
法释〔2012〕6号	最高人民法院、最高人民检察院关于办理内幕交易、泄露内幕信息刑事案件具体应用法律若干问题的解释	2012年3月29日		刑·377
法释〔2012〕7号	最高人民法院关于在裁判文书中如何表述修正前后刑法条文的批复	2012年5月15日		刑·27
法释〔2012〕8号	最高人民法院关于审理买卖合同纠纷案件适用法律问题的解释	2012年5月10日		民·397
法释〔2012〕9号	最高人民法院关于税务机关就破产企业欠缴税款产生的滞纳金提起的债权确认之诉应否受理问题的批复	2012年6月26日		商·237
法释〔2012〕10号	最高人民法院关于铁路运输法院案件管辖范围的若干规定	2012年7月17日		民·740
法释〔2012〕11号	最高人民法院关于军事法院管辖民事案件若干问题的规定	2012年8月28日		民·746
法释〔2012〕12号	最高人民法院、最高人民检察院关于废止1979年底以前制发的部分司法解释和司法解释性质文件的决定	2012年8月21日		综·300

续表

文号	司法解释名称	发布时间	备注	页码
法释〔2012〕13号	最高人民法院关于废止1979年底以前发布的部分司法解释和司法解释性质文件（第八批）的决定	2012年8月21日		综·240
法释〔2012〕14号	最高人民法院关于国有土地开荒后用于农耕的土地使用权转让合同纠纷案件如何适用法律问题的批复	2012年9月4日		民·509
法释〔2012〕15号	最高人民法院关于审理破坏草原资源刑事案件应用法律若干问题的解释	2012年11月2日		刑·705
法释〔2012〕16号	最高人民法院关于个人独资企业清算是否可以参照适用企业破产法规定的破产清算程序的批复	2012年12月11日		商·243
法释〔2012〕17号	最高人民法院、最高人民检察院关于办理妨害国（边）境管理刑事案件应用法律若干问题的解释	2012年12月12日		刑·777
法释〔2012〕18号	最高人民法院、最高人民检察院关于办理渎职刑事案件适用法律若干问题的解释（一）	2012年12月7日		刑·869
法释〔2012〕19号	最高人民法院关于审理道路交通事故损害赔偿案件适用法律若干问题的解释	2012年11月27日		民·276
法释〔2012〕20号	最高人民法院关于审理侵害信息网络传播权民事纠纷案件适用法律若干问题的规定	2012年12月17日		知·159
法释〔2012〕21号	最高人民法院关于适用《中华人民共和国刑事诉讼法》的解释	2012年12月20日		刑·907
法释〔2012〕22号	最高人民法院、最高人民检察院关于办理行贿刑事案件具体应用法律若干问题的解释	2012年12月16日		刑·839
法释〔2012〕23号	最高人民法院关于修改后的民事诉讼法施行时未结案件适用法律若干问题的规定	2012年12月28日		民·682

续表

文号	司法解释名称	发布时间	备注	页码
法释〔2012〕24号	最高人民法院关于适用《中华人民共和国涉外民事关系法律适用法》若干问题的解释(一)	2012年12月28日		民·23

2013年

文号	司法解释名称	发布时间	备注	页码
法释〔2013〕1号	最高人民法院、最高人民检察院关于废止1980年1月1日至1997年6月30日期间制发的部分司法解释和司法解释性质文件的决定	2013年1月4日		综·303
法释〔2013〕2号	最高人民法院关于废止1980年1月1日至1997年6月30日期间发布的部分司法解释和司法解释性质文件(第九批)的决定	2013年1月14日		综·251
法释〔2013〕3号	最高人民法院关于审理拒不支付劳动报酬刑事案件适用法律若干问题的解释	2013年1月16日		刑·569
法释〔2013〕4号	最高人民法院关于审理劳动争议案件适用法律若干问题的解释(四)	2013年1月18日		民·573
法释〔2013〕5号	最高人民法院关于违法的建筑物、构筑物、设施等强制拆除问题的批复	2013年3月27日		行·284
法释〔2013〕6号	最高人民法院、最高人民检察院关于废止1997年7月1日至2011年12月31日期间制发的部分司法解释和司法解释性质文件的决定	2013年3月1日		综·308
法释〔2013〕7号	最高人民法院关于废止1997年7月1日至2011年12月31日期间发布的部分司法解释和司法解释性质文件(第十批)的决定	2013年2月26日		综·287
法释〔2013〕8号	最高人民法院、最高人民检察院关于办理盗窃刑事案件适用法律若干问题的解释	2013年4月2日		刑·529

续表

文号	司法解释名称	发布时间	备注	页码
法释〔2013〕9号	最高人民法院关于修改《最高人民法院关于审理专利纠纷案件适用法律问题的若干规定》的决定	2013年4月1日		知·268
法释〔2013〕10号	最高人民法院、最高人民检察院关于办理敲诈勒索刑事案件适用法律若干问题的解释	2013年4月23日		刑·561
法释〔2013〕11号	最高人民法院关于依据国际公约和双边司法协助条约办理民商事案件司法文书送达和调查取证司法协助请求的规定	2013年4月7日		民·1247
法释〔2013〕12号	最高人民法院、最高人民检察院关于办理危害食品安全刑事案件适用法律若干问题的解释	2013年5月2日		刑·283
法释〔2013〕13号	最高人民法院关于审理出口信用保险合同纠纷案件适用相关法律问题的批复	2013年5月2日		商·418
法释〔2013〕14号	最高人民法院关于适用《中华人民共和国保险法》若干问题的解释（二）	2013年5月31日		商·406
法释〔2013〕15号	最高人民法院、最高人民检察院关于办理环境污染刑事案件适用法律若干问题的解释	2013年6月17日		刑·677
法释〔2013〕16号	最高人民法院关于海事法院可否适用小额诉讼程序问题的批复	2013年6月19日		商·656
法释〔2013〕17号	最高人民法院关于公布失信被执行人名单信息的若干规定	2013年7月16日		民·1069
法释〔2013〕18号	最高人民法院、最高人民检察院关于办理寻衅滋事刑事案件适用法律若干问题的解释	2013年7月15日		刑·603
法释〔2013〕19号	最高人民法院关于人民法院办理自赔案件程序的规定	2013年7月26日		行·325
法释〔2013〕20号	最高人民法院关于网络查询、冻结被执行人存款的规定	2013年8月29日		民·1082

续表

文号	司法解释名称	发布时间	备注	页码
法释〔2013〕21号	最高人民法院、最高人民检察院关于办理利用信息网络实施诽谤等刑事案件适用法律若干问题的解释	2013年9月6日		刑·503
法释〔2013〕22号	最高人民法院关于适用《中华人民共和国企业破产法》若干问题的规定(二)	2013年9月5日		商·173
法释〔2013〕23号	最高人民法院关于人事争议申请仲裁的时效期间如何计算的批复	2013年9月12日		民·607
法释〔2013〕24号	最高人民法院关于审理编造、故意传播虚假恐怖信息刑事案件适用法律若干问题的解释	2013年9月18日		刑·599
法释〔2013〕25号	最高人民法院、最高人民检察院关于办理抢夺刑事案件适用法律若干问题的解释	2013年10月22日		刑·523
法释〔2013〕26号	最高人民法院关于人民法院在互联网公布裁判文书的规定	2013年11月21日		综·61